Arte Y Uso De Arquitectura ...: Primera Parte

Lorenzo de San Nicolás ((O.S.A.))

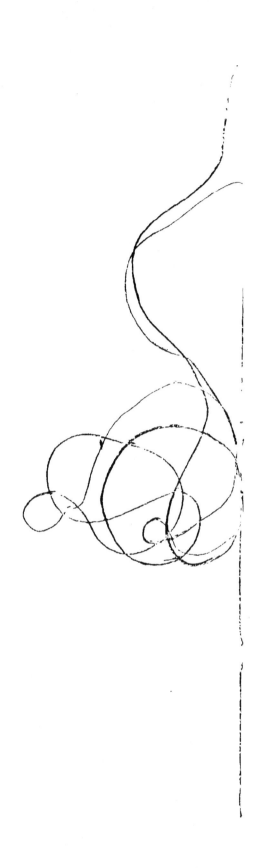

ARTE,
Y USO
DE ARQUITECTURA.
DIRIGIDO
AL PATRIARCHA SAN JOSEPH,
CON EL PRIMER LIBRO DE EUCLIDES,
traducido de Latin en Romance.

PRIMERA PARTE.
COMPVESTO
POR EL PADRE FRAY LORENZO
de S. Nicolàs, Agustino Descalzo, Maestro
de Obras, y Arquitecto: natural de la
muy Noble, y Coronada Vi-
lla de Madrid.

TERCERA IMPRESSION.
CON LICENCIA.

DEDICATORIA,
POR FRAY LORENZO
DE SAN NICOLAS,
AL SANTISSIMO PATRIARCA
SAN JOSEPH.

Umentan fuerzas deseos Divinos, y son preceptos amorosos en el Alma à ellos sujeta, y esforzada, pues la sujecion, y esfuerzo la hazen emprender cosas dificiles, efetos por donde se conocen sus primeros movimientos. Los que tuvistes, ò Divino Patriarca, de dexar vuestra Esposa, Madre de Dios, y Señora mia, son los que realzan vuestro excelente sèr, causados de los preceptos amorosos de la ley: y los deseos divinos de piedad, esforzaban lo mas dificil entre la perplexidad, y duda, por ser oculto à vuestros ojos el Soberano Misterio de la Encarnacion, para mayor prueba de vuestra justificacion, pues negò la piedad, lo que se ofrecia à la vista; y por guardar la ley, alentando vuestra Alma, dexabades con ella el mayor amor, que guiado de vna santa honestidad, en ella avia entradh, pues sin apartaros de MARIA, queriades apartaros de MARIA, termino de dolor, que à no favoreceros la mano poderosa, os llegàra al de la muerte, siendo agressores de ella el amor de vuestra Esposa, y el zelo de la ley: mas ocurre Dios en las mayores necessidades; y assi en esta, como en las demàs, fue vuestro valedor, haziendo que el dolor causasse vn amoroso sueño, casto, y piadoso, y en èl os hablò el Angel del Señor, trayendoos à la memoria vuestra Progenitura, que à èl solo, y à vn Evangelista, es dado el referirla: y despues de averlo hecho, y prevenido el temor (feudo que paga la naturaleza, despues del pecado contrahido por nuestros primeros padres) os ruega, que recibais por Esposa à la que los Serafines, y Angeles mas encumbrados, se tienen por indignos de reverenciarla por Reyna, y à la que la Santissima Trinidad eligiò por Madre del Verbo: y para obligaros à hazerlo, os declarò el preñado, y Misterio de nuestra Redencion, y os diò que diessedes nombre al que es Autor de todo nombre, y tal, que à solo èl inclina la rodilla todo lo criado. Excelencia, que quando en vos no huviera otra; bastàra para exceder los limites à que pueden llegar los colmos de excelencias. MARIA Santissi-

ma fue Madre de Chrifto, y fiendo vos Efpofo verdadero defta Soberana
Reyna, merecifteis de fu boca el nombre de Padre del que es Hijo natural
de Dios. Fuiftes fantificado en el vientre de vueftra madre, y confervaf-
teis perpetua pureza, y al fin efcogido por la mano de Dios para Efpofo de
fu Madre; y para ferlo, en todo aviades de fer muy fu femejante. Pudiera
referir los divinos coloquios que entre tan dulces Efpofos (en compañia de
la mifma dulzura JESUS) paffarian, fegun lo confideran los Santos, que
cómo ellos fueron, es impofsible; y todo lo que es pofsible dezir de tan Divino Patriarca, es A. B. C. de todo fu Chriftus; y afsi, fuera mejor que ca-
llando es alabara, que no hablando quedar tan corto. Guardò el trigo Jo-
feph en Egipto para fuftentar fus habitadores, y vos JOSEPH Divino, no
folo guardafteis el Pan, mas fuftentafteis al mifmo Pan à cofta de vueftro
trabajo, exercitando con tanta perfección el Arquitectura, como excelente
Arquitecto, efecto que me ha dado motivo à dedicaros efte mi Arte, y
vfo de Arquitectura, demás del intenfo amor, que defde mi tierna
edad os he tenido: y como à tan aficionado, anteponiendo el amor que os
tengo al de mi amada Madre la Religion, donde aprendi lo que efte libro
contiene, y à quien en vueftra aufencia debiera dedicarlo: mas por mof-
traros efte amor, aunque en pequeño difeño, y por darle vn tal valedor, à
quien puedo alabar fin lifonja, y pedir fin temor, os efcogi para fu Protec-
tor. atrevimiento ha fido mio, pretender dedicar efta humilde obra à tan
foberano Principe; mas juzgome femejante al Labrador, que defeofo de
hazer vn prefente al Rey Artaxerxes, hijo de Xerxes Emperador de Per-
fia y no hallando que ofrecerle, tomò en fus manos el agua que baftò à lle-
narlas y ofrecida al Rey, le aceptò, y fe pagò del don, aunque poco, por lo
mucho de voluntad con que iba acompañado. Pequeño, y mendigo es el don,
mas rico eftà de voluntad, rendida con la obra à vueftros pies, para que al
amparo de fu fombra tenga de fer el que della retibiere. Yo quifiera fuera el efcrito de materia mas fublimada, y de eftilo mas aventajado,
mas confuelame el dicho de aquel Sabio: Quidquam potuit dar, maxi-
mè gratis abundè eft. Y afsi, quando yo, conforme à mi talento, y pofsi-
bilidad, quedo difculpado, aunque difte tanto el don, de à quien fe ofrece. Y
efpero en Jefu-Chrifto vueftro Hijo, y en MARIA Santifsima vueftra Ef-
pofa, y en vos, Divino Patriarca, lo aveis de recibir, y amparar, para que
con mayor autoridad falga à luz. Y acaba fuplicandoos, que rogueis por mi
à Dios, mientras durare efta vida, para que en la eterna le goze, y os vea
para fiempre.

Vueftro Efclavo

Fray Lorenzo de
S. Nicolàs.

LICENCIA.

DON Miguel Fernandez Munilla, Secretario del Rey nuestro Señor, su Escrivano de Camara mas antiguo, y de Govierno del Consejo: Certifico, que por los Señores de èl se ha concedido licencia à Don Joseph de Horta, Vecino de esta Corte, para que por vna vez pueda reimprimir, y vender dos Libros, primera, y segunda parte, intitulados: Arte, y vso de Arquitectura; su Autor Fray Lorenzo de S. Nicolàs; con que la reimpression se haga por los Exemplares, que sirven de originales, que vàn rubricados, y firmados al fin de mi firma, y que antes que se vendan se traygan al Consejo dichos Libros reimpressos, junto con sus Exemplares, y Certificacion del Corrector, de estàr conformes, para que se talle el precio à que se han de vender; guardando en la reimpression lo dispuesto, y prevenido por las leyes, y Pragmaticas de estos Reynos. Y para que conste lo firmè en Madrid à 23. de Agosto de 1735.

D. Miguel Fernandez Munilla.

FEE DE ERRATAS.

PAG. 2. lin. 26. pe si, lee de si. Pag. 3. lin. 20. articula, lee articulo. Pag. 8. lin. 18. lerra, lee terra. Pag. 10. lin. 12. enço, lee cinco. Pag. 26. lin. 43. oquesto, lee opuesto. Pag. 29. lin. 49. tantriangulo, lee triangulo. Pag. 30. lin. 23. Libosneose, lee Lisbonense. Pag. 32. lin. penult. sns, lee sus. Pag. 36. lin. 24. circunfereucia, lee circunferencia. Pag. 48. lin. 36. y 40. Presbitero, lee Presbiterio. Ibi lin. penult. Arcardia, lee Arcadia. Pag. 49. lin. 17. 1. 63. le 173. Pag. 53. lin. 6. da, lee de. Ibi lin. 33. diversidades bobedas, lee diversas bobedas. Pag. 55. lin. penult. empajos, lee empajos. Pag. 57. lin. 18. con quedarà, lee con que quedarà. Pag. 58. lin. 10. lo ayres, lee dos ayres. Pag. 63. en la foliacion 57. lee 63. Pag. 74. lin. vlt. à basa, lee la basa. Pag. 101. lin. 29. debe, lee bebe. Pag. 173. lin. 21. con solo, lee con solo. Pag. 192. lin. 46. tratamoa, lee tratamos. Pag. 248. lin. penult. engulos, lee angulos.

He visto este Tomo primero del Arte, y vso de Arquitectura, su Autor Fray Lorenzo de S. Nicolàs, y con estas erratas corresponde à su antiguo impresso, que rubricado le fi. y es de original. Madrid, y Octubre 17. de 1736.

Lic. D. Manuel Garcia Alesson.
Corrector General por su Magestad.

SUMA DE LA TASSA.

TAssaron los Señores del Real Consejo este Libro, intitulado: Arte, y vso de Arquitectura; su Autor Fray Lorenzo de San Nicolàs, à ocho maravedis cada pliego. Madrid, y Octubre 23. de 1736.

D. Miguel Fernandez Munilla.

APROBACION DE MARTIN DE GODARRI,
Maestro de Obras.

POR comission de los Señores del Consejo Supremo de su Magestad, he visto este Libro intitulado: Arte, y vso de Arquitectura, compuesto por el P. Fr. Lorenzo de S. Nicolàs, Maestro de Obras, de la Orden de Descalzos de S. Agustin; y no solo no tiene que censurar, mas digo, que parece ha parecido el libro vndezimo de Vitrubio, porque en èl estàn resueltas todas las dificultades que este Autor ofrecia en el suyo; que acerca de los edificios se pueden ofrecer, assi en obrarlos, como en medirlos: y si se obra segun enseña, no sucederàn las ruinas que suceden cada dia; y juzgo ser muy necessaria su disposicion para la Republica. Y lo firmè en Madrid en 3. de Julio de 1633.

Martin de Godarri.

APRO

Gran Padre, y Doctor de la Iglesia S. Agustin, cuyos libros de la Arquitectura Politica, que tiene impressos, han sido de grande vtil, como lo ha sido su enseñanza,
pues que los Maestros de mayor nombre de España deben à su doctrina los acier-
tos de sus fabricas. El libro es geometrico, no se estiende à otra cosa, assi no tiene
que censurarse en orden à las buenas costumbres: este es mi sentir, salvo meliori, &c.
De mi Estudio, y Junio 4. de 1667.   D. Diego Enriquez de Villegas.

LICENCIA DEL ORDINARIO.

NOS el Doct. D. Francisco Forteza Vicario de la Villa de Madrid, y su Partido, por el presente, y por lo que à Nos toca, damos licencia para que se im-
prima vn Libro, intitulado: Quales sean los principios en que se fundan las ciencias matematicas, especialmente la Geometria especulativa, escrito por el P. Fr. Lorenzo de S. Nicolàs, de los Recoletos Agustinos, por quanto de nuestro mandado
ha sido visto, y examinado, y no contiene cosa alguna contra nuestra Santa Fè, ni
buenas costumbres. Dada en la Villa de Madrid à 6. de Junio de 1667.

    Doct. D. Francisco Forteza.

           Por su mandado.   Juan de Ribera Muñoz.

Aprobacion del Padre Francisco Bautista, de la Compañia de Jesus,
Maestro de Arquitectura.

HE visto por mandado de V. Alteza la traduccion del primer libro de la Geometria de Euclides, hecha por el Padre Fr. Lorenzo de S. Nicolàs Religioso
Agustino Descalzo; y aviendola leido con atencion, y particular estudio, he hallado gran puntualidad en el texto del original, explicacion de los Theoremas, y
Problemas, y comprehension de ellas: buena, y facil construccion, con claridad en
las demostraciones, notando muy vtiles, y faciles practicas, que de la Geometria
del tal libro se pueden sacar, para todo genero de Arquitectura civil, politica, y
sagrada, y no poco importante para la Arquitectura militar, pues para todas ellas
es necessaria la inteligencia de la Geometria, como señora que dà, y presta fundamentos, y preceptos à todas ellas, como lo han hecho los que han escrito en todas
las Arquitecturas dichas, como Samael Marloes, Vincencio Escamosi, Serbio, Vi-
ñola, y otros muchos. Tomando como tan grandes Maestros, ellos, y el Autor, el
precepto del primer Arquitecto que escriviò preceptos de ella. Vitrubio, pues en
el 1. lib. cap. 1. dize estas formales palabras: Es necessario, que el Arquitecto no solo sea mecanico, sino hombre de estudio, y especulacion casi en todas las ciencias,
y especialmente en la prespectiva, y Geometria; siendo tan cierto este precepto,
que es impossible saber, y penetrar lo que à la Arquitectura pertenece con fundamento cientifico, y conocer, y executar sus primores sin ella, y para la proporcion,
ornato, y hermosura, y buen repartimiento de senso, y seguridad de todo genero
de edificios, conviene guardar los preceptos que toma la Arquitectura de la Geometria; pues para lo trazado, con proporcion de cuerpos, y correspondencias, para
los alzados, y levantamientos, que no salgan disformes, y secos, es menester el numero, y medida que enseña la Geometria, y de la falta del no saber, y no guardar
estas reglas, se ven, assi en casas, y Palacios seculares, y Templos artificiales, no pequeñas faltas de firmeza, seguridad, y proporcionada hermosura: Y assi, por lo dicho de su vtilidad, para cosa de tanta importancia, como es la Arquitectura, juzgo
por necessaria la tal traduccion, por vèr pocas, ò casi ninguna en nuestra lengua
vulgar, y las que oy, llenas de erratas de la Imprenta; y porque en esta materia no
se tocan cosas, que sean contra las costumbres Christianas, es merecedora la tal
traduccion reciba de V. A. la licencia de que se estampe, para que todos aprendan
de ella, lo que por estar en Latin muchos ignoraban. Dada en Madrid, en este Co-
legio Imperial de la Compañia de Jesus, en 26. de Junio de 1667.

                                        Francisco Bautista.

PRO-

PROLOGO AL LECTOR.

UCHOS, y varios fon los Efcritos que de la Arquitectura ay, aunque muchos con dificultad fe alcanzan ; y yà que los alcanzen algunos , no todos: parte por fu falta , parte por fu valor; y confiderando, que para fer vno buen Arquitecto , necefsita de fer buen Arifmetico , y buen Geometra , tomando por fin el que con defeo de èl anda rebolviendo Libros , defeando juntar lo necefario deftas tres Artes en vn Tratado: porque de la mayor luz nace la mayor claridad, declarando las dificultades de vn Templo , parte fuperior en la Arquitectura. Y afsi como en la Gentilidad trataban de difponer Templos para Diofes falfos ; en efte mio trataré del Templo dedicado al Verdadero Dios , demoftrando en el modo de plantar los Edificios , la fortificacion necefaria, moftrando fus alzados; y al difeño acomparé con medidas, que en ellas fe incluye la Geometria, y Arifmetica , pues eftas tres fon partes necefarias para fer perfecto vn Arquitecto; y en el Templo es donde ha de campear mas el ingenio del Artifice , pues en èl fe cifran las mayores dificultades; y imitando à Dinocrates Arquitecto, el qual defeando con fu Arte fervir al Emperador Alexandro, fe fue à èl, y ha lando dificultad en la entrada, por emulos, fe disfrazò, y en el disfraz le viò Alexandro, mandòle llamar , y conociendole , le tuvo en fu compañia , y con èl edificò la Ciudad de Alexandria. Lo mifmo me ha fucedido à mi, que defeando poner en obra efta pequeña ciudad , no han faltado emulos que pretendan efcurecerla: disfracèla, y no faltaron Alexandros, que la defeaffen vèr crecida. A todos les eftà bien fe cumpla efte defeo, no por la Ciudad, fino por feguir la fentencia de Ariftoteles, que dize, que la honra es del que la dà. Honra tu, Lector, con recibir mi obra , y con honrarla: sè Alexandro, y edifica Ciudades, facando alguna imitacion defta mia, pues en ella hallaràs las proporciones en anchos, largos, y altos: los generos de arcos, bobedas, y fus cortes , afsi para la Canteria, como para la Albañileria : los lazos de que fe han de adornar los Templos, y Palacios : la difpoficion de los ordenes , como , y donde convengan:el genero de las armaduras. Y en fin, te doy por cierto (benigno Lector) que hallaràs vn agregado de todo lo que en los edificios te puede fuceder, afsi fumptuofos, como humildes. Solo te pido, que atiendas al fin, fin mirar la poquedad de èl, que vfa defte medio, para que llegue à colmo. Y no te parezca menudencia el tratar de menudencias , pues de ellas necefsita vn principiante para llegar à fer Maeftro, pues el principio bien fundado, caula medio , y fin , continuando en perpetuo.

CA₃

CAPITULO PRIMERO.

TRATA DEL ARQUITECTURA, ARISMETICA, y Geometria, de su necessidad, y de como convienen entre sì, y de sus primeros Inventores.

SON tan hermanas estas tres Artes, que à penas se hallarà que aya necessidad de la vna, que inmediatamente de necessidad no se siga la otra, y à las dos acompañe la tercera. Que el Arquitectura necessite de las dos es cosa assentada, pues vemos que se funda en demostraciones causadas de lineas, y cantidades, ò numeros, que es lo mismo. Y pues la demostracion es linea en este Arte, y la linea es del Arte de la Geometria, y la linea numera el numero, clara està su conveniencia, y vnion.

El Arquitectura demuestra plantas, à las quales llamamos en Geometria, areas: estas las mide el Arismetica. Y aunque la Arismetica, y Geometria pueden passar sin la Arquitectura, con todo esso necessitan en muchas cosas de ella, y dado que se apure, que no tienen della necessidad, por esta razon me han de conceder que sì, y el ser el Arquitectura parte necessaria para su mayor exercicio, pues ella forma los cuerpos dificiles, donde el Arismetica, y Geometria mas campean, pues descubren mas su entidad, y casi en su modo no tuviera necessidad de los dos, sino huviera Arquitectura. Convienen entre sì demás de lo dicho, aun en las mismas calidades, y cada vna observa cinco reglas, ò preceptos. Porque la Arquitectura guarda cinco ordenes, que son toscano, dorico, jonico, chorintio, y compuesto, y en estas cinco ordenes consiste todo su ornato, fabrica, y edificio. El Arismetica sigue cinco reglas, que son sumar, restar, multiplicar, medio partir, y partir por entero, segun Moya, lib. 1. y destas cinco, imitando al Arquitectura, se causan todas las demás quentas. La Geometria mide cinco cuerpos regulares, que son retahendro, octahendro, y cotahendro, cubo, y el quinto dodecahendro, de cuya fabrica trata Euclides en el libro 13. Y de estos cinco se sacan las demás medidas. Hacen estas tres à los Maestros prudentes, y considerados: y como dice Vitrubio lib. 1. cap. 1. el Arquitectura nace de fabrica, y de razon, la qual causa continua imaginacion. La fabrica es obrada à manos, y la razon la forma con sus conceptos, y assi la delicadeza de sus ideas hace ingeniosos Maestros, y prueba bien Vitrubio en el cap. 1. que el Arquitecto necessita de saber las Artes liberales para serlo en todo liberal. No se les encubre à la Geometria, ni Arismetica, lo que dice Vitrubio, pues què otra cosa son, sino fabrica, ù razon, las lineas en que se fundan? Si en vn conocimiento de verdad, el numero que es otra cosa: si proposiciones tanto fundadas en razon, como verdaderas. Y assi assentado quede, que convienen entre sì, y que son vna cosa. Al Arquitecto le conviene trabajar para entenderlas: mas como en nuestros tiempos mas se aprenden las Artes, à fin de que nos sirvan, ò sustenten, por essa causa los que las exercitan, se contentan con vna mediana bastante à su fin, agraviando al Arte, pues el defecto que en ellos se conocia, atribuyen à que no se adelantò mas, ilustran estas Artes quanto mas ilustres son, los que las ilustraron. En nuestros tiempos ilustrò el Arquitectura la Cesarea Magestad de Felipe Segundo, siendo tan consumado en su Arte, como su fabrica del Escorial lo muestra: y aunque otros Reyes la ilustraron: deste solo es bien se haga mencion, por su gran sabiduria, tal, que mereciò su edificio nombre de octava maravilla. La Geometria ilustrò Maris,

Cinco ordenes.
Cinco reglas.
Moya.
Cinco cuerpos regulares.
Euclid.
Vitrub.

A *Rey,*

Rey de Egipto. El Arismetica pocos son los Reyes que no la han exercitado; y en estas tres fue aventajadissimo nuestro Felipe, aunque solo le dàn el nombre de Arquitecto, y como à tal le ponen el compàs en las manos. Los pri-

Vitrub. meros inventores de estas tres artes, dice Vitrubio en el lib. 2. cap. 1. de la Arquitectura, que fue la naturaleza, necessitada de su conservacion, haciendo cho-

Eusebio. zas debaxo de arboles. Eusebio Pamphilo afirma aver sido primeros inventores de la Arquitectura, los nietos de Protogenes, ò que ellos fueron quien

Diodoro. primero hallò casas, texiendolas de hojas, y cañas. Diodoro dice, que la Diosa Vesta hallò las habitaciones. Primero fue este Arte, que los demàs. De la Geometria fueron inventores los Egipcios, industriados de la necessidad, nacidas

Moya. de las crecientes del Nilo, que pujantes rompian sus mojones, y hacia sus tierras vna: y assi Meris, Rey de Egypto, segun Moya lib. 1. cap. 1. de Geometria, fuè el que la inventò, hallando este Rey por medio de su ciencia, la justicia entre sus vassallos, y con ella la paz, y cessacion de pleytos, despues la puso en practica Euclides Filosofo de Megara, discipulo de Socrates. Este iba desde Megara à Atenas à ver su maestro, y en tiempo de guerra, en habito de muger, por no ser conocido (que à tanto obliga el deseo de saber.) Compuso quince libros. Los primeros inventores de la Arismetica, fueron Phinisianos: Moya

Moya. dice, que fue Pitagoras en el lib. 1. cap. 2. y es opinion de San Isidoro. Porque Pitagoras fue, segun Vitrubio lib. 9. cap. 2. el que descubriò la raiz quadrada, de

Vitrub. que Moya hace vn largo tratado: y es à mi vèr la cosa mas curiosa que se pueda demostrar por lineas, y numeros. Fuè Pitagoras de quien se derivò el nombre de Filosofo, porque antiguamente se llaman los hombres doctissimos, Sophes, que quiere decir Sapiente: y juzgando Pitagoras, que el nombre solo convenia à Dios, siendo preguntado como se llamaba, respondiò, Filosofo, y de aqui quedò el nombre de Filosofos. Estas tres Artes, como queda dicho, tienen pe si vna de otra dependencia, y à este passo el Arquitecto, para serlo, depende de las tres. Assi yo con el favor de Dios juntarè dellas lo necessario para el Arquitecto, poniendolas en exercicio en la parte, ò partes que mas convengan, y donde es fuerza el vsar yà de la vna, yà de la otra; no porque pretenda la enseñanza, tratando de sus principios, medios, y fines, que esto era hazer vn progresso muy largo, solo en la Arquitectura, como parte principal del Maestro, ò Arquitecto: y donde en ella se le puede ofrecer la necesidad de las dos, vsarè de ellas, para que con mas facilidad pueda obrar lo necessario al edificio, ò fabrica que hiciere: y sabiendo el Arismetica, podrà saber el valor del edificio, vsando de la Geometria, que es con que se ha de medir: y en fin el discipulo à poca costa de su Maestro, lo vendrà à ser, que quando no tuviera otro bien que este, es bien clara su necesidad; y no siendo estas tres Artes notas del Maestro, serà impossible el acertar en sus obras, y de los daños que en ellas hemos conocido en nuestros tiempos, sacarèmos el poco vso, ò exercicio, que destas tres Ar-

Vitrub. tes tenian. Porque como dice Vitrubio lib. 1. cap. 1. si el Maestro es sin estudio, y solo entiende lo basto, que es el obrar, ò labrar, sujeto està à muchos yerros: y si es no mas que tracista, ò que solo entiende lo especulativo, tambien harà yerros en sus obras, como la experiencia nos lo enseña de algunos que saben trazar, y no executar: y por evitar estos daños, es bien el Maestro sepa lo vno, y lo otro, y que à lo practico acompañe lo especulativo, y el que tuviere lo vno, y lo otro harà sus obras con mas perfeccion, y firmeza, pues en ella se funda el Arte: al principio deste tratado tratarè del Arismetica, para que el dis-

Aristot. cipulo, ò principiante despierte el entendimiento, pues segun Aristoteles, la cuenta ayuda para adelgazar, y aclarar los entendimientos rudos. Despues pondrè el primer libro de Euclides, traducido de Latin en Romance, para que conozca las lineas, y que cosa sean, despues de todas las dificultades que se puedan ofrecer en este Arte; despues tratarè de las medidas, de que comunmente en vna obra ay necesidad. Ruego à N.S. aproveche, pues mi fin no es otro (como dixe en el Prologo.) Y lo que à esto me ha esforzado, es vèr quantas cosas han menester
                                                                                    los

los Maestros, y quan poco trabajan algunos en el aprovechamiento de sus discipulos. Ninguno se maraville de vèr como de ordinario cito mas à Vitrubio, que à otros Autores, aviendo tantos escrito desta materia, pues no es la causa el no averlos visto, sino que todo quanto ay escrito de Architectura, es deste Autor; y assi Sebastiano lo que hallò fuera de los preceptos de Vitrubio, lo reprueba. A este Autor se le debe mucho, por aver dado mucha luz del Arte; y assi confessarè lo que fuere suyo en la ocasion que se ofreciere, escusando el nombrar à otros, pues ellos se valieron de la autoridad de este Autor para autorizar la suya, como yo me valdrè en lo que fuere suyo.

CAPITULO II.

TRATA DE ALGUNOS PRINCIPIOS DE ARISMETICA.

AViendo de tratar de la Arismetica, necessariamente he de tratar de sus principios, para que de ellos con fundamento passemos à lo necessario de este Arte, donde de ella tiene necessidad la Architectura, y serà suficiente el poner dos reglas de cada vna con sus pruebas. En tres diferencias se divide el numero, que es digito, articulo, y compuesto. Digito dezimos, porque es vn numero que no excede de los dedos de las manos. Articulo dezimos al numero ajustado, como 20. 30. 40. 100. &c. Compuesto llamamos al que consta de los dos dichos, como 24. 36. 108. que este numero tiene digito, que es 2. 3. y 1. y articulo que son los cientos: el numero digito por si solo es vnion, como vno, dos, tres, quatro, cinco, seis, siete, ocho, nueve, y el numero diez, aunque es digito no es vnidad, vnidad es, como difine Euclides, lib. 7. difinic. 1. con la qual qualquiera cosa se dize vna; numero es, como difine el mismo, difinic. 2. lib. 7. vna multitud compuesta de vnidades; el orden de los numeros, segun el dicho Autor, lib. 7. pet. 3. puede proceder en infinito. Ningun numero en infinito se puede disminuir, segun el dicho libro 7. pet. 4. con vn cero, el vno vale diez; y si añades otro cero, serà ciento, como mas claramente conoceràs en la tabla, que es la que se sigue, y esta importa la sepas de memoria, pues por ella conoceràs el valor de todo el numero.

Numero en que se divide.

1	Unidad.	1.
2	Decena.	1. 2.
3	Centena.	1. 2. 3.
4	Millar.	1. 2. 3. 4.
5	Decena de millar.	1. 2. 3. 4. 5.
6	Centena de millar.	1. 2. 3. 4. 5. 6.
7	Quento.	1. 2. 3. 4. 5. 6. 7.
8	Decena de quento.	1. 2. 3. 4. 5. 6. 7. 8.
9	Centena de quento.	1. 2. 3. 4. 5. 6. 7. 8. 9.
10	Millar de quento.	1. 2. 3. 4. 5. 6. 7. 8. 9. 0.
11	Decena de millar de quento.	1. 2. 3. 4. 5. 6. 7. 8. 9. 0. 1.
12	Centena de millar de quento.	1. 2. 3. 4. 5. 6. 7. 8. 9. 0. 1. 2.
13	Quento de quentos.	1. 2. 3. 4. 5. 6. 7. 8. 9. 0. 1. 2. 3.

Donde dize vnidad, està dicho es vno, y donde decenas diezes, y centenas cientos, y millar millares, y quento quentos, y el mismo numero señala lo que significa: el cero por si solo no tiene valor, mas acompañado al numero, à la postre se le dà, y si està al principio, ni se le dà, ni quita. Las trece letras ipuestas bastan para qualquiera generos de quentas que se pueden ofrecer. Sabida esta tabla, aprenderàs de memoria la que se sigue.

Dos veces.			Tres veces.			Quatro veces.			Cinco veces.		
2.	2.	4.	3.	3.	9.	4.	4.	16.	5.	5.	25.
2.	3.	6.	3.	4.	12.	4.	5.	20.	5.	6.	30.
2.	4.	8.	3.	5.	15.	4.	6.	24.	5.	7.	35.
2.	5.	10.	3.	6.	18.	4.	7.	28.	5.	8.	40.
2.	6.	12.	3.	7.	21.	4.	8.	32.	5.	9.	45.
2.	7.	14.	3.	8.	24.	4.	9.	36.	5.	10.	50.
2.	8.	16.	3.	9.	27.	4.	10.	40.			
2.	9.	18.	3.	10.	30.						
2.	10.	20.									

Seis veces.			Siete veces.			Ocho veces.			Nueve veces.		
6.	6.	36.	7.	7.	49.	8.	8.	64.	9.	9.	81.
6.	7.	42.	7.	8.	56.	8.	9.	72.	9.	10.	90.
6.	8.	48.	7.	9.	63.	8.	10.	80.			
6.	9.	54.	7.	10.	70.						
6.	10.	60.							10.	10.	100.

No folo te has de contentar con faberla de memoria, como quiera, fino que fabida defde el principio al fin, defde el tornaràs al principio, quiero decir, que fabida al derecho, la aprendas al rebès, pues la deftreza del contar confifte en èl faber bien la tabla, porque fe cifra en ella todas las cantidades que ofrecerfe pueden. Si quifieres mas abundantes principios de Arifmetica, lee el fegundo libro de Moya, mas los dichos baftan à qualquiera Architecto.

CAPITULO III.

TRATA DE LA PRIMERA REGLA DE ARISMETICA, que dicen fumar.

Sumar, que es. Nota.

EL fumar no es otra cofa, fino juntar muchas cantidades en vna, ò muchos numeros en vno, como juntar quatro con feis, que en vno fon diez. Nota, que en affentar los numeros và el acierto de la quènta, y en fu affiento guardaràs efta orden. Procuraràs que las vnidades correfpondan en fu affiento vnas con otras, y decenas con decenas; y centenas con centenas, afsi todos los numeros que fumares, ò affentares para fumar, han de fer de vna efpecie, quiero decir, que fumar pies con varas, ò reales con maravedis en la fuma que hicieres, ni facaràs vno, ni otro, porque cada cofa fe ha de fumar de por si. Si en la fuma huviere medios, ò quartos, haraslos enteros. Siempre has de empezar à fumar por las vnidades, y fiendo ceros, con affentar vno abaxo eftaràn todos confumados; y fi las vnidades fueren como quatro, y feis, y que fuman diez, affentaràs abaxo cero, y llevaràs vno, y fiempre que el numero llegare à diez, cientos, ò millares, llevaràs el mifmo numero convertido en vnidades, como fi es ciento vno, fi docientos dos. Si fumares ocho con feis, que montan catorce, affentaràs quatro debaxo, que fobran de los diez, en fu lugar, y llevaràs vno, el qual fe fuma con el figuiente numero, y lo que fobrare en todo numero mixto, ò compuefto, affentaràs como eftà dicho, y llevaràs la cantidad del numero articulo, fi llega el numero à 44. affentaràs los quatro, y llevaràs los quatro, que es lo mifmo, que eftà dicho, si huviere ceros con numeros, ten atencion con el numero; y dexa el cero. Estos principios presupuestos, supon que quieres sumar 26. 108. 1896. assentarloshas como parece, y queda dicho, echando debaxo vna linea que los divida de la suma que has de hacer, y empieza por las vnidades, diciendo, seis y ocho catorce, y seis veinte, assienta vn cero, por quanto fue justo su numero, y llevas dos, como parece. Prosigue, y suma dos con dos, y son quatro, y nueve trece, assienta los tres debaxo del nueve, y llevas vno. Suma el vno que llevas, con el vno que està sobre el ocho, y son dos, y ocho diez, assienta el cero debaxo del ocho, como parece, y llevaràs vno, que sumado con el vno montan dos, estos pondràs debaxo del vno, y avràs acabado la suma, y diràs, que montan 26. 108. 1896. dos mil y treinta, y que tanto valen por si, como todas tres partidas, y estas sumadas, segun lo que advertimos arriba. Para conocer si esta quenta està bien, ò no, haràs la prueba como se sigue. Saca de las partidas sumadas lo que sobra de los nueves, y si en la suma hallares sobrar lo mismo, la quenta està verdadera. Exemplo en la presente, seis y ocho catorce fuera de los nueves, cinco y seis once fuera de los nueves, dos y dos quatro, y vna cinco, y ocho trece fuera de los nueves, quatro y vna cinco; y porque no ay mas numeros en las sumas; diràs sobran de los nueves, assentarloshas en vna parte apartada, como parece; hecho esto saca lo que ay en la suma fuera de los nueves, como has hecho arriba, y porque no ay sino dos y tres, que son cinco, y vienen en igualdad, por tanto diràs està la suma buena, que à venir estos numeros desiguales, fuera necessario tornar de nuevo à sumar vna, y muchas veces, hasta tanto que la prueba saliera igual : si saliere nueve justos, assentaràs cero, que es dàr à entender no sobra nada, en la prueba no se lleva numero ninguno, aunque llegue à decenas, y obrando, como queda dicho, hallaràs con la facilidad rectitud en la obra, y baste esta prueba ; y aunque pudiera vsar de otras, esta me parece la mas facil. Puede ser que en el sumar con la quenta dicha, aun no estès del todo enterado ; y assi pondrè otro exemplo ; y supongo, quieres sumar quarenta con ciento y ocho, mil y veinte y dos, y dos mil y ciento, assentarloshas como parece, y queda declarado, echando vna linea debaxo de todas las partidas, empieza à sumar de las vnidades, como queda dicho ; y porque la primera es cero, por tanto baxa à la segunda, que es ocho, que juntos con dos montan diez, la letra que se sigue es cero, y assi assentaràs, por quanto llegò à diez, vn cero, y llevas vno, que con el quatro montan cinco, y dos siete, assentarloshas debaxo, y diràs que no llevas nada, porque no llegò à diezes, passa à las centenas, y suma vno con vno, que suman dos, assentarlohas debaxo, y tampoco llevas nada, en los millares suma vno con dos, que son tres, y assentarloshas debaxo, como parece, y avràs acabado, y diràs, que sumando quarenta con ciento y ocho, y mil y veinte y dos, y dos mil y ciento, montan tres mil docientos y setenta, como parece. Para conocer si està verdadera, haràs la prueba, como queda dicho arriba, y assi haz las semejantes, aunque crezcan los numeros en las partidas que quisieres, ò se te ofrecieren.

26
108
1896
————
2030

28
108
1896
————
2030

Prueba
del su-
mar.

26
108
1896
————
2030 : 5
    ; 5

40
108
1022
2100
————
0

40
108
1022
2100
————
Nota

70
————

40
108
1022
2100
————
270

40
108
1022
2100
————
3270 | 3
      3

Estas partidas denotan el ser distintas, ora sean dadas, ò recibidas, y se juntan en la suma, como queda dicho, y con ello puedes tener suficiente inteligencia, con pequeño trabajo tuyo. Pertenece para sumas de fabricas, y otras sumas.

CAPITULO IV.

TRATA DE LA SEGUNDA REGLA DE ARISMETICA,
que dicen Reſtar.

Reſtar que es. REſtar es el conocer la deſigualdad que ay de vn numero à otro, que ſiendo iguales no avria que reſtar, como lo ay de ſeis à ſeis, ni de quatro à quatro, mas de ſeis à quatro vàn dos, y eſte propiamente ſe llama reſtar. En eſta regla guardaràs en el aſſentar los numeros, la orden que en el ſumar, aſſentando vnidades con vnidades, y decenas con decenas, otroſi el numero mayor has de aſſentar arriba en todo el reſtar, y el menor abaxo, y para conocer, ſiendo los numeros que has de reſtar iguales en letras, qual de los dos excede al otro, notaràs lo ſiguiente. Aſſentadas las dos cantida-

Nota. des, aquella que el numero de la mano izquierda fuere mayor en cantidad, eſſe es el mayor, y ſi fueren iguales, la que ſe ſigue, ha de ſer mayor la de arriba que la de abaxo, aunque las que ſuceden deſpues ſean mayores las de abaxo, que las de arriba, como lo conoceràs en la figura preſente, que el cinco excede al quatro en vna, y aunque las letras de adelante ſon mayores las de abaxo que las de arriba, con todo eſſo es mas la cantidad de arriba que la de abaxo. Eſto preſupueſto, al numero mayor nombraràs por recibo, y al menor por gaſto, no obſtante que no ſea aſsi, que acabada la cuenta ſe dà à cada coſa lo que es ſuyo, aſsienta el recibo con vna R. y el gaſto con vna G. como parece. Para conocer el alcance, ò mayoria que ay de vna cantidad à otra, haràs lo ſiguiente. Sean las quentas que quieres reſtar tres mil ochocientos y quarenta y cinco de recibo, y de gaſto dos mil ſeiſcientos y treinta y quatro, ſentarloshas como parece, y queda dicho, y hablando con las vnidades, dì, quien recibe cinco, y gaſta quatro debe vna aſsienta abaxo del quatro, y paſſa à la ſegunda letra, que es quatro, diciendo, quien recibe quatro, y gaſta tres debe vna, aſsientala como la paſſada, y en la tercera letra, que es ocho, dì, quien recibe ocho, y paga ſeis debe dos, aſsientalas debaxo del ſeis, paſſa à la poſtrera, que es tres, diciendo, quien recibe tres, y gaſta dos, debe vna, aſsientala en ſu lugar, y ſi huviere muchas letras que reſtar, guardaràs la orden que en las paſſadas; aſsi avràs acabado, y diràs, que quien recibiò tres mil ochocientos y quarenta y cinco, y gaſtò dos mil ſeiſcientos y treinta y quatro, debe mil docientos y once. Y para hacer la prueba de que eſto es verdad, notaràs, que la quenta paſſadas por do ſe hace la prueba de eſta y à la paſſada ſe hace la

Prueba del reſtar. prueba por eſta quenta (y eſtas ſon las que ſe llaman pruebas reales, reſtando en el ſumar de la ſuma las ſumas) y aqui ſumar, como conoceràs ſumando el alcance con el gaſto, empezando à ſumar, como diximos en el capitulo paſſado, y la ſuma ha de ſer igual con el recibo, como lo es ſumando quatro con vna, que ſon cinco, y tres con vna, que hacen quatro, y ſeis con dos, que ſuman ocho, y dos con vna, que ſon tres, y hallaràs ſer de vna cantidad la ſuma, que el recibo, y ſi no vinieſſe la ſuma con èl, es ſeñal que eſtà falſa, y tornaràs de nuevo à hacer la quenta para ſacarla verdadera, y aſsi haràs las ſemejantes. Aunque con lo dicho baſtaba para obrar eſta regla, con todo eſſo pondrè otra para mayor inteligencia en ſu exercicio. Y ſea, que te proponen, que vno recibiò 8470. y gaſtò

R. 564
G. 475

R. 3845
G. 2634

3845
3634
——

3845
2634
——
I I I

3845
2634
——
2 I I

3845
2634
——
I 2 I 2

3845
2634
——
I 2 I I

3845

gastò 9205. Esta quenta afsi echada , fino es el dieftro Conta- R. 8470
dor , no la podrà facar , porque yà avemos dicho , que el G. 9205
numero de arriba ha de exceder al de abaxo. En tal cafo, R. 9205
mudaràs la quenta lo dè arriba abaxo , como parece , trocando G. 8470
el gafto en recibo , y el recibo en gafto ; afsi affentadas , empezaràs à reftar de las vnidades, diciendo, quien recibe cinco, y gafta nada, que es lo mifmo que cero , diràs que debe cinco , fentar-
le has debaxo del cero; **nota** , que fi los dos fueran ceros , avias 5
de hablar en efta forma: quien recibe nada, y gafta nada , no debe **Nota**
nada , y avias de affentar vn cero debaxo. Paffa à la fegunda le- 9205
tra, que es cero, y di, quien recibe nada, y gafta fiete , no puede 8470
fer, porque de fiete à diez vàn tres ; y fi el cero fuera algun numero, que fuera menos que el fiete , juntaràsle con el tres, y le af- 35
fentaràs debaxo; mas porque no lo es, pondràs el tres folo debaxo del fiete , y
llebas vno. Efte modo no es bueno, y afsi no vfaràs del , fino del que fe figue , y
ten por regla general en el reftar , que todas las veces que el numero de arriba fuere menor que el de abaxo , añadas diez , y faldrà lo mifmo , como conoceràs en la mifma letra , que añadiendo diez al cero, no ferà mas
que diez, y afsi di, quien recibe diez, y gafta fiete debe tres, y lle- 9205
bas vno, y hallaràs fer lo mifmo , pues falen tres en la refta por 8480
vna parte , y otra , el vno que llebas fiempre fe has de ponerle con
el gafto , ò cantidad debaxo, afsi que el quatro valdrà cinco en la 735
figuiente letra; y porque la de arriba no es mas que dos , añade 9205
diez, como eftà dicho , y feràn doce, di, quien recibe doce, y gaf- 8470
ta cinco por el que llebas, debe fiete , afsientale debaxo del quatro, y llebas vno , y lo mifmo hallaràs de effotra fuerte , el vno 0735
con el ocho fon nueve, el de arriba es nuebe, y afsi diràs, quien re- 9205
cibe nuebe, y gafta nueve, no debe nada, affentaràs debaxo vn ce- 8470
ro, y avràs acabado. Y porque lo que es gafto, es recibo, y el recibo gafto, por tanto diràs, que el que recibiò 8470, y gaftò 9205. 0735
fe deben 735. como parece. La prueba haràs como eftà dicho;
y porque fale bien con la fuma mayor , por tanto diràs eftar bien
hecha, y afsi haràs las femejantes. Nota lo que diximos en el capitulo paffado, de que han de fer los numeros de vna efpecie, que **Nota** 9205
lo mifmo has de obfervar en todas las quentas, porque reftar maravedifes de ducados , ò pies de varas , no puede fer , fi primero no conviertes
vna en otra, haciendo, que fi fon ducados, y maravedifes , que fea todo maravedifes, ò ducados.

CAPITVLO V.

TRATA DE LA TERCERA REGLA QUE DICEN
Multiplicar.

MUltiplicar vn numero porotro , no es otra cofa , finò bufcar otro nume- *Multi-*
ro, que eftè en la mifma proporcion con el vno, como con el otro, por- *plicar q*
que multiplicar dos por quatro fon ocho , y la proporcion que ay de ocho à *es.*
quatro , ay de quatro à dos. O multiplicar , fegun Euclides, difinic. 9. lib. 7. es
de dos numeros propueftos , bufcar otro numero tercero , que tenga en fi tan- *Euclyd.*
tas veces à qualquiera de los numeros , quantas vnidades huviere en el otro.
Diximos, que dos veces quatro eran ocho , y hallaràs , que en vn ocho ay dos
quatros , que fon fus vnidades. Tambien difine Euclides, lib. 7. propof. 17. *Euclid.*
9 es

que anteponer el numero à otro , ò pofponerle , no importa , que de vn modo,
y otro es lo mifmo , porque tanto es dezir dos vezes quatro , como quatro vezes dos. Saca de aqui, que el affentar la multiplicacion , ò multiplicador , no contradice que eftè abaxo, ò arriba ; mas con todo conviene , que la multiplicacion
eftè arriba , y el multiplicador abaxo , como parece

que denotan lo que fe multiplica, y por quien fe ha   5 2   *Multiplicacion,*
de multiplicar , y al numero caufado de los dos fe   1 6   *Multiplicador,*
llama producto. Sirve efta quenta para el medir
areas, y cuerpos (como adelante diremos) y para qualefquiera compras. Efto
prefupuefto , refta el declarar como te has de aver en ella. Para lo qual fupongo quieres faber què valor tienen cinquenta y dos fanegas de trigo à diez y
feis reales , affentaràs la multiplicacion encima , y el multiplicador debaxo,
como eftà dicho: y parece con vna linea debaxo, empieza à mul-

tiplicar con la primera letra del multiplicador, las dos de la mul-   5 2
tiplicacion, diziendo, feis vezes dos, ù dos vezes feis doze, fenta-   1 6
ràs lo que fobra de los diezes , y llebaràs tantos como diezes hu-   ————
viere, y puefto que fon doze affienta dos, y llebas vno. Profigue   2
con el mifmo feis à la fegunda letra de arriba , diziendo,

feis vezes cinco treinta, y vno que llebas es treinta y vno,   5 2
*Nota.*fentarlehas debaxo del cinco, y llebas tres: y porque no ay   1 6
mas en la multiplicacion , affentaràs los tres azia la ma-   ————
no izquierda con el vno, como parece. Y nota, que fi en   2
la multiplicacion huviera mas letras , que avias de ir

multiplicando con el feis, hafta que fe acabaran. Buelve   5 2
con el vno del multiplicador à multiplicar la multipli-   1 6
cacion, diziendo , vna vez dos dos, affientale debaxo de   ————
la letra del multiplicador , multiplica la fegunda letra,   3 1 2
que es cinco, diziendo, vna vez cinco cinco, fentarlehas

àzia la mano izquierda , como parece, y abràs acabado.   5 2
Refta el fumarlo para faber lo que monta el producto,   1 6
y lo haràs como diximos en el capitulo 3. del fumar, y   ————
hallaràs que monta 832. y tanto valen cinquenta y dos   3 1 2
fanegas de trigo à diez y feis reales. Otro exemplo. Su-   2
pongo te piden digas quantos maravedifes hazen tan-

tos ducados, ò tantos reales. Para efta quenta es necef-   5 2
fario fepas los maravedifes de vn ducado , que fon 375.   1 6
*Nota.*y de vn real , que es 34. Nota , que defta quenta no fe   ————
puede hazer de mas menos , fino de menos mas , que por   3 1 2
efto fe llama multiplicacion , que es lo mifmo que au-   5 2
mentar. Supongo que te piden digas 1054. ducados quan-   ————
tos maravedifes hazen, fentarlos has como parecen, que   832   *Producto.*
es lo que fe ha de multiplicar : y por que vn ducado va-
le 375. maravedis, fentarloshas debaxo, empezando de las vnidades, hafta do llegaren, echa vna linea debaxo, y empieza à

multiplicar con la primera letra del multiplicador , que es cin-   1054
*Nota.*co. Y nota, que fi fuera cero folo, con poner vn cero debaxo de fi   375
quedan multiplicadas las letras que tuviere la multiplicacion:
otros vàn multiplicando el cero , y todos los que falen los vàn   1054
affentando , y fe efcufan con lo dicho; y fi el cero eftà defpues de   375
la primera letra, con affentar lo que llevas queda multiplicado.   ————
Multiplica, como eftà dicho, cinco por quatro, que fon veinte,   0
fienta el cero debaxo del cinco, y con el mifmo multiplica la   1054
fegunda letra, que es cinco, teniendo cuenta con los dos que   375
llevas, cinco vezes cinco veinte y cinco , y dos que llevas veinte,   ————
y fiete , affientale àzia la mano izquierda junto al cero à plo-   72

mo , ò en derecho de las de arriba , y llevas otras dos. Passa
al cero , y harás lo dicho , que es sentar lo que llevas, que es
dos , arrimado al siete , y en derecho del mismo cero. Prosigue al vno con el cinco , y di , vna vez cinco es cinco , sentarlehas junto al dos. Y porque acabaste de multiplicar la
primera letra del multiplicador , con todas las de la multiplicacion , passa à la segunda , que es siete , y con èl comien-
za à multiplicar de nuevo todas las de arriba , diciendo , siete veces quatro veinte y ocho , assienta el ocho debaxo del
siete , y llevas dos. Passa al cinco , siete veces cinco treinta y
cinco , y dos que llevas treinta y siete , sienta el siete , como
parece , y llevas tres , multiplica la tercera letra , que es cero,
y segun lo dicho sentarás el tres al lado del siete ; prosigue
la postrera letra , que es vna , que multiplicada por siete es
siete , sientala junto al tres , y avrás acabado con la segunda
letra del multiplicador. Multiplica la tercera letra , que es
tres ; por toda la multiplicacion , como las passadas , tres veces quatro doce , sentarás el dos debaxo del tres. Y nota,
que si muchas mas letras huviesse , avian de guardar este
mismo orden en su asiento , y en lo demàs : sentado el dos,
llevas vno , y multiplica por el tres el cinco , que es segunda
letra de la multiplicacion , y monta quince , y vno que llevas diez y seis , sienta el seis despues del dos , y llevas vno , y
pues que es cero la siguiente letra , sentarás el vno que llevas despues del seis , y passa à multiplicar el vno por el tres,
que es lo mismo , assientale despues del vno , y assi avràs acabado de multiplicar los 1054. por 375. sumalo por el capitulo 3. y hallarás que la cantidad de ducados dicha , reducidos à maravedis , montan 395250. y lo mismo diràs que
montan si fueran fanegas de trigo , ò varas
de paño , siendo la misma cantidad en varas,
y precio. La prueba real , segun Euclides , lib.
7. difin. 9. es , que se parta el producto por
vno de los dos numeros multiplicados , y vendrà el otro ; y no siendo assi , no està bien el
exemplo : multiplica catorce por ocho , saldrà el producto ciento y doce , parte estos
ciento y doce à catorce , y saldrà el vno de los
dos , que es el ocho , y al contrario , parte los

1054
375
———
5270
7378
3162
———
395250

ciento y doce à ocho , y saldrà el otro numero , que es el catorce. Esto se
harà por la quenta que adelante pondrèmos del partir por entero. La que
es prueba mas facil para esta quenta , es , fuera de los nueves , por la Cruz.
Exemplo : Haz vna Cruz al lado de la quenta , y de la multiplicacion saca
lo que ay fuera de los nueves , que son , vna , y cinco
seis y quatro diez , fuera de los nueves vna , assientale
sobre la Cruz , saca en el multiplicador lo que ay fuera de los nueves , que son tres , y siete diez , fuera de
los nueves vna , y cinco seis , assienta el seis debaxo
de la Cruz , y multiplica vn numero por otro de los
dos que salieron , y de la multiplicacion saca lo que
huviere fuera de los nueves , y assientalo en vno de
los brazos de la Cruz , y en la suma si està bien , sacaràs otro numero semejante à este , para estàr bien la
quenta , y puesto que multiplicando seis por vno no montan mas que seis , otros
seis,

[right margin calculations:]
9
1054
375
———
270

1054
375
———
5270

1054
375
———
5270
8

1054
375 *Nota.*

5270
7378

1054
375

5270
7378
2

1054
375
———
5270
7378 *Eucli-*
362 *des.*
Prueba
real de
multipli-
car.

1054
375
———
5270
7378
3162
———
395250

feis ha de falir en la fuma fuera de los nueves, y fiendo afsi eftará la quenta bien; y fino eftá falfa, y has menefter tornarla à hacer hafta que falga bien. Nota, que los que han de falir iguales fon los numeros de los brazos, y eftos fe facan, como eftà dicho, el vn numero de lo que fobra de los nueves de la multiplicacion, y del multiplicador, y el otro de la fuma, y faliendo afsi eftará la quenta ajuftada, y afsi harás las femejantes.

CAPITULO VI.

TRATA DE LA QUARTA REGLA DE LA ARISMETICA, que dicen Medio partir.

Vnque fe nombra efta regla con nombre de Medio partir, propiamente es lo mifmo que partir por entero; y afsi, efta es la caufa de que muchos no dàn mas que quatro reglas generales, el comun las divide en cinco, fundandofe en que efta regla de medio partir firve hafta el numero diez, llamado digito, del qual tratamos en el capit. 2. Mas aunque la diferencia en el nombre, es lo mifmo, y lo que fe hace con efta fe puede hacer con la otra; y lo que con la otra, con efta, mas figuiendo el comun la pondrè diftinta. Es fu fin de efta quenta el partir, ò dividir en partes iguales vn numero propuefto. Efta regla tiene, como diximos en el capitulo paffado en la prueba real, luz fuficiente dada de Euclides, y afsi feguirèmos fu particion. Puede ofrecerfe que te pidan partas vn numero menor à otro mayor. Exemplo : Pidente partas tres à fiete, en tal cafo, harás la particion fentando el fiete abaxo, y el tres encima, que quiere decir, que les cabe à tres feptimos, como parece, dividiendolos con vna linea. Quando te pidieren que partas à dos, no es otra cofa fino que partas la mitad, ò que lo dividas en dos partes iguales; y pues en fu exercicio fe conocen las dificultades, en los exemplos que fe figuen quedaràn advertidas. Y afsi, fupongo que te piden partas quatrocientos y cinquenta à tres compañeros, fentarloshas como parece, con vna linea debaxo, y que divida la particion del partidor. Partidor fe llama à quien fe parte, y particion lo partido; en cada letra de la particion has de mirar quantas vezes cabe el partidor. Diciendo afsi, quatro en tres cabe à vno, y fobra otra, fentarás la que cabe debaxo de la mifma letra, y lo que fobra encima, como parece; y fi la letra de la particion fuera menor que la del partidor, como fi fuera dos, en tal cafo, juntaràsla con la fegunda de adelante, como defpues conocerás; el vno que fobrò juntarás con el cinco de adelante, diciendo, quince en tres cabales à cinco, tres vezes cinco quince, à quince no và nada : efto has de notar con ceros, fentandolos fobre el mifmo quince, como parece. La letra figuiente es cero, y afsi nada, en tres cabe à nada, fentaràs debaxo del cero otro, y afsi avràs acabado. Y partiendo quatrocientos y cinquenta à tres, dirás les cabe à ciento y cinquenta, y no fobra nada : y en cafo que fobrare, te avràs de aver como diximos, partiendo vn menor numero à otro mayor, que el mayor affentarás debaxo, y el menor arriba, como en efte capitulo queda dicho, y afsi te avràs en las femejantes. Nota, que lo que cabe al partidor

(marginal notes:) Nota.

Medio partir q̃ es

(right column figures:)

3
——
7.

3|450.
——
x
3|450
——
x
o
10
3|450
——
15
o
10
3|450
——
150
Cociente.

tidor se llama Cociente. Otro exemplo: Parte siete
mil y ochenta y quatro à ocho, sentarloshas como
queda dicho, y parece: sigue, como queda dicho, mirando si cabe en la particion el partidor, y sino, acom-
pañala con la de adelante; y porque en el exemplo
presente la primera letra es siete en la particion, y el
partidor ocho, por tanto diràs, que siete en ocho no
les cabe, y assi assentaràs vn cero debaxo, y acompa-
ñando el siete con la siguiente letra, puesto que es cero, seràn setenta, y assi
diràs, setenta partidos à ocho, cabeles à ocho, porque ocho veces ocho, sesenta y quatro, à setenta vàn seis, sentarloshas sobre el cero, y llevas siete,
à siete no và nada, y el ocho que cupo, debaxo del cero, co-
mo parece: assentaràs vn cero sobre el siete que denota estàr
yà partido el siete, y el seis, que està encima, lo que sobra de
los setenta, y assi juntando el seis con la siguiente letra, que
es ocho, seràn sesenta y ocho, partidos à ocho, les cabe à
ocho, porque ocho veces ocho sesenta y quatro, à sesenta y
ocho vàn quatro, sentarlehas sobre el ocho, y lo que cupo, que
es ocho, debaxo, lleva seis, à seis no và nada, y assi sentaràs
vn cero sobre el seis. Prosigue con lo que sobrò, que es quatro, y juntale con la siguiente letra, que tambien es quatro,
que montan quarenta y quatro; y assi di, que quarenta y quatro partidos à ocho, les cabe à cinco, porque cinco veces
ocho quarenta, à quarenta y quatro vàn quatro, sentarlehas
encima de la letra postrera, que es quatro, y el cinco que
cupo, debaxo, llevas quatro, à quatro, que es el numero que
causò el quarenta, no và nada, y assi pondràs vn cero, como
en las passadas, y avràs acabado. Y diràs, que partir siete mil
ochenta y quatro à ocho compañeros, les cabe à ochocientos y ochent, y sobran quatro, que abreviados (como adelante diremos) es vn quarto à cada vno: si es real, la
quarta parte de real mas, y si de ducado ducado, como parece, y assi haràs las semejantes. La prueba real de esta quenta
se hace por multiplicar, en esta forma: Debaxo del Cocien-
te , ù de lo que cupo, echaràs vna linea como parece, y con el partidor le
iràs multiplicando: y si el producto viniere igual, y correspondiente con la
particion, señal es que la quenta està buena, como en la presente conoceràs: ocho veces cinco quarenta, y quatro que
sobraron, porque lo que sobrare para las pruebas se ha de juntar, y assi son quarenta y quatro, assienta el quatro debaxo
del cinco, y llebas quatro, y multiplica la siguiente, que es
ocho por el ocho, y montan sesenta y quatro, y quatro que
llebas sesenta y ocho, assienta el ocho debaxo del ocho, y
llebas seis: multiplica la tercera letra, que es ocho, por el
ocho, y montan sesenta y quatro, y seis que llebas setenta, assienta vn cero debaxo del ocho, y el siete que llevas despues, Y
porque el producto que sale de la multiplicacion del Cociente, ù del partidor, està igual con la particion, por tanto diràs
estàr la quenta bien hecha, y assi haràs las semejantes ; y sino
saliere igual, haràs de nuebo la quenta, hasta que salga con
la prueba. Si se pidieren partas qualquiera particion à diez
compañeros, lo partiràs con solo quitar à la cantidad propuesta la vnidad, que lo restante cabrà à cada compañero.
Exemplo. Pidente partas ocho mil docientos y cinquenta y
qua-

817084.

817084
——
0

66
817084.
——
08

a
064
817084
088

00
0644
8 | 7084
——
0885. 4   *Prueba real.*

8 | 0885
  | 4

8 | 0885
  |
  0885
  ——
  7084

8 | 0885.
  |
  7084

quatro, à diez compañeros: hemos dicho, que que quites la vnidad, que es quatro, quedan ochocientos y veinte y cinco, y   10182574
à tantos les cabe à cada compañero, y sobran quatro, como
por la prueba mejor conocerás. Otro exemplo: Pidente par-
tas estos mismos à cien compañeros, y porque en el partidor ay tres letras qui-
tà las dos de la partición, y assi quedarán ochenta y dos, que es lo que le cabe
à cada compañero de los ciento, y sobran cinquenta y quatro: y de este modo te
avràs, aunque te pidan partas à mil compañeros, ò à mas, quitando tantas letras de la partición, como las que añadieron al partidor, porque si es diez el
partidor, se quita en la partición la vnidad; y si ciento, la decena; y si millar,
la centena. Lo dicho conocerás ser assi por la prueba, multiplicando, como
está dicho. Nota, que en esta quenta se exercitan el restar, y el multiplicar,
porque restar es, quando dices, de sesenta y quatro à setenta vàn seis; y multiplicar quando dices, ocho veces ocho: y mas se exercita el multiplicar haciendo la prueba.

Nota.

CAPITVLO VII.

TRATA DE LA QUINTA REGLA DE ARISMETICA,
que dicen partir por entero.

Partir que es.

EN el capitulo antecedente diximos, que esta quenta, y la passada, era
toda vna, como en ella se conocerà: y assi es su fin el dividir, ò partir
en partes iguales vna cantidad propuesta, y el buscar quantas veces caben los
compañeros en la partición: mas aunque vna, guarda diferentes preceptos,
porque esta no tiene limite en su partición, sino que se estiende à toda cantidad. En el assiento guarda esta orden: assienta la partición que huvieres
de partir, à la larga, como parece, en 2582. y junto à la vnidad echa vna linea, que divida de la partición lo que le cabe, ò Cociente, à   2582
cada compañero, estendiendo la linea à la larga, como parece, sobre la qual assentaras lo que cabe, como está dicho, y
los compañeros, ò partidor, como si fuessen à catorce, se
assentaran debaxo de las primeras letras de la mano izquier-

Nota.

da, como demuestran los catorce. Nota, que si el número   2582 I
primero de la partición fuere menor que el primero del par-   14
tidor, que en tal caso mudaràs el partidor vna letra adelante: y
si fueren las dos mayores, siendo el partidor de tres letras, le has de mudar, como mejor conocerás en su exercicio. Y para el supongo te pidan
partas la cantidad propuesta à los catorce, parte diciendo, dos en vna cabe

Nota.

à vna. Nota, que en la partición has de tener atención, à que de las letras
que están encima, ha de caber à las letras de la partición. Esto
entenderás mejor con el exercicio. Diximos cabía à vna,   1
assientale sobre la raya hecha, diciendo, vna vez vna vna,   2582   1
à dos và vna: assientale encima del dos, y al vno cruza-   14
le, en señal de que está pagado, diciendo, à vno pagado:

Por.

multiplica el vno que cupo por el quatro, porque en es-   11
ta quenta la primera se parte, y las demàs se multiplican   2582   1
por lo que cupo, y monta quatro, diciendo, à cinco và vna: 14
assientale sobre el cinco, y haz vna raya en el quatro, dicien- 11
do, à quatro pagado, y hallarás aver partido los veinte y cin-   2582   1
co à catorce, y les cupo à vno, y sobran once. Passa adelan-   144
                                                                 582   1

te , y el partidor afsientale vna letra adelante , porque fiempre que ayas partido has de adelantar el partidor vna letra,
como parece , guardando en fu afsiento la mifma orden que
al principio. Mira lo que eftà encima del vno , que fon once
y di , once en vno cabeles (podrias decir) à once , mas como
fe ha de entender à la poftrera letra del partidor , por effo iràs
bufcando la que mas le conviene : fi dices que les cabe à diez,
tampoco , fi à nueve , menos , y es la razon , porque de nueve à
once vàn dos , pues multiplicando el nueve por el quatro,
monta treinta y feis , no ay encima del quatro fi veinte y ocho,
por tanto no les cabe , à ocho fi , porque vna vez ocho , ocho,
à once vàn tres , afsientale fobre el vno , y di , à vno pagado , y llevas vno : quien le faca de vno , no queda nada , affentaràs vn cero fobre el otro vno de la particion , y afsienta el ocho que cupo fobre la linea , como parece : multiplica
el quatro por el ocho , que monta treinta y dos , y di , que à
treinta y ocho (que es lo que el quatro tiene encima) vàn feis
afsienta el feis fobre el ocho , y llevas tres , quien le faca de
tres , no và nada , haz vn cero encima del tres , y di , que à quatro
zro pagado. Adelanta el partidor , como eftà dicho , otra letra , y
mira lo que tiene encima , que es feis , di , que feis en vna , ni
les cabe à feis , ni à cinco , por la fegunda letra del partidor,
mas cabràles à quatro , vna vez quatro , quatro , à feis vàn
dos , afsienta el quatro en fu lugar , y el dos fobre el feis , y di,
que à vno pagado ; multiplica el quatro por el quatro , y feràn
diez y feis , à veinte y dos vàn feis , afsientale fobre el dos , llevas dos , quien los faca de dos no queda nada , afsienta fobre
el dos vn cero , y di , que à quatro mil quinientos y ochenta
y dos , à catorce compañeros , les cabe à cada vno à ciento y
ochenta y quatro , y fobran feis , como parece. Otro exemplo. Pidente partas treinta y quatro mil y fefenta y ocho , à
trecientos y fetenta y cinco compañeros , affentarloshas,
como queda dicho , y parece : tira la linea donde has de affentar el cociente , efto afsi , mira fi las letras de la particion
fon mayores que las del partidor , como queda dicho ; y
porque fon menores , adelantaràs vna letra al partidor : hecho efto di , treinta y quatro en tres , cabeles à nueve , porque
tres veces nueve veinte y fiete , à treinta y quatro vàn fiete , afsienta el nueve en fu lugar , que es el del cociente , ò
lo que cabe , y el fiete que fobra fobre el quatro , llevas tres,
quien las faca de tres no queda nada , afsienta vn cero fobre
el tres , y di , que à tres pagado , y cruza el tres del partidor :
multiplica el fiete por el nueve , que monta fefenta y tres , à
fefenta que tiene encima vàn fiete , llevas fiete , quien las
faca de fiete no và nada à fiete pagado , fobre el cero afsienta el fiete que fobra , y fobre el fiete que causò los fefenta
el cero , y cruza el fiete de abaxo del partidor ; multiplica
mas el cinco por el nueve , que montan quarenta y cinco,
à quarenta y feis ; porque aunque fon fetenta y feis , no
has de tomar mas de lo neceffario , que lo que fobra quedarà encima , como al principio ayas mirado , que la particion fea jufta , como en efta lo es , afsi que quarenta y cinco à quarenta y feis và vno , afsientale fobre el

B   feis

05	
11	
2582	18
144	
1	
0	
03	
116	
2582	18
144	
1	
0	
03	
216	
2582	
1444	18
11	
0	
032	184
1166	
1582	
1444	
11	
00	
032	184
1166	
2582	
1444	
11	
34068	
375	
07	
34068	19
0	
077	
34067	19
375	
03	
0771	
34068	9
375	

ſeis, llevas quatro; quien las ſaca de ſiete vàn tres, ſentarle
has ſobre el ſiete à cinco pagado, Adelanta el partidor, como eſtà dicho, y porque los numeros que tiene encima la particion, que ſon trecientos y diez y ocho, à trecientos y ſetenta y cinco no les cabe à nada, aſſentaràs vn cero deſpues del
nueve, y avràs acabado, y diràs que les cabe à noventa cada
vno, y ſobran trecientos y diez y ocho. Eſtos ſe pueden reducir à menor quantia, y tomarlos à partir, y ſino te avràs
en ellos, como diremos en los quebrados; y aſſi haràs las ſemejantes. Otro exemplo, Supongo quieres partir trecientos y quarenta mil ochocientos y ſeſenta, à trecientos y
ochenta, aſſentarloshas, como queda dicho, y parece: mira
lo que dixi nos arriba, que ſiendo menor las letras de la particion, que las del partidor, que las adelantes vna letra, y aſſi empieza tu particion, diciendo, treinta y quatro en tres
hallaràs que no les cabe à nueve por la ſiguiente letra del
partidor, mas cabeles à ocho: aſſentaràsle en ſu lugar, diciendo, tres veces ocho veinte y quatro, à veinte y quatro no
và nada, aſſienta vn cero ſobre el quatro, y lleva dos, quien
los ſaca de tres queda vna, aſſentarla has ſobres el tres, y cruza el tres de abaxo, diciendo, à tres pagado. Multiplica el
ocho del partidor por el que tupo, y montaràn ſeſenta y
quatro. Nota como nos avemos aqui, que es vna de las
dificultades del partir, y no la menor. Decimos que ſon
ſeſenta y quatro, encima tiene ciento, ò tres letras. La ſalta
que ay en las dos ſuple la tercera, que de ordinario es centena; y aſſi, pues ſon ſeſenta y quatro, di que à ſeſenta, porque ſon dos ceros, que ſi tuvieran valor aprovecharaſte dèl,
ſuplicando como eſtà dicho lo que le faltara la tercera letra,
de ſeſenta y quatro à ſetenta vàn ſeis, aſſienta el ſeis ſobre
el primer cero, llevas ſiete, quien las ſaca de diez vàn tres,
aſſientale ſobre el otro cero, y llevas vna, quien le ſaca de
vno no queda nada aſſienta ſobre el vno el cero, como parece; y porque la tercera letra del partidor es cero, y por ſi
no multiplica, como queda dicho, Ein el cap. 2. adelantaràs
el partidor otra letra mas parte treinta y ſeis à tres, cabeles à
nueve, aſſientale ſobre la raya, di tres veces nueve veinte y
ſiete, à treinta y ſeis vàn nueve, aſſientale ſobre el ſeis, y llevas
tres, quien le ſaca de tres no queda nada; ponle encima vn
cero, y di à tres pagado, multiplica el nueve por el ocho, que
ſuma ſetenta y dos, à ſetenta y ocho vàn ſeis, ponle ſobre el
ocho, lleva ſiete, quien le ſaca de nueve; quedan dos, aſſienta
le ſobre el nueve à ocho pagado, Adelantaràs el partidor vna
letra mas; y parte veinte y ſeis à tres, cabeles à ſiete, porque
tres vezes ſiete veinte y vna, à veinte y ſeis vàn cinco, à tres
pagado llevas dos, quien las ſaca de dos no queda nada, aſſienta vn cero encima del dos: multiplica el ocho por el ſiete, y monta cinquenta y ſeis, à cinquenta y ſeis no và nada,
aſſienta vn cero ſobre el ſeis, y otro ſobre el cinco, y di à
ocho pagado; y aſſi avràs acabado, y diràs, que partiſt
340860. entre trecientos y ochenta compañeros, les cabe à
cada vno à 897. y no ſobra nada, y aſſi haràs las ſemejantes. La prueba real deſta quenta es como la paſſada, multiplicando el cociente por el partidor, y ſaldrà la ſuma igual con

```
  0
 020
0395
106600
34086
28000
 388
   3
```

897

la particion, como en las tres quentas passadas ha de ras ser assi, y no siendo, es señal que la quenta no está verdadera, y assi de nuevo tornará, hasta ajustarla. En los exemplos passados se cifran las dificultades que desta quenta se pueden ofrecer. Si quisieres mas abundantes principios destas cinco reglas, lee à Moya en sus obras, lib. 2. Mas esto bien entendido, se basta à qualquiera Maestro.

Moya.

CAPITVLO VIII.

TRATA DE ALGUNAS COSAS PERTENECIENTES à quentas de quebrados.

EN las medidas de ordinario se ofrecen quebrados; y puesto que los Maestros las hacen, bien es sepan, fuera de que de suyo su delicadeza combida à su inteligencia. Para lo qual trataremos resumidamente de lo necessario, y antes de passar adelante es bien sepas su assiento, el qual es; sobre vna raya assentaràs el quebrado, y el todo de que se formò el quebrado debaxo; porque como dice Euclides, propos. 4. del 7. todo numero menor es parte, ò partes del numero mayor: mayor es el que està abaxo, que denota el entero, mas parte es del entero el que està arriba. Exemplo. Para assentar tres quartos assentaràs los tres arriba, y el quarto abaxo, como parece. Estos se nombran numerador, y denominador, que quiere decir, que el numerador solo nombra el numero, ò cantidad que està sobre la raya, y el numerador: y la accion del denominador es, el declarar el ser de lo que nombrò el numerador. Queda dicho en la proposicion de Euclides, que el quebrado es de la specie del entero. Para sentar vn medio, assienta vno encima de la raya, y dos debaxo: dos tercios se assientan assi, tres quintos assi; y deste modo los restantes. Entendido esto se sigue el saber abreviar vn quebrado à menor cantidad, y no porque se abrevie se disminuye, que en el mismo ser, y proporcion se queda, como se infiere de la 12. propos. del 7. de Euclides, que dice: Si de dos numeros, segun sus proporciones, se apartan dos numeros, serà proporcion igual lo que sobra à lo que sobra, como proporcion del todo al todo. Exemplo de lo dicho, quatro ochavos de vna cosa abreviados, vendràn à ser medio, y tanto valdràn quatro ochavos de ducado, como el mismo medio ducado, assi que queda assentado, que no se disminuye, aunque se abrevie, importa el saber abreviar vna cantidad, à otra menor cantidad: en el numero que se abrevia se ha de saber si tiene mitad, ò tercia, ò quarta, &c. assi en el numerador, como en el denominador, que en qualquiera cantidad que quede estarà bien. Exemplo, abrevia seis dozavos, que quiere decir, parte, ò partes de vna cosa para abreviar, estos los assientas, como està dicho, y miraràs si ay sexta parte en el seis y doce, y visto que si, assentaràs vno sobre el seis, diciendo, la sexta parte de seis vno, la sexta parte de doce dos, que es medio, y tanto vale seis dozavos de vna cosa, como medio de la misma. Otro exemplo abrevia diez, y seis de sesenta, y quatro avos, diciendo, la mitad de diez y seis ocho, assientale sobre el seis; la mitad de sesenta y quatro, treinta y dos, assientalos debaxo de los sesenta y quatro: abrevia mas, la octava parte de ocho es vna, assientala sobre el ocho: la octava parte de treinta y

| 3 | *Numerador* |
| 4 | *Denomin.* |

Euclid.

1	2	3
2	3	5

Euclid.

$$\frac{6}{12}$$

$$\frac{1}{2}$$

$$\frac{16}{64}$$

$$\frac{8}{}$$

B 2   dos.

dos , quatro , afsientale debaxo del dos , y avràs acabado , y ſe   8
rà vn quarto ; y tanto vale al quarto , como diez y ſeis de ſe-   16
ſenta y quatro avos. Quando el numero que huvieres de   ——
abreviar fuere grande , como lo es abreviar trſſcientos ſeten-   04
ta y ocho , de ochocientos ſeſenta y nueve avos , guardaràs   32

Euclid. la regla que dà Euclides prop. 2. del 7. donde dize : Propueſtos   1
dos numeros igualmente compueſtos , el mayor numero co-   8
mun halla contando à los demàs , de adonde conſta , que to-   18
do numero que numera dos numeros , numerando numera   ——
el numero mayor que numera à los dos , ò à entrambos , que   04
es lo miſmo que de los dos propueſtos , ſe vaya reſtando el   32
vno del otro , haſta conocer ſu fin : y ſiendo en   4

7 2   la vnidad , eſte tal numero no ſe puede abre-
——   viar , mas ſiendo la vltima reſta la que mide à   678
1 3 2   la otra , ſe puede abreviar. Exemplo. En el nu-
060   mero propueſto vè reſtando vno de otro por la   809
——   regla del reſtar , de que tratamos cap. 4. y ha-
072   llaràs que ceſſa ſu reſta en la vnidad , y aſsi eſ-   6-8
60   te ral numero no ſe puede abreviar. Otro exem-
——   plo. Abrevia ſetenta y dos de ciento y trein-   869
1 2   ta y dos avos , conoce ſi ſe puede abreviar por
——   la regla dada , y conoceràs como viene à me-
4 8   dir el vno al otro , y aſsi diràs ſi ſe puede abre-   36
1 2   viar. Conocido ſi ſe puede abreviar , mira ſi   72
——   tiene el vno , y otro numero tercio , ò mitad ,   ——
36   ò quarta ; y pues tiene mitad , abrevia , dicien-   1 3 2
1 2   do , la mitad de ſiete , tres ; la mitad de doce , ſeis ,   66
——   ſon treinta y ſeis , ſaca la mitad de abaxo , que   ——
2 4   es ſeſenta y ſeis , mira ſi ſe puede abreviar mas ,   6
1 2   y hallaràs que ſi , porque tiene ſexta ; y aſsi   36
——   diràs , que la ſexta parte de treinta y ſeis es   ——
4 2   ſeis , y la ſexta parte de ſeſenta y ſeis es once ,   66
              y aſsi formaràs tu quebrado , diciendo , ſeis de   2 1

once avos , y tanto valen ſeis onzavos de vna coſa , como de la miſma , ſetenta
Nota. y dos de ciento y treinta y dos avos. Nota , que ſe conoce ſi vn numero ſe puede abreviar vno tambien por partir , partiendo el vno al otro ; y ſerà lo miſmo , no haciendo caſo de lo que cabe à la particion , y el numero que fuere
abreviado , quedando en la cantidad que quedare , no ſe podrà abreviar
Euclid. mas , ni por vna , ni otras reglas , como ſe infiere del 7. de Euclides , propoſ.
23. que dice , que todos los numeros contra ſi primos , ſon ſegun ſu proporcion
minimos. Entendidas eſtas dificultades , ſe ſigue el ſaber el valor del quebrado , y para eſte conocimiento es eſta ſu declaracion , y es , que multipliques el
entero de do ſaliò el quebrado por el numerador , y partele por el denominador , y lo que ſaliere ſerà ſu valor ; porque como queda dicho , todo numero menor es parte , ò partes del mayor. Exemplo de lo dicho , quatro quintos de ducado que valor tendrà , ò quatro quintos de real , ù de vara , ù de tercia , ſea lo
que quiſieres , importa ſepa las partes en que ſe divide qualquie-   4
ra de las coſas dichas ; porque el ducado ſe divide en trecientos y   ——
ſetenta y cinco maravedis , el real en treinta y quatro , la vara ſe   5
Partes divide en tres tercias , quatro quartas , ſeis ſeſmas , ocho ochavas ,
aliquo- la tercia ſe divide en quatro quartos , en doce pulgadas , y diez y
tas. ſeis dedos ; y aſsi ſi te piden el valor de quatro quintos de vara , haz como
eſtà dicho , mira las partes aliquotas de vara , que ſon quarenta y ocho , porque tres tercias à diez y ſeis dedos , ſon quarenta y ocho , que es el numero menor en que eſtà dividida , multiplica por el numerador , y monſrà

cien-

ciento y noventa y dos : parte por el denominador , y valdrán
los quatro quintos de vara , treinta y ocho dedos y dos quintos de dedos : y si lo haces por quartos , que es cantidad mayor , pues tiene vna vara doce quartos ; multiplicando , como
la regla diez , y partiendo , valdrà quatro quintos de vara , nueve quartos de la misma vara , y mas tres quintos de quarto , y
deste modo harás las semejantes. Resta sapas de dos quebrados qual es mayor, y supongo te pidan qual es mas, tres quartos
de vna cosa , ò cinco ochavos de la misma , assientalos , como
parece , multiplica el numerador del vno , por el denominador
del otro , como la Cruz señala , diciendo , quatro vezes cinco
veinte , assientalos sobre el cinco : multiplica el otro , tres vezes ocho veinte y quatro ; y por que el numero veinte y quatro
que està sobre los tres quartos es mas que el numero veinte que està sobre los cinco ochavos , por tanto dirás ser mas
tres quartos de vna cosa , que cinco ochavos de la
misma : mas si salieren iguales, serán de vn mismo valor , y assi conoceràs el valor de todo quebrado, y haràs las semejantes. Antes de sumar ha de preceder la
reducion à vna comun denominacion , la qual obraràs en esta forma. Primero es bien saber què es reduccion , reduccion es traer vno , ò mas quebrados à vna
comun denominacion , como en el exercicio mejor
conoceràs ; para reducir tres quartos , y cinco ochavos , harás lo siguiente, assientalos, como parece, multiplica vn denominador por otro, que son treinta y dos,
sentarloshas entre los denominadores , y este numero
es comun denominador : multiplica el vn denominador por el numerador, y assienta los productos encima
y diràs, que treinta y dos es el comù denominador destos dos quebrados, y ò tanto valen decir veinte y quatro, treinta y dos avos, como tres quartos, y cinco ochavos, como veinte, treinta y dos avos , como se infiere
del 7. de Euclides, propos. 18. que dice: Si se parte vn
numero en dos, tanto serà vno de los dos producidos,
ò valdrà tanto el vno para el otro , quanto de los dos
multiplicados el vno para el otro, que es lo mismo que
està dicho ; porque la proporcion que ay entre las cantidades que fueron multiplicadas , avrà entre las que
fueren producidas. Exemplo. Seis , y quatro estàn en
proporcion , sesquialtera : multiplica dos por quatro,
producen el vno veinte y quatro , y el otro diez y
seis : y la proporcion que ay de quatro à seis , ay de
diez y seis à veinte y quatro , como queda probado.
La prueba de lo dicho se hace , tornandolo à abreviar
diciendo , la quarta parte de veinte , cinco, y la quarta parte de treinta y dos , ocho , que salen cinco ochavos , y lo mismo harás en los tres quartos, y deste modo harás las semejantes. Puede ofrecerse esta misma,
siendo enteros con quebrados , en tal caso assentarloshas como parece ; suponiendo te piden , que à quatro enteros , y tres ochavos , y cinco sesmas , les des
vna comun denominacion. Esto harás , como se sigue,
reduce los enteros à quebrados , multiplicando los

B 3   en-

18   Arte , y vso

enteros por el denominador , porque el denominador es entero , de tal modo , que si el numerador fuera igual con el denominador, no fuera quebrado , pues
como digo , multiplicando el quatro por el ocho , suman treinta y dos , y añadiendo el quebrado , que es
tres , ó lo que fuere, montando lo dicho treinta y cinco. Nota, que este producto son ochavos , y assi los
assentarás , y porque en el otro quebrado no ay entero , le baxarás igualmente al assiento , como parece.
Multiplica , como en la passada , el denumerador por
el denumerador , y montará quarenta y ocho , assientale en su lugar , que este es el comun denominador:
multiplica el denumerador del vno , por el numerador del otro , y montarán quarenta , y docientos y
diez : y assi dirás , que tanto valen docientos y diez,
quarenta y ocho avos , como quatro enteros , y
tres ochavos , y que tanto vale quarenta , y ocho
avos , como cinco sesmas , como queda probado. La
prueba se hace , como queda dicho en el exemplo passado , abreviando, porque la octava parte de quarenta , es cinco , y la octava parte de quarenta y ocho , seis,
que es las cinco sesmas ; y porque essotro quebrado
fue reducido con enteros , para la prueba partirás los
docientos y diez por el comun denominador , que es
quarenta y ocho , saldrá al Cociente quatro , y sobra-
rán diez y ocho de quarenta y ocho avos , que abreviados montan los tres ochavos , y esta es su prueba.
Quando te suceda que à los dos quebrados acompañen enteros , te avràs como con el vn quebrado con
su entero , y en la prueba , como te huviste en la passada. Para hallar el comun denominador à muchos
quebrados , guardarás lo siguiente. Supongo que te
piden dès el comun denominador à vn medio , y à tres
quartos , cinco sesmas ; dos tercios , cinco ochavos, y
seis dozavos , y mas si mas pidieren : assentarlos has
como parecen : mira si los denominadores se pueden
dividir vnos à otros justamente , y el que pudiere le
borrerás con vna rayta , mas los que no se pueden dividir los multiplicarás vnos por otros, y el producto de
todos es el comun denominador : y puesto que estos
se pueden dividir , supongo que no , multiplica el dos
por el quatro , que es ocho , y el ocho por el seis, que
es quarenta y ocho; estos por el tres , son ciento y quarenta y quatro, y deste modo hasta el vltimo; y el producto (como està dicho) es el comun denominador ,
donde se hallará mitad , tercia , y quarta &c. Mas pues
conoces se pueden dividir , vè dividiendo , y borran-
do , diciendo , por el medio que el dos divide al quatro , y el quatro divide al ocho , el tres al seis , y el seis
al dozavo, y assi estàn todos divididos, y porque en el
dozavo no ay ochava , multiplicarás el dos por el dozavo, que es veinte y quatro , sentarlehas , como parece , y en este numero hallarás mitad , quarta , tercia,
y sexta , y los demàs numeros , y assi los iras buscan-

Nota.

Comun denomi-nador.

49

do, diciendo: La mitad de veinte y quatro doce, sentarlehas sobre el medio. Nota, que el ir buscando el numero, es mirar las veces que cabe el denumerador
en el numero comun, y por el numerador multiplicarle, y lo que fuere el producto sentarlo encima, y assi mira las veces que cabe el quatro en el veinte y quatro, que es seis, multiplicados por el tres
es diez y ocho: las veces que cabe el seis
son quatro, multiplicados por el cinco
son veinte: las veces que cabe el tres son
ocho, multiplicados por el dos son diez
y seis: las veces que cabe el ocho son tres,
multiplicados por el cinco son quince:
el dozavo entre dos, multiplicados por
el seis son doze, y de este modo iràs procediendo en todos los que huviere, y assi diràs ser numero comun veinte y quatro, y que valen tanto doze veinte y quatroavos, como un medio, y diez y ocho
veinte y quatroavos, como tres quartos, y lo mismo diràs de las demàs. La
prueba se hace abreviando, como queda
dicho en este capitulo, y todas. Debes es-
tar en ellos, ò à lo menos dispuesto à que con facilidad los obres quando te
fueren pedidos: y assi el uso importa, aun sin necesidad, para ir mas seguro
en las ocasiones, porque la falta de su exercicio causa olvido.

CAPITULO IX.

TRATA DEL SUMAR DE QUEBRADOS.

Sumar de quebrados, es juntar uno, ò mas quebrados semejantes, ù diferentes en denominacion, mas de una misma especie. Para lo qual debes
advertir, que todas las veces que los quebrados fueren de una misma denominacion, como un ochavo, dos ochavos, tres ocha-
vos, no tienes que hacer, sino sumar los numeradores;
y si llegare con su entero, lo serà, mas sino, como en estos, diràs que montan seis ochavos, y de este modo haràs
las semejantes: Mas si sumares quebrados de diferentes
denominaciones, como tres quartos, cinco sesmas, primero las has de reducir à una comun denominacion,
como hiciste en el capitulo passado. Exemplo: Para sumar los dichos, multiplica los denumeradores, y monta veinte y quatro, sentarloshas en su lugar é multiplica el denumerador del uno por el numerador del otro,
y montan, quatro veces cinco veinte, tres veces seis
diez y ocho, assientalos en su lugar, como parece, y tendràs diez y ocho veinte y quatroavos, veinte veinte y
quatroavos, que juntos hacen treinta y ocho veinte y
quatro

quarro avós; eftos partiràs à veinte y quatro, y hallaràs les cabe à vno, y mas catorce veinte y quatro avos,
que abreviados montan fiete dozavos, y tantos diràs
que montan, fumando tres quartos y cinco fefmas, que
es vn entero, y fiete dozavos, como queda dicho. Quando fe te ofreciere fumar entero con el quebrado, di el
valor del entero con el quebrado, y effa es fu fuma. Quando fe te ofreciere fumar quebrados con
enteros, los has de reducir à quebrados. Los enteros, como queda dicho
en el capitulo paffado, y defpues hacer
fu fuma, como hicifte en el exemplo
antecedente, aunque mas facil es apartar los enteros, y fumar fus quebrados
folos, como queda dicho. Si fe te ofreciere fumar tres, ò quatro, ò mas quebrados de diferentes denominaciones,
bufca el numero comun, y reducelos, y
la reduccion fumala, y junta la parte al
numero comun, como en la paffada, y
el cociente feràn enteros, y de lo que
fobrare haràs tu quebrado abreviando-

le, como eftà dicho; y afsi haràs las femejantes; pues en lo paffado eftà todo lo que pertenece al fumar de quebrados. La prueba fe hace por reftar.

CAPITULO X.

TRATA DEL RESTAR DE QUEBRADOS.

Reftar de que-brados que es. Affentado eftà, que afsi enteros, como quebrados han de fer de vna mifma efpecie, y afsi el reftar obferva lo que las damàs reglas. En efta
parte no es otra cofa el reftar, fino facar vn quebrado menor de otro mayor; mafsi te pidieren reftes tres quintos de ducado de dos quintos de real,
en tal cafo ferà neceffario reducir à maravedis los quintos, afsi vnos como
otros, y reducidos facaràs fu refta. Si te pidieren reftes tres quintos de ducado de dos quintos de ducado, refta los denumeradores vno de otro, y el refiduo, ò lo que fobra, effo alcanza. Quando fuere el quebrado de diferente
denominacion, reducirlohas à vna comun denomina-
cion. Exemplo: Refta cinco ochavos de tres quartos,
afsientalos, como parece, y multiplica el denumerador vno por otro, y monta treinta y dos: multiplica el
numerador por el denominador, que es quatro veces
cinco veinte, y tres veces ocho veinte y quatro, que
es lo mifmo, veinte y quatro treinta y dos avos, que es
veinte treinta y dos avos. *Nota*, que fi falieran iguales
eftos productos, no tenias que reftar: y pues và de diferencia quatro de veinte y quatro à veinte, effos diràs que alcanzan los tres quartos à los tres ochavos,
que fon quatro treinta y dos avos, que abreviados valen tanto como vn ochavo. Si te pidieren que reftes de
dos enteros, ò mas, y cinco ochavos, vn entero, ò mas,

y tres quartos, reducirloshas à quebrados los enteros;
que huviere de restar, como de dos à uno và uno: este
reduce à quebrados, y haz como en el exemplo passado. Mas quando se te ofrecieren restar tres quartos
de siete mitades, ò medios, assentarloshas, como parece, y multiplica los denumeradores uno por otro, que
suman ocho: multiplica el denumerador del uno, por el
numerador del otro, y montarán veinte y ocho ochavos, y seis ochavos, resta los seis de los veinte y ocho,
y quedan veinte y dos, partelos à ocho, que es el comun
denominador, y saldrà al cociente dos enteros, y sobra
seis ochavos, que abreviados son tres quartos; y assi
avràs acabado, diciendo, que quien recibió siete medios reales, ò otra cosa que sean mitades, y gastó tres
quartos de real, ù de la misma cosa, debe dos reales, y
tres quartos de real, y assi harás las semejantes. La prueba se hace por sumar en el restar, y por ella conocerás
lo que ha sobrado si está bien, ò no; fuera de que como
estas quentas es su cantidad pequeña, no importa el
gastar tiempo en esto: y como está dicho, por sumar se
hace la prueba de ella, y de sus semejantes.

CAPITULO XI.

Trata de multiplicar de quebrados.

Debes advertir, que el multiplicar de quebrados es
al contrario el producto; que el multiplicar enteros, porque en los enteros se acrecienta, y en los
quebrados se disminuye; y antes que passe adelante declararé esta duda por lineas. Sea la M. A B. C. la qual su lado
no es mas que medio pie; y multiplicada no tiene mas que un quarto; lo qual
conocerás ser assi formandole su entero: y assi quede assentado, que disminuye el multiplicar en los quebrados. Mas
en la siguiente figura, M. O. P. N. que
por un lado tiene un tercio, y por otro
un medio, y multiplicado uno por otro
no es mas que una sesma, como los puntos lo señalan en una, y otra figura; y assi esta duda quede declarada con lo dicho. Para sentar los quebrados, quando
los huvieres de multiplicar, sentarloshas, como parece, suponiendo quieres
multiplicar tres quartos con un medio,
con las mismas rayas que demuestra, y
multiplica un numerador por otro, diciendo, una vez tres, tres; sentarlehas
en

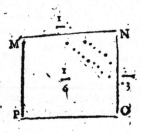

Multi-
plicar de
quebrados
que es.

encima sobre la raya : multiplica vn denominador por
otro, y monta ocho, sentarlehas debaxo de la raya, y montará el producto de tres quartos con vn medio , tres ochavos. Si se te ofreciere multiplicar entero con que quebrado , y quebrado, reduciras el entero à su quebrado , como
diximos , cap. 8. y parte el numerador al denumerador.
Exemplo. Multiplica dos enteros , y medio , por tres
quartos, sentarloshas , como está dicho : reduce los enteros à quebrados , y serán cinco mitades baxarloshas abaxo,
y los tres quartos , y multiplicarás como en la passada , el
denumerador por el denumerador , y el numerador por
el numerador , y montarán quince ochavos , que partidos
ós quince à los ocho , monta vn entero , y mas siete
ochavos, los que es no se pueden abreviar ; y assi harás
las semejantes. Quando huvieres de multiplicar enteros,
y quebrados , por enteros , y quebrados , reduzirloshas
como está dicho. Exemplo. Multiplica quatro enteros,
y tres quartos , por dos enteros , y medio , reduce los enteros à sus quebrados , y montarán los quatro enteros , y
tres quartos , diez y nueve quartos : reduce los dos y medio , y serán cinco mitades : multiplica , como está dicho,
los numeradores vno por otro , y montan noventa y cinco
ochavos , parte los noventa y cinco , como en la passada à
los ocho , y les cabe à once , y siete ochavos , y dirás, que
multiplicando quatro , y tres quartos , por dos y medio , montan once , y siete ochavos , como por la prueba
conocerás. Y dado caso que quiera hacer. Nota , que en el
partir la harás , como diximos, cap. 6. y en el reducir abreviando , y en el multiplicar , por la prueba del cap. 5. y
hallaràs estàr buena , mas es escusado el gastar tiempo en
estas pruebas , sino recorrerlas despues de hechas , pues de
suyo son tan menudas estas quentas de quebrados : mas en
las cinco generales conviene en todas ocasiones el hacer
las pruebas.

Nota.

CAPITULO XII.

TRATA DE PARTIR DE QUEBRADOS.

Partir de que-brados, que es.

EL partir de quebrados es tambien importante para nuestro intento , como adelante se conocerà ; y ofreciendose partir quebrados à quebrados , guardarás lo que en los exemplos siguientes. Para lo qual supongo , que
te piden partas à vn tercio vn medio , como parece , sen-
tandolos vno sobre otro , y multiplicando el denumerador del vno por el numerador del otro , y lo que saliere partirlo , como mejor conocerás en el exemplo pre-
mente : multiplica , pues , el vn numerador , que es vno,
por el denominador , que es tres , y es el que has de partir:
multiplica mas el numerador del otro , que es vno , por
el denominador , que es dos, y monta dos , que es à quien

les has de partir, sentarlehas en su lugar, como la regla de medio partir enseña: parte tres en dos, y les cabe à vno y medio, porque vna vez dos dos, à tres và vna, que es medio; y assi avràs acabado, y diràs, que partir vn tercio à vn medio, le cabe à vno y medio. A esta particion llaman integral. Podrà dudar alguno, que como se aumenta en el cociente el numero, pues en su particion no es mas que vn tercio, y cupó à vno y medio? A lo qual se responde, que el partir no es sino mirar quantas veces mide la particion al partidor, y el cociente serà de la especie de la particion. Puede ofrecerse el partir vna cantidad mayor, à otra menor, como la passada, partiendo vn medio à vn tercio; como si fuessen tres compañeros, entre los quales huviesse que partir vn medio, haz como en el exemplo passado, y cabrà à dos tercios; y assi harás las semejantes. Si fuere lo que huvieres de partir de igual denominacion, como lo es cinco sesmas, y tres sesmas: en tal caso, aviendo de partir las cinco sesmas à las tres, sin multiplicar lo puedes partir, partiendo cinco à tres, y les cabrà à vno, y dos tercios; y assi haras esta; y las demàs que se ofrecieren. Quando huvieres de partir enteros, à enteros, y quebrados. Exemplo: Parte seis enteros à dos enteros, y medio, assientalos como parece, y reduce los dos enteros, y medio à mitades, y seràn cinco; reduce los seis enteros à mitades, y seràn doce mitades: y porque son de vna igual denominacion, parte, como està dicho, los doce à las cinco, y saldrà el cociente dos, y dos quintos; y tanto les cabe partiendo seis à dos, y medio. Mas si huvieres de partir à los seis, los dos y medio reducirlohas à mitades, como en la passada, y les cabrà à cinco dozavos. Nota, que los medios aqui suponen por enteros, causado en la reduccion. Quando se te ofreciere partir enteros, y quebrados, à enteros, y quebrados, guardaràs la orden que en la passada. La prueba se hace por multiplicar, y conoceràs lo dicho por ella.

Particion integral.

$$\frac{2}{1} \quad 3$$

$$\frac{1}{2}$$

$$\frac{5}{}$$

$$6$$

$$\frac{3}{}$$

$$6$$

$$\begin{array}{c} 2 \\ 5 \end{array}$$

$$3 \quad \frac{}{} \quad 1$$

$$2$$

$$6 \quad \begin{array}{c} 1 \\ 2 \\ 2 \end{array}$$

$$12 \quad 5$$

$$2 \quad 2 \quad$$

Nota.

$$5 \quad \begin{array}{c} 2. \\ 18 \end{array}$$

$$5$$

$$\frac{5}{12}$$

CAPITULO XIII.

TRATA DE LA REGLA DE TRES.

Esta regla propiamente es para sacar proporciones por via de Arismetica; es su operacion hallar vn quarto numero, y por él hallar el tercero, como luego diremos; y hallado el quarto numero, y multiplicado por el primero, valdrà tanto el producto, como el producto que causare la multiplicacion del segundo por el tercero, como se infiere de Euclides, lib. 7. prop. 20. donde dice: Si fueren quatro numeros proporcionales del conocimiento del primero al vltimo, saldrà vn igual, à aquel que es el que sale del segundo al tercero: mas si saliere del primero al vltimo, serà igual à aquel que del segundo al tercero, y aquellos quatro numeros seràn proporcionales, que es lo mismo que dos, quatro, ocho, diez y seis, que sean en proporcion dupla vnos à otros, y tanto es el producto del primero con el quar

Regla de tres què es.

Euclides.

to

tá , como con el del segundo con el tercero : porque multiplicar diez y
seis por dos , es treinta y dos , y multiplicar el segundo , que es quatro , por
el tercero , que es ocho , salen los mismos treinta y dos. La regla de tres sirve para hallar el quarto. Exemplo : Si con dos ganè qua-
tro , con ocho quanto ganarè? Multiplica el segundo por
el tercero , y monta treinta y dos : parte por el primero
los treinta y dos , y saldrà al cociente diez y seis , que es
el quarto numero ; y si dos te dieron quatro , ocho te dieron diez y seis , como queda declarado. Y lo mismo hallaràs en el exemplo que se sigue : Si dos me dàn tres , seis
que me daràn? Multiplica el segundo por el tercero , y
parte por el primero , y el cociente que sale , que es nueve , es la quarta proporcion , ò numero , que sea en la misma proporcion que en la passada. Ay en estos numeros
vnos que son continuos , y otros que son descontinuos,
como en los exemplos passados , que el primero es continuo , como 2. 4. 8. 16. y el segundo descontinuo , como 2. 3. 6. 9. y guardan vnas mismas proporciones , res-

Nume-
ros con-
tinuos, ò
descõti-
nuos.

pecto de sus proporciones. Quede assentado , que en la
regla de tres has de multiplicar el segundo por el terce-
ro , y partir por el primero el producto de la multiplicacion , y el cociente
de la particion es la cantidad que ganas , ò el quarto numero que te piden,
ò la proporcion quarta que buscas. Mas si te pidieren dès el numero tercero , como en el exemplo precedente : con diez ganè veinte , sesenta y quatro con quàntos ganarè? En tal caso multiplica el
primero por el tercero , y el producto parte por el segundo , y
el cociente serà la tercera proporcion , ò tercer numero que te
piden , que guarda lo que las passadas. Y para mas inteligencia,
multiplica diez por sesenta y quatro , y montan seiscientos y
quarenta , parte à veinte , y cabe à treinta y dos ; y assi haràs las
semejantes. Otro exemplo : Supongo sabes el primero numero,
y el tercero , y el quarto , y el segundo no : en tal caso multiplica
el primero por el quarto , y parte por el tercero , y el cociente
es el segundo numero que no sabias. Y si te faltare noticia en
el primero , teniendola del segundo , tercero , y quarto : en tal caso multiplica el segundo por el tercero , y parte por el quarto,
y el cociente es el primero numero no conocido : y por lo dicho conoceràs
el concierto que guarda entre sì esta regla , aunque tambien le guardan las
demàs. Si en esta quenta se te ofrecieren quebrados , como si con quatro , y
tres quartos ganè cinco , y tres ochavos , con seis y medio què ganarè? Nota , que todas estas peticiones , y las demàs , han de ser de vna especie , y el primero , es siempre de la especie del tercero , y el segundo de la del quarto , porque si te piden , con quatro ducados ganè veinte reales , con seis reales què ganarè? En tal caso , como està dicho , no vendrà bien , porque ducados , y reales no
son de vna especie , sino se reducen los ducados à reales. Para sacar la quenta dicha con los quebrados , reduciràs esta , y las semejantes , à la menor cantidad de su entero , como si es ducados à reales ; y si reales à maravedises , ò
à la especie de que sea , y reducidos , multiplica el segundo por el entero , y
parte por el primero , y el cociente es lo que ganas. Quando vinieren mas que
tres numeros , como ocho reales en veinte
dias ganan catorce reales , diez y ocho reales   8. _en_ 20. _dias ganan_ 14. 18.
en doce dias què ganaràn? En tal caso redu-   _en_ 12. _dias._
ciràs à tres numeros esta , ò las semejantes en
esta forma: Multiplica el dinero por los dias , y el producto es el numero

ochorean se ha de ordenada regla de tres , como mejor conocerás en el exemplo propuesto ; multiplica los ocho reales por los veinte dias , y montan ciento y sesenta , y este es
el primer numero de los tres , y el segundo los catorce reales que ganaron los veinte dias ; el tercero será el producto
que saliere de los diez y ocho reales , por los doce dias que
monta docientos y diez y seis , y assi ordenarás la regla de
tres. Si ciento y sesenta me dàn catorce ; docientos y diez y
seis qué me darán? Multiplica el segundo por el tercero, como està dicho , y monta tres mil y veinte y quatro : parte
por el primero , y saldrà al cociente diez y ocho , y ciento y
quarenta y quatro de ciento y sesenta avos, que abreviados
montan nueve diez avos , y assi harás las semejantes. Nota,
que este exemplo vltimo llaman regla mixta , ò con tiempo,
à diferencia de la regla sin tiempo , ò simple. La prueba se
se hace multiplicando el primero por el quarto , y el segundo por el tercero; y si los productos salieren iguales, es in-
dicio que la quenta està bien hecha: mas no siendo assi, serà
necessario tornarla à hacer de nuevo: ò en el partidor sobrare, como en la passada, para hacer la prueba lo juntarás con
el producto del primero, y quarto: y assi saldrà igual, y harás las semejantes.

20		
8		
———		
160		
18		
12		
———		
36		
18		
———		
216		
160	14	218
		14
		———
		864
01		216
16		———
274		3024
3024	18	
1600		———
16	160	144

Nota
Regla de
tres con
tiempo, ò
mixta.
Prueva
de la re-
gla de
tres.

CAPITULO XIV.

TRATA DE LA REGLA DE COMPAÑIAS.

NO es menos importante para el vso de Arquitectura la regla de compañias,
pues las fabricas se suelen hacer acompañadas , y assi es bien se sepa su
exercicio para las tales ocasiones , pues della depende la justificacion en el dàr à
cada vno lo que le toca , assi en pèrdida , como en ganancia. Esta puede ofrecerse en vna de dos , ò simple , ò mixta , ò con tiempo, que vno , y otro es todo
vno , pues mixta supone vna cosa mezclada , como en su exercicio mejor conocerás. En quanto toca à la simple , es aquella , en la qual son ayuntados dos , ò
tres compañeros , el vno pusò treinta y quatro reales , y otro pusò veinte y seis
reales , y otro pusò quarenta y ocho reales , y no importa crezca el numero de
los compañeros , y dinero , y con lo que pusieron gana-
ron trecientos y sesenta , y ocho reales: pido , què es lo
que toca à cada vno ? Para hacer esta , y las semejantes , su-
marás las partidas , y las tres dichas montan ciento , y ocho
reales. Ordena la regla de tres , diciendo : Si ciento y ocho
me dàn trecientos y sesenta y ocho ; treinta y quatro que
pusò el vn compañero , què me darán? Multiplica el segundo por el tercero , y parte por el primero , y cociente
es lo que le cabè , y multiplicando trecientos y sesenta y
ocho , por treinta y quatro , montan doce mil quinientos, y
doce, partelos por el primero, como està dicho , y saldrà al
cociente ciento y quince reales , y mas noventa , y dos de
ciento y ocho àvos , y tanto ganò el que pusò treinta y
quatro. Para saber lo què ganò el que pusò veinte , y seis
reales , harás lo mismo , diciendo : Si ciento y ocho me dàn
trecientos y sesenta y ocho , veinte y seis què me darán?
Multiplica el segundo por el tercero, y montarán nueve mil
quinientos y sesenta y ocho , que partidos al primero , que
es ciento y ocho, les cabè à ochenta y ocho , y sesenta y qua-

34	26	38
	48	
	26	
	34	
	———	
	108	
108	368	34
	368	
	34	
	———	
	1472	
	1104	
	———	
	12512	

e

tro de ciento y ocho avos , y tanto diràs ganò el que puso   ō
veinte y seis reales. Para saber lo que ganò el que puso quaren-   ı
ta y ocho, multiplicaràs los quarenta y ocho , por los trecien-   069
tos y sesenta y ocho, y montaràn diez y siete mil seiscientos y   01732
sesenta y quatro, que partidos à ciento y ocho , les cabe à cien-   42512   115
to y sesenta y dos , y mas ocho de ciento y ocho avos ; y tanto   10888   ——
diràs que cupo à quien puso quarenta y ocho, y assi avràs acá-   100
bado , y haràs las semejantes. Si quisieres saber el valor de los   ı
quebrados , lo conoceràs por el exemplo que pusimos en el
Nota. cap. 8. Nota, que si entre los compañeros , el vno pone reales, otro ducados, otro
escudos, ò otras qualesquier diferencias, en tal caso reduciràs à vna comun cosa, ò
especie, como si es moneda à reales, y si varas à tercias, ò lo que mas facil te fuere.
La mixta , ò con tiempo , es quando se pone dinero , y tiempo , ò personas , como
vno puso ocho reales por quatro meses,   8. por 4. meses 32ᵇ
otro seis reales por
tres meses, otro puso doce reales por nueve meses, y gana-   6. por 3. meses 18ᵈ
ron docientos y cinquenta reales , en tal caso multiplica el   12.por 9. meses 108ᵈ
tiempo por el dinero, y el que puso ocho reales por quatro
meses, montaràn treinta y dos ; y el que puso seis reales por
tres meses montarà diez y ocho , y el que puso doce reales por nueve meses , monta ciento y ocho. La ganancia es docientos y cinquenta reales : suma las tres partidas , y montan ciento y cinquenta y ocho. Ordena la regla simple como en la passada, diciendo : Si ciento y cinquenta y ocho me dàn docien-
tos y cinquenta, treinta y dos què me daràn? Multiplica como
la regla manda el segundo por el tercero, y parte por el prime-   32
ro , y el cociente es lo que le cabe , como queda dicho ; y assi   18
haràs las semejantes, siguiendo la orden que dimos en la passa-   108
da en todo. Quando en esta regla se ofrecieren quebrados, re-   ———
duciràs los enteros à quebrados , por la regla de reducir del   158
cap. 8. advirtiendo, que, ò todos han de ser medios, ò tercios,
ò quartos, &c. y reducidos sumarlos, y ordenar la regla de   158   250   32
Prueba tres, como queda dicho. La prueba haràs como la que hiciste en la regla de tres,
de la re- pues su operacion de la de compañias es por la regla de tres : ò sino suma lo que à
gla de có- cada vno cupo, y si sumare tanto como la ganancia, estarà bien, y sino, no.
pañias.

CAPITVLO XV.

TRATA DE LA REGLA QUE LLAMAN, RAIZ QUADRADA.

La raiz L A raiz quadrada es importantissima para la Geometria , como adelante se
quadra- conocerà. Es su fin sacar el buscar vn numero , que multiplicado por sì
da , que mismo, monte lo mismo que à dos fue procedido : llamase raiz quadrada, porque
es. multiplicando el numero hallado por sì mismo , es el todo el producto , y como
Euclides. lo es en diez y seis, que su raiz es quatro , y multiplicado el quatro por sì mismo , es diez , y seis, como se infiere del primero de Euclides propos. 46. donde
dice , que en todo triangulo recto angulo , el quadrado opuesto al recto angulo
en sì mismo guiadole describà , y es igual à los dos quadrados , que de los otros
dos lados se describen. Lo qual serà manifiesto adelante , que aqui solo nos servirà su autoridad. Para fundamento de nuestra regla , debes notar, que en el nume-
Raiz dis- ro propuesto has de buscar la raiz , que se aproximare. La raiz se divide en dos
creta que partes, discreta, y irracional. La discreta es, quando sucede sacar la raiz justa, co-
es. mo en 25. que su raiz es cinco: la raiz de la vnidad es vna, y la de dos, la de quatro
Raiz ir- es, dos , y de diez y seis quatro , y assi vàn sucediendo hasta el vltimo numero. La
racional irracional es, quando el numero de quien se saca raiz no es justo en su quadrado, si-
que es. no, que sobra como en veinte, ǫ̃ su raiz es quatro, y mas quatro veinte avos, que sobran

bran por la qual se llama irracional. Esto entendido: supongo quieres sacar raiz de quatrocientos sesenta y quatro mil quinientos y setenta, y ocho: sentarle han con el orden que en el partir por entero; con vna raya que divida el numero de la raiz que sale, como parece; esto assi; vè echando puntos à vn numero si, y à otro no, y notaràs, que tantos quantos fueren los puntos, seràn las letras que saldràn en la raiz: entendido esto, saca raiz de los quarenta y seis, buscando al numero que mas se aproximare, diciendo, siete vezes siete quarenta y nueve; y porque sobra, ha de ser menor la raiz, que serà seis, multiplicandole por si mismo, y montarà treinta, y seis, à quarenta y seis vàn diez, assienta la raiz en su lugar, que es seis, y los diez que sobran encima de los quarenta y seis, y el seis que salió por raiz assienta otra vez debaxo del primer punto, como parece: Para sacar la raiz de lo que te sobró, dobla el seis, que serán doce, assienta el dos debaxo del quatro, y el vno debaxo del seis. Parte los ciento, y quatro que están encima, à los doce, advirtiendo, que el cociente se ha de multiplicar por si mismo, como en el partir por entero, partiendo los diez à vno no les cabe à nueve; y si à ocho, assientale debaxo del segundo punto, y en el lugar que se assienta la raiz, y di, diez en vno cabe à ocho, à diez vàn dos, assientale sobre el cero, y di, à vno no vànada, echando vn cero sobre el vno multiplica el dos por el ocho, y montan diez y seis, à veinte y quatro vàn ocho, assienta el ocho sobre el dos: multiplica el ocho por el ocho, y monta sesenta y quatró, à sesenta y cinco và vna, assientala sobre el cinco, y llevas seis, à ocho vàn dos, assientalos sobre el ocho. Para sacar la tercera raiz, dobla la raiz que has sacado, como hiziste con la primera diciendo, ocho y ocho diez y seis, assienta el seis debaxo del siete, y llevas vna, seis, y seis doce, y vno trece, assienta el tres debaxo del ocho, y el vno debaxo del dos, como parece, que montan ciento y treinta y seis, y lo que hàs de partir es docientos y diez y siete, que están encima: haz como al principio, diciendo, dos en vna cabe à vna, assienta el vno en el lugar de la raiz, y debaxo del primer punto, y vè multiplicando, diciendo, vna vez vna, vna, à dos và vna, assientala sobre el dos, y passa al tres, diciendo, vna vez tres, tres, à once vàn ocho, assientale sobre el vno, que està sobre el tres, llevas vno, quien le saca de vno no queda nada, assienta vn cero sobre el vno, como parece: multiplica el seis por el vno, y es seis quien le resta de siete và vno, assientale sobre el siete: multiplica el vno por el otro de la raiz, y monta vno, quien le saca de ocho que tiene encima, quedan siete, sentarlehas encima, y avràs acabado, y diràs, que la raiz del numero propuesto es seiscientos y ochenta y vno, y mas ochocientos y diez y siete, de mil y trecientos y sesenta y tres avos, los quales se hallan doblando la raiz, y à la vnidad añadir vno, aunque otros dicen que no, mas en esto và poco, y assi doblando seiscientos y ochenta y vno, montan

C₂ los

$$464578 \mid 1$$

$$\begin{array}{c} 10 \\ 464578 \mid 6 \\ 0 \end{array}$$

$$\begin{array}{c} 10 \\ 464578 \mid 6 \\ 02 \end{array}$$

$$\begin{array}{c} 1 \\ 02 \\ 10 \\ 464578 \mid 68 \\ 618 \\ 1 \end{array}$$

$$\begin{array}{c} 02 \\ 108 \\ 464578 \mid 68 \\ 618 \\ 1 \end{array}$$

$$\begin{array}{c} 0 \\ 11 \\ 108 \\ 464578 \mid 68 \\ 618 \\ 1 \end{array}$$

$$\begin{array}{c} 0 \\ 011 \\ 1081 \\ 464578 \mid 68 \\ 6286 \\ 113 \end{array}$$

$$\begin{array}{c} 0 \\ 01 \\ 0228 \\ 1081 \\ 464578 \mid 681 \\ 62861 \\ 113 \end{array}$$

$$\begin{array}{c} o \\ 01 \\ 0228 \\ 108117 \\ 464578 \mid 681 \\ 62861 \\ 113 \end{array}$$

$$\begin{array}{c} 0 \\ 01 \\ 0228 \\ 108117 \\ 464578 \mid 681 \\ 62861 \\ 113 \end{array}$$

los dichos mil trecientos y setenta y tres, los quales no se pueden abreviar como parece, y como queda dicho atràs en las semejantes. Otro exemplo: supongo te piden saques raiz de cinquenta y quatro mil seiscientos setenta y cinco, sentarloshas, como parece, haciendo los puntos como està dicho: saca la raiz de cinco, que es dos, porque dos vezes dos, quatro, à cinco vno, assientale sobre el cinco, y el dos debaxo del punto, y en el assiento de la raiz dobla el dos que sacaste de raiz, y seràn quatro, assientale debaxo de la segunda letra, que tambien es quatro, y parte catorce que tiene encima à quatro, y cabrà à tres, assienta el tres en el assiento de la raiz, y debaxo del segundo punto, diciendo, tres vezes quatro doce, à catorce dos, assientale sobre el quatro, y llevas vno, à vno no và nada, lo qual denota el cero que està encima del vno: multiplica el tres por sì mismo, y seràn nueve, esto es multiplicar el tres que està debaxo del punto, por el tres que està sobre la raya, que es nueve, à diez y seis vàn siete, assientale sobre el seis, y llevas vno, quien le saca de dos queda vno, assientale sobre el dos: torna à doblar la raiz, que seràn quarenta y seis, assentando el seis entre los dos puntos, y el quatro debaxo del tres, y mira que està encima, que son ciento y setenta y siete, partelos à los quarenta y seis, teniendo atencion con la multiplicacion de todas tres, diciendo, diez y siete en quatro, no les cabe à quatro por las que se siguen, mas cabràle à tres, assientale debaxo del punto, y sobre la raya: multiplica el quatro por el tres, que es doce, à diez y siete vàn cinco, assientale sobre el siete, llevas vno, à vno no và nada, assientale sobre el vno vn cero: multiplica el seis por el tres, serà diez y ocho, à veinte y siete vàn nueve, assientale sobre el siete, lleva dos, quien las saca de cinco quedan tres, multiplica el tres por el tres, que es nueve, à quince vàn seis, assientale sobre el cinco, llevas vno, quien le saca de nueve quedan ocho, assientale sobre el nueve, y assi avràs acabado, y diràs, que la raiz del numero propuesto, es docientos y treinta y tres, y sobran trecientos y ochenta y seis, de quatrocientos sesenta y siete avos, y assi haràs las semejantes. De otra manera se hacen tambien estas quentas, mas la dicha basta, pues lo que se obra por vna parte, se obra por la otra, y la obrada tengo por mas facil. Si quisieres sacar raiz de quebrados, sacarlahas por si del numerador, y despues del denominador. Exemplo, sacar raiz de veinte y cinco quarenta y nueve avos, saca de los veinte y cinco su raiz, y seràn cinco: saca de los quarenta y nueve, y seràn siete; y assi diràs, que la raiz de veinte y cinco quarenta y nueve avos, es cinco septimos. Nota, que si en los dos numeros no tuviere la raiz justa, serà numero sordo, y no se podrà sacar raiz, mas puede ser de tal calidad, que añadiendo, ò abreviandole, la saques. Quando se te ofreciere sacar raiz de entero con quebrado, reduce el entero à la especie del quebrado, y despues saca la raiz del numerador, y denominador, como en la passada. Si quieres hacer prueba en la regla dicha, multiplicaràs la raiz que ha salido por si misma, y despues de multiplicada, añade en la suma lo que sobrò, y saliendo igual à la propuesta, estarà bien la quenta hecha, y no saliendo està mal, serà necessario tornarla à hacer, como la conoceràs en las passadas. La vltima que tuvo de raiz docientos y treinta y tres, multiplicados por sì, y añadiendo lo que sobrò, està justa, y assi haràs las semejantes. De todas las reglas hasta aquì

Raiz de quebrados como se saca.

Nota. Que es numero sordo.

Prueba de la raiz como se hace.

54675 |

54675 |
24

01
127
54657
243

01
127
54675
2436
4

0
015
127
54675
24363
4

03
0158
12796
54675 233 386
24363 ___ ___
4   467

5
2
___
49
7

aqui dichas tiene necefsidad el Arquitecto de faberlas bien, como adelante conocerà. No trato demàs de lo dicho, por baftar à lo que es raiz quadrada: de la
raiz cubica folo dirè algo de fu inteligencia, porque la raiz quadrada, folo fe
faca de folo fuperficies, que folo conftan de latitud, longitud, ù de numeros
propueftos, como quatro vezes quatro, que de diez y feis es quatro fu raiz,
mas la raiz cubica fe faca del cuerpo cubo, que confta de latitud, longitud, y
profundidad, como fi fuefle un dado, ò una pieza quadrada de tres lados iguales, como de tres pies, que multiplicando tres por tres es nueve, y los nueve
multiplicados por tres es veinte y fiete, y efte numero tres, es raiz cubica de
veinte y fiete, de fuerte, que todos los cuerpos que conftan de tres lados, multiplicando por la fuperficie el otro, efte tercer numero es raiz cubica, y afsi hallaràs, que la raiz cubica de mil es diez, porque diez vezes diez es ciento, y diez
vezes ciento mil, y fu raiz cubica es diez, y afsi en fus femejantes. En en libro
quinto trata Moya de diverfas raices de que te puedes aprovechar, que como al
principio en el Prologo dixe folo de la Arifmetica, y Geometria, tomarè lo neceffario, como lo hago aqui para el que defeare fer Arquitecto, mas el que quifiere faber mas abundantemente la Arifmetica, lea defde el primero hafta el de-
zimo libro de Moya, y cumplirà fu defeo, que efte Autor efcriviò defte Arte
mucho, y bien, y afsi puede emplearfe en fu leyenda, pues della facarà noticia de
mucho oculto à fu ingenio, mas lo hafta aqui efcrito bien entendido, y obrado, como defpues obraremos, con el favor de Dios le baftarà para lo que en el Arte fe le
puede ofrecer.

CAPITVLO XVI.

TRATA DE LO QUE ME HA MOVIDO A PONER EN ESTE libro el primer libro de Euclides, traducido de Latin en Romance.

TRatamos en el capitulo fegundo de algunos principios de Arifmetica, y antes de entrar en la Arquitectura, es bien tratàr de los principios de Geometria porque es comun fentencia de los Filofofos, que toda doctrina dependa
de principios, fin los quales mal fe confeguirà el medio, y fin della: y afsi Euclides los pone es el principio de fus libros. Y yo quando di efta primera parte à la
Imprenta, los pufe en tres capitulos con fus demonftraciones; y en otro capitulo pufe lo tocante, y perteneciente à lineas, y porque me ha parecido en lugar
deftos quatro capitulos poner en una eftampa las difiniciones del primero de
Euclides, traducido de Latin en Romance, por Antonio de Naxera Lisbonen-
fe, Cofmografo mayor de fu Mageftad, en los tres partidos de la Cofta de
Cantabria, de quien tambien he avido otros cinco libros, que con el que pondrè aqui al ultimo, feràn los feis libros primeros de Euclides, que el quinto
tengo yà impreffo en la fegunda parte: harto me holgarà imprimir los quatro
que me quedan para los feis, por fer cofa de mucha eftimacion, mas mis do-
lores, achaques, edad, y falta de dineros me lo han de impedir: mas fio en
Dios moverà à alguno que lo haga defpues de mis dias, fi yo en ellos no lo hiciere. El fin con que añado efte primero de Euclides, y le pongo al ultimo, dividiendo aqui las difiniciones, es porque los mancebos aprendan el Arte con
mas facilidad, defpues del conocimiento de las lineas que fean, y de que
conften, y fus diferencias, quales paralelas, y quales no, què fea angulo re-
to, y què angulo obtufo? Que fea tan triangulo, y fus diferencias, y divifiones,
què fea quadrado, y què paralelo gramo, y què nombres tienen, y como fon las
figuras de mas de quatro lineas, y fus divifiones, què ser circunferencia, y fea diametro? Y què porcion mayor, ò menor de circulo, y que fea problema, y què fea
theorema, y què propoficion, y què fea lema? Y què fea efcolio, para que enterado

en eftos principios, y terminos fobre ellos, como fundamento, entre las cofas del Arte, y aficionados, los mancebos de la Geometria paffen à lo deleytofo de la Arquitectura, que todas las faculrades deleytan à aquellos que fe dàn por ellas, y el difcurfo con el exercicio, y conocimiento và adquiriendo de tal manera, que fe và perficionando lo que es adquirido à cofta de trabajo, parece en el que aprende, es natural. Y para ayudar lo dicho, pongo efte libro primero de Euclides al vltimo del Arte, y vfo de Arquitectura, que parece folo fe efcriviò, y declarò fu Autor, para que fe vnieffe, y juntaffe con efta primera parte; pues và enfeñando al mancebo, para que mediante èl llegue à fer Maeftro confumado : y con la fegunda parte llegue à la excelencia, y comprehenfion en todo efte Arte de Arquitectura. Y el que à eftas cofas del eftudio no fuere aficionado, no fe tenga por Maeftro, fino por chapucero : y yà que no fe aprende, ni fe dà por ello, fepa hacer aprecio de los que à cofta de trabajo llegaron donde èl no pudo, ni puede llegar por fu culpa. Los quatro capitulos que fe quitan para las citaciones de la fegunda parte no vendràn bien; mas por el titulo del capitulo fe vendrà à fu inteligencia. Las erratas de las citaciones, afsi en las difiniciones, como en el refto del libro de Euclides, en cada numero và anotado la letra que ha de fer, y falta, y folo con que el que lo lee le haga de mano con fu citacion, lo entenderà mejor, y con menos trabajo.

DIFINICIONES DEL PRIMERO DE EUCLIDES
Magarenfe, traducidos de Latin en Romance, por Antonio de Naxera Libofnenfe, Cofmografo mayor de fu Mageftad, en los tres partidos de la Cofta de Cantabria.

QVALES SEAN LOS PRINCIPIOS EN QUE SE FUNDAN
las ciencias Mathematicas, efpecialmente la Geometria efpeculativa.

OMO toda la difciplina, y doctrina de qualquiera ciencia confifta en el conocimiento de fus principios concedidos, como fundamentos infalibles ciertos, para por ellos fe demonftraren fus condiciones, y afsi lo dice Ariftoteles, que ninguna ciencia debe moftrar fus principios de donde fe faca, que contra los que niegan principios no fe ha de difputar, afsi tambien tienen las difciplinas matematicas fus principios, los quales pueftos, y concedidos con ellos, confirman fus problemas, y theoremas; eftos fon de tres generos, en el primero le reponen todas las difiniciones que algunos llaman fupoficiones; en el fegundo genero ponen las peticiones, ò poftulatas, las quales fon en sì tan claras, y palpables en efta ciencia, que no tienen neceísidad de confirmacion; el tercero genero fe refieren las axiomas, ò comunes fentencias, las quales no folo en la fentencia prefente, fino tambien en todas las demàs fon tan manifieftas, y evidentes, que por ninguna razon fe pueden negar, por lo que fe dice en fus volumenes, de los elementos Geometricos, propone antes de demoftrar fus conclufiones todas con fus principios, para que de ellos, como mas faciles al entendimiento fe reduzgan los mas dificultofos theoremas, por lo que fe

ha

ha de tener por mas celebrada la Geometria en todas las edades, pues de tan pocos principios, tan claros, tan ciertos, y tan conocidas de las lineas, que por ellas se vengan en conocimiento de theoremas, que à prima face, son tan remotos de todo el juicio, y entendimiento humano, dispuestos de tal manera, y por tal orden, y metodo, que confirman con demostraciones certissimas toda la ciencia, no quedando en ella duda alguna.

DE LAS DIFINICIONES.

PUNTO ES AQUEL QUE SU PARTE NO ES NADA, ò que no tiene ninguna grandeza.

Euclides, por negacion de las partes nos significa el punto, el qual es el principio de toda la materia propuesta, porque entre las quantidades continuas, el punto se ha de entender sin ninguna parte, porque ni es largo, ni ancho, ni profundo (assi como el instante del tiempo; y la vnidad en la cantidad discreta, que tambien carecen de partes) este es al que llama punto Euclides, y Geometras, este no se puede experimentar en las cosas materiales, aunque se imagine hecho con vna punta de vna aguja muy sutil, que toque casi insensiblemente en el plano de vn papel muy liso, y bruñido, que apenas lo sienta el que mas aguda, y perspicaz vista tuviere; porque quando el tal punto se pudiere vèr, yà no serà verdadero punto Matematico, por quanto sus partes se pueden dividir con el entendimiento infinitas veces, y el verdadero punto, ni se puede vèr, ni dividir en parte, ni en partes; porque en qualquiera grandeza de sus partes se conciben punto, assi como tambien en qualquier numero se concibe vnidad; y en qualquiera tiempo vn instante.

La linea es vna longitud sin latitud.

Despues del punto tiene el segundo lugar la linea; y concibiendose el punto, como principio de toda grandeza, por solo negacion, assi tambien la linea significa parte por afirmacion, y parte por negacion, porque tiene longitud, y carece de latitud. Aristoteles la difine ser vna grandeza, que de vn solo modo lo pueda dividir à saber segun longitud; de estas ay mucha variedad, porque vnas son rectas, otras circulares, otras tortuosas, y otras aspirales, &c. se demuestra en los numeros vno, dos, tres, y quatro.

Los estremos de la linea son puntos.

Euclides vsa de dos modos de lineas; vna que es terminada, y finita de vna, y otra parte, otra infinita sin principio, ni fin; de la que hablamos en esta difinicion es la finita de vna, y otra parte, de la qual se dice, que sus fines, ò terminos son puntos; porque la circular en quanto era circulo, ni tiene fides, sino es quanto señalan en èl algun punto, como principio: entonces serà el tal punto, como principio, y fin en el circulo, lo mismo se puede decir de la figura en el iptis, porque se rebuelve en sì como el arculo: pero quando se toma alguna porcion de linea arcular, ù del iptis, entonces se tornarà

los

los fines de ella en puntos, como si fuesse linea recta; y lo mismo se ha de entender de las lineas acivas.

5. Linea recta, es aquella que igualmente se interpone entre sus puntos.

SErà linea recta la que tuviesse igual distancia entre sus puntos, porque
quanto dista vn punto de otro, tanta es la grandeza de la linea recta terminada de sus puntos, y esta es la que se interpone igualmente en tres puntos, si en vna circunferencia de circulo, ò en otra qualquiera linea que no
fuere recta, se tomaràn dos puntos. La porcion de esta linea, que se interpone entre los dos puntos, serà mucho mayor que la distancia de los dichos
puntos, y por esto dice Arquimedes, y Campano lo trae sobre Euclides,
que la linea recta es la mas brevissima, que se puede echar entre dos puntos, como se vè en la demostracion presente, que la linea recta A. B. es mas
breve que la linea aciva A. C. B. y mucho mas breve que la linea aciva A. D. B.
se demuestra en los numeros cinco, seis, y siete.

6. Superficie es aquella que solo tiene longitud, y latitud.

LA superficie no consta de mas que de longitud, y latitud, porque carece
de profundidad, otros la dituieron ser termino del cuerpo, otros le llamaron grandeza de dos distantes intervalos, que tendrà mas conocimiento de la superficie quando medimos los campos, y distinguimos sus distancias por terminos conforme su longitud, y latitud, puedese tomar el verdadero sentido quando mira mas las sombras, porque carecen de oratitud, ò
profundidad, que no pueden penetrar las partes interiores de la tierra, y no
tiene mas que longitud, y latitud de las superficies, vnas son simples, y
otras mixtas, de las simples, vnas son planas, y otras sphericas, las nurtas, affi como selindricas, conicas, y aquellas que tienen origen de las seciones, conicas, à saber de las figuras conoydes, espheroydes, y otras, se demuestra en
los numeros ocho, nueve, diez, once.

7. Los fines de la superficie son lineas.

DE la misma manera que no todos los fines de la linea son pun-
tambien no todos los fines de la superficie son linea, porque la superficie de la esfera, ù de la esferoydes, por si no tienen semejantes fines, sino
se contare con algun plano, porque entonces tendrà por fines las mismas
lineas que resultaren de la tal section, la superficie del arculo, y aquella que
se contiene del ipsis, su fin es vna linea, à saber la circunferencia, y el elipsis
si se cortare, entonces tendrà lineas por fines.

8. Superficie plana, que es aquella que consiste igualmente entre sus lineas.

Los antiguos Geometras, como dice Prodo, toman la superficie, y el plano

no por vna mifma cofa , y Euclides , y los que lo figuen hacen la fuperficie
genero , y el plano fu efpecie de la mifma manera , que la linea recta es efpecie de la linea , como genero , y por efta razon difinen el plano de vna cierta proporcion para la linea recta , porque afsi como la linea recta es aquella
que igualmente afsifte entre fus puntos , ò la mas breve que fe puede echar
entre fus fines , afsi tambien fuperficie plana , dixeron fer aquella que es
echada igualmente entre fus lineas , ò la mas breve de todas las fuperficies
que fe pueden echar entre las lineas que tiene por terminos , y totalmente
qualefquiera difiniciones que convienen à la linea recta , fe pueden transferir
comodamente à la fuperficie plana , y como fean muchas las efpecies de las
fuperficies Euclides , lo difine la plana , porque en efta fe contemplan las figuras , y fus afecciones.

8. *Angulo plano confta de dos lineas que fe tocan en vn
plano , no echada en derecho , fino con inclinacion vna de otra.*

EL angulo plano fe forma todas las veces que dos lineas concurren vna
con otra en alguna fuperficie plana , de modo , que no concurren en derecho , fino que fe incline vna à otra , y afsi hacen el angulo , que fe dice plano , porque fe hace en fuperficie plana , verbi gracia , porque las dos lineas
A. B. A. C. concurren en el punto A. y no afsiften en derecho , por hacer el
angulo plano A. afsiftente en la mifma fuperficie , en la qual fe conftituyeron
las dos lineas A. B. A. C. fe demuestra en el numero doce.

9. *Quando el angulo fuere contenido de lineas rectas , fe
llamarà angulo rectelineo.*

TOdos los angulos planos fe hacen , ù de dos lineas rectas , las quales fe dicen rectelineas , y de eftos folo trata aqui Euclides , ù de dos lineas cur-
vas , que fe llaman acivilineas , ù de vna aciva , y otra recta , que fe llaman
mixtos , y deftas lineas pueden los angulos acivilineas variar de tres modos , y los mixtos de dos , por la varia inclinacion , ò afsiftencias de las lineas
acivas , afsi como lo fegundo lo convexo , y concabo , como en los propueftos
angulos fe muestra claramente los angulos rectilineos , no pueden variar por razon de la inclinacion , ò afsiftencia de las lineas , fino folo por razon de la inclinacion mayor , ò menor , con la qual fe acrecienta , ù demo-
vieffe el angulo rectilineo , que en efto es comun à los otros , y no varia de
modo que conftituya otro genero , como las acivilineas que fe hacen en las
fuperficies concabas , ò convexas de los orbes fphericos.

10. *Quando vna recta linea cayere fobre otra linea recta , y confti-
tuyere de vna , y otra parte los angulos iguales , eftos angulos feràn rectos , y la linea que cae fobre la
otra , fe dirà perpendicular
à ella.*

Tiene gran de vfo en la Geometria los angulos rectos , y las lineas per-
pen-

así también los angulos obtusos, y los agudos; por lo que en este lugar enseña Euclides, lo que es angulo recto, y linea perpendicular, y en las siguientes dos difiniciones, explica en angulo obtuso, y el agudo acuto, porque en los angulos rectilineos, fuera del recto no se puede dàr mas que angulo obtuso, y angulo agudo, por lo que si la recta linea A. B. cayere sobre la recta C. D. harà dos angulos en el punto B. de vna, y otra parte, que si fueran entre si iguales, entonces cayera la linea A. B. perpendicularmente sobre la linea C. D. y esto serà quando no inclinare mas la dicha linea A. B. para la parte C. que para la parte D. y se llamaràn vno, y otro angulo B. recto, por la misma razon se nombrarà la recta B. C. perpendicular à la recta A. B. y supuesto que C. B. no haga con A. B. mas de vn angulo, con todo si A. B. si alargare continuada, y en derecho haga el punto B. harà otro angulo igual al primero, se demuestra en el numero trece.

11. *Angulo obtuso es aquel que es mayor sin recto.*

Quando la recta A. B. cayere sobre la recta C. D. y no hiciere los angulos en el punto B. iguales, y por esta causa, ni vno, ni otro recto, sino que vno sea mayor que recto, y el otro menor, entonces se dirà el mayor angulo obtuso, que es el angulo B. hasta el punto C. que se contiene de las rectas A. B. B. C. y el angulo A. E. D. es acuto, y el angulo A. B. C. es obtuso, y se demuestra en el num. 14.

12. *Angulo agudo es aquel que es menor que recto.*

EN la presente figura bien se muestra ser el angulo agudo el menor de los dos, à saber el angulo B. que se inclina para el punto D. contenido de las lineas A. B. B. D. de lo dicho se colige, que el angulo recto, no padece ninguna variedad, para que se dè vno mayor, ò menor que otro; porque la linea perpendicular que lo hace, no se inclina mas à vna parte que à otra: los obtusos, y los agudos se pueden aumentar, y disminuir por infinitos modos, por quanto la inclinacion de la linea perpendicular se puede apartar de la otra linea recta, por infinitos modos, como se vè claramente en lo ya demostrado.

13. *Termino se dice lo que es extremo, y fin de alguna cosa.*

EL termino no es necessario que se refiera parte toda grandeza, como lo dice Prodo, que la linea es termino, y fin, pero sirve à los espacios, que estàn en las superficies, y para los solidos, y aqui llama termino al ambito, que termina qualquiera espacio, y este termino dice ser fin, no como el punto que se dice es fin de la linea, sino en quanto incluye, y junta en si con las lineas lo que le està corcumpuesto; este nombre es propio impuesto de los antiguos Geometras, por el qual median los campos, y conservan sus terminos distintos, que alcanzaban por esta sciencia de la Geometria con este mismo ambito exterior, llamado de Euclides, termino, con mucho fundamento determinaba el fin de los espacios por este termino qualquiera cosa de las contenidas, se terminaba assi como el circulo, la circunferencia es fu termino, y fin, y femejantemente del triangulo lo feràn fus tres lados, y del quadrilatero fus quatro lados, feràn terminos, y fines de fu efpacio, &c.

14. *Figura es la contenida de alguno, ò algunos ter-minos.*

NO toda la cantidad que tiene terminos, fe puede llamar figura, como tambien, ni la linea finita es figura, fino folo aquella grandeza que tiene latitud, afsi como las fuperficies terminadas, y las que tienen profundidad, fe dicen figuras: afsi como las hacen por folidos finitos, porque eftos fe dicen feràn comprehendidos de terminos, que la linea finita no fe dirà propiamente fer comprehendida de fus puntos extremos, porque los puntos no cercan la linea, antes los puntos terminan la linea, afsi que los terminos deben no folo terminar la quantidad que fe dice figura, fino tambien cerca la fuperficie infinita, ò tambien el cuerpo, como no fe comprehende de ningun cuerpo, de ningun modo fe puede llamar figura las figuras que fon comprehendidas de vno folo termino, fon arculos el ipfis, fphera, efpheroydes, y otras femejantes: las figuras incluidas de muchos terminos, fon triangulos, quadrados, cubos, piramides, &c.

15. *Circulo es vna figura plana, comprehendida debaxo de vna linea, que llaman periferia, ò circunferencia, para la qual de vn punto que eftà puefto dentro en figura, à todas lineas rectas que fe echaren feràn entre sì iguales.*

MUeftrafe fer la figura circular la mas perfecta entre todas las figuras planas, por fer de mayor capacidad que las demàs, la qual fe circunfcrive de vna fola linea, teniendo en el medio vn punto, del qual echando lineas à la circunferencia, feràn todas entre sì iguales: y quando la fuperficie, ò efpacio que incluye con folo la linea A. B. C. tuviere tal condicion, que de algun punto tomado dentro, afsi como D. todas las lineas rectas que cayeren en el termino A. B. C. quales fon D. A. D. B. C. fueron entre sì iguales, entonces fe llamarà la tal figura plana circulo, y de otra manera nò, la linea extrema del circulo, qual es A. B. C. llama Euclides periferia, y los Latinos circunferencia: de efta defignacion fe colige, que fupuefto que el ipfis fea figura plana circunfcripta de folo vna linea con todo, porque en ella no fe dà punto del qual à la mifma linea que la termina todas las rectas lineas fean iguales, no fe podrà de ningun modo llamar circulo, demueftra en el numero quince.

16. *Efte punto del medio fe llama centro del circulo.*

MUeftrafe que el punto que eftà dentro en el circulo, del qual todas las lineas rectas, echadas à la circunferencia, fon entre sì iguales, fe llama centro del circulo, qual es en la precedente figura; el punto D. donde fe mueff

mueſtra claro, que el polo de algun circulo en la ſphera del qual todas las
lineas rectas que cayeren en la periferia del circulo fueren entre ſi iguales,
como lo dice Theodolio en ſus elementos ſphericos, no ſe debe llamar centro del circulo, por quanto eſte punto, que ſe dice polo, aſsiſte en la ſuperficie de la eſphera, y no en la ſuperficie del circulo, lo que es neceſſario tener eſta condicion, para que algun punto ſe llame centro, y para que algun
punto en el circulo ſe llame centro, haſta que ſalgan de él ſolo tres lineas, que
caygan en la periferia entre ſi iguales.

17. *Diametro del circulo, es vna linea recta, echada por el cen-*
tro, y terminada en la vna, y otra parte de la circun-
ferencia del circulo, y aquel ſe corta en dos
partes iguales.

Echando en el circulo la linea recta A. B. por el centro C. de modo, que
ſus extremos A. y B. ſe terminen en la periferia, ſe llamarà eſta linea
diametro del circulo, y no todas las lineas que ſe echaren en el circulo, ſe llamaràn diametras, ſino ſolo aquellas que por el centro paſſaren, y fueren
eſtendidas, haſta vna parte, y otra de la periferia, y muchas diametras ſe
pueden ſeñalar en el circulo, pero vn ſolo centro, y lo que Euclides añade,
que el circulo es cortado en dos partes iguales por ſu diametro; eſto ſe
mueſtra bien claro, porque el diametro paſſa por medio del circulo, pues
paſſa por ſu centro, y con ſus extremos corta la circunferencia en dos partes iguales, ſe demueſtra en el num. 16.

18. *Semicirculo es vna figura que ſe contiene del diametro,*
y de aquella parte de la circunferencia del circulo,
cortada de los extremos del
diametro.

En el circulo A. D. B. de la primera figura la contenida debaxo del diametro A. B. y de la periferia A. D. B. ſe dice ſemicirculo, porque es la
media parte del circulo, como lo moſtramos en la difinicion proxima precedente, y por la miſma razon ſerà tambien ſemicirculo la figura A. E. B.
porque el miſmo punto C. como diametro corta el circulo igualmente en
los dos ſemicirculos, y quando la linea recta B. D. en la ſegunda figura no
paſſare por el centro E. entonces cortaba el circulo, no en dos partes iguales, ſino en dos porciones deſiguales, à ſaber B. A. D. y B. C. D. de las quales
aquella parte en que aſsiſte el centro, qual es la porcion B. A. D. ſerà mayor
que no la otra B. C. D. fuera de la qual ſe halla el centro E. ſe demueſtra en
el numero diez y ſiete.

19. *Figuras rectilineas ſon aquellas que ſe contienen de-*
baxo de lineas rectas.

Deſpues de las difiniciones del circulo entra Euclides por las deſcripcio-
nes de varias figuras, y explica primero las figuras que ſe dicen recta-
tili

te lineas, diciendo, que todas las figuras planas que se incluyen dentro de las lineas rectas, se llaman rectilineas, de lo qual se muestra bien claro, que las figuras planas, comprehendidas de lineas ciertas, se diràn circunlineas, y aquellas que tienen parte de lineas curbas, y parte de rectas, se digan nurtas, como de todas se vè en las figuras presentes, se demuestran en los numeros 18. y 19.

20. *La figura que se compone de tres lados, se dice figura trilatera.*

DICE Euclides, que aquellas figuras se dicen de tres lados, que se circunsiriven de tres lineas rectas, y nos muestra claramente de que modo se ha de difinir el triangulo, porque como en las figuras rectilineas sean tantos los angulos, como los lados, ò las lineas rectas, de que consta, por tanto se dirà triangulo la figura contenida de tres lineas rectas, que son las passadas.

21. *Quatrilatera se dirà aquella que debaxo de quatro lineas rectas se compone.*

POR la misma razon serà quadrangulo la figura contenida de quatro lineas rectas, de la qual ay varias especies, que despues diremos.

22. *De muchos lados aquella, que debaxo de mas lineas rectas, que de quatro se compone.*

POR quanto las especies de las figuras rectelineas son innumerables, por razon del infinito progresso de los numeros, porque tres lineas rectas, que se cierran, hacen figura de la primera especie, debaxo de la qual se contienen todos los triangulos, quatro lineas constituyen la segunda figura, que forman todas las figuras quadragulares; las cinco lineas forman la tercera especie, seis lineas la quarta figura, y assi las demàs procediendo en infinito; y por esso Euclides para que no nos obligue à conseguir esta infinidad de numero de lados llama à todas las demàs figuras rectilineas, se circunscriven con este general vocablo, figuras de muchos lados.

23. *De las figuras de tres lados, el triangulo equilatero es el que se contiene de tres lados iguales.*

Viniendo à lo particular de cada vna de las especies de los triangulos, por quanto los triangulos se pueden dividir por rectos de los lados, y por razon de los angulos, diremos primero la especie de la primera division

D   23.

que no ſon mas de tres, por quanto los tres lados de ſolo eſtos tres modos ſe pueden variar, porque todos tres ſon iguales, ò ſolo dos iguales, y el tercero puede ſer mayor, ò menor, ò todos tres deſiguales, quando todos los tres lados del triangulo fueren entre ſi iguales, ſe dice triangulo equilatero, y entonces de la igualdad de todos los tres lados del triangulo equilatero ſe infiere que tambien ſeràn iguales todos los tres angulos, como lo mueſtra Euclides: en la primera propoſicion del primero quedan yà demoſtrados.

24. *Triangulo y ſoſceles es el que tiene ſolo los lados iguales.*

DE eſta igualdad de los dos lados ſe hace el triangulo y ſoſceles, y los dos angulos diſpueſtos à los dos lados iguales, tambien ſeràn entre ſi iguales, como lo demueſtra Euclides en la quinta propoſicion del primero libro: ponenſe aqui dos triangulos y ſoſceles, de los quales el primero tiene el tercero lado mayor, que cada vno de los dos iguales, y el poſtrero que lo tiene menor, y por eſſo ſon dos las eſpecies de lo triangulos y ſoſceles.

25. *Triangulo eſcaleno es el que tiene todos los tres lados deſiguales.*

Y Finalmente de la deſigualdad de todos los tres lados del triangulo eſcaleno ſe coligen todos los tres angulos deſiguales, como lo mueſtra la diez y ocho propoſicion del primero libro de Euclides: demàs de eſto tambien conſta, que por el miſmo modo ſe puede dividir el triangulo de tres eſpecies, teniendo razon à la igualdad de ſus angulos, porque, ò todos los tres angulos ſon entre ſi iguales, ò los dos angulos ſolos, y el tercero es mayor, ò menor, ò todos tres deſiguales: entonces ſerà todo el triangulo, ò equiangulo, teniendo todos los tres angulos iguales, ò de los dos angulos iguales, ò de todos los angulos deſiguales, de los quales el primero reſponde al equilatero, el ſegun o al y ſoſceles, y el tercero reſponde al triangulo eſcaleno.

26. *De las figuras de tres lados, el triangulo rectangulo es el que tiene angulo recto.*

AORA diremos las eſpecies de los triangulos, conforme la poſtrera diviſion, teniendo razon à la variedad de los angulos, no ſiendo mas de tres los generos de los triangulos rectelineos, reſpecto de ſus angulos, porque todos los angulos rectelineos, ò ſon rectos, ò obluſos, ò agudos, como avemos dicho, y de ellos ſe hacen tambien tres eſpecies de triangulo, y ſe hallan debaxo de eſta condicion, porque quando el triangulo tiene vn angulo recto, y por eſta cauſa los

los demàs angulos agudos, como consta de la 17. proposicion del 1. libro, se dice triangulo rectangulo, puede este triangulo ser, ò ysosceles, ò escalino, como lo muestra la experiencia, porque equilatero, de ninguna manera puede ser rectangulo, como se probarà, como se colige de la 17. y 32. proposicion del 1. libro.

27. Triangulo ambligonio es el que tiene angulo obstuzo.

Triangulo ambligonio, ò obstuzangulo es el que tambien puede ser ysosceles, ò escaleno, y no equilatero, porque como se prueba, en la quinta proposicion del primero libro de Euclides, siendo todos los tres angulos iguales, y el vno de ellos obstuzo, de fuerza debian de ser todos obstuzos, que es grande absurdo, como se verà adelante, en la proposicion 17. y 32. del primero libro.

28. Triangulo oxigonio, es el que tiene tres angulos agudos.

Todo el triángulo oxigonio, ò acutangulo puede ser, ò equilatero, ò ysosceles, ò escaleno, como se muestran en las difiniciones 23. 24. y 25. donde se difinieron los triangulos de la primera division; por lo qual consta claro, que todo triangulo equilatero ha de ser oxigonio, y que todo triangulo ysosceles, y escaleno puede ser rectangulo, ò ambligonio, ò oxigonio: el triangulo ysosceles, oxigonio puede ser de dos modos ysosceles oxigonio, ò que tenga el tercer lado mayor que cada qual de los iguales, ò que tenga el lado mayor, y assi viene à ser solo vna especie de los triangulos equilateros, quatro de los ysosceles, y tres de los escalenos, por lo que vienen à ser ocho los generos de todos los triangulos, à saber vno del equilatero, porque perpetuamente es oxigonio, ysosceles rectangulo, ysosceles ambligonio, ysosceles oxigonio que tiene el lado tercero mayor que cada qual de los iguales, ysosceles oxigonio, ò que tiene el tercer lado menor que cada qual de los iguales, escaleno rectangulo, escaleno ambligonio, y escaleno oxigonio. No se hace demostracion de estos triangulos, por ser facil su inteligencia.

29. De las figuras quadrilateras, quadrado es aquel que tiene los quatro lados iguales, y los angulos rectangulos.

Despues de aver dicho los generos de las figuras de tres lados; resta digamos de las que constan de quatro lados, considerando solo cinco modos de este genero, de los quales los quatro primeros son regulares, y la postrera, y quinta figura, es irregular la primera figura: Quadrilatera se dice quadrado, el qual tiene todos los quatro lados entre si iguales, y todos los angulos rectos; y assi, quadrangulo, equilatero, y no rectangulo, ò por el contrario rectangulo, y no equilatero, de ningun modo se puede llamar quadrado, se demuestra en el quin. 8.

30. _Figura altera parte longior, ... ẽtangula, y no equilatera._

LA ſegunda figura ſe llama, altera parte longior, en la qual todos los angulos ſon rectos, y los lados no ſon entre ſi iguales, ſupueſto que los lados
opueſtos ſon entre ſi iguales, aſsi como en la figura preſente A. B. C. D. los
lados A. B. D. C. entre ſi iguales, y los lados A. D. B. C. tambien entre ſi ſon
iguales, y por razon de la rectitud de los angulos las lineas de que ſe compone ſon entre ſi iguales; y por eſſo ſe dice parelelogramo, como ſe demueſtra
en la propoſicion 34. de el primero libro, ſe demueſtra en el num. 20.

31. _Rombus es vna figura equilatera, pero los angulos no ſon iguales._

ESta es la figura tercera entre las quadrilateras, que ſe llama rombus, tiene
las condiciones opueſtas à la figura altera parte longior; porque tiene
todos los lados iguales, y los angulos no rectos, y deſiguales, aunque los angulos opueſtos ſean entre ſi iguales, aſsi como en el rumbo de la figura preſente A. B. C. D. los angulos A. C. entre ſi, y B. D. tambien entre ſi ſon iguales, y por razon de la igualdad de los lados es paralelogramo, ſe demueſtra
en el num. 12. que avia de ſer 21.

32. _Romboydes es vna figura, que lados, y angulos opueſtos tiene entre ſi iguales, pero ni es equilatera,
ni rectangulo._

ESta figura ſe llama romboydes, es en todo opueſta al quadrado, porque ni
tiene todos los lados iguales, ni algun angulo recto, ſino los lados opueſtos iguales, quales ſon A, B. y C. D. y A. D. con B. C. en eſte romboyde preſente A. B. C. D. pero los dos angulos ſon iguales, aſsi como A. con C. y B.
con D. eſtas quatro figuras quadrilateras ſe pueden decir regulares: las demàs
de qualquiera modo que fueren ſe diràn irregulares; ſe demueſtra en el num.
22. y le falta en la figura la C.

33. _Fuera de eſtas, las demàs figuras quadrilateras ſe llaman trapecias._

TODAS las demàs figuras quadrilateras, que difieren de las quatro ſo-
bredichas, à ſaber que no tienen todos los lados iguales, ni todos los
angulos iguales, ò rectos, ni los dos lados opueſtos, ni los dos angulos
opueſtos tienen entre ſi iguales, con vn vocablo original ſe llaman trapecias:
y eſtos como ſe pueden variar de infinitos modos, por eſſo ſe llaman figuras
irre-

irregulares; porque pueden tener dos angulos rectos, y vno solo, y tambien ninguno, y pueden tener vn angulo obtuso, y otro agudo, ò dos obtusos, y los otros agudos, &c. Y la misma division se puede hacer conforme los lados, porque pueden tener algunos lados iguales entre sì, ò ningun lado igual, &c. se demuestra en el num. 23.

34. *Lineas paralelas son aquellas, que estando en vn mismo plano, y produciendose en infinito, para vna, y otra parte, jamàs se encontraràn vna con otra.*

PAra que dos, ò muchas lineas se digan paralelas, ò equidistanti, no basta que para qualquiera parte, y productas, en espacio infinito nunca concurran en vn punto, sino que tambien es necessario que assistan en vna superficie planas, porque muchas lineas rectas no assisten en vna misma superficie plana productas: para vn espacio infinito, nunca concurrràn en vn punto, y con todo no se diràn paralelas, como por exemplo no lo seràn dos lineas rectas, puestas transversalmente en medio del ayre, que no se toquen, porque estas no se juntaràn jamàs: dicese estaràn dos lineas rectas en vna misma superficie plana, quando en alguna superficie plana està acomodada de vna de las lineas, de modo, que con todos sus puntos la toque, y cerca de aquella inmoble rebolvida la otra linea se pueda acomodar segun todos sus puntos, supuesto que verdaderamente se hallen las dos lineas en diversas superficies: assi como las propuestas dos lineas rectas A. B. C. D. si en alguna superficie plana, la recta A. B. se aplicare C. D. tambien tocandole todos sus puntos; de modo, que en rebolviendose en redondo de ella, la otra linea toque con todos sus puntos, se diràn semejantes dos lineas rectas, que assisten en vna superficie plana de otro modo, no por lo que si estas dos lineas rectas no concurrieren, aunque se produzcan en infinito, assi para la parte A. C. como para la parte B. D. se llamaràn paralelas, ò equidistantes, figuras de muchos lados. Son como demuestran los numeros 26. 28 y 29. que sus nombres son., el numero 29. ochavo, el numero 28. seitabo, y el numero 26. pentagono.

De las peticiones, en que se demuestran los numeros 23. y 24.

Pidese, que de qualquiera punto se conceda tirar vna linea recta.

ESTA primera peticion es muy clara; si rectamente la considerarèn por lo que avemos dicho de las lineas rectas; porque como la linea sea vn cierto fluxo del punto imaginario; y por esso quando la linea recta con vn fluxo directo và totalmente siguiendo su camino, desde vn punto para otro punto, se entiende la tal linea ser echada directamente entre sus puntos extremos, assi como del punto A. echada la linea recta al punto B. y de el mismo punto A. otro al punto C. y otro al pun-

tu D.y afsi innumerables lineas: dice Euclides, que por la primera peticion
se puede pedir, que se echen del punto A. muchas lineas rectas para diferentes puntos, y puede ser concedido sin controversia, se demuestra en el num. 24.
es primer peticion.

2. *Una recta linea terminada producirla rectamente incontinuo.*

COnsiderando que el fluxo recto del punto và corriendo mas, y mas con
aquel movimiento directo, y que no hace inclinacion para ninguna parte, con esto serà qualquiera linea recta terminada producida, y jamàs tendrà
termino su produccion, quando entender mas que aquel punto se puede mover distancia infinita, afsi la linea recta. Primeramente se produce en continuo hasta su termino, y despues se puede producir hasta el que se quisiere,
Segunda peticion, y tan clara como se vè.

3. *De qualquiera centro, y intervalo describir vn circulo.*

DAndo vna linea terminada de qualquiera cantidad que la tomèmos, apli-
cando el compàs con vn pie fixo en vno de sus extremos, y rebolvien-
do la otra punta en la distancia del otro extremo, hasta que buelva al punto
donde saliò, se harà vn circulo perfecto, efecto de lo que manda hacer esta 3.
peticion, exemplo en estas tres lineas A. B. A. C. A. D. que qualquiera de ellas
rebuelta en redondo del centro A. describen cada vno de los circulos, conforme la cantidad de sus intervalos, se demuestra en el numero 25. y es tercera peticion.

4. *A qualquiera grandeza dada se puede tomar otra grandeza, ò mayor, ò menor.*

TODA cantidad continua se puede añadir por adiccion infinitamente, y
disminuye por division adonde no se puede dàr cantidad continua, que
por grande que sea no se pueda acrecentar que sea mayor, ni tan pequeña,
que no se pueda hacer menor; esto mismo tiene verdad en los numeros, en
quanto pertenece à la adiccion; porque qualquiera numero por continua
adiccion puede aumentarse la vnidad infinitamente, supuesto que en su diminucion venga à la vnidad, que no se puede dividir sin quedar parada, y
quebrada. Demàs de estas quatro peticiones ay muchas otras de igual facilidad, de las quales por el discurso de las proposiciones repetirèmos frequentemente, para mayor inteligencia de sus pruebas.

DE

De los axiomas, ò comunes sentencias, que tambien se dicen pronunciados, ò dignidades.

1. *Aquellas cosas que son iguales à vna ; son entre sì iguales , y aquel que à vno igual es mayor , ò menor , tambien serà mayor , ò menor à lo otro igual ; y si vno à vno , y qual fuere mayor , ò menor en cierta grandeza , tambien serà mayor , ò menor en la misma cantidad ài otro igual.*

POR ninguna razon puede ser que dos cantidades desiguales sean iguales à otra cantidad , porque si la menor de aquellas dos cantidades propuestas fuere igual à la cantidad , entonces la mayor cantidad de las dos necessariamente la excederà ; y si la mayor fuere igual , la propuesta cantidad superarà à la menor de las dos , por lo qual rectamente se colige , que las cantidades que fueren iguales à vna misma cantidad , tambien lo seràn entre si iguales. Las demàs partes deste axioma que se añaden , por ser tan frequentes en vn vso son clarissimas.

2. *Si à partes iguales añadieren partes iguales , los todos seràn iguales.*

POrque siendo las cantidades propuestas desiguales , no ay duda que à la mayor se le añadiò mayor cantidad , quando entrambas de antes eran iguales ; porque si la adiccion de cantidad igual à cantidades iguales resulta tambien cantidades iguales.

3. *Y quando de iguales cantidades se quitan partes iguales , lo que queda seràn iguales.*

POrque de otra manera , si las cantidades que quedaron fueren desiguales , es claro , que de la menor se quita mayor cantidad , siendo de antes vna , y otra iguales.

4. *Y quando à cantidades desiguales se añadieren cantidades iguales , los todos seràn desiguales ; y tambien seràn desiguales los todos , quando siendo desiguales se le añadieren partes desiguales , à saber ; mayor parte à la mayor cantidad ; y menor à la menor ; con que seràn en mayor desigualdad que al principio.*

Bien se muestra que si à partes iguales se añaden partes iguales , los todos

dos ſeràn deſiguales, por quanto a la mayor cantidad, añadiendo vra parte igual, la conſtituirà mayor , que no añadiendo parte igual à la menor ; y aſsi ſi à deſ-iguales añadieren partes iguales , la cantidad compueſta de la mayer ſerà mayor que la compueſta de la parte menor , la otra parte de eſte axioma, por ſer de fre-quente vſo la añade Clavio.

5.   *Y quando de cantidades deſiguales ſe quitan partes igua-les , las que quedan ſeràn deſiguales ; y quando à deſigua-les ſe quitan partes deſiguales de la mayor menos , y de la menor mas , tambien quedaràn deſiguales , y mu-cho mas deſiguales que al principio.*

Y Aſsi tambien quando de partes iguales ſe quitaren partes deſiguales , las que quedaren ſeràn deſiguales, porque quitando mayor cantidad , quedarà me-nor cantidad que la que quitaren menor , de modo , que el reſiduo de la mayor ſerà menor que el reſiduo de la menor , quando ſe quitan partes iguales de partes deſiguales, porque pueden las cantidades compueſtas , ò reſiduas ſer deſiguales, ò iguales, aſsi como quando à 7. y à 5. ſe añadieren 4. y 3. reſultaràn 11. y 8. que ſon deſiguales ; y del miſmo ſi de 7. y 5. ſe quitaren 2. y 1. quedaràn 5. y 4. que ſon deſiguales, y tambien ſi à 7. y à 5. ſe le añadieren 4. y 6. reſultaràn 11 y 11. que ſon iguales. Item mas , ſi quitaren 3. y 1. e 7. y 5. quedaràn 4. y 4. que tambien ſon iguales , por donde por el exemplo de eſtos numeros conſtan todas las partes de eſte axioma.

6   *Las coſas que à vna ſon dobladas , ſon entre ſi iguales.*

D E la miſma manera que las cantidades dobladas à vna ſon entre ſi iguales, ſe ha de entender tambien de las cantidades que ſon triplicadas, quatriplicadas, &c. à vna miſma ſeràn iguales entre ſi : eſto ſe prueba con el ſegundo axioma, que como las partes ſe vàn añadiendo en ſemejante proporcion con la tercera ſiempre yàn ſiendo entre ſi iguales.

7.   *Y las cantidades que ſon medio , à vna tercera can-tidad ſeràn entre ſi iguales.*

P OR la miſma razon ſeràn tambien entre ſi iguales las dos cantidades , quando ſean media , ò tercera, ò quarta parte de la tercera . eſtos dos pronunciados, ò axiomas por la miſma cantidad ſe ha de entender de cantidades iguales, porque las coſas que ſon medio tercio, ò quarto de vna coſa , lo ſeràn tambien entre ſi igua-les , y por conſiguiente las que ſon dobladas triplicadas , ò quadruplicadas à vna tercera cantidad ſeràn entre ſi iguales.

8.   *Aquellas coſas que entre ſi convienen, y ſe ajuſtan, ſon entre ſi iguales.*

Eſto ſe entiende en dos cantidades , de las quales pueſta la vna ſobre la
otra

otrà, vengan de tal modo ajuſtadas, que ni vna exceda à la otra, ni la otra à la otra, aſsi ſe diràn dos lineas iguales, quando ſupueſta vna ſobre otra, aquella ſupueſta convenga en todas ſus partes con la otra, ſin la exceder, ni ſer excedida, de la miſma manera dos angulos rectilineos ſeràn iguales, quando ſupueſto vno al otro, aquel que ſe ſobrepone no exceda al otro, ni ſea excedido de èl, ſino que la linea del vno con la linea del otro vengan coincidiendo juntas, porque aſsi ſeràn las inclinaciones de las lineas iguales, ſupueſto que las lineas no ſean iguales entre sì.

9. *El todo es mayor que ſu parte.*

ESte axioma es bien claro, y no tiene neceſsidad de conſtruccion; pues vna cierta cantidad, antes que le quiten alguna parte es mayor que deſpues que le quitaren alguna coſa, y ſiempre ſerà mayor entera, que la parte que le quitaren, aunque ſea caſi toda, con tanto que le quede algo; porque aquel poquito que le quedò ſe lo añadieron à la otra parte, que le quitaron à la mayor la dicha parte, y aſsi nunca la parte puede ſer tan grande como el todo, antes que le quitaſſen la parte.

10. *Dos lineas rectas no comprehenden eſpacio.*

ESte principio no tiene dificultad, porque ſi dos lineas rectas concurrieren à vna parte para hacer angulo, neceſſariamente de la otra parte ſiempre ſe iràn apartando cada vèz mas, quanto mas ſe fueren dilatando, como ſe vè en el exemplo de eſtas dos lineas, concurrientes en el punto A. por lo qual, para que ſe comprehenda eſpacio, ò ſuperficie, es neceſſario que à eſtas dos lineas rectas, por lo menos ſe le junte otra tercera tambien recta para hacer figura de triangulo, y otra quarta para quadrangulo, &c. ſe demueſtrà tambien en el num. 14:

CAPI;

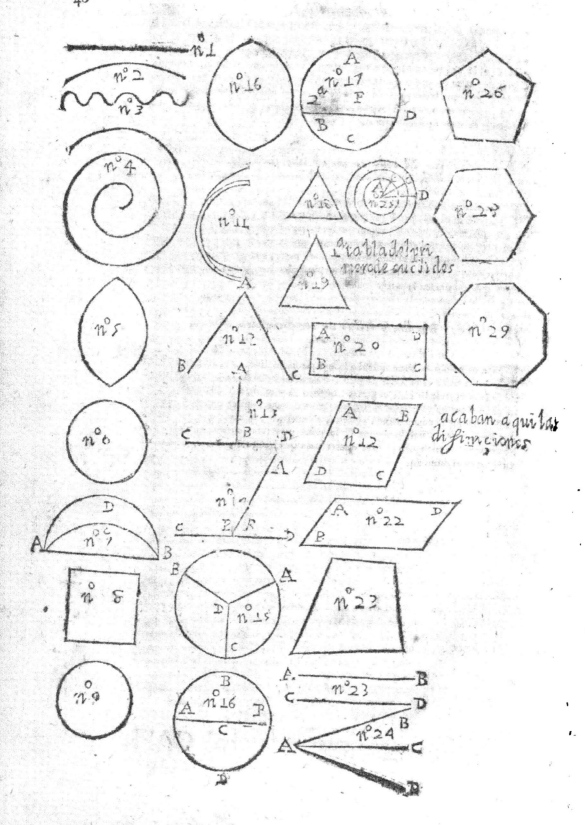

nº 1
nº 2
nº 3
nº 4
nº 5
nº 6
nº 7
nº 8
nº 9

nº 16
nº 17
nº 11
nº 18
nº 19
nº 12
nº 13
nº 14
nº 15
nº 16
nº 20
nº 21
nº 22
nº 23
nº 23
nº 24

2ª tabla del primero de euclides

nº 26
nº 27
nº 28
nº 29

acaban aquí las
difiniciones

CAPITULO XVII.

TRATA DE ALGUNAS COSAS NECESSARIAS PARA *trazar en el papel qualquier edificio.*

HASTA aqui se nos ha ido en tratar del Arifmetica, y en algunos terminos de Geometria, valiendome del primero de Euclides, afsi de sus principios como de lo demas de su libro, neceſſario al Arquitecto; y es bien entremos en la inſtruccion de Arquitectura. Y aunque lo que eſte capitulo contiene es para principiantes, firve tambien para el Maeſtro conſumado; y por coger las cosas deſde ſus principios empiezo del. Y para ſu declaracion es bien ſepas, que toda planta conviene ſe plante en angulos rectos, aunque algunas ſe vſan redondas, y de diferentes figuras : mas la mas fuerte es la que es cauſada en angulos rectos, y aunque la circunferencia es comun ſentencia ſer la mas perfecta, por ſerlo en la Geometria la que menos lados tiene, con todo eſſo en los edificios modernos ſe ha experimentado quan fuerte ſea la planta en angulos rectos. Y aſsi el principiante irà acoſtumbrandoſe à trazar plantas prolongadas, y quadradas, cauſando los angulos con lineas en blanco en el papel do quiere trazar, y cauſarà los angulos rectos, como diximos en las difiniciones, en la diviſion de la linea, y ſacando lineas paralelas, ſeràn los angulos opueſtos tambien rectos. Y ante todas coſas haràs ſobre vna linea ciertos tamaños, como mejor te pareciere; llamados *Vitrà* por Vitrubio modulos, y por noſotros comunmente pitipie, govierno que ha de ſer de todo el edificio dibuxado, como adelante mejor conoceràs. El dieſtro Maeſtro ya experimentado, quando ſe le ofrece el plantar vn edificio, lo primero que debe hacer es reconocer el ſitio, que angulos tiene; que ni todos los edificios ſe hacen en el campo, donde es facil el edificar, ni todos ſon quadrados. Eſto lo harà por el reconocer los angulos, que ſe hacen en el angulo; deſde el apartarſe, como doce pies; y en las dos lineas, ò paredes que forman el angulo, y de vna à otra, mirar con vn cordel lo que abren, y eſtos tres terminos, por pitipie, plantalla en el papel, y te darà el angulo conocido; y ſi por de dentro no ſe puede reconocer, por el lado opueſto al angulo, que ſerà eſquina ſe puede obrar, y ſaldrà lo miſmo; que ſi el angulo de adentro fuere eſquina, en ella ſe obrarà lo miſmo, ſi lo ſabes hacer, y obrar; y reconocidos pondrà todo el ſitio en planta, y de tal ſuerte irà diſponiendo todo el edificio, que recoja los angulos no rectos à alguna pieza oculta, dexando las demàs con rectitud. Puede tambien recogerlos à alguna caxa de eſcalera, como no ſea principal, pues en ella ſe diſimula mas la fealdad, que no ſe puede negar, ſino que afea mucho vna pieza con angulos deſiguales. No ſolo ſe ha atender en la planta à la hermoſura de adentro, ſino que tambien la ha de guardar por defuera; y eſto ſe harà perdiendo alguna parte moderada de ſitio, mas en caſo que no ſe pueda eſcuſar, eſcuſado es el dàr remedio, ſino ſolo el de la prudencia del Artifice, que de tal ſuerte ſe aya, que no halle en que le pongan defeto. Si el angulo fuere acuto, le debe cortar vna pequeña parte del gulo, y cortado harà dos angulos obtuſos; y eſto es, porque ſiendo acuto no es ſeguro el aſsiento de la corniſa, y eſtà ſugeta la eſquina por la parte de la plana à que la rompan con facilidad. Siendo el angulo obtuſo puede ſeguirſe, quando no ſe pueda eſcuſar por defuera : mas por la de adentro no ſe ha de conocer tal defecto, ſino ſeguir el remedio dado; por quanto con mas perfeccion ſe guardare eſto, tanto mayor ſerà la del edificio.

✳✳✳

CAPITULO XVIII.

TRATA DE LA PERFECCION DE LA PLANTA.

ASfentada cofa es, que el ingenio mas futil formará conceptos mas futiles, y delicados, por los quales ferà el hombre en fu facultad mas iluftre teniendole tambien el Arquitecto, mas aventajadas feràn fus plantas. Y porque dellas es impofsible dàr regla vniverfal, por la variedad que inventan los ingenios cada dia, reduciendo la eleccion algunos defeños pueftos en proporcion con la ayuda dellos campeará mas la traza, cuya compoficion no es otra cofa, fino vn cuerpo perfetamente formado, con tal proporcion, que todo èl fea vna perfeta hermofura continua, deleytable à la vifta. Y como el mas perfecto cuerpo de la naturaleza es el del hombre, à cuya caufa los Philofofos le llaman mundo

Vitrub. pequeño, ò abreviado, y à imitacion fuya, figuiendo fu belleza Vitrubio en fu tercero libro cap. 1. le và midiendo, y diftribuyendo en partes, de que muchos efcultores vfaron antiguamente en las eftatuas que hacian. Y aunque no pone Vitrubio en lo practicado que fe aya de componer las plantas de las fabricas, à imitacion del hombre: ponelo en lo efpeculativo; pues fucefsivamente defpues de aver tratado de fu perfeccion, pone la que han de tener las plantas, haciendo defeño de feis: èl las pone fegun en aquella edad fe vfaban, mas aprovechandonos oy de fu medida, y de la vfanza defte tiempo, ferà en efta forma. Ante todas cofas fe ha de faber el ancho del Templo, el qual fupergo tiene quarenta pies, à efto han de correfponder quatro anchos de largo, porque effos mifmos tiene el cuerpo del hombre metido por los pechos. Sigue efta doctrina Sebaftiano, como tan apoyador de las obras de Vitrubio, en el libro de fus antiguedades, donde enfeña la planta del Templo de San Pedro, que guarda efta medida en el cuerpo, y añade otro ancho à la Capilla Mayor, y

Sebaft. otro al Presbiterio, ò Altar Mayor, cuyo inventor fue Bramante, famofo Arquitecto, en tiempo del Pontifice Julio Segundo, como el mifmo Sebaftiano dice, y es el Templo primero que fe edificó en forma de Cruz defpues de la muerte de Chrifto Nueftro Redemptor, y el mas manifico que oy fe conoce. Mas fegun Vitrubio no fe le debe dàr tanta largueza, fino que toda la planta ha de tener los quatro cuerpos repartidos en efta forma. Al cuerpo fe le han de dàr dos anchos y medio fiendo fin portico, mas teniendo portico, ha de tener dos anchos, y el medio el portico; porque fi eftà fin èl ahoga el Coro la Iglefia; y eftando con portico, como el medio Coro eftà fuera, queda mas feñoril, y defahogada, à la Capilla Mayor fe le ha de dàr vn ancho: al Presbitero, ò Altar Mayor, medio ancho. Y defta manera queda el Templo, ò la planta dèl, facada à imitacion del hombre, teniendo quatro anchos de

Nota. largo. Nota, que como en la Gentilidad no fe vfaron Templos de cruceria, hafta que Chrifto Nueftro Señor murió, por effa caufa Vitrubio no trata de la proporcion que han de tener los Colaterales, mas del mifmo Presbitero fe toma, y es, que ha de tener de fondo medio ancho, y de aqui fe faca la proporcion que han de tener las naves, quando el Templo es de tres, y lo mifmo guarda en el fondo, quando el Templo es de Capillas, à los lados que tienen de fondo medio ancho, como le tiene el Templo de San Pedro de Roma en fus Capillas, y el de feño prefente lo demueftra, aunque fin gruellos de paredes. Podrà el Arquitecto en el Presbiterio exceder alguna pequeña parte en Templos graves, para que los celebrantes de los oficios eftèn con efpacio. Algunos dicen, que Jupiter dedicò primero los Templos, y que por efto fue reverenciado por dios entre los demàs, à quien los del Arcadia dedicaron Templos, y que la diofa Ifis tambien dedicò Templo, y que hico eftatutos para fu govierno; por lo qual fue llamada Diosa dadora de leyes. Mas todas estas fundaciones, y que importa poco, que mas importa atender à la verdad del Arte, aunque por estos dichos à otros se ha ido perficionando, y aumentando en el saber los que en él se exercitan. En el Templo de Gerusalèn, traza que fue dada por el Espiritu Santo, lo que se llamaba Sancta Sanctorum, ò Casa de Dios, fue edificado en forma de Cruz; y assi lo muestra el Padre Martin Estevan en su Compendio de Aparato, y hermosa Arquitectura del Templo de Gerusalèn. Fue traza, segun las que aora se hacen à lo moderno. En planta el ancho de esta Iglesia, ò Sancta Sanctorum, y largo, segun la Sagrada Escritura en el lib. de los Reyes, cap. 6. fue sesenta cubitos de largo, que hacen ciento y sesenta pies, y de ancho veinte cubitos, que hacen cinquenta y seis pies. *Medidas del Templo de Gerusalen.* Demàs destos Templos de vna nave, y de tres, ay otros de cinco naves, que son Iglesias Catedrales, como la de Toledo, Sevilla, y otras, que no menos son dignos de memoria nuestros Templos de España, que los de los Estrangeros. Y porque à tu imitacion puedas disponer, y trazar otros, referirè algunos con sus particulares medidas. Tiene de largo la Santa Iglesia de Toledo ciento y sesenta y tres passos, que son pies trecientos y quarenta y siete, tiene de ancho ochenta y quatro passos, que hacen pies ciento y sesenta y nueve: la nave principal tiene veinte y dos passos, que son quarenta y cinco pies, las naves de los lados à la nave principal, tiene la mitad cada vna, que es veinte y dos pies y medio; las naves vltimas tienen doce passos, que es veinte y cinco pies; lo que llamamos entre los dos Coros, que es entre el Altar Mayor, ò Presbiterio, y el Coro, es quadrado; el Presbiterio tiene de fondo treinta passos, que es sesenta y vn pies; el Coro tiene otro tanto, y lo demàs del largo queda detràs del Coro, y del Altar Mayor, dando buelta las dos naves por él à figura circular. *Medidas de la Santa Iglesia de Toledo.* Lo qual no tiene la Iglesia de Sevilla, cuya grandeza es en ancho noventa y siete passos, que son ciento y noventa y cinco pies, y de largo ciento y setenta y dos passos, que son trecientos y quarenta y cinco pies: la nave principal tiene de ancho veinte y dos passos, que es quarenta y cinco pies; y las de sus lados tienen doce passos, que hacen veinte y cinco pies, siendo todas quatro iguales. De aqui se podrà satisfacer à la duda de muchos, que litigan sobre qual destos dos Templos es mayor, atribuyendo la mayoria al de Sevilla: y la causa de hacerle parecer mayor, es por serlo en su alteza mucho mas que el de Toledo. Y quando se te ofreciere el trazar algun Templo semejante, seria de parecer guardasses las medidas de la de Toledo en su planta, que por ser tan perfeta la llaman perla, y caxa della à la de Sevilla. *Medidas de la Santa Iglesia de Sevilla.* Otros Templos pudiera referir con sus particulares medidas, mas de las dichas se conseguirà vn buen fin, valiendote de sus principios, como quedan declarados. Demàs destos Templos de naves ay otros antiguos, que son en figuras quadradas de notable grandeza; y assi se vè oy el de Cordova. Este tiene de ancho ciento y cinquenta y dos passos, que hacen pies trecientos y cinco, y de largo ciento y ochenta y siete passos, que hacen pies trecientos y setenta y cinco; y siendo este Templo de tanta grandeza, no està formado de naves, sino todas son colunas sin bassas; de adonde coligo ser edificio muy antiguo, demàs de que su fabrica lo testifica, y el estar sin bassas lo dà à entender, y assi se vèn edificios antiguos de Roma. Tuvo este Templo antes que se hiziesse la nave que oy tiene de Iglesia dentro del referido, seiscientas y ocho colunas, y al presente tiene mas de las quinientas, que estàn assentadas con mucha igualdad. Son de moderada altura, y encima tienen de vnas à otras dos danzas, de arcos, sobre las quales se forman las paredes, y en ellas sobre canalones de plomo se recogen las aguas. No se vsa este genero de edificio, mas le he puesto por ser digno de alabanza. Y no te maravilles de que tenga tantas colunas, pues del Templo de Gerusalèn sabemos tenia 1453. colunas, sin las medias que salian de las paredes, y eran de tanta grosseza, que tres hombres asidos de las manos tenian que ceñir cada vna, assi lo dize Iosefo. Demàs de los Templos referidos ay otros redondos, y assi lo es la *Medida de la Santa Iglesia de Cordova.*

B Ro-

Rotunda de
Roma, y otras
ay ahovados,
como lo es la
Sala del Capi-
tulo de la San-
ta Iglesia de
Sevilla, pieza
que qudo yo se
conozca otra
mejor de su
forma, y tra-
za. Otras ay
ahovadas en
España, que
nuevamente se
vàn introdu-
ciendo, y en
Italia se acos-
tumbran, y de
su planta ha-
ce deseño Se-
baftiano, libr.
5. plant. 3.
fol.205. Otras
plantas se ha-
cen en figu-
ras pentagoa-
nales que son
de cinco la-
dos, otras se-
xavadas, otras
ochavadas, que
el mismo Se-
baftiano en el
libro citado ha-
ce deseño de
ellas afsi en
planta, como
en perfiles con
varias diferen-
cias de Tem-
plos: mas en-
tendido el di-
seño presen-
te con fus me-
didas, y las
reftantes que
irèmos dicien-
do con las
particulasida-
des de vn Tem-
plo facilmen-

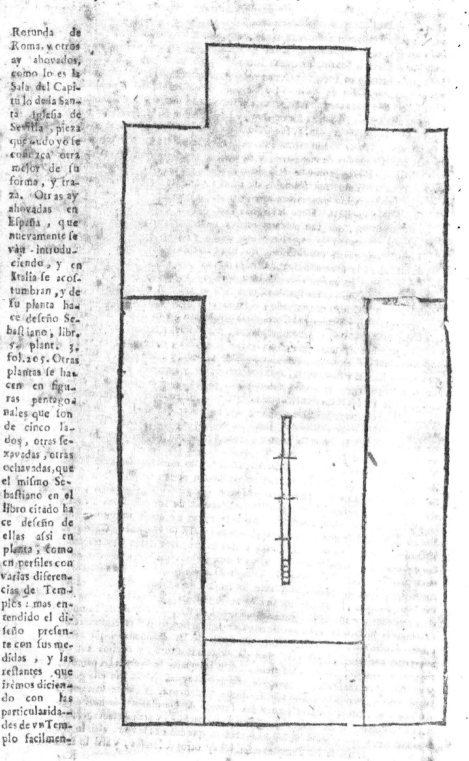

te plantaràs qualquier otro edificio; porque la fortificacion que requiere el exemplo de que vamos hablando, requieren los demàs.

CAPITULO XIX.

TRATA DE LA DISPOSICION DE LAS PIEZAS serviciales, y de sus proporciones.

Qualquierr Palacio, ò casa, es formada de salas, y aposentos, y dellos se hace habitaciones para los Principes, siendo cada pieza segun para el fin que que se hace; porque diferente ha de ser la pieza del recibimiento, que la sala del estrado, y diferente la que sirve para el señor, ò la que sirve para el siervo, como la misma razon lo dicta; y assi es bien, que el Artifice quando ordena las plantas, sepa, y conozca à que fin se endereza cada yna, porque de no ser assi, serà el todo vn cuerpo desproporcionado, y pues vemos en nosotros esta misma perfeccion, bien es que la imitemos; pues quanto mas se aproximare à ella, mas perfeta serà. Vemos la proporcion que guardan los dedos entre sì, y la que guarda la mano con su brazo, y las demàs cosas distintas del cuerpo; pues essa misma igualdad se ha de guardar en todo el edificio, para el qual pondrèmos cinco generos de aposentos, con diferentes proporciones, para que con ellas edifiques Palacios insignes, Conventos sumptuosos, y casas moderadas, con cinco proporciones, que vnas se vayan excediendo à otras. La primera, y mas pequeña proporcion, es la quadrada, que se ha como quatro con quatro, esta es acomodada para piezas serviciales, y dormitorios; como lo señala A. B. C. D. La segunda proporcion es diagonea, que se ha con quatro; como raìz de treinta y dos, ò como del mismo quadrado lo que tiene la diagonal, que todo es vno; tambien es acomodada para piezas serviciales, demostrada en M. N. B. L. La tercera proporcion es sexquialtera, que se ha como quatro con seis, es propia para antesalas, y recibimientos, como demuestra H. K. C. V. La quarta es proporcion superbi par-

E 2   tiens

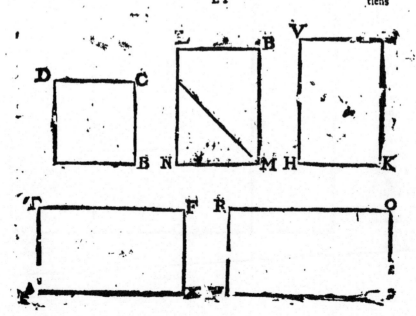

tieni quartas, que ſe ha como quatro con ſiete : es acómodada para ſalas de eſtrados, como demueſtra T.F.X.A. La quinta es proporcion dupla, que ſe ha como quatro con ocho ; pertenece para ſaraos, y banquetes, es demoſtrada en R.O.V. G. Todas eſtas cinco piezas ſon à propoſito para plantar qualquier caſa, ò fuere de Principe, haciendo abundancia dellas, ſegun los quatro que tuviere, que deſtas ſe eligen. Otra puedes hacer que tenga dos anchos, y medio, aunque no ſeñalo ſino cinco proporciones, de que trataremos quando trate de los pedeſtales; y mas ſi quiſieres dellas miſmas ſacar mas proporciones en ſus miſmos anchos, es facil por via de Ariſmetica. Supongo quieres ſacar otra proporcion entre la ſuper partiens quartas, y la dupla. Dixe que ſe avia la vna como quatro con ſiete, y la otra como quatro con ocho ; junta las dos proporciones ſiete, y ocho, y ſerán quince, mira ſu mitad, que es ſiete y medio, y hallaràs que ſiete y medio es medio proporcional entre ſiete y ocho, y aſsi ſacaràs las ſemejantes. Y nota, que las miſmas proporciones guardan entre ſi eſta orden, como lo conoceràs ſi juntas la ſexquialtera con la dupla, que ſacaràn la proporcion ſuper patiens quartas;porque la ſexquialtera ſe ha como quatro con ſeis, la dupla como quatro con ocho, juntando ocho con ſeis ſon catorce, la mitad de catorce ſon ſiete, que es lo miſmo que eſtà dicho, y aſsi ſacaràs las ſemejantes. Eſte modo de ſacar proporciones importarà para los alzados, de que adelante trataremos.

Proporcion dupla, que es.

Proporcion por via de Ariſmetica, como ſe ſaca.

CAPITULO XX.

TRATA DE LA FORTIFICACION DE VN TEMPLO.

FUE diſpoſicion del Cielo el nuevo vſo de edificar los Templos en forma de Cruz, y aun no falta quien diga, que los miſmos Cielos fueron criados en forma de Cruz, y el hombre tambien tiene la miſma forma, y aſsi como la Cruz es el arma mas fuerte para la defenſa del Chriſtiano contra la fuerza del enemigo, aſsi eſta forma de plantar es la mas fuerte, y mas viſtoſa, y agradable à la viſta, agradable por ſu compoſicion, fuerte por recibir en ſi los empujos que la alteza de la obra hace: y aſsi hallaràs, que à los quatro arcos torales ſirven de eſtrivos los miſmos brazos de la Cruz, ſiendo fuerte por lo dicho, y provechoſo por ahorrar de nuevos eſtrivos, gaſtos eſcuſados ſiendo el edificio como queda dicho. Què grueſſo ayan de tener para ſuſtentarle, aſsi el de ſu miſmo peſo, como el del empuje de ſus bobedas, importa mucho el acierto. Hacenſe Templos de tan notable grandeza, que ſuelen echarles de grueſſo la mitad de ſu ancho, como le tiene el Templo de San Pedro en Roma, de que tratamos en el cap. 18. aunque es verdad, que como eſtà à cepas por la diviſion de las naves, y Capillas, parece tolerable la muchedumbre de grueſſo, pues teniendo la nave principal noventa y dos palmos Romanos de ancho, vienen à tener las cepas quarenta y ſeis ; mas la grandioſidad del edificio lo requiere. Hanſe ido adelgazando los ingenios, y à eſte paſſo los edificios, y en el tiempo preſente ſe conoce la mucha groſſeza de los edificios antiguos, y la ſutileza de los preſentes. Podràn decirme, que por tanto adelgazar ha avido algunas ruinas en ellos. A eſto reſpondo dos razones, y es, que el daño ha nacido de eſtàr mal plantados, mas que de ſu delgadèz. Y lo otro, que ni los edificios plantados muy grueſſos en ſus paredes, han dexado de tener muy grandes ruinas, como las hiſtorias dicen, cauſadas del tiempo, de que adelante trataremos. Conſerva à vn cuerpo, segun sienten los Phisicos, vna mediania en el sustento; porque la abundancia le acaba, y la falta le destruye; assi siento que passa en los edificios, que mucho peso, ò gruesso les hace abrir quiebras, y falta de gruesso les hace perecer: assi, que conviene que guarde vna mediania para conservarse. Comunmente se lleva, que qualquiera Templo tenga de gruesso en sus paredes la tercera parte dà su ancho, hallando inconveniente en poder echar estrivos en los lienzos de los lados, que suele suceder por estàr en calles publicas. Tambien ha de llevar este gruesso siendo la boveda de piedra, por ser materia mas pesada: mas llevando estrivos, aunque la boveda sea de piedra, le basta de gruesso la sexta parte de su ancho; y lo que falta para cumplimiento del tercio, ha de llevar de estrivos, aunque quando en estos exceda algo, importa poco, y obrando como queda dicho, no ay que temer, ni falta de gruesso, ni abundancia, sino obrar con seguridad; porque si el Templo tiene quarenta pies, y sin estrivos lleva el tercio de quarenta, son treze pies de gruesso, y vn tercio de pie: y si lleva estrivos, la sexta parte de quarenta son seis pies, y quatro sextos, que es poco mas de seis pies y medio, y lo restante de hasta el tercio de estrivos, es otro tanto, y como queda dicho, puedes exceder algo en esto de los estrivos, aunque siento son suficientes: esto es para fabrica que lleva boveda de piedra, que aviendo de ser la boveda de rosca de ladrillo, por ser materia mas ligera, se puede aligerar el edificio, y assi en los gruessos no llevarà mas de la septima parte de gruesso, que de quarenta es septima parte cinco pies, y cinco septimos de pie, y en los estrivos llevarà el cumplimiento al tercio, sin excederle por ser suficiente, y puedes obrarla con seguridad, no llevando estrivos: y siendo la boveda de rosca de ladrillo, llevarà de gruesso la pared la quarta parte de su ancho, que de quarenta es diez pies, y sin temor se podrà cargar las bobedas: quando la boveda huviere de ser rubricada de ladrillo, basta que lleven las paredes de gruesso la octava parte de su ancho, que es de quarenta, cinco pies de gruesso, y los estrivos se cumplan con el gruesso, hasta la quarta parte de su ancho. Si en el Templo, cuyas bobedas han de ser rabicadas, no pudiere aver estrivos, tendràn de gruesso las paredes la quinta parte de su ancho, que es de quarenta, ocho pies de gruesso, y aun ay lugar en esta parte de adelgazar mas. El prudente se avrà como tal en esta, y otras ocasiones. Y assi, este edificio con tres diversidades bobedas, irà seguro, con tal que en los demàs guarda los preceptos que diremos: y en la alteza del Templo no exceda desuerte que parezca mal, y el peso, y empujo le destruyan. Y porque en su lugar he de tratar de sus alzados, lo suspendo. Y siguiendo lo que à la planta pertenece, notaràs, que no todas las paredes necessitan de vn mismo gruesso, porque los tres lienzos de pared que estàn en la Capilla mayor, que son el del cabezero, y los de los Colaterales, ni el de la delantera; porque estas quatro paredes no hacen sino sustentarse à sì mismas, sin que boveda ninguna cargue en ellas, sino solo las armaduras, y porque estas tambien observen preceptos, siendo el Templo de canteria; porque de ordinario ay en estos huecos de puertas, y ventanas, tendrà de gruesso la septima parte de su ancho; y siendo de ladrillo las paredes, tendràn de gruesso la octava parte de su ancho; y siendo assi, quedaràn seguras, y firmes, por no sustentar mas què à sì, y servir de hermosear el Templo. Resta que lo que hasta aqui avemos especulado, pongamos en deseño practico, para que el principiante pueda dèl sacar doctrina para las obras semejantes que pueden ofrecersele, mirando en ella como guarda todas sus medidas por el pitipie. Y aunque no hemos tratado del modo del plantar las Capillas, y de los huecos, y cortes de boquillas, con todo esso lo demuestra el deseño presente, y despues sucintamente trataremos en particular de cada cosa que hasta aqui le aya faltado. Los estrivos han de tener de gruesso comunmente las dos partes del gruesso de la parte, de tal modo, que si la pared tiene seis pies, ellos han de tener quatro, que son las dos partes. El hueco que ha de aver entre vno, y otro ha de ser la mitad del ancho del

Nota

Templo, quitando de los huecos los gruessos dellos mismos. Y si tuviere la planta Capillas, ten irà de fondo lo que tuviere la Capilla, hasta que ella levante lo
que huviere menester, que despues tornarà à telejar, como està dicho, y la planta
lo mostrarà adelante en el siguiente capitulo.

CAPITULO XXI.

TRATA DE LOS HUECOS DE LAS ENTRADAS DE las Capillas, y puertas, y de los cortes de las boquillas.

DE ordinario las portadas, no solamente sirven para la entrada de los Templos, y salas, sino que tambien sirven para ornato de los edificios, y assi
serà bien que se busque vna disposicion de puertas tal, que sirva para vno, y para
otro: desuerte, que ni la mucha anchura afee el edificio, ni lo angosto le ahogue,
sino que en todo guarde vn medio moderado, y conforme à la parte donde ha de
servir: y porque en muchas cosas el Arte lo remite al buen juicio del Artifice, por
ello mismo es bien que el tal lo examine antes que lo haga, porque despues de
hecho no le pese. Y en quanto à las puertas guardaràs esta orden, y es, que si la
sala, ò Templo es de hasta veinte pies de ancho, le dès de puerta la quinta parte
de su ancho, aunque llegue à ser hasta veinte y quatro pies; y si de veinte y quatro llegare à treinta y dos, serà el tercio, y llegando à los cincuenta desde los
treinta y dos, la quarta parte: y advertiràs primero, que arco, ò jamba la ha
de cerrar, ò cubrir; porque despues no sea que te halles apretado, de que tratarèmos adelante. Suelen tener los Templos tres puertas, y la principal està à los
pies, ò portico dèl, y las dos donde la necessidad lo pide mas comunmente.
La principal ha de exceder à las dos en ancho, y alto. Fuera de estas suele
aver otras para el servicio de la Capilla Mayor, y el Maestro la dispondrà donde mejor conviniere. En las Capillas tambien ay sus puertas, como la planta
lo demuestra: estas no excederàn masde lo necessario al passo de vna persona
por ellas, y que de vna Capilla à otra se vayan comunicando sin impedimento. Los huecos de los arcos de las Capillas, y los demàs huecos de porticos, es
bien considerarlos, que và mucho en su acierto; y porque es cosa grave, me
Vitrubio. valdrè de la autoridad de Vitrubio, à quien los mas de los Arquitectos siguen.
Pone en su lib. 3. cap. 2. cinco generos de Templos, con la disposicion de
huecos, y macizos, y el vno dellos es à nuestro proposito, al qual llama
Sistilos, y dice, que ha de tener de mitad del hueco, cuya doctrina guardan todos en esta parte de Templos, y se debe guardar, por el peso que
cerrados los arcos sufre el gruesso de la pared. Otros pone Vitrubio mas apre-
tados en menos hueco, y mas macizo; mas este es el medio mejor para la fortificacion de la obra. Acostumbran algunos sobre estos huecos à elegir otros,
temorosos de que el peso no los abra, y à mi vèr es peor, y menos fuerte
que si fueran macizos; y es la razon, que yendo macizo encima, se hace vn
cuerpo solido, incorporado vno con otro està muy fuerte, en tanto grado, que
pueden estàr los materiales tan bien dispuestos, que aunque despues estando
incorporada la obra se quite el arco, quede seguro, como ha acontecido en
algunas partes: y al contrario passa en essotro, que muchas ruinas han tenido
principio de los huecos en los edificios, y en edificios gruessos se deben mucho
reparar. No por esso condeno el echar huecos en los edificios, y que sean
hueco sobre hueco, antes lo alabo, sino que advierto, que no se echen, sino solo
los

los neceſſarios, eſcuſando los que ſolo echas de temor, que como digo, no ſon ſeguros. Eſtos huecos quedan demoſtrados en la ſiguiente planta. Fuera de los huecos dichos ay otros de corredores, y clauſtros, y patatlios pone Vitrubio en el alegado capitulo vn tercer Templo, llamado diaſtilo, y le dà de hueco el macizo de tres colunas, ò pilares: eſte conviene para corredores para los clauſtros, ha de ſer entre eſte termino, y el paſſado; y con eſto ſe obrarà con ſeguridad. La doctrina de las boquillas me ha dado que conſiderar, el ver la diferencia que ay de vnas à otras, y la poca igualdad que guardan entre ſi, porque vnas tienen mucho fondo, otras muy poco. Y aunque es verdad, que no todas pueden ſer iguales, por no ſerlo las partes do ſe eligen, mas ſu deſigualdad no nace de eſta cauſa, ſino de arbitrar cada vno ſegun ſu parecer; y aſsi hallamos, que vnas entran tan ſolamente en el reſalto de las pilaſtras, y otras mucho mas que el reſalto, entregandoſe en los machos de las paredes, ò cepas. Pide mayor boquilla vn Templo de cinquenta pies, que vno de quarenta; mas requiere que eſtèn en vna miſma igualdad, reſpecto de ſu planta, porque ſi dieſſemos que vn Templo de cinquenta pies tuvieſſe de boquilla dos pies, y en otro de veinte y cinco tuvieſſe de boquilla vno, eſtos dos Templos iguales boquillas tendrian, aunque mayor la del mayor; y aſsi es bien que por vna regla general nos guiemos en nueſtros edificios, por obviar los dichos de los Arquitectos Eſtrangeros, que cierto es que la doctrina apoyada de muchos es mas ſegura: fuera de que de ſuyo la boquilla en ſus pechinas hermoſea el edificio, y en ſu planta

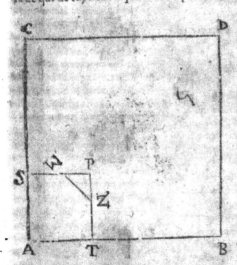

ſe hace parecer mayor, como ſe conoce en el Templo de San Pedro, que por ſer tan grandes hace la Capilla Mayor mas capaz ſin comparacion. Tén por regla general, que la boquilla ha de entrar deſde el angulo recto que cauſa la miſma Capilla la mitad del ancho de la pilaſtra. Y para mas clara inteligencia, ſea la planta A.B.C.D. la cepa donde ſe ha de trazar la boquilla, y el angulo donde ſe ha de plantar es la A. y el angulo B.C. denotan los vivos de las pilaſtras, de que adelante trataremos: reparte el vno de eſtos lados en tres partes, y ſeràn en los puntos T.S. luego con A.C. tira la paralela S.P.T. y quedarà hecho el quadrado A.S.P.

T. divide los lados S.P.P.T. y de ſus diviſiones tira la linea M.N. y quedarà hecha la boquilla S.N.M.T. Y porque las proporciones de los alzados ſon las que ſe enſangoſtan, ò enſanchan las pilaſtras, notaràs, que el Templo que echares la proporcion ſexquialtera, guardaràs la regla dada, y excediendo de ai haſta la dupla en proporcion, ſe daràs algo menos que la mitad de la mitad de la pilaſtra, para que aſsi queden en vna correſpondencia, ò trazarlahas como ſi fuera la ſexquialtera, y deſpues elegiràs tus pilaſtras en la proporcion que te viniere. Todo lo dicho demueſtra la planta, diſpueſto con las particulares medidas dichas, aunque eſta planta es para bobedas tabicadas, y aſsi lo demueſtran ſus grueſſos: quando ſe pretende hacer que la Capilla Mayor tenga boquillas de mayor grandeza, no deſdice del Arte: mas es neceſſario de tal ſuerte lo diſpongas, que los enpaxos de los arcos torales los reciban eſtrivos ſuficientes.

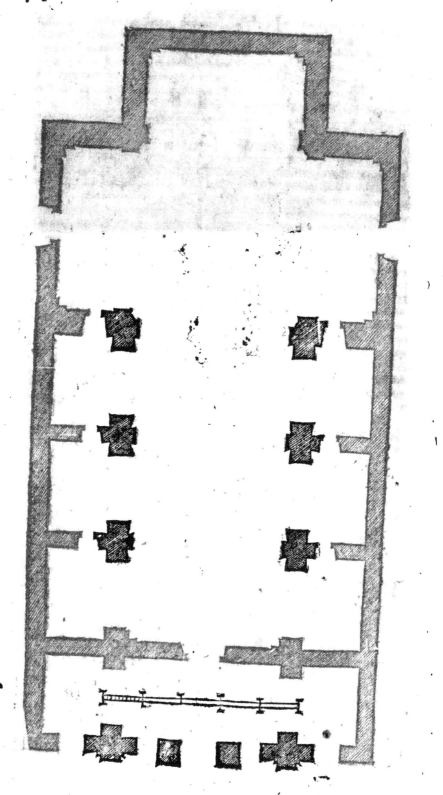

CAPITULO XXII.

TRATA DE LA FORTIFICACION DE LAS SALAS, Y *de las demàs piezas.*

AUnque baſtaba lo dicho en el cap. 20. para que por èl ſe fortalecieſſe qualquiera edificio, con todo eſſo no ha de quedar ſin ſus preceptos. Hicimos demoſtracion de cinco plantas en el cap. 19. y aſſi eſtas, como qualeſquiera otras piezas, todas las vezes que huvieren de llevar bobedas, guardaràn la orden que los Templos: excepto, que como no debantan tanto, ſe pueden ahorrar algo de eſtrivos. Tambien en las que fueren tabicadas, no neceſſitan de ningun eſtrivo; porque los ſuelos olláderos ſuſtentan ſus empujos, ſirviendo de tirantes, de que trataremos adelante: mas en las piezas que no llevan bobedas ningunas, ſe debe guardar diferente grueſſo, y aſſi no ſe le darà mas que la ſexta parte de ſu ancho, con tal que los ſuelos no excedan de dos tres, que excediendo arbitrariamente, podràs echar el grueſſo que te pareciere. Si huvieren de llevar ſotanos, como acontece para la abitacion del Verano, que en muchas partes ſe vſan, como en la Villa de Madrid, en tal caſo ſe le ha de dàr de grueſſo à la parèd, demàs de lo dicho, lo que tuviere de grueſſo la roſca de la bobeda para ſu movimiento, y enraſarà aſſi haſta la ſuperficie de la tierra, con quedarà ſegura. De las monteas, y bobedas trataremos adelante. Puede alguno dificultar, que ſea la cauſa, que doy igual grueſſo à eſtas piezas, ſiendo ellas deſiguales? A eſto reſpondo, que hago demoſtracion de cada vna diſtinta, y por eſſo doy grueſſos iguales; porque eſtando ſeparadas, iguales empujos cauſan iguales anchos, aſſi en ſus bobedas, como en ſus armaduras; mas eſtando vnidas, como lo eſtàn en vna planta entera, no ſe le ha de dàr à las paredes que las ſepàran, y dividen, el miſmo grueſſo, ſino es que ſu bobeda lo pida, y no pidiendolo, baſta que tenga de grueſſo la mitad; y à las vezes ſe puèden dividir con vnas citaras, ò tabiques; y aſſi yo aconſejaria, que ſe hicieſſen las parèdes de afuera, y deſpues ſe harian las diviſiones, aunque mejor es echar las diviſiones de parèdes angoſtas, que al fin ſirven de eſtrivos à la parte de adentro. Pudiera deſde el principio poner vna planta entera de vn edificio: mas conſiderando, que es marauilla que vna planta ſin quitar, ni poner, venga à diferentes ſitios, por eſta razon he llevado eſte eſtilo, y dèl ſe puede plantar con facilidad: y aſſi como en el cap. 18. diximos, que la planta buena depende del buen entedimiento, aſſi aqui le queda lugar, para que ſin ir aſido à aqueſta, ò aquella planta, pueda formarla aventajada, ſegun fuere aventajado ſu ingenio, guardando las proporciones, y grueſſos, dichos, importa que todas las piezas guarden vn ancho, porque ſu alto ſea el miſmo; y quando la neceſſidad pidiere piezas mas anchas vnas que otras en el alto ſeràn iguales, porque en los ſegundos ſuelos no aya paſſos que afean de ordinario vn edificio, ſino que todo èl ande à vn andar, y nibel, que es mas grave, y luzido. Los huecos de puertas en eſtas piezas, como, y donde mas convenga, ſeràn arbitrarias en el Maeſtro, que en todo debe ſer conſiderado. No es neceſſario ponerlas ſegunda vez en diſeño, pues queda tan
claro lo dicho.

CAPITULO XXIII.

TRATA DE LA ELECCION DEL SITIO.

Plinio.

LA primera coſa à que ſe ha de atender en los edificios; es à la eleccion del ſitio; y aunque en vn Templo, como tiene poca habitacion, poco avia que advertir en èl, con todo eſſo es bien guarde lo que en los demàs ſitios; y aſsi, el que fuere bueno para habitacion, ſerà bueno para Templo: y antes que tratèmos de ſus zanjas, es bien tratar de ſu mayor acierto de lo que hace al ſitio mas ſano, pues el fin principal à que ſe endereza, es à la conſervacion de la vida, y ayuda mucho à ella en ſaberle plantar; porque vn miſmo ſitio puede ſer en vna caſa mas, ò menos ſana; ſegun lo ayres; porque como al tiempo de edificar puede vn Maeſtro echar vn edificio à eſta, ò aquella parte de Oriente, ò Poniente, ò Septentriõ, ò Medio dia; en el ſaber qual de eſtos ayres es el mas ſano eſtà la buena eleccion. Plinio dice, ſiguiendo à Hipocrates, que el mas acomodado de todos los ayres para conſervacion de la vida, es el Aquilon, ò Septentrional; y los Philoſofos afirman, que el Auſtro es el mas dañoſo, ò el Oriental, cuyo accidente aun los animales huyen, pues las cigueñas no ſe aſsientan al Oriente; y el ganado eſtà con peligro en el campo donde con deſtino combate. El Delfin, con el Aquilon quieto, y pacifico, eſcucha las vozes; y al contrario con eſſotro. Entre los dos ayres, el mas ſano es el de Medio dia, que el de Poniente. Y aſsi ſabemos, que los Garamantes maldicen al Sol quando nace, y quando ſe pone, por ſer quemados con la continuacion de ſus rayos. La cauſa de ſer nocivo, es, porque los ayres encendidos del Sol, paſſando por ſu Region los encienden, y abraſan, ſiendo comunicado ſu fuego por el ayre, de que ellos participan de continuo. Sabido por el diligente Maeſtro, quales ſean los ayres mas ſanos, debe con diligencia edificar àcia ellos, echando ventanas al Norte, y al Medio dia; porque las vnas, y las otras ſirven à vn miſmo fin, y hacen la caſa mas ſana, y gozando de los que caen al Norte. En el Verano el ayre freſco mitiga los incendios del Sol; y gozando de los de Medio dia en Invierno, templa el rigor dèl, y quando al contrario del tiempo viniere el ayre, ſe remedia con cerrar las ventanas por la parte que nos ofende. Es dañoſo el edificar en baxios, ni valle; porque fuera de eſtar eſcondido (defeto que ſe debe obviar en qualquiera edificio) es pernicioſo à la ſalud, por los vapores que arrojarà continuamente; y recibidos del ayre con ſus movimientos, los cuece, y èl con ellos inficionan la ſalud; y demàs deſto, eſtà ſujeto à las avenidas de las aguas, y por decirlo de vna vez, el edificio pueſto en valle, es como ſi eſtuviera en vna laguna: y no ſolamente es dañoſo el edificio que eſtà en ella, mas el que eſtà cerca de ellas tambien participa de ſus daños, eſpecialmente quando la coge en el Oriente, y al edificio; porque ſaliendo el Sol lleva delante de ſi los vapores que la laguna, ò rio arrojan; y paſſando por la habitacion, daña à quien la habita; y ſiendo laguna, como cria animales venenoſos, el vapor que della ſale, ſale lleno de veneno, y ſugeta la Region à peſte; y lo miſmo cauſan los ayres por do paſſan grueſſos incendios, tambien eſtàn ſujetos à continuas nieblas los ſitios edificados en los lugares dichos, y à todos es notorio quan enfermos ſean: Tambien ſe ha de mirar en el plantar, no carezcan de ſuſtento los habitadores, como ſe dice de la Isla Oenoe del Ponto, que ſe ſuſtentaban con huevos de aves, ò como en alguna parte de Eſpaña en tiempo de Plinio, que ſe ſuſtentaban en vellotas, ſino que ſe ha de mirar que ſea parte muy proveìda. Por huir eſte daño negò Alexandro à Policrates Arquitecto, que no era buena la fundacion que le ofrecia en el mon-

te

te Athos ; que à su juizio le pareció avia de ser admirable ; mas no le acepto por la falta del sustento: No es pequeño inconveniente , si tuviesse falta de materiales el lugar que se elige ; y assi se deben prevenir lugares comodos para su prevencion. El sitio mas à proposito para la salud , es aquel que està en parte superior à su Region ; porque sin impedimento goza de los ayres ; y el que teniendo esta comodidad no carece de sustento, agua, y frutas para recreacion de la vida, es bueno. Lo dicho conviene quando de nuevo se planta algun lugar, o casa de recreacion , que como sabemos de algunos lugares de España , no tuvieron mas principio que vnas pobres chozas , y deste principio tienen oy abundancia de gentes, y son lugares crecidos. Y assi, edificando vna casa en sitio ameno , puede ser la acompañen muchas, y tener nombre , y obras lo que los demàs. Mas edificando en lugares que yà lo estàn, no tendrà el Artifice que atender à lo dicho , sino solo imitarlo en lo que pudiere. Y si plantare algun Templo, procure que en la parte alta dèl estè igual con la habitacion que le acompañare , para que igualmente reciba los ayres ; y quando no pueda ser, como en Conventos le sucederà; sea la habitacion de la casa à Medio dia , y el Templo al Oriente, ò Poniente: y no edifique entre Norte , y Templo, porque serà la habitacion vmbrosa, y à esse passo enferma. Si fuere el sitio donde edifica humedo, procure que se entre à èl con gradas , y que estè asotanado, porque recogiendose la humedad en los sotanos, no ofendan sus vapores à quien la habita. De lo que hemos tratado en este capitulo hace Vitrubio vna larga narracion en el lib. 1. cap. 4. que como tan gran Arquitecto no se le escondió nada. Tambien tratan otros Autores Arquitectos desta misma materia en sus escritos, sacado de Vitrubio, y todos concuerdan en estas verdades, y assi serà bien en la ocasion guardarlas quando comodamente se puede. En esta noble Villa de Madrid es costumbre antigua el que elegido el sitio assistan à tirar los cordeles vno, ò dos de sus Regidores con su Maestro Mayor, porque todas las casas guarden vna crianza, y policia ; y esto toca el hacer la traza de la fachada al Maestro Mayor de la Villa con la probacion de la traza, y firmandola ; assi se executa: mas quando la casa no saca cimientos en la calle, sino que carga sobre lo viejo; no le toca à ningun Regidor, ni al Maestro Mayor intervenir en ello, puesto que no se tiran cordeles ; y si por fin del interès , se hacen dueños, es contra conciencia , y que le deben restituir , porque en pared elegida, claro es no està sujeta à nueva policia, sino es que convenga para el adorno, meter mas, ò sacar la pared; y en este caso ha de intervenir el dueño, y satisfacelle el daño si le recibe , ò pagarle el aumento, si le añade sitio.

CAPITULO XXIV.

TRATA DE LA FORMA QUE SE HA DE TENER EN plantar vn edificio , y de abrir sus zanjas ; y del fondo que han de tener.

AUnque parece que lo que vamos tratando son menudencias, con todo esso importan à principiantes, y aprovechados ; pues aunque lo estèn, no desdice el decir lo mismo que ellos saben, fuera de que no todos saben plantar, aunque sepan edificar : que inclinar vn edificio à vn lado , ò à otro , es cosa facil , y dificil el remedio conocido el daño : y assi me ha parecido prevenirle antes de empezarle, Hicimos la eleccion de sitio en el capitulo passado ; puede ofre-

ofrecerse, que sea el sitio elegido en vna de dos formas; vna es en lugares edi̇
ficados, donde ay calles, con quien se ha de guardar policias en sus tiranteces;
en tal caso se ha de guardar la parte principal, y lo demàs tirar cordeles con vna
esquadra, que estè al angulo recto con toda perfeccion, y quanto mas grande
fuere la esquadra, y mas ajustada estuviere, tanto mas perfecta saldrà la plan=
ta: ajustaràs la esquadra por la regla que dimos de angulos rectos, valiendo=
te de las difiniciones de Euclides, que estàn al principio de este libro, trazan=
dolo en vna pared muy llana, y con los lineamentos ajustar la esquadra con to=
da perfeccion, y assi quedarà con ella la planta. Si huviere que guardar dos ti̇
ranteces guardadas, haràs lo que diximos en el capitulo 17. recogiendo los
angulos à vna parte como mas convenga. La segunda forma que puede aconte=
cer es, edificando en el campo, y aqui es bien se busquen los ayres mas sanos;
y pues el mas sano es el Norte, como consta de la esperiencia, y los Philoso=
fos, dicen, serà bien plantar el edificio de tal suerte, que la vna haz goze del
Norte, y otra de Medio dia, y las dos restantes, del Oriente, y Poniente. Pa=
ra conocer esto tomaràs dos reglas, vna mayor que otra, y en la parte que
has de edificar fixaràs la mayor à plomo por las dos partes, y en viendose el
Norte de noche con la regla pequeña, te apartaràs como diez passos, y miran=
do por los dos extremos de las reglas al Norte, fixaràs la pequeña à plomo de tal
modo, que queden derechas con el Norte, y estas dos haràn vna tirantèz, que
descubran, y dèn à conocer perfectamente el ayre Aquilon, ò Norte, que co=
munmente llamamos Cierzo, y guardando la tirantèz destas dos reglas, tendrà
la casa las quatro haces à los quatro vientos dichos. Esto assi dispuesto, las
reglas fixas, cogeràs las tiranteces de las reglas, y despues iràs dando los gruef=
sos que han de tener las paredes, como diximos en los cap. 20. y 22. advir=
tiendo, que al cimiento se le ha de dàr de rodapie la octava parte de su gruesso
à cada lado, para que con el quede el cimiento mas seguro, y à este passo el
edificio.

El fondo de la zanja ha de ser, si es Templo, la tercia parte de su ancho,
y si casa, la quarta parte. Estas dos reglas son condicionales: la vna es, que al
fondo dicho se ha de aver hallado tierra firme, que en caso que no se halla,
se ha de buscar: la otra es, que si estâ la fabrica orilla de rio, ò arroyo, se ha
de ahondar mas que su curso, por causa que con el tiempo no robe el edificio: y
en ocasiones semejantes, el Maestro es bien se ayude de maduros consejos. Las
cepas que huvieren de recibir arcos torales, se abriràn quadradas con bue=
nos rodapies. Debes los huecos de las puertas sacarlos macizos en sus ci=
mientos, para que incorporados estèn vnidos. En los huecos de las Capillas
no es necessario abrir zanja, que baf la sin estàr macizos. Importa, que todo
el edificio se plante à nivèl, y assi lo quedaràn las zanjas, sin dexar en ellas
blancos, sino es en caso que arrimado à vn Templo edificares alguna habi=
tacion, que en tal caso soy de parecer se dexen, y tambien quando edificares
en alguna cuesta. Si arrimado al Templo, ò en el edificio de vna casa, se hi=
ciere alguna torre, sacaràs todo su hueco macizo, y daràs de gruesso à las
paredes la quarta parte de su ancho, por la parte de afuera, y de rodapie à
la parte de afuera la mitad del gruesso de la pared, y de fondo la tercia parte de
su ancho. Puede ofrecerse no hallar tierra firme en alguna parte del edifi=
cio; y en tal caso, si la parte donde no hallas tierra firme es pequeña, serà
bien salvarla con vn arco; y siendo grande el hueco, sigue el consejo de
Vitrubio, lib. 3. cap. 3. y es, que abierto el cimiento, ò zanja, y no hallando
tierra firme, se hagan estacas de alamo negro, ò oliva, ò sauce, ò roble, y
tostados se vayan hincando con vn mazo pesado, debantando con ingenio, de
que adelante trataràmos; y bien clabadas las estacas, y espesas, se echen en
sus espacios cantidad de carbon, y despues se siga el edificio. Otros dicen,
que à las estacas acompañen gavillas de sarmientos; parecer que de suyo es
					muy

muy bueno, por conservarse el sarmiento fresco, y entraparlo todo con sus ra-
mas. Tierra firme decimos à aquella que jamàs ha sido movida, mas en esta misma
puede ofrecerse topar con alguna arena muerta, ò floxa, tal que à mano se coge sin herramienta, y à mi me ha sucedido; en tal caso la seguiràs, porque es falso
el edificar sobre ella, y de ordinario estas minas duran poco. Tambien ay tierras
donde no se halla firme hasta el agua, y tambien se debe seguir, ò hacer el remedio arriba dicho. Las zanjas se han de abrir à plomo, y derechas; porque fuera de
pedirlo el edificio: puede suceder el vaciar la tierra, y quedan las paredes derechas. En lo advertido advierte, que aunque son menudencias, importan para el
acierto de la fabrica.

CAPITULO XXV.

TRATA DE LA CAL, Y ARENA, Y MODO DE
mezclarla.

MUchas son las diferencias de piedras de adonde se hace cal. Vitrubio, lib.
2. cap. 5. dice, que la buena cal ha de ser de pedernal; y aunque he topa-
do Autores que lo contradicen, por ventura no entendieron à este Autor: fuera
de que en la tierra que el escrive, serà el pedernal bueno para cal. Mas no solo
hemos de mirar lo que dice, sino darle el sentido que pide, pues el decir que ser
de pedernal, es darnos à entender ha de ser de la piedra mas dura, y solida; y en
que sea assi concuerdan todos los Autores, y el mismo que lo contradice; mas
en esto debes sujetarte en la tierra que tuvieres, à la experiencia que sus habitadores tienen en el hacerla. Comunmente la piedra mejor es una blanca, y muy
pesada, y fuerte; y assi sale la cal para los edificios mas fuerte, y de mas provecho. La piedra arenisca, ni granigorda, no es buena para cal. La piedra fun-
gosa, tampoco es buena. En Francia se hace cal de canto pelado de rios, y en
Granada se hace de los guijarros de los Rios Genil, y Darro; y cuece un hor-
no seis dias con sus noches, y nueve, y llaman al dia una hora, y à la noche
otra termino de los que cuecen cal en aquella tierra; y se cuece tambien cal de
guijarro en algunas partes de España, demàs de lo dicho, y es cal muy fuerte.
Los Heduos hacen cal de conchas de pescados, por falta de cal, y en otras partes
maritimas tambien se hace; y aunque la tienen por buena, no es tal como la que
avemos dicho, que es de piedra solida, y maciza, y despues de cocida tendrà
de peso la tercia parte menos, consumido del fuego; algunos dicen, que ha de
arder veinte y quatro horas, otros sesenta, y todo lo remitiràs à la experiencia
del lugar, como queda dicho. La cal despues de cocida conviene mojarla poco
à poco, hasta que del todo estè satisfecha de agua, que serà quando del todo estè desatida; y puesta à la sombra se guardarà en lugar humedo, sin mezcla, sino quando mucho un poco de arena por encima, y deste modo se conserva largo tiempo, mejorandose de continuo: mas quando se ha de gastar luego, se
hartarà de agua, y bien dispuesta se irà mezclando con arena: esta serà unas
vezes de mina, otras de Rio: todos los Autores concuerdan, que es mejor la
arena de mina, que la de Rio; mas es decir, que como el arena de Rio sea entre gruessa, y menuda, poca pena recibirè por falta de la de las minas; porque
he experimentado que es fuerte, y de tal modo, que intentando clavar algun
clavo donde hice la experiencia, en las juntas del ladrillo, era como si le pre-
tendiera clavar en una piedra, y en rompimientos para bobedas casi era impossible poderlo romper; y baste decir que Vitrubio la aprueba, assi para edificios, como para jaharros; en su lib. 2. cap. 4. el mismo en el lugar citado
dice, que arena de mina es la mejor, la que cogida en las manos, y estregada
entre ruido, serà muy buena; y si estuviere mantecosa, señal que tiene mu-

F

cho de tierra, y no es buena; y si cerrada la arena en ropa blanca, y sacudida, no hiciere mancha, ni quedare tierra, tambien es buena; la arena cogida orilla del mar, es buena, mas no ha de participar del salitre, y secase con dificultad; or causa dèl; el arena de las minas requiere gastarse luego, mas si despues de sacada se tarda en gastar, el Sol, y el yelo la convierten en tierra, sino es que el monton sea tan grande, que no le puedan pasar, y para su defensa es bien que estè à la sombra. Prevenida la arena, y la cal, la iràs mezclando en esta forma; si el arena es de rios se echarà dos de arena, vna de cal, por la falta de jugo que tiene; y si es la arena de mina, echaràs à cinco de arena dos de cal, echando vna vez dos de arena, y vna de cal, y otra vez tres de arena, y vna de cal, mezcla que de ordinario se hace en Madrid: mas en esto sigue el consejo de los experimentados. Despues de mezclada, y bien batida, importa que repose algunos dias, como no pase por ella algun tiempo de Verano, dandose Soles, porque se come la virtud de la cal, y la dexa sin jugo alguno: si se gastare la cal en tiempo de Invierno, estè reposada vn mes; y si en tiempo de Verano, quince dias, regandola cada dia, puede se tener la cal en parte humeda, como no la dè Sol largo tiempo, sin que en èl pierda; mas despues de endurecida es costosa de ablandar; y assi es bien no exce- da del tiempo dicho. Amonestaria yo à quien leyesse este mi escrito, no gaste cal recien mezclada, porque no es tan provechosa como estando reposada. Gastase la cal sin mixtura de arena, ni otra cosa, en rebocos, y queda el edificio muy her- moso, y lucido. Algunos quieren decir, que la cal sin arena se convierte en ce- niza, mas como la experiencia nos enseña, engañanse; pues vemos que gastada en lo dicho, dura largo tiempo fuerte, y entera; puede ser que lo cause el poco cuerpo que lleva; porque fuera del reboco, pocas vezes se gasta cal sin mixtura sino es yà que en la estuqueria se gaste, de que yà se vsa poco. Aviendo de batir la cal para lo dicho, se cierne muy bien, y en vn estanque, ò tinajòn, se và echando, y batiendo gran cantidad. Despues se dexa reposar por tres, ò quatro meses, estando encima cubierto de agua; y passado este tiempo, ò mas, la van sa- cando, y gastando, y sale tan mantecosa, que dà gusto el verla; y quanto mas reposada, hace el reboco mas lucido, y seguro, de que adelante tratarèmos.

***

CAPITULO XVI.

TRATA DE LA SUERTE DE MACIZAR LAS ZANJAS.

PRevenida la cal en piladas, y abiertas zanjas, lo primero que se hace es
macizarlas de piedra, y cal; y la piedra suele ser en vna de dos maneras,
ò de canteras de adonde se sacan piedras gruessas, ò de guijarro, ò canto pesado, y en el nombre de canteras se incluyen muchas diferencias de piedras que
ay; porque como la piedra es producida de la tierra, assi de ella toma el color;
y es diferente en los nombres, segun le tiene, y segun en la parte que se cria:
mas sea como fuere, estas dos diferencias ay, de grueso, y menudo; y vno, y
otro es bueno para los fundamentos; y siendo la piedra crecida, serà necesario irlo assentando con cuidado, de suerte, que no quede hueco ninguno, por
pequeño que sea, y en esto ha de instar mucho el Maestro. La primer hilada,
ò mampuesta, se ha de echar sin cal, assentandola en seco sobre la tierra; mas
si se assienta sobre sarmientos, se assentarà con cal, y bien bañadas las piedras, se irà echando hiladas hasta enrasar, teniendo cuidado con que vaya
bien travado, que aunque en la tierra quede empotrado el cimiento, con
todo esto no pierde por el cuidado. Si no ay otra piedra sino guijarro, el primer lecho se assentarà como el passado, y los demás echarás desde arriba
cal, y guijarro en abundancia, con mucha agua, y de quando en quando baxarà gente con pisones, y lo irà pisando, y de esta suerte se hacen los edificios
Romanos; y assi continuando quedarà el edificio macizo, y fuerte. Mas es
de advertir, que en los cimientos que assi se macizaren, que no se han de cargar luego, sino que han de reposar algun tiempo, segun al Maestro pareciere, y segun el grueso de la obra pidiere. El que se macizare con piedra grue-
sa, se puede cargar luego, aunque tambien ha de llevar abundancia de agua.
Subidos los cimientos, y enrasados à nivel hasta la superficie de la tierra, se
sigue el tornar à elegir de nuevo el sitio, recorriendo si las estacas las han
movido. Y porque hemos llegado à tiempo de assientos de basas para ornatos del edificio, y de pedestales, serà bien antes que continuèmos la fabrica, tratar de las cinco ordenes por menudo, como lo harèmos en los siguientes capitulos.

CAPITULO XVIII.

TRATA DE ALGUNOS PRINCIPIOS DE ARQUITECTURA;
y de què partes consta, y à què personas convengan
las cinco ordenes.

NO tan solamente atendieron los antiguos al plantar de los edificios, sino
que con diligencia buscaron ornato para ataviar el edificio, y assi compuesto procuraron deleytar à la vista; y como en el plantar fueron guardando la perfeccion del hombre, assi en adornar lo plantado sacaron del mismo hombre, y la cornisa sabemos que la compusieron del rostro, y otras cosas vàn sacando de la misma naturaleza, à quien procuraron imitar, con la
perfeccion que oy conocemos. En el capitulo primero tratamos de quien
fueron primeros inventores de la Arquitectura, y assi no ay para que tornarlo à referir. El nombre de Arquitecto fue puesto por los Griegos, y assi
los llamaron à los que exercitaban este Arte, y de aqui se llamò Arquitectura,

tura. Fuè compuefto de Arcos, que fignifica Principe, y recto oficial, que es lo mifmo qua llamar al Arquitecto el principal, ò el Principe de todos los Artifices, y el Arte Arquitectonica, ò Arquitectura, que es lo mifmo que ciencia juzgadora de las otras Artes. Confta de muchas partes el Arquitectura diftintas, aunque vnidas forman vn cuerpo hermofo, y hame parecido ir haciendo diffeño de cada vna, con fus nombres, fegun las pone, y nombra Vitrubio, para que de ellas compongamos las bafas, capiteles, alquitrabes, frifos, y cornifas con que vamos adornando nueftro edificio; y el principiante haciendofe feñor lo exercite. Vitrubio en el lib. 4. cap. 7. llama Plinto à la figura A. confta de dos líneas paralelas, y dos que cierran la fuperficie en angulos rectos. El bocel dicho

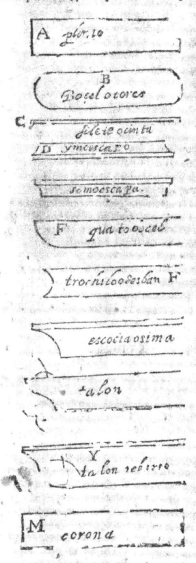

totus, confta de dos líneas paralelas, cuya fuperficie cierran dos femicirculos, como demueftra B. El filete no la tienen por moldura, mas es parte para aumentar diferencias de molduras; llamaronle los antiguos nextro, que quiere decir cinta, ò trenzadera, y nofotros le llamamos comunmente filete, es como demueftra la C. Imoefcapo de la coluna, llamado el desbàn, es el gruefto de la coluna por la parte de abaxo, con vna copada que eftà encima del filete; demoftrado en D. Somoefcapo es el gruefto de la coluna, que tiene por la parte de arriba, femejante al paffado. Quarto bocel es el que tiene la quarta parte de vn circulo, como demueftra E. Media caña es la que tiene el femicirculo àcia adentro, llamado desbàn, ò trochilo, como demueftra F. Efcocia, ò fima, confta de vna quarta de circulo, y de vna demoftracion de filete, demoftrada en G. Talon es vna figura caufada de dos paralelas, y dos porciones de circulo, demoftrada en H. Ay talon reverfo, demoftrado en Y. y por fu diffeño conoceràs fu fabrica efgula, llamado papo de paloma. Corona es femejante al plinto, demoftrado en M. Pueftas eftas molduras vnas con otras, vienè à tener otros nombres, que con el exercicio mejor conoceràs. Confta el Arquitectura de cinco ordenes, como diximos en el cap. 1. conviene à faber tofcano, dorico, jonica, corintia, y compofita: de eftas es adornada el Arquitectura; la qual, como dice Vitrubio, lib. 4. c. 1. floreciò en Grecia, y tuvo principio en la Afia, y defpues en Italia fe vino à perficionar. La caufa porque fe llaman ordenes, es por la concordancia que tienen entre sì muchas cofas en vna. Ay varios pareceres fobre

fus inventores, y de ellos tratarèmos adelante, quando vamos tratando de cada vna en particular, pues cada vna tomò el nombre fegun fus inventores, ò fegun aquellos que mas la exercitaron. No à todos eftados conviene vna mifma orden, porque vnas convienen à vnos, otras à otros. Y pues en la Gentilidad, y entre los Diofes falfos, fe guardaba orden en los edificios: con mas razon ción convendrà ayà diferencia entre los Christianos; pues vnos se aventajan à otros, y à este passo tambien la ha de aver entre los Santos. De la orden Toscana dize Vitrubio lib. 4. cap. 7. que el primer Templo que se edificó fue ***Vitrub.*** el de la Diosa Minerva en Atenàs, y en Grecia el de la Diosa Palas; mas los Christianos hemos de dedicar nuestros Templos à Dios Trino, y Uno, y por èl à sus Siervos; y assi, desta orden se haràn Templos, y Casas à Religiosos, y Religiosas, Descalzos, y Descalzas; y aunque por ser mugeres pedian mas delicadeza, por hazer hechos varoniles, es bien (aun en las fabricas) vayan à vna con los hombres, pues lo vàn en la virtud. Dize bien este edificio con las Ordenes Descalzas, por su pobreza, que es bien digan las moradas con sus moradores; y assi, como ellos en su vida Monastica, y estrechèz, demuestran pobreza, y humildad, vestida de fortaleza, assi tambien esta orden Toscana demuestra pobreza, por no estàr tan adornada de molduras como las demàs; demuestra humildad, porque guarda la mas baxa proporcion de todos; demuestra fortaleza, por ser la mas firme de todas: y assi el diligente Artifice debe vsar desta orden en las Ordenes dichas, en quanto à sus Templos, y habitaciones. De la orden Dorica, el primer Templo que se edificó (segun Vitrubio lib. 4. cap. 1.) fue en Argos à la Diosa Juno; y en la Provincia Jonia el ***Vitrub.*** Templo del Dios Apolo; mas desta orden conviene hazer Templos, y habitacion à los demàs Religiosos, assi Mendicantes, como Monacales, y Claustrales; porque en ellos se junta con la fortaleza, la delicadeza de que estàn adornadas: son fuertes, por el Estado Religioso; y delicados, respecto de su Estado, mas que los passados: y en la orden Dorica se hallan estas propiedades, y es vestida de mas ornato que la passada, y de menos que las demàs. Debese hazer habitaciones desta orden à Capitanes, que ayan sido valerosos en sus hechos, y à Santos Martires, cuyos hechos los ayan illustrado, como à vn San Laurencio, vn San Estevan, &c. De la orden Jonica, dize Vitrubio en el mis- ***Vitrub.*** mo capitulo, que el primer Templo que se edificó fue à la Diosa Diana, y al Dios Baco; fue sacada à imitacion de la muger; y assi, es mas dispuesta, y adornada, como en su lugar se conocerà; de esta orden se deben edificar Templos à Santas Martires, como à Santa Leocadia, y Catalina, y otras, por ser robustas, y delicadas, robustas en padecer, y delicadas de su naturaleza; propiedades que tiene la orden Jonica: viene bien à Matronas que han llegado à edad cumplida; tambien à gente dada à estudio de letras. De la orden Corintia, dize Vitrubio en el capitulo citado, que fue obrada en la Ciudad de Corinto, ***Vitrub.*** à imitacion de la delicadeza de vna virgen, la qual por su tierna edad admite mayor atavio; y assi, desta orden se deben hazer Templos à la Sacratissima Virgen MARIA nuestra Señora, y Retablos; y desta orden se deben hazer los Templos, y habitacion de Religiosas consagradas à Dios, en las quales està bien el ornato exterior; tambien desta orden se deben hazer casas à Principes, que no exercen la Milicia, sino que solo atienden al govierno de sus Estados, y al de la Republica Christiana. La orden Composita fue perficionada en Italia, y segun todos los Autores, de los Italianos fue instituida; y assi, dize Sebastiano lib. 4. cap. 9. que fue obrada en el Coliseo de Roma. Y ***Sebast.*** aunque esto es assi, con todo no dexarè de dezir, que desta orden se le debe à Vitrubio mucho, pues fuera de la luz que da de las quatro, de adonde saliò esta quinta, èl dize en el cap. 7. que el genero, ò orden Toscano, vsando de la disposicion de las colunas, las passan en orden de obras Jonicas, y Corintias, de adonde se sigue esta quinta orden, y à ella añadieron los ingeniosos Italianos la disposicion de sus medidas, de que adelante trataremos. Debese hazer Templos à Christo nuestro Redemptor, por las dos Naturalezas Divina, y Humana: pertenece esta orden à Religiosos Militares, por dezir la orden con su Estado: debese hazer desta orden casas à Principes, y Monarcas; y de tal forma se puede adornar, y componer, que sea la orden mas lucida de todas.

por

por ayuntar en si lo mas acendrado de las demàs. Lo dicho no ha sido sino advertir al Maestro, como se ha de hazer quando se le ofrezcan obras semejantes, y para que el discipulo se vaya enterando para quando se le ofrezca la ocasion.

CAPITULO XXVIII.

TRATA DE LA DIMINUCION DE LA COLUNA, Y de su principio.

Vitrub.

EDificaron en la Provincia Iona el Templo al Dios Apolo, como queda dicho, y queriendo assentar colunas en èl, dudando què orden guardarian por ser las primeras, dize Vitrubio lib. 4. cap. 1. que las sacaron de la gallardia del hombre, guardando la proporcion que guarda el hombre con el pie; y assi la dieron de alto seis vezes tanto como su planta, que lo mismo tiene el hombre bien proporcionado, y añadieron otra septima parte en basa, y capitèl, y esta medida guarda el orden Dorica; y fue la primera à quien se dieron medidas. Despues dize Vitrubio en el lugar citado, que succediò la coluna Ionica, con la octava parte de su altor, con basa, y capitèl. La tercera coluna fue la Corintia, a quien dize el mismo Autor, que le dieron de alto ocho partes y media de su grueso, con basa, y capitèl. Trata à la postre de la coluna Toscana, y le da de alto lo mismo que à la Dorica: mas de las medidas destas quatro, y de sus ornatos, trataremos en su lugar, guardando los preceptos de Vitrubio, y despues, de la quinta. Y porque todas cinco guardan vna igualdad en su diminucion, deste diseño podràs conocer lo que diminuye, que ha de ser la quarta parte en colunas que no pasan de veinte pies; y para hazerlo con toda perfeccion, reparte el alto de toda la caña en tres tercios, ò partes iguales, como demuestran A. B. C. D. F. G. echa vna linea de medio à medio de la caña, que cause angulos rectos con su planta, ò diametro, que demuestra H. Y. despues sobre el primer tercio A. B. describe el circulo A. B. reparte la mitad de su diametro en tres partes iguales, y las dos repartelas en quatro, echando paralelas con A. B. como demuestran Z. P. Q. K. S. V. N. divide mas los dos vltimos tercios en dos partes iguales, que demuestran M. O. K. A. despues vè tirando lineas paralelas, con la perpendiculares, de las que estàn en la circunferencia, que toquen en las que dividen los tercios, y assi quedarà diminuida: y para mas clara inteligencia, tira la A. M. tira mas la Z. D. tira mas la K. S. y la V. F. y assi, este lado quedarà con la demostracion, ò fabrica, y el otro opuesto con la suavidad de la regla cercha, ò con la diminucion de la coluna, que ha de ser en los dos tercios, porque el primer tercio no ha de diminuir nada, assi como la cercha lo demuestra. Nota, que aunque el collarino es ayuntado al capitèl, no por eso

Nota.

dexan de ser partes de la coluna, de que adelante trataremos, como està dicho. Haràs quando se te ofreciere regla cercha para diminuir qualquier obra, dexando el lado opuesto de la cercha de la tirantèz, quan larga fuere, paralela con la perpendicular; para que con vn perpendiculo la vayas governando, y vaya obrando su diminucion igualmente. Y porque puede ofrecerse el labrar vna torre diminuida, ò otro qualquiera edificio subido en altor, le repartiràs en las distancias iguales que te pareciere; y despues miraràs lo que diminuye toda la altura del edificio; y sabido, conoceràs lo que toca à cada parte de su altura, y segun ello hallaràs la regla cercha, advirtiendo, que la diminucion en toda la regla cercha, ha de ir igual, y que hasta que iguales con el altura de la regla cercha, siempre la regla se ha de assentar en

vn mismo punto; y enrasada aquel altura, haràs con las que faltan lo mismo; y assi quedarà
el edificio con igualdad diminuido, segun la diminucion que tu quisieres, ò te fuere pedida, sea
dentro, ò fuera del edificio, y con la experiencia hallaràs ser cierto lo dicho, y facil de obrar,
como lo es de entender.

A.E.   Primer tercio.
D.C.   Segundo tercio.
F.G.   Tercer tercio.
H.Y.   Alto de la coluna.
M.O.   Division del segundo tercio.
K.A.   Division del tercer tercio.

He puesto esta disposicion de diminuir la coluna, por ser la que mas comunmente siguen todos; mas como me precio de tan observador de
los preceptos de Vitrubio, deseando hallar regla, con la qual se pueda diminuir, no solo el diseño passado, sino tambien, con las particulares
medidas deste Autor, que sea facil le halle, y antes que tratèmos de su fabrica, es de advertir
en las medidas que el expone en su lib. 4. cap. 2.
donde dize, que las colunas que tienen quinze
pies de largo, lo grueso de la parte de abaxo,
ò su diametro, se divide en seis partes, y que
las cinco se le den à la coluna por la parte de
arriba; y la coluna que llegare desde quinze à
veinte pies de alto, el diametro baxo se dividirà en seis partes y media, y de estas las cinco y
media se le daràn al diametro alto; y las colunas que fueren desde veinte pies à treinta de
alto, se dividirà el diametro baxo en siete partes, y las seis se daràn al diametro alto; y las colunas que llegaren desde treinta à quarenta
pies de alto, el diametro baxo se dividirà en siete partes y media, y de estas se daràn seis partes y media al diametro alto; y de las colunas
que fueren desde quarenta à cinquenta pies de alto, el diametro baxo se divida en ocho partes, y
las siete tendrà el diametro alto; y si fueren creciendo, iràs continuando la misma orden. Assentadas estas reglas, para que esta diminucion sea
igual, tira vna linea tan larga como es el diametro baxo, y alto de la coluna, como demuestra
A. B. tira sobre la misma otra perpendicular, segun diximos en las difiniciones, como demuestra D. B. de tal suerte, que cause el angulo B. recto, y assentado el compàs en el angulo B. descrive la proporcion A. D. como la distancia del
diametro alto, y assentado el compàs en el angulo recto, mira adonde llega en la B. D. demostrado en el punto M, tira la linea M. N,
que

que sea paralela con A. B. desde el punto M.
à la misma distancia en D. M. como demuestra M. C. Y nota, que la distancia C. D.
es lo que disminuye la coluna, sea mucha, ò
sea poca. Tira la linea X. C. paralela con N. M.
tira mas la linea X. V. que sea paralela con C.
M. ò perpendicular sobre N. M. Esto assi, reparte las lineas X. C. Y. M. en quatro partes
iguales, como demuestran S. L. P. R. F. Q. y
con esto tendràs disminuida la coluna; y assi,
estando sobre su diametro baxo la linea perpendicular, que tenga el largo de la coluna,
como demuestra H. Y. y dividiendola en los
tercios que està dicho, y los dos tercios postreros en otros dos, tomando el largo de la linea G. F. en dos partes, y señalando sobre la
primer division del primer tercio, y haziendo
lo mismo con las lineas P. Q. S. T. V. X. assentado siempre el compàs en la linea perpendicular H. Y. tirando despues las lineas rectas
del primer tercio, y despues las lineas M. G.
G. P. P. S. S. y lo mismo en el otro lado en las
lineas D. F. V. Q. Q. T. T. X. quedarà la coluna disminuida, segun que el diseño lo demuestra. Nota, que esta forma de disminuir las colunas, es comun à todas diminuciones, porque lo que huvieres de disminuir denota la
C. D. como està dicho, y puede ser mas, ò menos, segun tu voluntad, guardando los preceptos de Vitrubio; y obrandolo como parece, darás las diminuciones que pide Vitrubio, y la diminucion de la quarta parte que
queda demostrada en la primera figura. Otras
diminuciones ay de colunas, mas la passada,
y esta, aunque moderna, son faciles de entender, y agradables à la vista.

CAP.

CAPITULO XXIX.

TRATA DE LA PRIMERA ORDEN DE ARQUITECTURA, llamada Toscana, y de sus medidas.

EN la Provincia Toscana floreció la orden Toscana, y assi ellos fueron sus inventores, y de su Provincia tomó el nombre. Fueron los primeros que levantaron estatuas, como lo hizo Jason, haciendose à sì mismo Templos m a. despues los fue deshaciendo Parmenion, porque no huviesse nombre celebrado, sino el de Alexandro. Esta orden es compuesta de lo mismo que las demàs, y tomando las cosas desde sus principios, vendrà à ser mas inteligible. La orden Toscana, y las restantes, vnas veces se assientan sin pedestal, otras con èl, ò encima de èl, y como parte primera le demuestro al principio; porque si el Arquitecto quisiere vsar de èl, se aproveche, y si no, no, que no contradice al Arte el ponerle, ò no. Trata de los pedestales Vitrubio, lib. 3. *Vitrub* cap. à sus medidas remite al postrero libro; y este hasta oy no ha parecido (cosa lastimosa) y.en el ofrecia otras muchas cosas en que no dexarà de aventajarse; mas no falta quien diga, que de embidia de que no luciesse tanto; otros Artifices.le escondieron, mas yo harè aqui diseño aprovechandome de la autoridad de Sebastiano, en quanto à las proporciones; y el ornato de la Biñola, que en vno, y otro los dos diferencian. Pone Sebastiano en el *Sebast.* lib. 4. que el pedestal sea quadrado, esto se entiende, el neto, como demues- tra A. B. C. D. guardando los vivos del plinto de la basa sobre que assienta la coluna, la basa, y capitèl del pedestal, ha de tener de alto tanto como la basa de la coluna, ò como la mitad de su diametro; de suerte, que teniendo la coluna dos modulos, ò tamaños por la parte de abaxo, les cabe vn modulo à basa, y capitèl del pedestal. medio modulo, ò tamaño à la basa, y otro medio al capitèl. El circulo M. N. O. P. denota el imoscapo, que es el gruesso de la coluna por la parte de abaxo, cuyo centro es H. lo que ay de H. N. es lo que han de tener basa, y capitèl del pedestal. repartido en esta forma: Que la mitad repartas en quatro partes, y las tres daràs al plinto, y la otra al filete, y assi quedarà formada la basa del pedestal, que tendrà de salida tanto como el. alto del plinto: en los angulos D. C. harà la copada, ò apopexìa, segun Vitru- *Vitrub* bio: el neto y ya està dicho lo que ha de tener; la otra mitad repartiràs en seis partes para el capitèl, y las quatro daràs al talon, y las dos à la mocheta, ò faxa, y de este modo serà medido el capitèl del pedestal: su buelo serà lo mis- mo que el de la basa, dandole al talon su quadrado de buelo, y lo restante à la faxa. Otros echan la basa, y capitèl del pedestal, de dos faxas, mas es obra muy pobre, y assi es bien se disponga como queda dicho. La basa de la colu- na segun Vitrubio lib. 4. cap. 7. ha de tener de alto la mitad del gruesso de la *Vitrub* coluna, que denota M. H. de esto daràs la mitad al plinto, y la otra mitad haràs quatro partes, y las tres daràs al bocel, y la vna al filete, y assi quedarà medi- da la basa Toscana. El buelo de la basa, ò salida, ò proxetura, ha de ser en el fi- lete su quadrado, echandole encima la copada de la coluna, el bocel, saldrà por su mitad de su alto, y el plinto no saldrà mas que el bocel. Dice Vitru- *Vitrub* bio en el lugar citado, que el plinto ha de ser redondo, mas comunmente oy se vsan quadrados, y son mas agradables à la vista. Lo dicho se demuestra en el diseño presente. Nota, que en esta orden el filete vltimo, y su copada de la baxa, es parte de ella, y en las demàs ordenes son parte de la coluna.

Diximos en el capitulo passado, que la coluna Toscana avia de tener tan-

A. B. C. D.
Neto de el
pedeſtal.
M. N. Dia-
metro de la
colana.
Y. N. Alto
de la baſa del
pedeſtal.
S. M. Alto del
capitèl del pe-
deſtal.
H. M. Alto de
la baſa.
H. Y. Alto de
el plinto de la
baſa.
S. H. Alto del
bocel y filete.

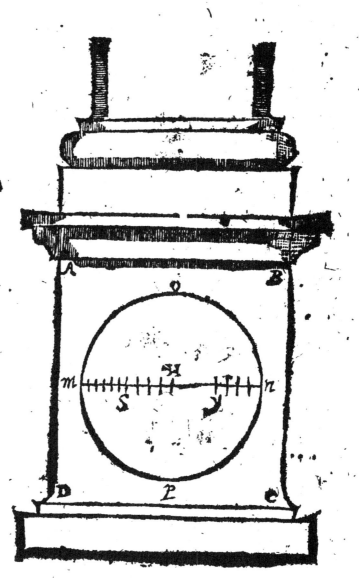

to como la dorica, y serà con basa, y capitel lo mismo que tiene; que e es siete
te gruessos de alto; assi que la caña tenga seis gruessos de su diametro, estando la coluna desacompañada, que aviendo de estàr acompañada es bien tenga vn gruesso mas, y esta orden se guardarà en las demàs colunas, aviendo de
ser acompañadas. Es autoridad de Sebastiano en su lib. 4. fol. 68. y vna de las Sebast.
curiosas cosas que este Autor escriviò, y yo lo he consultado con Maestros
en la Corte, y fuera della, y lo estiman como es razon; assi, que siendo desacompañada la coluna, tenga de alto siete gruessos con basa, y capitel, y
acompañada ocho, como queda dicho. El capitel de la coluna toscana, segun Vitrubio, lib. 4. cap. 7. ha de tener de alto la mitad del gruesso de la co- Vitrubio
luna por la parte de abaxo, como denota H. O. haràs tres partes, y la vna
dellas se darà al friso del capitel, y la segunda repartiràs en quatro partes,
vna daràs al filete, que le reciba la copada, las tres daràs al quarto bocel; la
otra parte hecha tambien quatro partes como la passada, se daràn tres al abaco, ò tablero, con la otra parte à la lista, ò filete del cimacio, ò abaco, tambien con su copada, y assi quadarà repartido. El capitel toscano tendrà de
buelo el filete; y quarto bocel su quadrado; el abaco, y la lista alta, su quadrado de la lista, como el diseño lo demuestra. El collarin de la coluna es parte della, como diximos en el capitulo passado, y ha de tener de alto el tondino, ò bocel, tanto como vna de las tres partes que lleva el quarto bocel, ò la
quarta parte del friso, que todo es vna misma cosa, y su filete, ò lista, la mitad del alto del tondino, haciendo su copada, su buelo serà su quadrado, como el diseño lo demuestra. Diximos, que avia de disminuir la quarta parte
la coluna, y hallaràs que las medidas de capitel estàn en essa conformidad,
aunque no se demuestra el capitel sobre la coluna, mas lo dicho queda à mi
parecer tan claro, que qualquiera lo entenderà. El alquitrabe, friso, y cornisa, siguiendo à Biñola, ha de tener la quarta parte del alto de la coluna, con
basa, y capitel, y viene à ser la quarta parte el diametro de la coluna, y mas
tres partes del mismo diametro; lo qual denota la linea B. M. O. que la M. O. Biñola
es el diametro, y la M. B. es tres partes, ò vna y media del mismo diametro:
esto repartiràs en esta manera; al epistelio, ò alquitrabe, la mitad del diametro, que denota H. O. con la tenia, ò fileton, que ha de tener de alto la tenia
la sexta parte de la H. O. la otra mitad del diametro, à quien Vitrubio llamò
modulo, daràs al friso llamado zoforo: lo que queda, que es las tres quartas del diametro, ò modulo y medio, es para la cornisa, repartiendolo en veinte partes, quatro y media daràs al talon, vna al filete, à la cornisa seis, vna à
su filete, ò regolete, vna y media al tondino, quatro y media al quarto bocel,
vna y media à la mocheta, ò faxa, y assi queda repartida su altura. Su buelo,
ò salida, serà assi, el alquitrabe ha de guardar el vivo de la coluna por la parte de arriba, la lista, ò tenia, ò fileton, tendrà de salida lo que tiene de alto
con su copada, el friso guardarà el vivo del alquitrabe, y las demàs molduras
de la cornisa tendràn de salida su quadrado, como el diseño lo demuestra.
Nota, que si se hiciere de piedra la cornisa, ò de madera, le daràs de buelo al- Nota
go mas que su quadrado, à la corona; porque siendo assi no es dificil el sustentarse, que siendo de piedra se entrega en los macizos de la pared, y sirve
su buelo fuera de su hermosura, para si encima quieren assentar balcones, como Sebastiano, advierte: y siendo de madera no tiene peso, y assi quedarà segura: mas aviendo de ser essa cornisa de yeso, ò de ladrillo, no excederàs ninguna cosa en sus buelos, por el peligro que tiene de su peso, de que adelante
trataremos, y tambien de las impostas, y frontispicios. Assi, que aviendo de
hacer orden toscana en qualquiera parte que se ofreciere, repartiràs su altura en diez y siete partes y media, y destas daràs à la basa vna, y à la caña de
la coluna doce, y otra al capitel, y otra al alquitrabe con su tenea, otra al
friso, y la otra y media à la cornisa, dando de gruesso à la coluna por la par-

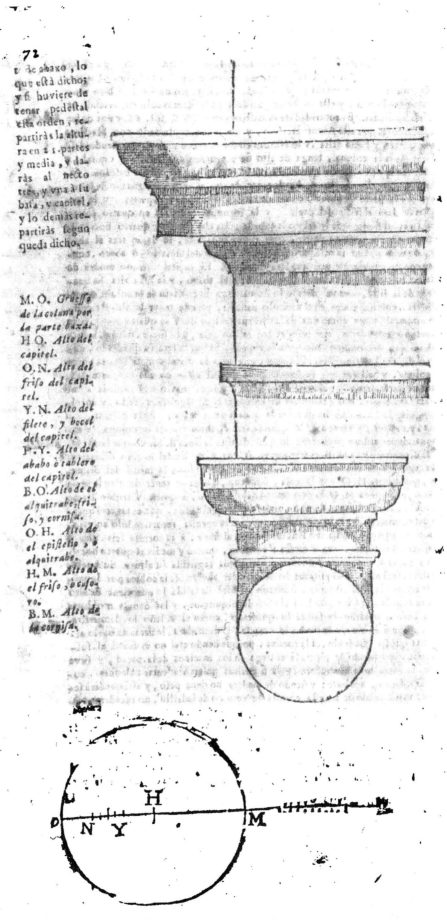

72

t de abaxo, lo
que está dicho,
y si huviere de
tener pedestal
esta orden, re-
partirás la altu-
ra en 21 partes
y media, y da-
rás al necto
tres, y vna à su
basa, y capitel,
y lo demàs re-
partirás segun
queda dicho.

M. O. *Grueso*
de la colana por
la parte baxa.
H O. *Alto del*
capitel.
O. N. *Alto del*
friso del capi-
tel.
Y. N. *Alto del*
filete, y bocel
del capitel.
P. Y. *Alto del*
abaco ò tablero
del capitel.
B. O. *Alto de el*
alquitrabe, fri-
so, y cornisa.
O. H. *Alto de*
el epistelio, ò
alquitrabe.
H. M. *Alto de*
el friso, ò cuso-
ro.
B. M. *Alto de*
la cornisa.

CAPITULO XXX.

TRATA DE LA SEGUNDA ORDEN DE ARQUITECTURA, llamada Dorica, y de sus medidas.

EN Acaya reynò la orden Dorica, segun Vitrubio, lib. 4. cap. 1. y Doro hijo de Elena, edificò el Templo de la Diosa Juno en Argos, como queda *Vitrubio* dicho en el cap. 27. y por ventura tomò el nombre Dorico deste Doro, ò de Daris, ò Dorica, parte de la Grecia, y desta orden edificaron en la ciudad de los Doricos vn Templo al dios Apolò, donde dieron principio à las colunas, como diximos en el capitulo citado, y tomando desde el principio su ornato, aviendo de tener pedestal, guardaràs la orden que pone Sebastiano *Sebast.* en el neto, con quien concuerda Biñola. Conocido el plinto de la basa, formaràs vn quadrado dèl, y lo que tendiere la diagonal tendrà de alto el neto, como demuestra la H. B. de ancho no tendrà mas que el plinto de la basa, como demuestra A. B. C. D. que es el neto del pedestal, con su alto, y ancho. Para dar medidas à la basa, y capitel, y disponer su ornato, reparte el alto del neto en tres partes, y vna dellas han de tener basa, y capitel de el pedestal, que demuestra la M. N. este alto repartiràs en diez y seis partes, las diez lleva la basa, las seis el capitel, distribuidas como se sigue, en la basa daràs al plinto quatro de alto, dos y media à la faxa, dos al talon, vna al bocel, y media à su filete, y assi quedarà repartida; la basa tendrà de buelo, ò de salida, tanto como tiene el plinto de alto, y assi quedarà la basa con toda perfeccion, segun su diseño demuestra: dimos de las diez y seis partes las diez à la basa; las seis se han de dàr al capitel, repartidas segun se siguen, vna y media al talon, dos y media à la corona, media al filete, vna al quarto bocel, y media al segundo filete. Y notaràs, que este capitel tiene de alto la mitad de la basa de la coluna, como en la orden toscana, cuyas partes quedan repartidas: el buelo, ò salida del capitel, serà su quadrado, y asi *Norda* si quedarà con toda perfeccion, segun el diseño demuestra, y conoceràs en el examen de sus medidas, que es segun està dicho. Trata Vitrubio en el *Vitrub.* libro quarto, capitulo tercero de la orden dorica, mas no trata de la basa dorica, por ventura porque à esta orden no se la debieron de echar: y con- *Sebast.* cuerda, lo que dice Sebastiano en su libro quarto capitulo seis, que nombra algunos edificios de Roma, de obra dorica, y estan sentadas sus colunas sin basas: Mas Bramante (de quien hicimos mencion, capitulo diez y ocho) continuò el echar basa en la orden dorica, en los edificios que hizo, aprovechandose de la aticurga de Vitrubio, autoridad que sigue Sebastiano, y deben seguir todos los Artifices. Trata Vitrubio de sus medidas en el lib. *Vitrub.* 3. cap. 3. y dice, que la basa aticurga tenga de alto la mitad del gruesso de la coluna, el qual denota el circulo H. F. L. M. y es su centro N. y desde èl à qualquiera parte del circulo, es alto de la basa, que demuestra H. N. esta distancia repartiràs en tres partes, vna de ellas daràs al plinto, y las dos repartiràs en nueve partes como en la H. N. se demuestre, y daràs tres y media al bocel, media al filete de encima, dos al trochillo, ò desvan, media à su escocia es parte de la coluna, y no de la basa, y assi es mas de las nueve vna parte mas, y assi quedarà con toda perfeccion: la salida, ò buelo de la basa, serà por cada lado la quarta parte del gruesso de la coluna, como el diseño lo demuestra, con el vltimo filete, y todo lo que le toca parte de buelo.

G

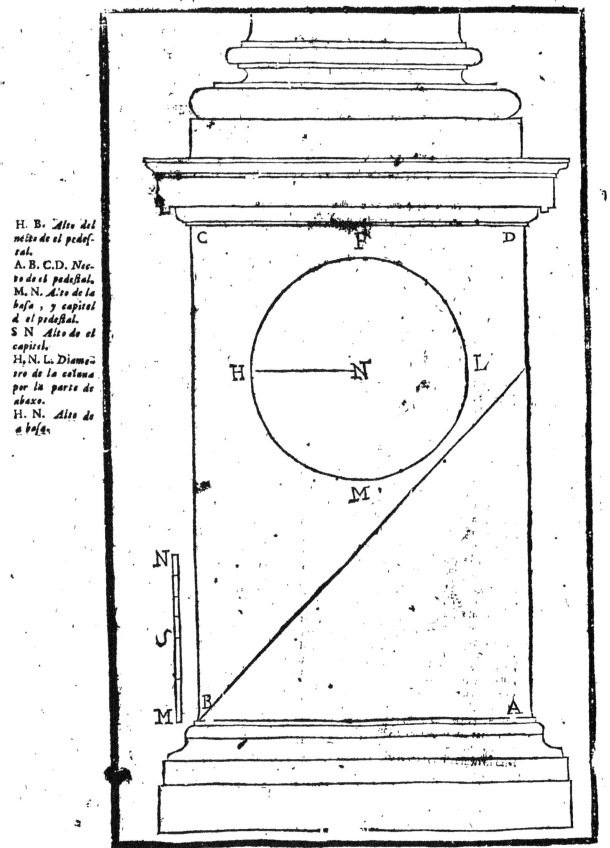

H. B. *Alto del necto de el pedeſtal.*

A. B. C. D. *Necto de el pedeſtal.*

M. N. *Alto de la baſa , y capitel d el pedeſtal.*

S N *Alto de el capitel.*

H, N. L. *Diamé-tro de la coluna por la parte de abaxo.*

H. N. *Alto de a baſa.*

Encima de la bafe fe afsienta la coluna, y ha de tener de alto fiete grueffos, la caña de la parte alta difminuida, como diximos en el cap. 28. y efto
mifmo dà Biñola. Affentado eftà, que el collarin es parte de la coluna, y
tendrà de alto el bocel, ò tondino, la quarta parte del frifo del capitel, el
filete la mitad del bocel, con fu copada, como el diffeño lo demueftra; fiendo acompañada la coluna, tendrà vn grueffo mas de los fiete. El capitel dorico ha de tener de alto vn modulo, fegun Vitrubio lib. 4. cap. 3. y vn modulo es lo mifmo que la mitad del grueffo de la coluna por la parte de abaxo, como fe mueftra en la circunferencia A.C.D. y es fu centro Y. y del
de èl à la C. es el alto del capitel, y repartirlohas en tres partes, vna de ellas
ha de tener de alto el frifo del capitel; las otras dos repartiràs en ocho partes, à los tres primeros filetes daràs vna y media, à cada vno media, al quarto bocel dos y media, y al tablero, ò plinto otras dos y media, al talon vna
media à fu filete, que eftas dos molduras juntas fe llaman cimacio, y afsi
queda el alto del capitel repartido: el buelo, ò falida, dice Vitrubio en el lugar citado, que tenga de anchura el capitel, ò de frente, dos modulos, ò vn
grueffo de la coluna, y mas la fexta parte del modulo, y es poco, y efte capitel pide mas, por darle mas molduras que le dà Vitrubio. Por mas clara
inteligencia, daràs a los tres filetes fu quadrado, y al quarto bocel fu quadrado, y al tablero, ò corona, la mitad del alto de vno de los filetes, y al talon fu
quadrado, y lo mifmo al filete, y afsi quedarà conforme en fus medidas, como el diffeño lo demueftra. Defpues del capitel fe figue el alquitrabe, frifo,
y cornifa que ha de tener de alto la quarta parte de la coluna, con fu bafa,
y capitel, que es los grueffos de coluna, como lo demueftra D.Y.M.N. y
repartirlohas en efta conformidad, que el alquitrabe con la tenia, ò faxa,
tenga de alto la mitad del grueffo de la coluna, que es D.Y. y la faxa tendrà
de alto la feptima parte del mifmo alquitrabe, no llevando alquitrabe, y faxa mas que lo dicho. Las gotas fe eftenderàn el largo de vn modulo, ò medio
grueffo, y tendrà à cada vno de grueffo, ò frente, la fexta parte del modulo, y
afsi feràn repartidas en feis gotas que cuelgan de la tenia: eftas eftaràn pen-
dientes de vn filete, que fea la quarta parte de fu ancho de la tenia. En affentar las gotas guardaràs los vivos de la coluna, ò colunas, de forma, que eftèn
de medio à medio de ella. El frifo (que es el lugar adonde han de eftàr los triglifos, y metopas) ha de tener de alto modulo y medio, ò de las quatro partes del grueffo de la coluna, las tres, que es lo mifmo, y de frente ha de tener
el triglifo vn modulo repartido en doce partes, las feis fe daràn à los tres
planos, y las quatro à las dos canales, haciendo vna regla femura, à quien llaman los Griegos, miros, que es, que las canales queden por de dentro à efquina viva, ò en angulo recto: las otras dos partes fon para las otras dos medias
canales de la dieftra, y finieftra mano del triglifo: entre triglifo, y triglifo, han
de quedar vnos efpacios quadrados, à quien Vitrubio llama metopas: en eftos fe pueden efculpir cabezas de animales, ò otras infignias de trofeos, eligiendo cada vno lo que mas le agradare. Fuera de efto, quando huviere algun
vivo de efquina, dice Vitrubio, que fe eche en ella vna femimetopa, efto es,
lo que le cupiere, guardando los triglifos el afsiento de las gotas, que guardan la mitad de las colunas. Encima de los triglifos fe echa otra tenia, ò faxa, y ha de tener de alto la fexta parte del medio grueffo de la coluna, y en efta eftaràn encapitelados los triglifos. Lo reftante que ay defde la M.N. repartiràs en trece partes, para lo reftante de la cornifa, al talon daràs dos, à fu filete media, à la corona quatro y media, al talon de encima vna y media, à fu
filete media (à eftos dos talones baxo, y alto llama Vitrubio cimaros, como
queda dicho, con fus filetes) à la cima, ò papo de paloma, daràs tres, à fu filete
vno: y afsi quedaràn repartidas las molduras de la cornifa. El buelo ferà afsi,
el alquitrabe eftarà con el vivo de la coluna, y bolarà fu tenia fu quadrado de-

baxo con las gotas (como està dicho) y tendrà de relieve su ancho; y el filete su quadrado. El friso guardarà el vivo del alquitrabe; los triglifos tendràn de relieve vna de las doce partes en que son repartidos, las metopas podràn tener algo mas de relieve, considerando no ofusque à la cornisa. La segunda tenia, ò faxa, donde estàn encapitelados los triglifos, tendrà de salida
la quarta parte de su alto. El talon primero, y su filete, bolarà su quadrado.
El buelo de la corona serà hechas tres partes vn modulo, ò medio gruesso
de la coluna: las dos partes al talon alto con su filete, su quadrado, y lo mismo el papo de paloma con filete, y todo. Nota, que en el buelo de la corona,
por la parte de abaxo, en el ancho que corresponde à los triglifos, echaràs
vnas gotas, como las señala la P. tres gotas en ancho, y seis en largo, à modo de axedrèz, y en el espacio que queda entre estas gotas, que es el que corresponde à las metopas, ò quedaràn en blanco, como dice Vitrubio, ò echaràs vnas llamas de fuego, y tambien no contradirà echar vnos florones, como todo relieve poco. Todo lo dicho conoceràs en el presente disseño, y
con facilidad podràs obrarlo, pues repartiendo el altura donde se intentare
guardar la tal orden dorica, sin pedestal ì repartiendola en veinte partes, les
cabe à la basa vna, à la coluna catorce, al capitel otra, que son diez y seis; y
lo restante, que es quatro, al alquitrabe, friso, y cornisa, en la forma que queda distribuido; y aviendo de echar pedestal, disminuiràs de sus partes la que èl
toma: Si de esta orden se hiciere corredor, ò clàustro, acompañaràn à las colunas la
parte de su gruesso por cada lado, y assi vendrà à tener la cepa tres modulos, ò

gruesso y medio de coluna, y lo mismo guardan las demàs ordenes, de
que trataremos quando tratemos de los huecos, y arcos
con sus ornatos.

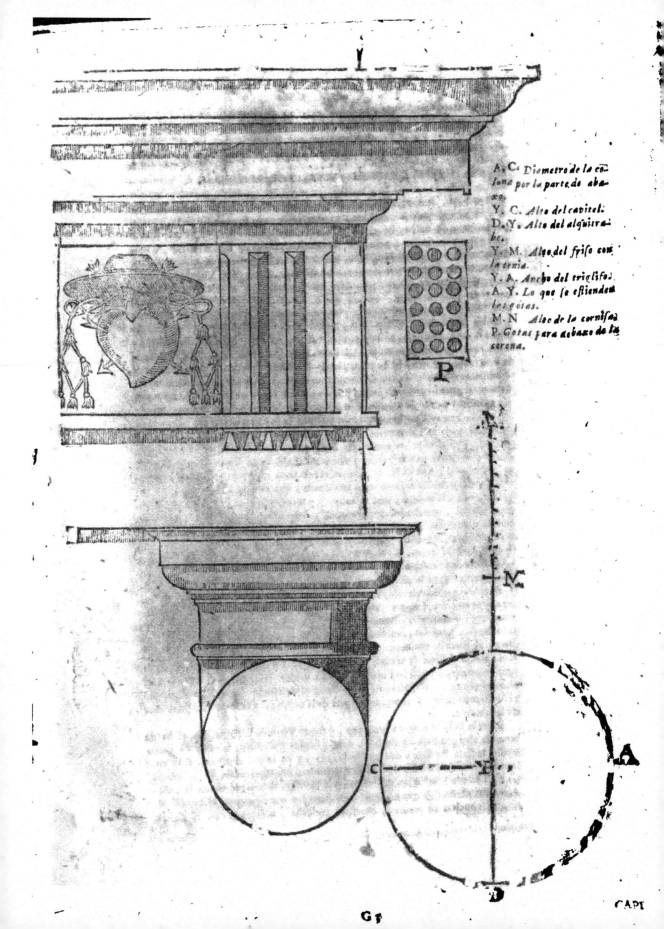

A. C. *Diametro de la colūna por la parte de abaxo.*

Y. C. *Alto del capitel.*

D. Y. *Alto del alquitrabe.*

Y. M. *Alto del friso con la tenia.*

Y. A. *Ancho del triglifo.*

A. Y. *Lo que se estienden las gotas.*

M. N. *Alto de la cornisa.*

P. *Gotas para debaxo de la corona.*

CAPITVLO XXXI.

TRATA DE LA TERCERA ORDEN DE ARQUITEC-tura, llamada Jonica, y de sus medidas.

EN Latio, llamada por otro nombre Campania de Roma, huvo vn Rey llamado Jano, que tuvo por compañero en su Reynado à Saturno, y à este por su prudencia le llamaron Bifronte, que quiere decir, de dos cabe-

LeonBau-
rista.
Vitrub.

zas. Estedicen algunos Autores, que halló la razon de los Templos, y que fue el primero que instituyó la orden Jonica: traelo Leon Baptista Alberto, y lugares comunes. Vitrubio en su lib. 4. cap. 1. dice, que à Jono, hijo de Ju-to, y Erensa dieron el Govierno de la Asia, y edificó muchas Ciudades, cuya comarca llamaron Jona: derivaronse el nombre de su Capitan, puede ser que Jono, y Jano, todo sea vno, mas desta Region como el nombre la orden Jonica, y conviene edificar desta orden los edificios à las personas que di-ximos en el capitulo 27. y aviendose de obrar de ella edificios con pedes-tales, guardaràs estas medidas. El necto del pedestal serà, segun Sebastiano

Sebast.

libr. 4. del ancho del plinto, y de largo medio ancho mas, que es la propor-cion sexquialtera, de que tratarémos en el cap. 9. y lo demuestra A.B.C.D. El altura repartiràs en seis partes, y vna destas es para la Basa, y otra para el capitel del pedestal. Conocida la parte que toca à la Basa, que es M. N. repartirla has en nueve partes, y destas daràs quatro al plinto, media al fi-lete, al papo de paloma tres, al junquillo vna, y media al postrer filete. La salida serà en el filete, y junquillo, y papo de paloma, su quadrado, y el plinto vna de sus quatro partes, assi como el diseño lo demuestra. La parte que toca al capitel, que es N. M. repartiràs en otras nueve partes, como ella se està, y daràs media al filete con su copada, vna al junquillo, tres al quarto bocel, tres à la corona, vna al talon, y media à su filete; y assi serà medi-do el capitel, que tendrà de proxetura, ò de salida, su quadrado, que el di-seño lo demuestra. Encima de los pedestales se assienta la basa de la coluna; es-to se entiende, llevando esta orden pedestal, que no contradice el que no se

Vitrub.

lleve como està dicho. La Basa serà, segun Vitrubio lib. 3. cap. 3. la mitad del grueso de su coluna, que demuestra la circunferencia A. B. C. D. cuyo centro es N. y dèl à la circunferencia es el alto de la Basa, como demuestra N. B. esto repartiràs en tres partes, y la vna daràs al plinto, las dos restantes repartiràs en catorce partes como la N. B. demuestra, y daràs media al pri-mer filete, à la escocia primera, ò trochilo, daràs dos, à su filete de encima otra media, à los dos tundinos, ò junquillos, daràs tres, vna y media à cada vno, al filete de encima otra media, à la segunda escocia, ò trochilo, daràs dos, media al filete de encima, cinco al bocel, y vna al filete con la copada que demuestra; y assi serà medida la Basa jonica. La salida de la Basa serà el alto del plinto, y assi serà perfecta, como el diseño lo demuestra. Nota, que el filete de encima, y su copada es parte de la coluna, y se le dà vna parte mas de las catorce.

Vitrub.

Sobre la Basa se assienta la coluna, y segun Vitrubio, lib. 4. cap. 1. ha de tener de alto con basa, y capitel, ocho gruessos y medio de la parte de abaxo medid la Basa, y siete y dos tercios la caña, y vn tercio el capitel. Esta co-luna fue instituida à imitacion de vna matrona, diferenciandola de la robus-tez de la sacada à imitacion del hombre, y la vistieron, y adornaron la colu-na con sus astrias (de que adelante tratarémos) y por ornato en el capitel hi-cieronlas bueltas en forma de cabellera crespada, bolviendo àzia la diestra,

Y

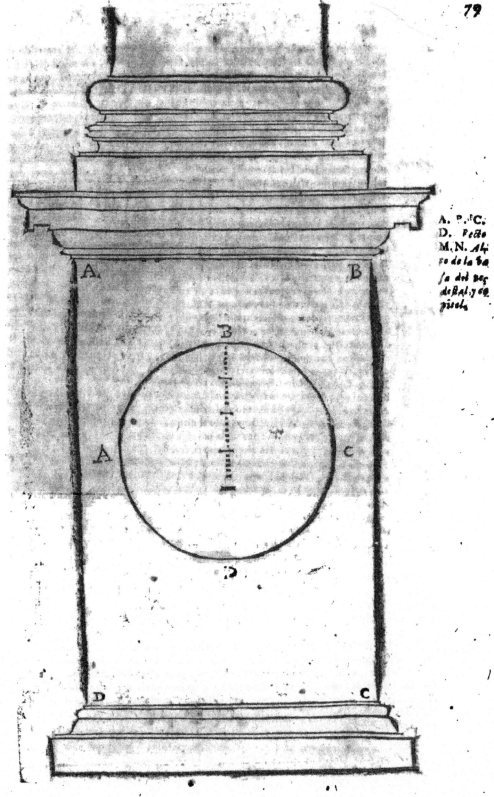

A. P. C.
D. Pecto
M. N. Al
so de la ba
sa del pe
destal y 60
pies.

y finieftras. Affentada la coluna con fu collarin, que tendrà de alto repartido el medio grueffo de la coluna en doce partes, la vna à repdino, y la mitad dèl fu fi-lete, como el diffeño demueftra. Sobre la coluna fe affienta el capitel, que ha de tener de alto la tercera parte del grueffo de la coluna, como eftà dicho, y lo de-mueftra Q. P. que es diametro de la coluna, que dividido fu diametro Q. P. en tres partes, vna dellas tendrà el alto del capitel, y efto repartiràs en doce partes, que en la Q. S. fe demueftra: deftas daràs al quarto bocel cinco, al plano, ò bo-luta tres, vna al filete, con la copada que và por toda la boluta, dos al talon, y vna à fu filete. De frente tendrà el capitel, fegun Vitrubio lib. 3. cap. 3. tanto co-mo el grueffo de la coluna por la parte baxa, y mas la decima octava parte del mifmo grueffo: afsi, que repartida la Q. P. en diez y ocho partes, tendrà vna mas el capitel de frente. Tendrà de buelo el filete vltimo fu mitad del alto, y el ta-lon fu quadrado, y el filete tambien: de fuerte, que el plano, ò boluta, que eftà debaxo de las molduras dichas, ò encima del quarto bocel, guarde el vivo de la coluna de la parte alta. El quarto bocel tendrà de buelo fu quadrado, y en efta fe fuelen efculpir abalos, y agallones, como el diffeño lo demueftra. Diximos, que à la frente del capitel fe añade la decima octava parte, y afsi viene à tener diez y nue-ve partes, y para hacer los roleos de los eftremos del filete, has de retirar à dentro vna parte y media de las diez y nueve, y en los puntos que feñalan H. X. tiraràs vna linea perpendicular, como fe vè H. X. y à efta llama Vitrubio cateta en el lu-gar citado, cuya difpoficion vamos figuiendo: tirada efta linea cateta, toma de tres partes del grueffo de la coluna, vna, que la feñala P. V. y baxa defde la H. fu diftancia, y en el punto que feñalares vendrà à fer el centro de la boluta, y ten-drà de diametro tanto como vna de las diez y nueve partes: dividele fu diametro, que es la linea cateta, en feis partes iguales, como en el diffeño fe demueftra en A. B. C. E. F. G. firviendo tambien de dos puntos la mifma circunferencia A. G. para hacer el roleo: afsienta el compàs en la A. abierto la diftancia que ay del punto A. hafta el filete, que eftà debaxo del talon, y defcribe la porcion de circulo, hafta que baxe à la linea cateta: afsienta mas el compàs en la G. cerrandole hafta lo que abre la porcion echada, y defcribe la porcion de circulo, que fube hafta el cateto: afsienta otra vez el compàs en el punto B. cerrandole hafta dónde llega la circun-ferencia echada, y torna à baxar hafta el cateto: afsientale en el punto F. cerrando el compàs hafta la circunferencia echada, y torna à fubir hafta el cateto, y afsien-tale en la C. y haz lo mifmo baxando hafta el cateto, y afsientado el compàs en la E. punto con que fe viene à cerrar el roleo, de la fuerte que has ido echando efta linea, que comunmente llaman afpiral, affentando el compàs en los mifmos pun-tos, daràs el grueffo del filete que ha de ir en la fabrica del capitel, con la mifma copada con que parte, y afsi quedarà con difminucion difpuefto el capitel Ionico con todas fus medidas, porque de la forma que el roleo fe hace en vn la-do, fe hace en otro, como el diffeño lo demueftra.

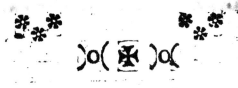

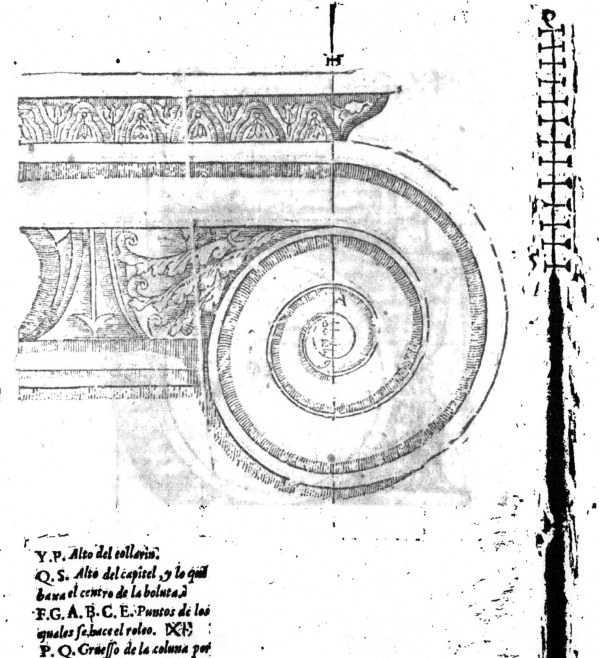

Y.P. *Alto del collarin.*
Q.S. *Alto del capitel, y lo que
baxa el centro de la boluta.*
F.G.A.B.C.E. *Puntos de los
iguales se hace el roleo.* XIX
P.Q. *Grueso de la coluna por
la parte de abaxo.*

Si ſucediere ſentar eſte capitel en alguna eſquina, haràs ſos roleos; que
ellos por ſi formen la eſquina, tambien, como el diſſeño
M, lo demueſtra.

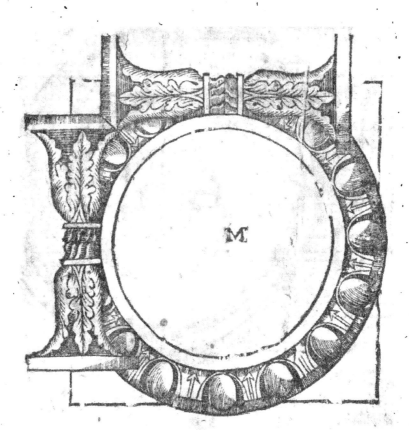

Nota.

Nota, que los diſſeños V. es la forma que ha de tener de largo
del roleo, y capitel, y aſsi quedarà manifieſto à todos. Otra diſpoſicion trae Biñola; mas por ſer eſta mas clara la elegì. Es diſ-
po-

poficion de Sebaſtiano en ſu lib. 4. Aſſentados los capiteles ſe ſigüe el aſſentar alquitrabe, friſo, y corniſa; y Vitrubio en ſu lib. 3. cap. 3. trata de ſu
diſpoſicion, creciendo en las medidas ſegun el altura de la coluna, advirtiendo
al juicio del Maeſtro, que como excedieren las alturas de la fabrica, exceda en
dàr moderada altura, por lo que diſminuye à la viſta: mas dexalo arbitrariamente à la razon del Artifice; y de eſta autoridad ſe debe valer en las ocaſiones.
Y viniendo à las medidas del alquitrabe, friſo, y corniſa por regla general tendràn de alto la quarta parte de la coluna, con baſa, y capitel. Hemos dicho,
que ha de tener ocho grueſſos y medio, que ſon diez y ſiete modulos, cuya
quarta parte es quatro modulos, y vn quarto, ò dos grueſſos de la coluna,
con la octava parte del miſmo grueſſo, que es el largo de la linea A. B. Eſto
ſe ha de repartir como ſe ſigue: los dos modulos y medio han de tener el alquí-
trabe, y el friſo, repartido en nueve partes: las quatro ha de tener el alquitrabe, y el friſo las cinco, ſiendo tallado; mas ſiendo llano, tendrà quatro el friſo, y cinco el alquitrabe. Y ſuponiendo que ha de ſer tallado, le doy quatro
partes de las nueve al alquitrabe. Nota, que todas eſtas medidas hallarás en
la linea A. B. que es quarta parte de la coluna (como eſtà dicho.) Las quatro
partes de las nueve repartirás en quince partes: à la primera faxa darás tres,
à la ſegunda quatro, à la tercera cinco, al talon dos, y vna à la mocheta, ò filete de encima, con que quedan repartidas las quince partes hechas de las
quatro. En friſo tendrà las cinco partes. Reſta para los quatro modulos, y vn
quarto (por llevar dos y medio alquitrabe, y friſo) modulo, y tres quartos: eſtos ha de tener la cornifa de alto, repartidos en treinta y vna partes,
como la A. N. demueſtra. Eſtas repartirás como ſe ſiguen, al talon tres y
media, al filete de encima vna, al denticulo, ò corona de los dentellones,
ſeis, y media à ſu filete de encima, vna al junquillo, quatro al quarto bocel,
ſeis à la corona, dos al talon de encima, media à ſu filete, cinco al papo de
paloma, vna y media à ſu mocheta; y afsi quedaràn repartidas las treinta y
vna partes. La ſalida del alquitrabe, friſo, y cornifa, ſea en eſta forma: La primera faxa ha de guardar el vivo de la coluna ſegunda; ha de ſalir la quarta
parte de ſu alto, y la tercera ſaldrà lo que la ſegunda el cimacio, ò talon, con
ſu filete, ſaldrà ſu quadrado, el friſo guardarà el vivo de la primera faxa; en
la cornifa ſaldrà el talon, y ſu filete ſu quadrado; el dentellon, ò corona tambien ſu quadrado: donde eſtàn repartidos los dentellones, ſegun Vitrubio
lib. 3. cap. 3. han de tener de frente la mitad de ſu alto, y el fondo, ò entre
cortadura tenga de ancho, repartido el ancho del dentellon en tres partes,
las dos. El quarto bocel tendrà de ſalida ſu quadrado: en èl ſe pueden eſcul-
pir obalos, ò agallones, que guardan el vivo de los dentellones, como
en el dibuxo ſe conoce mejor. La corona tenga de ſalida el alto dicho,
y tres partes mas, y lo reſtante bolarà ſu talon, el filete ſu quadrado, y lo
miſmo el papo de paloma; y afsi ſerà medido, como el diſſeño tambien demueſtra. Las aſtrias, ò canalaturas, ſegun Vitrubio lib. 3. cap. vlt. han de
ſer veinte y quatro, cada quarta de circunferencia ſeis. El plano de entre aſtria, y aſtria ha de ſer de tres partes de la canal vna. El fondo de la canal
ha de ſer lo que entrare el angulo de vna eſquadra, tocando en los eſtremos
de afuera, como en el diſſeño S. P. mejor ſe conocerà. No todas veces baxan
las aſtrias haſta ſu planta de la coluna, que à las veces ſucede eſtrivar los dos
tercios con canales, y el otro que ſignifique la canal, y quede ſu hueco lleno
en forma redonda; otras veces el tercio primero eſtallado, otras veces las
aſtrias vàn circundando à la coluna, deſde la planta arriba, ò deſde el primer
tercio los dos vltimos, que comunmente llamamos entorchado: mas ſiendo la aſtria entorchada, ha de dàr vna buelta entera à la coluna, de ſuerte
que à plomo ha de eſtàr la canal por la parte alta, donde remata con la baxa donde empieza; y para hacer eſto con igualdad, reparte la caña de la co-

A. B. *Alto del alquitrabé; Frif
cornifa.*
M. B. *Alto del alquitrake, y frif*
Y. B. *Alto del alquitrabe.*
Y. N. *Alto del frifo.*
N. A. *Alto de la cornifa.*
S. P. *Aftrias, y lo que entra*
fondo.
S. Q. *Gruesso de la coluna, ò do*
daloca

H

luna en quatro partes, y tirando por la caña arriba vna linea recta, defde donde empieza el entorchado, hafta donde acaba, que eftè perpendicular, y en las quatro divifiones hechas en la caña, miraràs lo que le cabe à cada vna de entorchado, y retirandole de la linea recta, iràs feñalando fu entorche hafta llegar arriba: y hecha la primer canal entorchada, las demàs hafta veinte y quatro, feguiràn la mifma orden, y quedarlo ha la coluna tambien. A las pilaftras fe echan aftrias, guardando la mifma orden que el de la coluna, en canal, y plano. El numero no ha de exceder de fiete, y nunca han de fer pares. De las aftrias dichas fe pueden eftriar las colunas doricas, chorinzias, y compofitas: mas efpecialmente las eftrias fueron

inventadas para la orden Jonica, como dize Vitrubio, lib. 4. cap. 1. De la ifta puefta, y lo reftante à efta orden, trataremos adelante quando tratemos de las demàs.

Si

Si con facilidad quiſieres diſponer eſta orden , reparte el altura donde la
has de hacer , ò executar en veinte y vna parte y vn quarto , y vela diſtribuyen-
do , vna à la baſa , y quince y quatro ſeſmas la caña, dos ſeſmas el capitel,
que hacen diez y ſiete partes, dos y media el alquitrabe , y friſo , y vna y tres
quartos la cornisa , repartido en las partes referidas. Y ſi fuere con pedeſtal , repartiràs ſu altura en veinte y ſeis partes , y ſiete dozavos , y daràs al pedeſtal las cinco y vn tercio , repartiendolo como queda dicho.

CAPITULO XXXII.

TRATA DE LA QUARTA ORDEN DE ARQUITECTURA, llamada corintia , y de ſus medidas.

MUY ſemejantes ſon la orden corintia , y jonica , como dice Vitrubio,
lib. 4. cap. 1. pues ſolo las diferencia eſte Autor en el capitel. Tuvo
principio en la Ciudad de Corintio , reſultado del ornato de vn ſepulcro , de
adonde ſalió el capitel llamado de hojas , por circundar ellas à vn canaſto
que acaſo ſe puſo en el ſepulcro , y la miſma naturaleza le adornò de forma,
que viendole Calimaco , à quien los Atenienſes reverenciaban como à inſigne Arquitecto , y contemplando ſu fabrica , de alla diſpuſo medidas para la orden corintia , de que trataremos en eſte capitulo. Aviendo de tener pedeſtal eſta orden , guardaràs en el necto la proporcion ſuperbi partiens quartas,
de que tratamos en el cap. 19. que ſea como quatro con ſiete. El ancho del
necto ha de ſer del ancho del plinto de la baſa , como en las paſſadas , y re-
partirlehas en quatro partes , y de eſtas tendrà ſiete de alto , que es la proporcion dicha , como demueſtra H. M. P. X. Para ſu baſa , y capitel de eſte pedeſtal,
repartiràs ſu ancho , que es la P. X. en quatro partes , y la vna daràs à la baſa,
y la otra al capitel , repartido la parte de la baſa , que demueſtra S. T. en doce partes , y de ellas daràs quatro al plinto , dos y media al bocel , media al filete de la gula , dos y media à la gula , vna y media al junquillo de encima , y
otra al filete ; y aſsi ſerà repartida la baſa. Su buelo , ò ſalida , ſerà en ſus molduras deſde el bocel ſu quadrado , y el plinto no ſaldrà mas que el vivo del
bocel , como el diſſeño lo demueſtra. La otra parte ſeñalada en V. T. ſe ha
de repartir en trece partes , las cinco ha de tener el friſo del pedeſtal , media
el primer filete , vna el junquillo , otra el quarto bocel , tres y media la corona , vna y media el talon , media ſu filete , y aſsi quedarà diſtribuido el capitel. Debes notar , que demàs de las medidas dichas , el collarin ha de tener , deſtas partes , media el filete , y vna el tondino , ò junquillo. Su buelo , ò ſalida , aſsi
del collarin , como del capitel , ha de ſer ſu quadrado de cada moldura , guardando el friſo el vivo del necto , como el diſſeño lo demueſtra. Sentados los
pedeſtales en la forma dicha , ſe aſsientan las baſas corintias , y de eſta no trata Vitrubio , aunque no trata de ſu capitel en el lib. 4. (como eſtà dicho) cap.
1. y en èl dà à entender , como aſſentado el capitel corimio encima de la
coluna jonica , tambien ſerà orden corintia , y pone la coluna ſobre la baſa
dorica , ò ſobre la aticurga , de que yà tratamos en el cap. 10. y ſiguiendo eſta autoridad muchos Arquitectos , aſsientan ſobre la baſa dorica la orden
corintia , y no contradice à Arquitectura : mas Sebaſtiano en el libro 4.
capitulo 8. diſpone vna baſa corintia , ſacada de el Panteon de Roma , à
quien Biñola en algunas coſas ſigue , y otros. Eſta baſa ha de ſer de alto la
mitad de el grueſſo de la coluna , como demueſtra el circulo A. B. C.
D. que es el grueſſo de la coluna por la parte de abaxo , y ſu centro es
V. y deſde èl à qualquiera parte es el alto de la baſa , como denotan A.

N. la quarta parte de esto tendrà el plinto, y lo restante repartiràs en diez y seis partes, como el disseño demuestra, y daràs media al primer filete, quatro al bocel, media al siguiente filete, vna y media à la escocia, ò media caña, media al filete de encima, vna y media al junquillo primero, y media al segundo, y media à su filete, y estas quatro molduras juntas se llama astragalo, vna y media à la escocia, media al filete, tres al bocel vltimo, vna y media al vltimo filete; esta parte de vna y media del filete vltimo, es parte de la coluna; y assi quedarà distribuida el alto de la basa, teniendo el medio gruesso de su coluna. En el dàr la salida, ò buelo de esta basa, ha de ser el Arquitecto muy considerado, como en lo demàs conviene que lo sea; y assi, si esta basa fuere puesta sobre otra orden de columna, serà su salida como la de la basa ionica, mas si su assiento fuere en parte baxa, tendrà de salida la mitad de su alto; y es la razon, que en la parte alta el mucho buelo disminuye la grandeza de las molduras: y en la parte baxa, el mucho buelo las hace campear mas: y assi, el buelo de la basa presente no es vniversal regla, mas serlo ha lo dicho, y aun tiene lugar el Arquitecto de quitarle algunas molduras, estando esta basa en alto, acrecentando el alto de las demàs. En el saber vsar de estas licencias se descubre mas el
juizio del Artifice.

LA

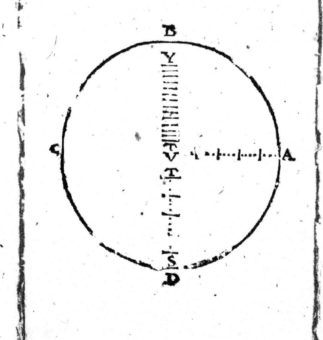

P. X. M. H. N᷾
do del pedestal.
S. T. Basa del pe-
destal.
T. Y. Capitel.
A. V. Alto de la
basa.
A. B. C. D.
Grueso de la co-
duna por la parte
baxa.

La coluna dorica , dice Vitrubio lib. 4. cap. 1 que sea tan alta como la Jonica , y que la alteza del capitel la hace ser mas alta à esta orden , que à la passada : mas por regla general , tenga de alto nueve gruessos con basa , y capitel ; y assi , la caña que se ha de assentar sobre la basa dicha , tenga siete gruessos y medio , y vendrá los nueve con basa , y capitel , y siendo acompañada , se guardará la regla que en las passadas , dandole vn gruesso mas en su altura. **Vitrub.** Sobre la caña se assienta el capitel , y del trata Vitrubio en su libr. 4. cap. 1. donde dice , que ha de tener de alto tanto como el gruesso de la coluna por la parte de abaxo , y el tablero ha de tener de ancho por la diagonal , dos gruessos de coluna , como el diseño C. M. lo demuestra. El tablero ha de tener de alto la septima parte del alto del capitel , repartido en quatro partes , vna y media para el bocel , media para el filete del abaco , ò tablero , y dos para el tablero con la copada que recibe el filete , y debaxo del alto , ò tablero ha de aver vna cinta , ò filitor , que tenga de alto la mitad del tablero , con su filete , y desde el tablero lo restante se repartirà en tres partes , como en el capitel desnudo se demuestra , vna serà para las primeras hojas , y la otra para las hojas de enmedio , y la tercera para los caulicoles , ò roleos , y los caulicoles , ò roleos , y hojas , tendràn de salida lo que demuestra la linea A. B. y de aì conocerás el gruesso que ha menester el capitel para irle vaciando ; y entre los roleos , y las hojas de enmedio se dexen vnos espacios para las hojas menores , que estàn en forma de alcachofas , de donde nacen los roleos , y debaxo de los quatro angulos del tablero , han de estar puestos los caulicoles , ò roleos mayores , y en las quatro frentes del tablero , han de estar en cada vna vn floron de medio à medio , que tenga el alto de todo el tablero , y debaxo del floron han de estar los caulicoles , ò roleos menores. Las hojas han de ser en cada orden , ocho al rededor , viniendo à quedar el capitel gruesso por la parte de abaxo , como la coluna por la parte de arriba , como en el diseño se demuestra,

(. §.)

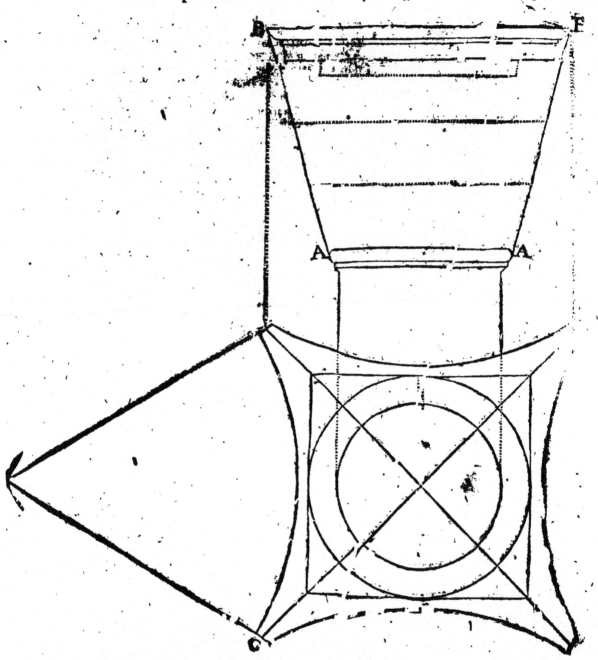

Sobre la coluna, y capitel se assienta el alquitrabe, friso, y cornisa; y
de esto no trata Vitrubio, ni à esta orden se le dà mas, aunque trata de la de-
rivacion de los canes (como despues diremos) y à mi vèr no es otra cosa,
puesto que èl dice (como al principio de este capitulo lo diximos) que esta orden;

den, y la jonica, es toda vna, diferenciando en los capiteles, que el oraxo de alquitrabe, frifo, y cornifa jonica, fe afsienta fobre el capitel corintio. Tambien fe figue de que Vitrubio afsienta el capitel corintio fobre bafa, y coluna jonica, como queda dicho. Y figuiendo efta doctrina Sebaftiano, la demueftra en fu lib. 4. diferenciandola tan folamente en dos junquillos, que echa debaxo de las faxas del alquitrabe, con fus obalos. Antes de paffar adelante, es bien advertir, que en ninguna cornifa eftàn bien dentellones, y canes, fegun la autoridad de Vitrubio, lib. 4. cap. 2. efpecialmente fiendo las cornifas de canteria, ò yeffería: y Sebaftiano, como tan obfervador de los preceptos de Vitrubio, afirma eftàr erradas las cornifas, que encima de los dentellones ay canes, ò ha de aver lo vno, ò lo otro, fino en el famblaxe: que vno, y otro dice bien, y afsi lo demueftra Biñola. La razon porque no eftàn bien canes fobre dentellones, tomando la fignificacion de Vitrubio, es, que los canes fignifican cabezas de vigas, y eftàr las cabezas de vigas fobre las cavaduras de los dentellones, la mifma razon dicta lo que advierte Vitrubio; y afsi, fiendo de canteria, ò yeffería, es mucho peor, porque demueftran falfedad. El alquitrabe, frifo, y cornifa, ha de tener la quarta parte de fu coluna, con bafa, y capitèl, afsi como en las paffadas. Avemos dicho, que la coluna corintia tenga nueve grueffos con bafa, y capitèl, y la quarta parte es dos grueffos y vn quarto, como demueftra la linea A.B. que es quatro modulos y medio: de eftos los dos modulos y medio, es el vn grueffo, y la quarta de èl, que es lo mifmo que ha de tener el alquitrabe, y frifo, repartido como fe figue, vn modulo y vn quarto; como demueftra A.G. fe ha de repartir en diez y fiete partes, las tres para la primera faxa, media para el junquillo, quatro para la fegunda faxa, media para el fegundo junquillo, cinco para la tercera faxa, media para el junquillo de encima, tres para el talon, y media fu filete; y afsi quedarà repartido lo que pertenece al alquitrabe. La falida, ò buelo ha de fer, la primera faxa guardarà el vivo de la coluna por la parte de arriba, el junquillo bolarà la mitad de fu alto, la fegunda faxa guardarà el vivo del junquillo, y lo mifmo ferà en la tercera, el talon bolarà fu quadrado, y el junquillo, y filete la mitad; y afsi quedarà el alquitrabe con toda perfeccion, como el diffeño lo demueftra. El frifo ha de tener de alto lo reftante de hafta los dos modulos y medio, que es lo que demueftra C. D. figuiendo la regla que dimos en el capitulo paffado con el alquitrabe, y frifo, fiendo tallado, y no lo fiendo, tambien; porque como eftà dicho, efta orden es muy femejante à la jonica: el junquillo, y filete del frifo, han de tener de alto (hecho diez y feis partes el frifo) la vna y media, media el filete, y vna el junquillo; el frifo ha de guardar el vivo de la primera faxa, y bolaràn filete, y junquillo el alto del junquillo, como el diffeño lo demueftra. Los dos modulos que quedan fon para la cornifa, demoftrado en D.B. efto fe ha de repartir en treinta y feis partes, aviendo de tener dentellones, que fi no los tiene, no fe han de repartir fino en treinta, y las dos molduras que eftàn fobre la corona de filete, y junquillo, no teniendo dentellones, han de eftar fobre el talon; mas efte diffeño los lleva; y afsi las treinta y feis partes, las repartiràs como fe figue, tres al talon, feis à los dentellones, media al filete, vna al junquillo, quatro al quarto bocel, media à fu filete, feis à los canes, vna y media à fu cimacio, ò tafon, media à fu filete, cinco à la corona que reciben los canes, vna y media al talon, ò cimacio, y media à fu filete, cinco à la gula, ò papo de paloma, vna à fu mocheta, y afsi quedarà diftribuida. La falida ferà fu quadrado, dando à la corona que reciben los canes, tres partes mas de las cinco: de frente han de tener los canes tanto como fiete de eftas partes, y de efpacio entre vno, y otro, lo que tienen dos frentes: los obalos han de correfponder, en la frente del can, vn obalo, y en el efpacio que ay, tres obalos tallados en el quarto bocel, to-

maràn

mando el obalo inmediato à los canes , parte de ellos ; para que todos los
obalos sean iguales, afsi como se conoce en el dibuxo. En el buelo que haze la corona entre can , y can , se pueden echar vnos florones para su ornato,
como se demuestra H. M. en el junquillo que está debaxo del quarto bocel
se echaràn vnas como cuentas talladas , que vayan de dos en dos , dexando
de espacio otro tanto , guardando la igualdad que en el dibuxo parece , tambien llevaràn estas cuentas los junquillos del alquitrabe , en el primero cuentas sin espacios , y en el segundo como las passadas : si tuviere dentellones
guardaràn los obalos sus frentes , para que afsi estèn con igualdad , segun el
disseño lo demuestra. Desuerte , que queriendo hazer alguna fabrica desta
orden , el altura que ha de tener repartiràs en veinte y dos partes y media,
y las iràs distribuyendo , segun queda declarado. Puede hazerse mas pequeño el alquitrabe , friso , y cornisa , segun la autoridad de Vitrubio lib. 4. cap. 7.
no dandole mas que la quinta parte de la coluna con basa , y capitel , mas el

Arte nunca ata las manos al Architecto , aunque à los preceptos de
este Autor todos devieramos estàr
sujetos.

A. B. *Alto del alquitrabe, friso,*
cornisa.

D. B. *Gruesso de la coluna por la*
parte de abaxo, y alto de la
cornisa.

C. D. *Alto del friso.*

C. A. *Alto del alquitrabe.*

CAPITULO XXXIII.

TRATA DE LA QUINTA ORDEN DE ARQUITECTURA, *llamada compuesta.*

LOS Arquitectos Romanos fueron Inventores de la orden compuesta; y porque de ella no trata Vitrùbio en ninguno de sus libros, sino es que en el libro que le tomaron, y hundieron, de que yà hizimos mencion en el cap. 29. trataíse de ella. Mas siguieron los Romanos sus medidas en esta, como en las demàs, observando los preceptos de este Autor, y de ellos hizieron vna orden mixta, ò mezclada de las demàs, muy agradable; y assi en el capitèl corintio pusieron los roleos del capitel jonico, con sus obalos, y los canes de la orden corintia en lugar de friso; y assi la fueron diferenciando, como se vè en el Coliseo de Roma. Importa sea el Artifice en el exercitar esta orden muy considerado, porque en esta parece se le dà mas licencia que en las demàs para quitar, y poner, con tal que no desdiga de las demàs medidas. Aviendo de hacer pedestal para esta orden, por ser de suyo mas esbelta, lo serà tambien el necto del pedestal, dandole de alto dos anchos del plinto de la basa, que es la proporcion dupla, de que tratamos en el cap. 19. que en esto se diferencia del corintio, guardando las mismas medidas, diferenciandole tan solamente en la basa, que en lugar del papo de paloma se le eche vn talon con las mismas medidas; y porque quedan declaradas en el capitulo passado, no las torno à referir; mas por el disseño te conocerà en què se diferencian, y en què no. De esta orden trata Sebastiano en su lib. 4. cap. 19. y dice, *Sebast.* que puede ser disminuido este, y los demàs pedestales, y que por experiencia yiò parecer bien en Athenas. La basa serà la corintia, con las mismas medidas que de ella dimòs en el capitulo passado, como el disseño lo demuestra.

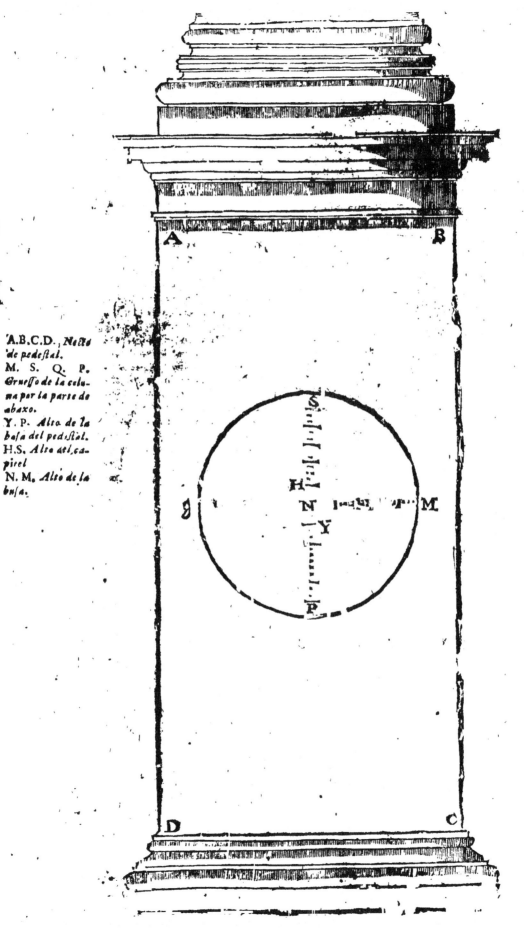

A.B.C.D. *Neto de pedeftal.*
M. S. Q. P.
Grueſſo de la coluna por la parte de abaxo.
Y. P. *Alto de la baſa del pediſtal.*
H.S. *Alto ati, capirel*
N. M. *Alto de la buſa.*

La coluna ha de tener de alto diez gruessos, con su basa, y capitel, medio gruesso la basa el capitel vn gruesso, y vna sexta parte del mismo gruesso, y lo restante la caña de la coluna; y si fuere acompañada, tendrà vn gruesso mas segun està dicho en las demàs ordenes, El capitel se ha de componer de jonico, y dorico, como al principio diximos, haciendo los roleos, ò cauliculos, mayores que los de la orden chorintia. Todo el cimacio, ò tablero tendrà demàs del gruesso de la coluna, que es la sexta parte, como el disseño demuestra, entre roleo, y roleo tendrà tres obalos en el quarto bocel en cada frente que causa el tablero. El alquitrabe, friso, y cornisa, ha de ser de la quarta parte del alto de la coluna, con basa, y capitel, como las demàs, destribuidas sus medidas como en la orden jonica, en quanto à la cornisa, diferenciando que en lugar del talon con que empieza, empieze con el quarto bocel, donde han de estàr los obalos, y sobre ellos los dentellones, como en su lugar diximos; despues sucede el talon, con las mismas medidas que la jonica, pues tambien ha de tener esta cornisa dos modulos de alto, como la otra: el alquitrabe, y friso, tienen tres modulos, la mitad el alquitrabe, y la mitad el friso, y lo que toca al alquitrabe divide en catorce partes, y dà quatro à la primera faxa, vna al talon de encima, cinco y media à la segunda faxa, que guarde el vivo del talon, media al junquillo, vna y media al quarto bocel, donde tambien han de estàr tallados obalos: y en el junquillo sus cuentas, vna à la escocia, y media à su mocheta, y estas vltimas molduras bolaràn su quadrado, como el disseño lo demuestra. El friso tendrà otro tanto de alto, dandole vn filete tan alto como la mocheta, y en el remate con la copada; y este friso puede estàr con canes, que coxan su altura; y teniendolos la cornisa, no tendrà, ni bocel, ni dentellones, y el bocel se assentarà donde està el talon con el junquillo, y filete. Hemos advertido en lo que diferencia esta orden de las demàs, y puede el Artifice aun hacer mas diferencia, con tal que no se aparte de las medidas de Vitrubio; y assi, el lugar donde se huviere de hacer esta orden compuesta, se repartirà en veinte y cinco partes, ò modulos, no teniendo pedestal, y los dos tendrà de gruesso la coluna por la parte de abaxo: la basa tendrà à vno de alto, la caña tendrà diez y seis, y dos tercios; el capitel dos, y vn tercio; el alquitrabe, friso, y cornisa, cinco, segun queda advertido, guardando las medidas de la jonica. Esta orden es mas alta que las passadas, no sin fundamento, porque de ordinario se pone en parte superior à las demàs ordenes; y porque la vista desminuye los cuerpos distantes: por esta causa sus inventores con prudente consejo, en el Coliseo de Roma despues de aver puesto la orden dorica, pusieron la jonica, y despues la chorintia, à quien sucediò la compuesta, y assi quedò en lugar alto; y conforme à èl discurren las medidas de que avemos tratado, y puesto en demostracion. De aqui se debe colegir, que han de guardar estas ordenes en este lugar donde se executaren, la misma orden que guardan en sus nombres, ò en nombrarlas; porque si se hiciere vn edificio que lleve dos ordenes, siempre la primera con que han de empezar ha de ser la mas robusta, y la vltima la mas delicada: y como vayan sucediendo las ordenes, han de suceder en la delicadeza; y assi sobre la toscana estarà bien la dorica, y sobre la dorica la jonica, y despues la chorintia, despues la compuesta, como queda advertido. De lo restante à las cinco ordenes trataremos adelante.

⁎⁎⁎

C. B. *Alto del alqui-*
trabe, friso, y cor-
nisa.
N. B. *Alto de el alqui-*
trabe.
N. M. *Alto de el friso.*
A. M. *Alto de la cor-*
nisa, y gruesso de
la coluna por la par-
te baxa.

B

CAPITULO XXXIV.

TRATA DEL ASSIENTO DE LOS ZOCALOS , Y BASAS, *de que se deben adornar los Templos , y de la disposicion de las pilastras.*

LOS zocalos tomaron su principio de los plintos de las basas , de que avemos tratado en los cinco capitulos antecedentes , y casi todos guardan vn mismo alto , mas en èl los exceden los zocalos , porque se les dà mas alto, como luego dirèmos. Estos de ordinario son de canteria , porque fuera de ser firmes , conservan con limpieza el edificio , recibiendo en sì lo que salpica el agua. Hizimos demostracion en el capit. 21. de la planta con todos sus resaltos , y huecos , librando para adelante la disposicion de las pilastras , y esta ha de guardar en su altura la que guardan las colunas ; segun sus ordenes , dando los mismos gruessos que queda dicho : el gruesso de la pilastra , ò ancho se ha de elegir , y sacar del alto que ha de tener la fabrica , repartiendole segun los gruessos de la orden que huvieres de echar : advirtiendo , que por las pilastras estàn acompañadas con el cuerpo de la obra , se ha de guardar con ellas lo que diximos de las colunas acompañadas en las cinco ordenes Si la pilastra huviere de ser diminuida , guardaràs la regla que dimos en el capit. 28. assi en el diminuirla por la regla cercha , como en el labrarlas por la diminucion de las alturas. Si huvieren de ser estriadas , haràs las estrias como queda dicho en el cap. 31. Si la pilastra estuviere acompañada con contrapilastra , ò traspilastra , podràs adelgazar mas su gruesso , de suerte , que si su altura se avia de repartir en ocho gruessos , los repartas en nueve , y no contradice si fueren en diez. El relieve de la pilastra , por regla general , ha de ser la dozava parte de su ancho. En la planta que al principio de este capitulo citamos , hizimos disseño de la planta de la pilastra , ò assiento , y por ello no le refiero. Sabido es que à la pilastra pertenece , el zocalo tendrà de alto por la mitad del ancho de la pilastra , y de relieve lo que la pilastra. En los huecos de las capillas no tendrà resalto ninguno , ni en hueco de puerta , sino guardarà el vivo de la esquina , para que assi no aya estorvo en las rexas , ni puertas. En el Presbyterio irà el zocalo con la tirantèz que causan las gradas por la parte alta , y el numero de las gradas seràn cinco en el Presbyterio , y en los Colaterales vna , porque abundancia de gradas no es decente para los celebrantes , por descubrir al pueblo los pies. Teniendo muchas gradas , y estando en el numero dicho , no dà lugar la alteza , por ser moderada , assi quedan tambien dispuestas en la planta. De las gradas pertenecientes à escaleras trataremos en su lugar. No contradice que à la orden toscana , ni à la corintia se le assiente zocalo. Las juntas del zocalo seràn como las de las basas , advirtiendo , que todas las juntas que pudieren echarse en el rincon que hace la pilastra , es mas pulido ; porque aunque es verdad , que vna junta buena parece bien , si està bien rematada , con todo esso es mejor que no la tenga , ò que no se vea : y es cierto , que las juntas no se pueden escusar , por el peso de las piedras ; mas escusese que no se vean las que pudieren. La junta irà en el rincon en diagonal : y si encima continuan mas sillares , cruzarà vna junta à otra para su mayor firmeza. Si las basas no se assentaren sobre pedestales , serà bien se assienten sobre vna suela , que sea la quarta parte mas alta que el plinto , y relieve , la misma quarta parte que se le dà de mas. El assiento de esta suela es provechoso , assi para el edificio , como para la facilidad del assentar las basas. Si la suela bañare el gruesso de la pared , serà mejor para el edificio : mas quando no , por lo menos el lecho de à

P 2

Nota. la bafa bafte fobre ella: Nota, que en clauftros conviene, y en corredores, que afsientes las bafas tambien fobre fuelas, aunque queden fus frentes fepultadas, y que folo fe vea el fobrelecho, y mas quando fobre las colunas cargan arcos. Procuraràs fiempre que la obra vaya à nivèl, y afsi affentaràn las bafas. Si por algun defcuido quedare el cimiento falto para el buelo de la bafa, remediarlohas en la grandeza, ò anchura de la fuela, travando bien en la pared, y en que el fillar donde la bafa eftà labrada, fe entregue en la pared, por lo menos hafta la mitad de ella, aunque mejor es que quede el rodapiè, como dixmos en el cap. 24. En los huecos de puertas, ò Capillas, no han de rebolver la bafa, fino retirando el buelo adentro; Formaràfe fu remate, dexando igual el vivo de la puerta, como en el alzado fe conocerà. Si encima de las bafas fe continùa de fillerìa, ferà bien, fea de tizones, para que queden travadas: mas fiendo de ladrillo, ello mifmo lo affegura; de que trataremos en el figuiente capitulo.

CAPITULO XXXV.

TRATA DEL MODO QUE SE HA DE TENER EN continuar el edificio.

A Vemos declarado las cinco ordenes de Arquitectura, à fin de que de ellas; no folo el difcipulo fe aproveche en fus medidas, y difeños, fino que el aprovechado haciendo election de la que mas le adequare à fu entendimiento, eligiendola, hermofee fu edificio, y pues el modo del plantar, y macizar las zanjas, queda declarado, refta el tratar como fe ha de continuar el edificio, el qual puede fer que fuceda en vna de quatro formas de edificar, ò de canterìa, ò mampofterìa con pilares de ladrillo, ò todo de ladrillo, ò de pilares de ladrillo con tapias de tierra, que en edificios angeftos es buen modo de edificar. Si es el edificio de canterìa, debes advertir en que toda la pared fea vn *Vitrub.* cuerpo; porque fi los fillares fe afsientan por de dentro, y fuera, atendiendo tan folamente à las hazes, es cierto que conftarà efta pared de tres cuerpos, y à eftos llama Vitrubio lib. 2. cap. 8. de tres cuftras, y en el mifmo lugar dà à entender no ferà buena obra, ni fegura; y afsi declara la que los Griegos vfaron, y la que debemos vfar en nueftros edificios, que es echar piedras que abracen la obra, à quien llamaron los Griegos, diatonus, y nofotros llamamos tizones, y eftos fe deben echar, afsi en obra de fillerìa, como en la de mampofterìa, y quando fe eche vna hilada de fillares de hoja, y otra de tizones, fe puede echar, con tal, que los tizones en el grueffo de la pared traven, ò encaxen porque de fu travazon fe figue la firmeza del edificio. Lo reftante de en medio macizaràs de ripio, y cal, con abundancia de agua, para que con la abundancia de humor fe conferve mas tiempo, pues confifte fu confervacion; el todo, ò la mayor parte, en la abundancia de humor, y en fu medo es como el humido radical del hombre, pues en acabandofele, acaba la vida. Efto mueftra la experiencia en edificios plantados en humedo, pues cafi fon eternos. Las juntas de los fillares has de procurar que coxa el medio de cada vno; de fuerte, que no folo dè firmeza con fu travazon, fino que hermofee la fabrica. Tambien has de procurar que lleve el fillar en lecho, y fobrelecho algun genero de hoyo, para que reciba en sì mas cal. Fuera de lo dicho ay otro modo de affentar fillerìa, que es fin cal, y tambien es muy fuerte: y de algunos edificios de canterìa, ay tradicion que eftàn fin cal, como la fuente de Segovia, y la de Alcantara, ajuftando las piedras por de dentro, como por defuera, y con grapas, ò tampones de yerro, las iban fixando, emplomandolas

EC

Este modo de edificar es muy costoso, mas fue obrado de los Romanos, quando con pujança se señoreavan del mundo. Tambien aunque lleven callos sillares, son buenas las chapas de yerro, y como à tales las alaba Vitrubio lib. 2. cap. 8. *Vitrub.* Quando la obra es de mamposteria, se obra casi como la passada, sentando aceras à vna, y otra parte, con sus tizones, y el medio macizarlo como esta dicho. Este genero de edificar es muy fuerte, y assi los Griegos la exercitaron mucho, travando tambien la obra por defuera, y dentro. Tambien se hace mamposteria con pilares de ladrillos, y fuera de ser fuerte, es muy vistoso, labrando pilares à trechos por vna misma altura, y el caxon, ò historia, que nosotros llamamos, hacen de mamposteria, como esta dicho, y encima de cada altura se echan dos hiladas de ladrillo, que comunmente llaman verdugos, y estos hacen mas fuerte la obra, porque como el pilar es distinto cuerpo de la mamposteria, estas hiladas hacen que sea todo vn cuerpo, travando vno con otro. Tambien puedes entre estos pilares echar tapias de tierra, y yendo bien sazonada es muy buen edificio, echando sus verdugos como esta dicho: vnas vezes son las tapias aceradas, ò con hormigon, otras no: si las hicieres con hormigon, procura tener la cal batida, y estando algo dura, sazonarlohas como si fuera tierra para tapias, y en la haz que has de acerar arrimado al tapial, vele echando como dos, ò tres dedos de gruesso, y despues pisar contra esto, saldrà con buena tèz, es muy buena defensa para agua, vientos. Tapias Valencianas se hacen con tierra, medios ladrillos, y cal, echando lechos de vno, y otro, es obra fortissima. Comunmente el altura de los pilares ha de ser de tres pies: puedes labrar pilares de piedra menuda, y ladrillo, echando vna hilada de piedra, y dos de ladrillo, es muy buen edificio, y antiguo. La obra de ladrillo es mas solida, y maciza que las demàs, aunque de muchas piezas mas ayuntadas hacen vn cuerpo solido, y macizo. Vitrubio en su lib. 2. cap. 8. la alaba mucho, para cuya alabanza trata *Vitrub:* de vna casa que edificó el Rey Mausieolo en la Ciudad de Alicarnaso, toda de ladrillo, y fue tan insigne, que mereciò nombre de septima maravilla, y en ella està la fuente Salamancida, à quien los Poetas con ficcion atribuyen al que beve de su agua, la deshonestidad. Hacela mas celebre à esta fabrica el famoso hecho que en ella succediò à la Reyna Artemisa, muger de Mauseolo, pues por su traza, y la del edificio, venciò à los de Rodas. Lo dicho es para mayor alabança de las fabricas del ladrillo. Y aristoteles dice, que el barro cocido se convierte *Aristot.* en piedra, y de experiencia me consta esta verdad. La fortaleza de este material consiste en saberlo trabar, y frogar. Lo vno se hace trabando el ladrillo por de dentro, como por defuera, y esto se hace echando vna hilada de enteros, y otra de medios, y assi quedarà el cuerpo trabado. El frogar se hace con abundancia de agua, rebolviendola con la cal. Por defuera se traba cogiendo las juntas la mitad de cada ladrillo, como en los sillares no edifique de todo el ladrillo, que no todo es bueno: el Maestro experimentado conocerà el ladrillo en viendolo, mas el no experimentado lo conocerà echandolo en agua, y si en ella no se deshace, señal es que es bueno. No debes condecender con el dueño de la obra en gastarle todo el material, sino es bueno, y suficiente, que menor daño es disgustarse al principio, ò al medio de la obra, que no al fin, teniendole lastimoso. Si tuvieres en tu obra algun sobrestante para recibir materiales, mirale à las manos, no sea amigo de vnto dellas, que tambien correrà peligro tu edificio. Siempre que tuvieres obra, procura que todo passe por tus manos, y de nadie te fies, que correrà peligro; y assi sè siempre enfermero de tu obra, por cuyas manos coma lo necessario, como el enfermo por las del enfermero; y aun haciendola assi es bien temas el daño venidero, que yo en Maestros experimentados he visto
muchos.

CAPITULO XXXVI.

TRATA DE LAS MEDIDAS DE LAS IMPOSTAS, ASSI Toscana, como Dorica, y las de las demàs ordenes.

NO me pareciò tratar de las impostas, quando tratè de las cinco ordenes de Arquitectura, hasta llegar à su afsiento; porque como dixe al principio en su lugar, y donde mas convenga tratarè de lo que en el pertenece. Tenemos ya el edificio, ò la introducion del fabricada, segun queda dicho en el capitulo passado. Antes de tratar de los arcos, y de sus dificultades, se disponen las impostas, dandole à cada orden de las cinco la suya. Todas ellas sentandolas en corredores, ò clauftros, guardan en su todo vna misma medida; y afsi por regla general tendràn de alto la mitad del grueffo de la coluna, ò vn modulo, repartiendole en las partes que luego diremos. No todas las impoftas se afsientan en clauftros, ni en corredores, que tambien se afsientan en Capillas, y en porticos, y

en otros huecos; y afsi es bien el dàr vna medida, para que aya facilidad en el obrar. Sebaftiano dize en su lib. 4. c. 16 que tenga de alto el modulo dicho ò medio grueffo de coluna: mas sin apartarme mucho de su dotrina, por ser de eftimar, guardaràs en las impostas esta regla general, y es, que repartida el alteza de la puerta defde su plata, hafta lo que lebantare el arco en diez y seis partes, vna de ellas ha de tener la imposta. Esto obfervaràs en todas las cinco ordenes. En la Toscana puedes vfar de dos diferécias de impostas: vna es echando vna faxa llana de todo su alto, segun el que le cupiere por la regla dicha. De buelo comúmente le dà Sebaftiano, y los demàs Autores, la quarta parte de su alto: yo lo he vifto litigar entre Maeftros que lo heràn, y sus obras lo deciá, por parecerles mucho buelo, y en las ocasiones de executarlo, lo emendavan, y afsi no tédrà de buelo mas que la sexta parte de su alto, siendo la imposta vna faxa, como queda dicho. De esta no hago diseño, por ser de suyo tan clara. De otra imposta vfa la orden Toscana, y es que repartiendo el alto que le cabe en seis partes, daràs la vna à su primer filete, las quatro al abaco, vna al ultimo filete: y de salida, ò buelo, daràs al primer filete su quadrado, al abaco otro tanto como al filete, y al de encima otro tanto como su alto, con su co-

co-

copada, y aſsi quedarà como el diſeño lo demueſtra. Puedes eſta impoſta ir a circundando por el arco, como el miſmo diſeño demueſtra, aunque no contradirà al
Arquitectura el no hacerlo. La impoſta dorica, conocido el alto que le cabe, le repartiràs en doce partes, y deſtas daràs à la primera faxa tres, à la ſegunda quatro,
media al filete de encima, vna al tondino, ò junquillo, dos y media al quarto bocel,
vna à la mocheta de encima ò liſta, y aſsi ſeràn diſtribuidas ſus partes. De ſalida, ò
projeturas, daràs à la primera faxa la quarta parte de ſu alto, otro tanto à la ſegunda, al filete lo que tiene de alto, al junquillo la mitad de ſu alto, al quarto bocel ſu quadrado, y à la mocheta la mitad de ſu alto, y aſsi eſtarà bien en ſus medidas. El arco que tuviere eſta impoſta, ſe irà circundando al rededor, como el diſeño lo demueſtra. La impoſta jonica tiene de alto lo que las demàs, y ſe hà de repartir en diez y ocho partes, y diſtribuirlas has como ſe ſigue : A la primera faxa
quatro, à la ſegunda cinco, al filete media con ſu copada, al junquillo vna, al quarto bocel dos, à la corona tres, al talon vna y media, al filete vltimo, ò mocheta, vna.
De ſalida, ò proxetura al filete primero, y bocel, y talon, ſu quadrado, y à los demàs media parte de reſalto, de ſuerte, que buelve eſta impoſta el tercio de ſu alto,
y aſsi quedarà con toda perfeccion : circun-
daràn eſtas molduras al arco, como en las
impoſtas paſſadas, y el diſeño demueſtra:
mas no contradirà al arte, el que por la parte del arco no ſe eche mas que el talon, y el
filete con las dos faxas, creciendo en las faxas lo que ocupan las demàs molduras, el
quarto bocel llevarà ſus obalos, ſegun parece. La impoſta Corintia caſi es muy ſemejante al capitèl Dorico, tambien tiene el alto
que las demàs, como al principio diximos, ſi
el alto repartiràs en diez y ocho partes, y
diſtribuirlas has como ſe ſigue : Al filete del
collarin daràs media, al junquillo daràs vna,
ſeis al friſo, media al filete, vna à ſu junquillo, dos al quarto bocel, quatro à la corona, dos al talon, y vna al poſtrer filete, y
aſsi quedaràn diſtribuidas ſus partes. Si huviere de ir friſando por el arco, irà como el
diſeño lo demueſtra, con ſus obalos en el
quarto bocel. De ſalida, ò croxetura, daràs
al collarin ſu quadrado, el friſo guardarà el
hueco, el filete, y junquillo, y quarto bocel ſu quadrado, la corona tanto como el filete primero, el talon ſu quadrado, el poſtrer
filete la mitad de ſu alto, y aſsi quedarà con
toda perfeccion, ſegun el diſeño lo demueſtra. La impoſta compueſta dà lugar à quitarla molduras, y añadir, con tal, que en ſus medidas guarde lo que las demàs. Comunmente
te podràs ſervir en la orden compueſta, de la
impoſta Corintia, y aſsi de las dichas podràs
adornar donde obrares las cinco ordenes,
  qualquiera de los arcos que el edi-
      ficio huviere.

CAPITULO XXXVII

TRATA A QUE ALTURA SE HAN DE ASSENTAR LAS impostas, y del asiento, y forma de las jambas.

LAS impostas sirven para la hermosura del edificio, y de asientos de los arcos, pues comunmente se asientan donde los ay, como queda dicho, y en huecos de ninchos (de que adelante tratarèmos.) Labrada yà la imposta, el asiento de ella ha de ser por lo menos sobre su quadrado, que guardando el arco medio punto, vendrà à tenerla el hueco proporcion sexquialtera, de que tratamos en el cap. 31. Tampoco se ha de assentar mas que sobre la proporcion sexquialtera, y con la montea del arco, siendo de medio punto, vendrà à tener el hueco la proporcion dupla, de que tratamos en el cap. 31. Entre estas dos ay otra proporcion, que es media proporcional entre ellas, llamada de Sebastiano proporcion superbi partiens quartas, de que tratamos en el cap. 32. Si quieres sacar proporcion entre esta segunda, y la sexquialtera: y entre la dupla, y esta segunda, mira el cap. 15. y sacaràs otras dos proporciones. Nota, que quando la imposta sentares sobre el quadrado del hueco, que le dès mas el alto de la imposta, mas quando excedieres passando à las proporciones dichas, quitaràs el alto de la imposta del pie derecho del hueco para que se ajuste con su proporcion. Quando acompañen al hueco pilastras, ò colunas, la imposta no ha de exceder al reliebe de la pilastra en su buelo, sino que la pilastra la ha de exceder en resalto, y lo mismo la coluna; porque son parte principal del edificio, lo qual no es la imposta. Por todo el hueco del arco ha de ir la imposta frisando: y si es Capilla, por toda ella al rededor, pues en ella sirve de asiento de bobeda, de que adelante tratarèmos. Tambien en los ninchos irà dando buelta por èl, como en su lugar se verà. Si la imposta fuere de canteria, tendrà de lecho dos veces lo que tiene de alto, para que assi quede mas segura. Si fuere de albañileria, se echaràn quatro hiladas, ò tres, segun su alto, boladas lo necessario, para forjarla, yeso à su tiempo. Las jambas que comunmente se asientan en las puertas, vnas veces son llanas, otras tienen (como dice Vitrubio lib. 4. cap. 6.) vn cimacio lesbio. Dice este Autor, que sean disminuidas: mas la experiencia enseña ser mas agradables à la vista, siendo quadradas. El altura de las puertas es, como queda dicho, ni menos que sexquialtera, ni mas que dupla. En las proporciones passadas tratamos de que se les avia de dàr con el hueco del arco, aqui como no le tiene, sino que es puerta quadrada, haseles de dàr el alto à ella segun su ancho. Diximos como avias de sacar proporcion por via de Geometria: si por la de Aritmetica la quisieres sacar, lee el capitulo 19. que es muy facil de sacar proporciones. Sabido el alto por el ancho, sease la jamba llana, ò sea labrada, ha de tener de frente (segun Vitrubio en el lugar citado) la duodecima parte de su alto, y la puerta que tiene diseñada Vitrubio, tiene proporcion dupla. Y siguiendo esta doctrina Sebastiano en su lib. 4. dice, que tenga la frente de la jamba la sexta parte del ancho de la puerta, que es lo que queda dicho, y el cimacio lesbio con su filete baxo, y alto, serà la quinta parte del ancho de la jamba, repartido en cinco partes, vna tendrà el vn filete, otra el otro, y las tres el bocel. Lo restante repartiràs en nueve partes, y daràs quatro à la primera faxa, y cinco à la segunda; y estas molduras iràn frisando por el dintel, y todo, que tambien ha de ser del mismo gruesso, aunque algunos acostumbran a darle mas. El diseño M. demuestra la labor de la jamba, segun queda dicho. Ha de tener la jamba de gruesso, de tres partes de su frente

Vitrub.

Sebast.

te, las dos, y lo mismo el dintel. Parecióme
escusado el hacer diseño de las puertas con
las jambas, y assi no las demuestro: porque
el ornato de que se han de acompañar, ha de
ser à eleccion del Artifice, eligiendo de las
cinco ordenes la que mejor le parezca. Y pueden servir las impostas con poco que se quite, ò añada en ellas, para ornato de las jambas,
guardando la disposicion de las faxas. Entre
los nombres que dan à las puertas, vnos son
puertas doricas, y jonicas, y corintias: mas estos nombres toman de las ordenes que las a-
compañan. Desuerte ha de assentar el dintel,
que puedas encima dèl echar vn arco, y que
por adentro acompañe la obra, y sufra el pe-

so que el dintel avia de sufrir. Si la obra fuere adornada de alguna de las ordenes, el arco que echares sobre el dintel no se ha de ver: mas no siendo assi,
echarlehas que se vea, guardando los vivos de las jambas. Si las jambas assentares sobre algun valiente de canteria, no le macizaràs mas que el assiento de las
jambas, dexando lo demas hueco para que no se yenda. En todo te has de aver
con prudencia, que no todas las cosas es possible referirlas, y aun las que ya lo
estàn, à veces se te ofrecerà inconveniente para poderlas seguir.

CAPITULO XXXVIII.

TRATA DE LOS GENEROS DE LOS ARCOS, Y DE LA forma que se ha de tener en labrarlos.

MUchos son los generos de los arcos que la industria ha inventado: mas
aunque muchos, reducirlos hemos à cinco: y como sentadas las impostas en vn edificio, se siguen los arcos, siendo este lugar de tratar dellos, lo
irèmos continuando. Los nombres à que lo reduzco son: el primero es escarzano, el segundo carpanelo apaynelado: el tercero buelta del cordel, ò
punto hurtado, el quarto medio punto, el quinto todo punto. Fuera destos
ay otro que llamamos adintelado, mas como no tiene buelta, essa es la causa porque no le doy nombre de arco: mas tratarèmos de su fabrica, y forma
de labrar, entre el discurso de los cinco. Estos vnas veces se hacen de canteria: otra de albañileria. Entre todos es el mas fuerte el de medio punto, y el
mas agradable à la vista, y al fin en todo el mas perfecto: el escarzano mueve desde salmer, y el apaynelado, ò carpanel, y buelta de cordel, ò punto hurtado, pueden mover de salmer, y pueden mover de quadrado, como el medio punto, y todo punto. El salmer se ha de labrar con vna saltaregla fixa, essa se hace tomando el ancho del hueco de la puerta, ò ventana donde quieres hacer el arco que mueva de salmer, aora sea de canteria, ò albañileria, y
tira vna linea en el suelo, ò en vna pared tan larga como en el hueco es ancho, y supongo es como la A. B. assienta el compas en la B. y descubre la porcion X. y se cruzaràn en el punto N. sacarèn angulos rectos la linea B. P. como diximos. esto hecho, del punto N. al punto B. assienta la regla, y
tira à la B. D. que denota el salmer: y assi avràs hecho la saltaregla D. B. P. y
con esta iràs labrando los salmeres. Nota, que haciendo el salmer de ladrillo, no ay otra dificultad mas que assentar la saltaregla en el pie derecho, del
hueco, y cada ilada irte retirando segun tiene su caida: siendo de sillares,
con

con folo fentar en el fobrelecho la linea recta , ò regla B. P. quedarà tambien
en el mifmo falmèr. Y fea la puerta grande , ò pequeña , con efta bafta para
facar los falmeres.

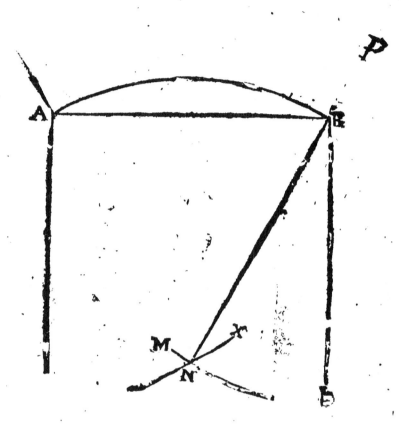

Efto entendido , para hacer la buelta efcarzana , que es la primera , abre el
compas la diftancia de la A. B. y affentando la vna punta en el punto A. defa
cribe la porcion A. C. B. y el punto N. es punto fixo donde fe ha de affentar
el cintrel , con que fe ha de ir labrando el arco. Lo dicho demueftra el difeño
prefente. Para labrar efte arco harà fu cimbra fegun fu montea , y fiendo de
ladrillo , iràs echando hiladas de vn lado , y otro , teniendo cuenta que vaya
delantero en cada hilada el gruefso del tendel que en la hilada fe iguala. Han
de fer las hiladas con que fe cerraren los arcos nones , para que vaya travado , y
fea mas feguro. Del gruefso en los arcos no fe puede dar regla affentada , y
cierta , aunque algunos la dàn : mas en efto el Maeftro fe aya prudente , y conforme à lo que ha de fuftentar el gruefso. Eftas , fiendo de canteria el arco efcarzano , fe tendrà atencion al repartir fus dobelas , que tambien fean nones ,
y repartidas por la buelta efcarzana , como el difeño demueftra H. Y. L. N.
que eftà repartido en fiete dobelas. Eftas , comunmente tienen feis fuperficies,

que

que es dos paramentos, suponiendo, que cogen el grueso de toda la pared dos lechos, ò juntas, y la superficie concaba, que denotan Y. N. y convexa H. L. todas estas se labràn en quàtro lechos, ò juntas, con vna saltaregla; porque como las juntas nacen del punto donde se fixa el cintrel, y, siempre se và continuando su igualdad; no es menester diferente cercha : quiero decir, ni mas, ni menos abierta : en la primer dobela señala la regla cercha la N. N. L. y esta sirve para lechos, y sobre lechos de estas dobelas, naciendo como està dicho, todas las juntas del punto del cintrel.

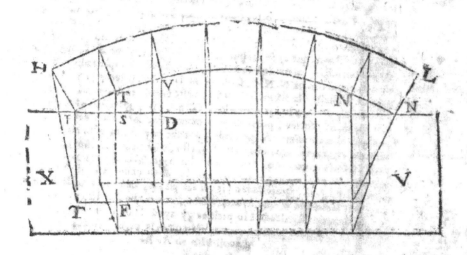

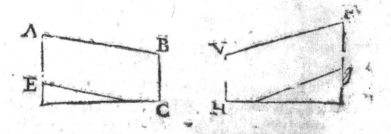

Entendida esta, todas las demàs guardan la misma orden. Demàs de lo dicho en la buelta escarzana, se puede ofrecer tener la puerta de ramos por adentro, y se ofrecen nuevas dificultades, assi para el ladrillo, como para la canteria. El de ramos sirve para dàr mayor luz; y para que la puerta, ò ventana no ocupe, de ordinario se les dà de ramo vna quarta, ò vna tercia, segun el grueso de la pared, como lo demuestran V. X. el de la X. es de ramo con alfeyçar, vno, y otro para en quànto al arco tienen vna misma dificultad, y esta se allana aviendo llegado al punto de hacer el salmer, con solo hacer vna caxa, como demuestra Y. T. F. entregada en el grueso de la pared, ha-

cien-

ciendo el arco de ladrillo , aunque por la parte de adentro es mas ancha , tira
ve la mifma faltaregla de afuera , y fe ha de hacer como la paſſada. Hecha la
cimbra , y falmeres , fiendo el arco de ladrillo , echaràs hiladas hafta que llenen el hueco de la caxa , y igualen con el falmer de afuera , para que paſ-
ſen las hiladas de vna parte à otra , y lo mifmo haràs fiendo de canteria , aunque de ordinario eſtos arcos por la parte de afuera fon adintelados , y por la
de adentro efcarzanos : mas en quanto al cintrel guardan vn mifmo punto ,
y teniendo por de dentro buelta , y por defuera no , neceſſariamente aunque
muevan à vn alto , ha de aver capialzado , y tiene diferentes cortes de canteria , como en el diſſeño conoceràs ; y para trazarlos con perfeccion , trazadas las dobelas , como queda dicho , y parece por el paramento , para darle
los capialzados a cada vna , miraràs lo que levanta la buelta , que es lo que
nota S. T. en la primer dobela , fobre la linea N. Y. y eſſa parte tiene de capialzado , como lo denota la figura A. B. C. E. que el lado A. E. es el paramento de adentro , ò el del capialzado , y el de la B. C. es el de afuera , ò adintelado , y la diſtancia que ay de los puntos a la C. es la que tiene S. T. aſsi haciendo vna faltaregla , como denota A. E. G. ſervirà para el capialzado , y haciendo otra como denota N. N. L. fervirà para la junta , ò lecho , y para lo concabo de la buelta : la diſtancia de la V. D. eſtà notado en la figura F. V. H. G. y
fu diſtancia denotan los puntos a la H. G. por eſtas dos eſtàn entendidos todos los demas cortes , pues obrando como eſtas las demas dobelas , faldrà
ajuſtado el arco mixto , ò mezclado , por fer por afuera adintelado , y por
adentro efcarzano. El dieſtro Maeſtro , eſte , y los demàs diſſeños , primero los
forja , y corta en pequeño de yeſſo , que los haga. Mas los cortes dichos , por
averlos afsi primero executado , como fe obren como eſtà dicho , faldràn
bien. El diſſeño A. es capialzado , igual las piezas , llamado afsi de los canteros , muy femejante al que avemos dicho , como tambien lo es el capialzado
B. llamado capialzado à lo pechina : y ayudado de la inteligencia del
diſſeño primero , conoceràs como fe obran los dos
demoſtrados en A. B.

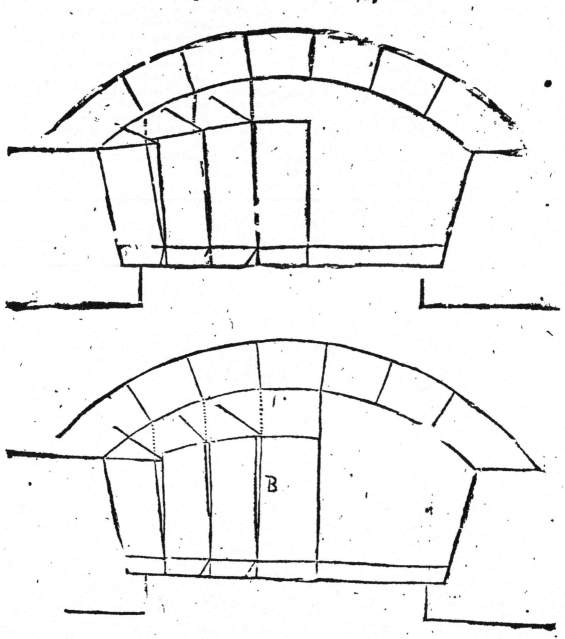

El segundo genero de arco es el carpanel ; ò spaynelado. Efte se trad
ta como se figue. Supongo que la linea A. y B. es el ancho del hueco don.
de pretendes hacer el arco ; divídela en tres partes , como denotan N. M.

K. divi-

divida de los puntos N. M: haz las porciones de circulos C. B. D. A. que dea
banten no mas que vna de las tres partes en que ʃe dividió la linea, como en
ellos miʃmos ʃe demueʃtra: eʃto aʃsi, abre el compàs la diʃtancia D. C. y aʃʃentado el compàs en los puntos C. B deʃcribe las porciones que ʃe cruzan en el
punto Y. y aʃʃentado el compàs en èl, deʃcribe la porcion del circulo D. C. y
aʃsi avràs trazado la buelta ʃpaynelada A. D. C. B. y haràs las ʃemejantes. Si
huviere de tener ʃalmer eʃte arco, ʃe harà como en el paʃʃado; y en ʃu punto
ʃe aʃʃentarà el ciatrel para labrarle, mas moviendo de quadrado, ʃe aʃʃentarà
el ciatrel de medio à medio de la linea ʃobre que eʃtà la buelta, y con èl daràn los cortes, como en el preʃente ʃe demueʃtra. La buelta A. D. C. B. denota la parte concaba del arco, y la buelta S. X. T. la combexa del arco. Los paramentos ʃe labran à eʃquadra, como en el paʃʃado. Las juntas que denotan
H G. ʃe labran haziendo cercha, como demueʃtra la G. H. A. que con ella ʃe
labra tambien la parte del paramento baxo, como lo denota H. A. cogiendo
la tirantez de las juntas del punto O. ʃi mueve de quadrado, y ʃino de la parte donde ʃe toma el ʃalmer, como eʃtà dicho.

Nota,

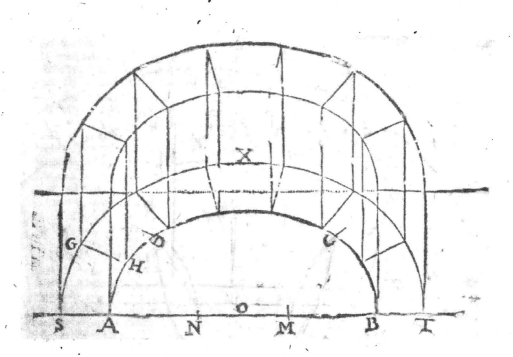

Nota , que fi quifieres rebaxarle mas, lo heràs de la mifma fuerte : con tal
que el ancho le repartas en mas partes , aunque mejor fe rebaxa por la buelta de cordel , ò el inftrumento de la Cruz, que es la que fe figue , y la que pufimos en tercer numero de buelta. Y fi los cortes los quifieres facar centriculos , mira la difpoficion que fe figue en la de cordel , que vnos vfan de los
cortes dichos , y demoftrados , y otros de los que avemos de demoftrar en la
tercer buelta , aunque tengo por mejores los centriculos , por fer mas conformes con la fortaleza por bufcar cada junta à fu centro , como fe conocerà
en fu difeño. Defde la D. à la Z. fe ha de hacer otra cercha en vna de fus dobelas , por fer diferente buelta , ò mover de diferente punto.

Es la buelta de cordel muy femejante a la paffada en fu gracia , mas haze-
le ventaja efta , en que el alto que ha de fubir es determinado , porque fe puede rebaxar fegun la voluntad del que la executa , y puede ofrecerfe por algun
impedimento aver de tener la buelta vn alto limitado , y en tal cafo es im-
portantiffima efta buelta ; y para fu inteligencia fupongo , que la A. B. es el
ancho del hueco donde fe ha de hazer el tal arco , y que no ha de debantar
mas de hafta el punto C. para trazar efte , y fus femejantes , en vna pared , ò
fuelo llano , echaràs la linea A. B. que es fobre do fe ha de hazer la buelta,
termina el alto que ha de tener ; que es C. echa vna linea perpendicular , que
divida A. B. en dos partes iguales como denota C. G. toma la diftancia G. A.
eftando fixo el compàs en el punto C. y mira que parte , ò donde llega en la
linea A. G. B. que es en los puntos M. N. y clavando tres clavos en los puntos
M. C. N. y atando vn cordel à ellos , como demueftran N. C. C. M. con èl daràs la buelta A. C. B. llevando el cordel tirante. Nota , que los puntos , ò lineas cufados dellos , que empiezan en M. N. denota la forma que lleva el
cordel , quando le và circundando la buelta. Puede empezar efte arco de falmer , y de quadrado ; empezando de quadrado fe puede labrar , fentando el cintrel de medio à medio de la A. B. y tambien fe puede labrar con tres cintreles , aunque mejor es lo dicho. Si moviere de falmer , fe affentarà el cintrel,
como diximos , en el efcarzano. Si fuere de ladrillo , feràn fus hiladas nones; y
lo mifmo fi fuere de piedra. Las dobelas guardaràn igualdad entre sì : y para
que fus cortes fean centricales , repartidas las dobelas por la parte concaba
del arco , como demueftran L. S. T. O. y tomando con el compàs la diftancia
L. T. y affentandole en fus puntos , defcribe las porciones que fe cruzan en
el punto V. y affentando el compàs en los puntos S. O. y haziendo otras porciones que fe cruzen en el punto P. y lo mifmo en las demàs dobelas , y tirando vna linea del punto V. al punto S. y haziendo otro tanto del punto P. à la
T. haziendo la linea T. P. y lo mifmo en las demàs dobelas , quedaràn los
cortes centricales , y haziendo regla cercha para cada dobela , fegun A. L. D.
labraràs fu dobela , y la del otro lado , y haziendo otra regla cercha , fegun L.
S V. labraràs con ella fu dobela , y la que le correfponde al otro lado , y haziendo otro tanto à las que faltan , labraràs el arco , fegun que el difeño lo demueftra. Importa eftàr en efta buelta bien fundados , para lo que adelante
avemos de tratar en mi fegunda parte , cap. 33. trata del inftrumento de la
Cruz , que propiamente es para montear bueltas rebaxadas , y para torneallas
de yefo , con demonftracion de fu exercicio ; y alli digo quien fuè fu inventor , que es inftrumento muy antiguo , aunque es moderno en quanto al exercicio.

K a

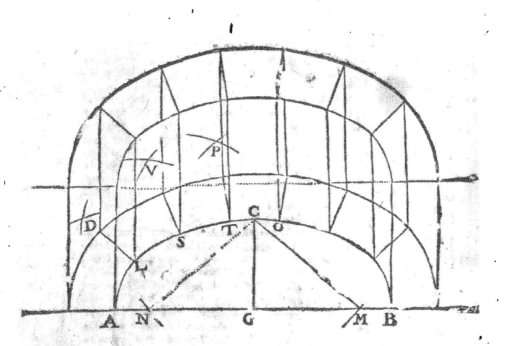

En lo que toca al arco de medio punto, que pusimos en numero quarto de los cinco, es cosa muy facil, porque no ay quien ignore que medio
punto es vn semicirculo, ò la mitad de vn circulo dado sobre vna linea: y supongo, que donde has de hacer el arco de medio punto tiene de hueco la A.
B. que la dibide el punto C. sobre el harás con el compás la buelta A. M. B.
y assi será medio punto este arco. Siendo de ladrillo, se ha de assentar el cintrel en el punto C. y dèl tambien han de salir los cortes, si es de canteria, como demuestra D. N. y haciendo la plantilla, ò regla cerca D. N. A. tienes
lo necessario para labrar todo el arco, assi juntas, como paramento con el
cabo, sin que tengas necessidad de nuevas plantillas, como en los arcos
passados; porque como esta buelta es igual, necessariamente ha de tener

ner juntas iguales. Este es vn arco muy perfecto, como en su lugar diximos,
y muy seguro, con tal que los empujos estèn acompañados con suficientes
estrivos, de que en su lugar dirèmos, así deste, como de los demàs. A este genero de arco llaman algunos, arco recto, por diferenciar en los nombres; mas el
propio suyo es de la suerte que està nombrado: Puede suceder que haziendo
este arco en corredores sobre colunas, que la primer dobela sea necessario afsi

K 3

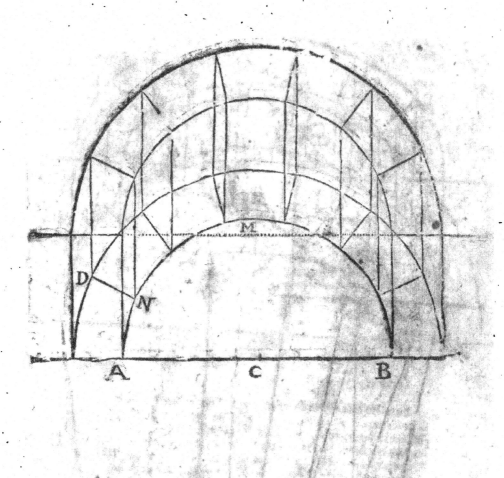

ſentarla en forma de ramos : mas en tal caſo para la ſegunda eſtará al ciſtrel,
ſegun para el todo eſtá dicho , porque en la ſegunda dobela ya queda ganado
el poco lugar de la primera,cauſa porque ſe dà el derramo en el ſegundo lecho.
Si eſte arco fuere por defuera adintelado , y por de dentro de medio punto , y
capialzado , como demueſtra el diſeño. T. lo podràs hacer con ſu demoſtracion , ayudandote de los tres capialzados que quedan referidos , y de tus inte-
ligencias harás quantos capialzados quiſieres hacer , tengan la buelta que tuui-
eren.

El

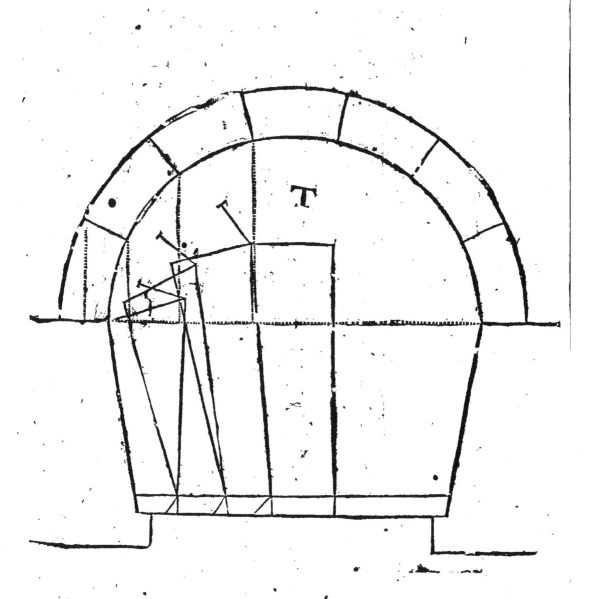

El quinto arco que diximos es todo punto, ò debantado de punto, y tambien se llama apuntado, tiene vna propiedad semejante à la buelta de cordèl,
y es, que assi como la buelta de cordèl se rebaxa desde medio punto, punto
menos, hasta todo lo que se puede rebaxar, assi este genero de buelta sirve
para debantar desde el arco de medio punto, hasta el todo punto, dando tambien el alto determinado, como en su exercicio mejor conocerás. Determinado el ancho de la puerta do se ha de hacer el arco, supongo que es la A. B.
esta dividiràs como demuestra N. M. si quieres que debante el arco todo lo
puede debantar, abre el compàs la distancia A. B. y assentandole en el punto
A. describe la porcion opuesta, y assentando tambien el compàs en B. describiràs la otra: mas supongo es punto determinado en D. que es lo que has de
debantar el arco: en tal caso sobre la linea A. B. assienta el compàs, hasta que
coxas los dos puntos, que son donde empieza el arco, y donde acaba, y hallaràs que el arco dicho tiene por centros en la linea A. B. los puntos M. N.
y assentando la punta del compàs en el punto N. describiràs la porcion A.
D. y assentandole en el punto M. describiràs la porcion D. B. con que quedarà la buelta acabada. Para dar los gruessos que ha de tener el arco, se le daràn desde los puntos dichos. Este arco, y los demàs apuntados, se han de labrar con dos cintreles, en los puntos N. M. y de ellos se sacaràn las juntas de
las dobelas, si es de cantería, como se demuestra en H. G. y haciendo la regla
cercha A. G. H. labraràs las dobelas; porque en este arco basta con vna regla
cercha, para que vengan ajustadas. Nota, que labrando este arco con dos cintreles, vno en el punto N. otro en el punto M. y el que estuviere en el punto
M. ha de labrar el lado D. B. y el que estuviere en el punto N. ha de labrar el
lado D. A. esto se entiende siendo de cantería; porque la clave, que es la piedra que và en medio, hace venir las juntas bien, mas siendo de ladrillo, se labrarà con vn solo punto en el punto C. como està dicho. Este arco puede sufrir muchissimo peso, y comunmente se echa el medio para recibir algun
empujo de Iglesia, salvando alguna calle; y estando assi le llamamos bota-
rete. Los cortes dichos hallaràs estar bien ajustados, si con diligencia los obrares; y tambien lo conocerás, si los cortares en pequeño de yesso, que assi lo
advertimos al principio, de que yo por los disseños que obro en piezas de
yesso, conozco su justificacion; y es obrar con seguridad, quando lo que
se obra es costoso, pues te aprovecha el tiempo,
y se gasta menos.

CA2

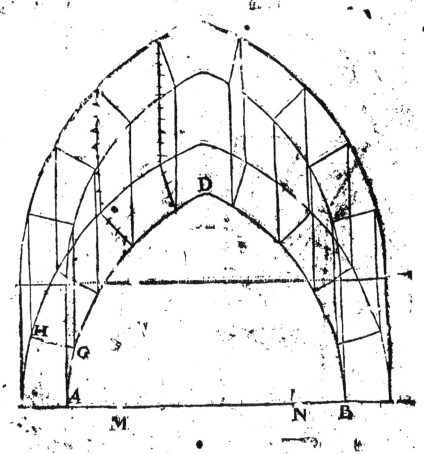

CAPITULO XXXIX.

TRATA DE ALGUNAS DIFICULTADES QUE SE
pueden ofrecer en los sitios donde se han de labrar los arcos.

DE los sitios donde se han de hacer los arcos resultan dificultades, vnas veces por pedirlo assi la obra, otras por elegir vna ventana por gala, como lo es elegirla en vna esquina: no la apruebo, mas tampoco la repruebo, que bien puede vn Maestro disponer los cortes de vn arco por esquina, que estè segurissimo, como yo las he visto. El arco por esquina no se puede hacer de ladrillo, mas de canteria si, como en su diseño se conocerà; y antes de entrar en èl serà bien hacer diseño de su planta, que es por donde se han de declarar todos sus cortes. La planta es la que muestra A. B. C. D. reconocida la planta, reparte las dobelas en nones, advirtiendo, que han de ser enteras, que oxan todo el gruesso de la pared, de la suerte que se demuestra en la planta. Para hacer los salmeres miraràs el ancho que ay de la A. à la B. que es la parte de afuera, y le assentaràs donde queda dicho, que vendrà à ser en la misma esquina. En el rincon haràs otro tanto. La parte de afuera denota M. N. siendo

N. siendo esquina H. O. Para hacer las juntas por la parte de abaxo, harás la plantilla, como demuestra A. D. y para cada vna de las restantes, como en el disseño se demuestra, que en los cortes que están por la parte de la esquina, se hace fuerte este arco por de dentro. Tambien la misma planta denota los cortes en la D. C. Nota, que la dobela de la clave has

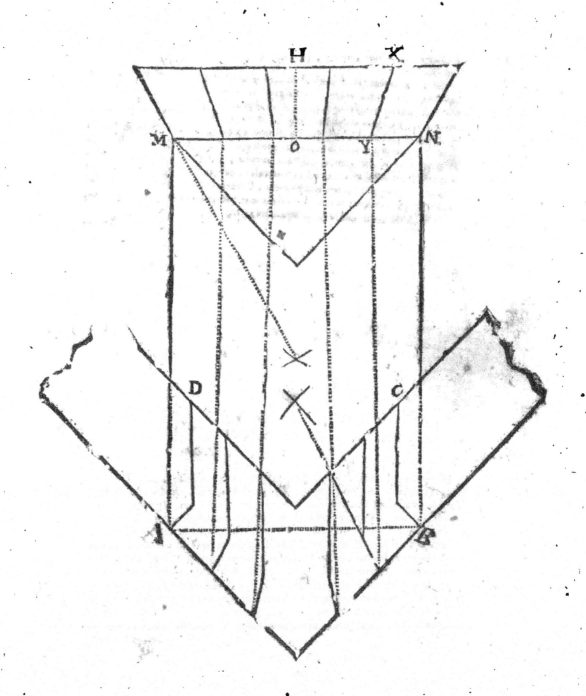

has de procurar que de la parte de adentro fea algo mas ancha que por la parte de afuera. Para hacer los cortes de las juntas de afuera, harás plantilla
fegun demueftra X. Y. N. y haciendolas para los demás, acabarás el arco
conforme el difeño demueftra, llevando los dealfeoyzares que en la planta fe conoce; y eftando afsi, harás fus empujos contra los grueffos de las
paredes. Importaría, que antes que hicieffes el arco, que le cortaffes de yeffo en pequeño, para que de fu conocimiento refultaffe el hacerte mas feñor en las dificultades: mas los cortes dichos, antes los he experimentado,
que llegaffe à tratar de ellos. Efto es lo que pertenece à arcos dintelados por
efquina, que fiendo con buelta, requiere cortes diferentes; como luego ve-
rèmos.

Puede ofrecerfe otra dificultad en otro grueffo, pues lo es en vn arco que
tuvieffe viage contra viage, que fi alguno no lo ha vifto, fe le haría dificulto-
fo. Para fu inteligencia fupongo, que en el grueffo de la pared A. B. viene el
otro grueffo L. M. y el del otro lado C. D. y que es neceffario hacer la puerta, ò hueco para ella H. S. T. N. En tal cafo haz las caxas H. Y. N. S. X. T. que
viene à caufar que el arco fe labre de quadrado, y quede feguro, echando los
falmeres que diximos en el capitulo paffado, y no reves elegir el hueco
por la dificultad del arco, ni eches vmbrales, que al fin es madera, y no tan
fegura, que fea tanto como el arco dicho. Puedefe obrar de canteria, y de ladrillo, y yo le tengo obrado, y no tiene mas que los demás en fu fortaleza,
ni en el labrar, mas que lo hafta aqui advertido.

                                                    Y fien-

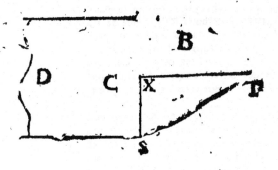

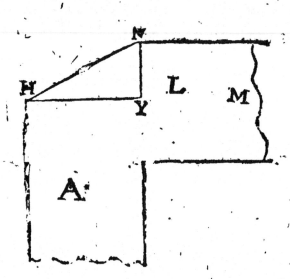

Y ſiendo de canterìa, ſu intelligencia es ſegun demueſtra A. B. C. D. y
eſte arco llaman los canteros biaſportieſta, ò arco enviajado, que es lo miſmo, para labrarle deſpúes de monteado. Toma la diſtancia Y. N. ſegun que
caen ſus dobelas, y eſſo ha de tener del punto O. al punto V. y para la ſegunda toma la diſtancia M. S. y eſſo baxaràs del punto Q. al punto P. y para la
tercera toma la diſtancia X. R. y eſſo te apartaràs del punto T. al punto E.
dando à cada dobela lo que tiene de largo, y ancho, y haciendo ſus plantillas ſegun ſus diſſeños, quedarà el arco igual, y acabado, ſin ninguna dificultad, advirtiendo en que los diſſeños del lado C. D. ſignifican lechos, y ſobrelechos. Repara en el corte que ſe ſigue, que de èl, y de los dichos ſacaràs luz
para otros.

Otro

Otro arco puede ofrecerse por esquina, que aya de tener medio punto,
que es diferente del adintelado, y es mas dificil su inteligencia, y en este mismo aun ay diferencia de vnos à otros, porque vn arco por esquina puede dis-
ponerse de suerte, que sus puertas, ò ventanas, cierren de quadrado, ò cerrando

do en esquina. Mas de la noticia del diseño que se sigue, se puede colegir el
otro. Para lo qual supongo, que en la planta A. B. C. D. hueco que viene à estar en esquina, se pretende hazer vn arco de canteria, con buelta de medio
punto, y que por adentro, y fuera quede capialzado, dando à la planta su ala-
seizar, segun demuestra la N. y para sacar la N. D. del angulo M. se ha de sacar
su corte. Aora es necessario considerar las monteas deste arco, porque se con-
siderà vna buelta de medio punto, desde la A. à la C. y otra desde la S. à la T.
alseizar, ò vatiente, otra buelta desde N. à la N. otra desde la B. à la D. y todas juntas quedan con igualdad, dexando sus capialzados de adentro, y fuera, segun lo que se quiere; porque en esta parte, si se quisiere mas capialzado, no ay sino levantar mas de buelta; y si menos, rebaxar las bueltas que estan sobre la linea Q. P. denotan las bueltas; y assi lo demuestran C. T. N. D.
porque todas ellas van demonstradas en lineas causadas de puntos, teniendo
todas sus bueltas la demonstracion de sus caidas. La buelta P. denota el grueso de la dobela. Esto assi, resta el declarar como se alargan estas bueltas en sus
diagonales; y para esto toma el alto de la buelta B. D. y hallaràs que llega al
punto Y. y passale en la linea Q. R. y llegarà al punto V. haz lo mismo con
la buelta C. que llega al punto X. y passala à la linea Q. R. que es en el punto
O. mira la distancia que ay desde la M. à la A. y ella señala en la B. Q. que es
en el punto F. y estas distancias F. O. B. V. en su altura, y largo, diles sus bueltas, segun se conocen por la buelta de cordel, de que tratamos en el cap. 38.
Reparte sus dobelas en las bueltas, y dales las juntas centricales, segun el mismo capitulo, y como el diseño lo demuestra; y has de notar, que estas dos mitades de monteas, representan las bueltas del arco; de tal suerte, que la B. Q.
y la Q. D. es la montea V. B. y las lineas A. M. C. M. es su montea F. O. Repartidas las dobelas en las bueltas dichas, mira sus caidas de cada dobela, como
se conoce en los num. 2. 3. 4. que es de la montea B. V. y los num. 5. 6. 7. es
de la montea F. O. que es de la parte de adentro de la M. A. repartidas tambien en la montea N. mira donde caen sus dobelas en la linea R. Q. que es en
los num. 8. 9. 10. Esto assi, mira con el compàs lo que ay desde el num. 7. à
la F. y assentandole en la A. mira do llega, que es en el num. 11. haz lo mismo en el num. 6. y llegarà al num. 12. y lo mismo con el num. 5. y llegarà al
num. 13. que son las caidas de las dobelas de la parte de adentro: haz lo mismo con las monteas T. N. y tomando sus distancias, hallaràs que llegan por
la parte de la S. T. y de la N. N. en los num. 14. 15. 16. segun cada parte lo que
le toca, y estas lineas 4. 16. 13. y las demàs, son las juntas que causan las dobelas en sus caidas; y assi, haziendo reglas cerchas, segun B. L. K. F. Z. L. G. E.
H. T. E. H. segun que cada vna tiene su montea, y labrando cada dobela con
estas reglas cerchas, vendràn à cerrar vn arco por esquina; y capialzado, segun que el diseño demuestra. Es de advertir, que no porque en estas juntas se conozcan los patientes, no por esso se ha de entender que en sus lechos, y sobrelechos queda en las dobelas, sino en vna igual tirantez, segun
està la linea 17. y 18. Hasta aqui no se ha declarado mas que las cerchas de
las bueltas para labrar lo concabo del arco, pero no para las tirantezes, que
hazen los capialzados, ni la frente, ò paramento de afuera, y de adentro: y para inteligencia de esto debes notar en las plantas B. O. M. N. Y. A. que estas
demuestran lechos, y paramentos, con su trasdos; y assi, el lecho primero es
segun denota C. T. N. D. X. G. que es en su primera planta, y assiento: el sobrelecho desta primer dobela, y lecho de la segunda, es la segunda planta del
numero segundo, y el sobrelecho de la tercera dobela es el numero tercero,
y lecho de la quarta, y el numero quarto es planta del sobrelecho de la quarta, y en ellas estàn demostradas las reglas cerchas: mas quiero expecificar
su inteligencia, y assi la montea G. mira las caidas que hazen sus dobelas que

L e1

es en los num. 8.9. 10. alarga eſtas lineas haſta que lleguen à la linea C.M.que
vayan perpendiculares , ſegun en ellas ſe conoce. Para el capialzado de la parte de afuera , deſde los puntos M. abre el compàs que llegue à tocar à la linea
D. Q. y ſeñala en los puntos O. diſtinto para cada dobela, porque cada vna alarga ſegun ſu dobela pide , toma la diſtancia que la capialza , que es de la G. à la
X. y de las lineas que caen perpendiculares 8. 9. 10. aſſentando el compàs en
ellas , y en la D. Q. mira do llegan , que ſerà tambien en los puntos O. alarga
las lineas O. B. ſegun ellas demueſtran , dando el grueſſo à la dobela , que es la
diſtancia Y. E. tira las lineas M. O. que ſignifican el capialzado de afuera. Para
el de adentro toma la diſtancia M. Q. que es largo de las dobelas , y aſsienta el
compàs en los puntos O. y mira de nde llega , que es en los puntos Y. y mira
lo que capialza, que es la diſtancia X.G. y aſſentando el compàs en las lineas que
caen ſobre la M. C. mira do llega , que es en los puntos Y. alarga ſus lineas que
es haſta la Y. A. que es el grueſſo de la dobela por la parte de adentro. Tira
pra las lineas N. Y. que ſignifican el capialzado de la parte de adentro. Tira
las

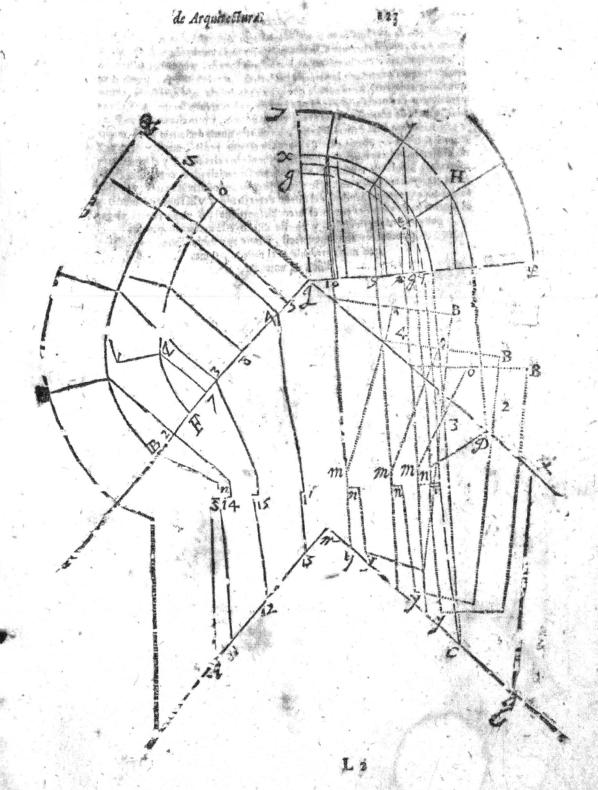

las lineas B. A. que significan el traídos del arco. Esto así, haz reglas cerchas, según A. Y. N. para la parte de adentro, y otra regla cercha según B. O. M. ò plantillas enteras, que lo mismo es lo vno que lo otro, y con ellas se han de ajustar los paramentos por la parte de sus lechos, y sobre lechos, según dixe que servia cada vna. Aora para lo que toca cada dobela, assi para fuera, como para dentro, es necessario à cada vna hacerla reglas cerchas, según, A. 11. 14. para la parte de adentro, y para cada vna lo mismo, y para afuera, según F. 2. 1 5. y lo mismo à las demas dobelas, y con esto queda declarado en el modo que es possible, y aun le escuso algunas lineas que pedia, mas las dexo por no ofuscarle. El experimentado con el compás lo entenderà, y el no experimentado, à costa de trabajo. Si el arco fuere sin capialzados, como lo es el arco M. con mirar su montea, y su altez, guardando los demas cortes, con esto saldrà bien, aprovechandose del diseño demostrado, y del que se demuestra el qual se ha de entender como el arco biasportiesta, ò viage contra viage, que pusimos al principio, y en este diseño està declarado por sus puntos: es arco muy facil, y muy agradable, aunq que mas agradable es el passado, si mas dificil de entender.

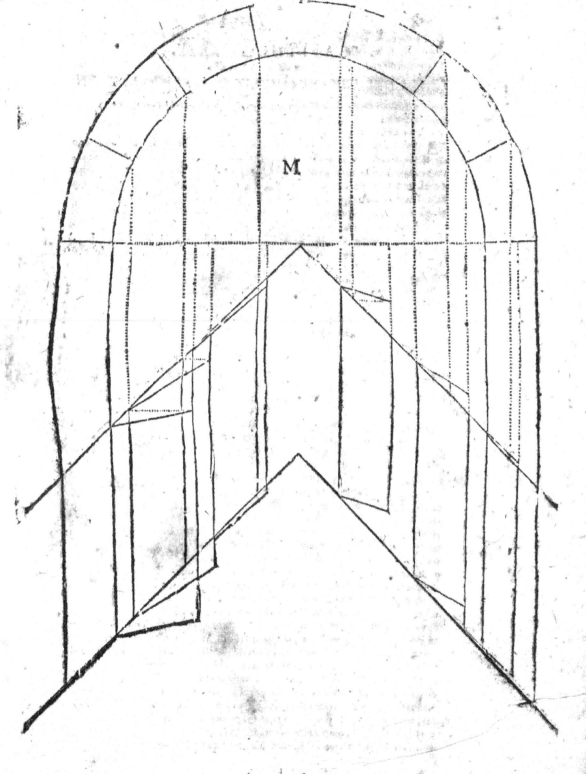

M

CAPITULO XXXX.

TRATA DEL LEVANTAMIENTO DEL EDIFICIO, Y EN què tiempos convenga, y del aſsiento de las corniſas.

Aunque dexamos ſuficiente luz en el Cap. 35. deſte nueſtro tratado, con todo eſſo me ha parecido advertir lo que puede ofrecerſe en el levantar el edificio, el qual tenemos haſta los arcos de las Capillas; y aviendo de paſſar de al, no apreſures tu edificio, porque es pernicioſo el irle cargando apreſuradamente; y aſsi lo advierte Vitrubio lib. 2. cap. 8. y pudiera referir edificios que por apreſurarles tienen notables quiebras. Importa mucho la conſideracion, y que ſe dè lugar à que ſe aſsiente, labrando las paredes ſegun diximos en el lugar citado. Tambien importa mucho, que el edificio vaya à un nibel, eſcuſando que en tus obras no aya adarexas, que ſon las travazones que quedan para juntar con lo hecho lo que ſe và haciendo, y por eſtas juntas de ordinario hacen quiebras los edificios; mas no todos ſe pueden ſeguir de una vez, y donde fuerza y, derecho ſe pierde. El remedio es en tal caſo, que lo que ſe và haciendo nuevo, en echando una altura, ceſſe haſta que eſtè muy bien enjuto; porque como lo echo eſtà ya enjuto, y lo que ſe hace, freſco, y humedo, y la humedad, ſegun es notorio à todos, tiene cuerpo, diminuyendole el calor, es fuerza que de abierto el lugar que ocupa; y eſta es la cauſa que en las juntas de los edificios comunmente ay quiebras; ſeanſe de la materia que fueren: aſsi, que procures evitar quanto te fuere poſsible las adarexas, mas no dando lugar la neceſsidad en las obras que animares à lo echo, haz lo dicho de labrarlo poco à poco, y por lo menos quando yendas, no ſerà tanto que afee el edificio. Si le labrares de ſilleria, procuraràs echar la piedra mas ligera en la parte alta, que uras canteras ay mas peſadas que otras; y por lo menos, ſi mudares de cantera, guardate no ſea mas peſada que con la que has empezado; porque ſerà caſo poſsible, que la piedra peſada yenda à la no peſada. No todo tiempo es conveniente para edificar; de los quatro tiempos del año, los mejores ſon Primavera, y Otoño; y en tierras que no yela es mejor el Invierno que el Eſtio; y es la razon, que el Invierno helando, los materiales vàn mas humedos, y eſte humor conſerva mas el edificio: y al contrario el del Verano, ſiendo ſeco, todos los materiales lo eſtàn, y el Sol quita gran parte de virtud à la cal, mas en Primavera, y Otoño, ſiendo tiempos templados, no ofenden, ni à quien haze el edificio, ni al edificio, antes ayudan à todos, y es mas provechoſo para el dueño de la obra; porque la gente en Invierno con las aguas, y en Verano con el calor, trabajan menos, de que eſtà ſeguro el Otoño, y Primavera, pues ſin fatiga de las inclemencias del tiempo trabajan, y la obra và con buena ſazon. Enraſada la obra, aſſentaràs las corniſas, ſegun huvieres elegido la orden, advirtiendo, que ſi es de canteria, ſe ha de entregar en el grueſſo de la pared, tanto como tuviere de buelo; y la mitad mas, para que quede ſegura. Su aſsiento aſsi deſta, como las demàs, ha de ſer à nibel. Siendo de ladrillo la corniſa, ſe aſſentarà con cal, dando à las molduras de entrega en la pared, dos vezes tanto como ſu buelo. Ninguna corniſa aſsientes con yeſo, aunque eſtè texada, que la texa deſpide de ſi humedad, y como el yeſo es poroſo, recibe la humedad, y à eſte paſſo menos fuerza, y aſsi vemos algunas que ſe caen. Yo tengo ſentadas hartas con cal, con harto buelo, y oy eſtàn como el primer dia, y temo las que tengo hechas de yeſo. Aſsi como vayas aſſentando la corniſa, la iràs traidoſeando, por que no te ſuceda lo que à algunos Maeſtros que yo conoci, que por ſiarſe

ellas,

ellas, y ellos vinieron al fuelo ; afsi , que vaya trauiofeada con ladrillo para fu
feguridad, y tuya. Si huviere pilaftras , podras encapitelarlas todas , tambien
puedes encapitelarlas hafta la corona ; de fuerte , que la corona paffe fin refalto ninguno , que ni vno , ni otro no contradice al arte , aunque en Templos
es bien que todo vaya encapitelado , porque hermofea mas el edificio , como
fe conocerà adelante en el alzado del Templo.

CAPITULO XLI.

TRATA DEL ASSIENTO DE LAS CEPAS DE LOS ARCOS
torales , y de la forma de labrar las pechinas.

Esta es materia importantifsima , y donde el Arquitecto debe afsistir con
mas cuidado ; porque las mayores dificultades requieren mayores , pre-
venciones ; esta de fuyo es importante al edificio , pues de fu afsiento depende la feguridad de èl ; porque no folo fe ofrece la dificultad de guardar los vivos de èl con fus refaltos , fino del grueffo que han de tener los arcos , de que
no podemos dàr regla , como diximos en el cap. 38. y es la razon , que fi à vn
arco de veinte y cinco pies dieffemos dos de rofca , à vno de cinquenta aviamos de dàr quatro ; y esto podria convenir en puentes , de que adelante trataremos , mas no conviene en Templos ; y afsi , el grueffo quede arbitrariamente al juicio del Maestro. Importa , que guardados los vivos de las pilaftras , ò paredes , elijas las cepas de los arcos entregadas en el grueffo de la pared , antes mas que menos de lo que ha de llevar de rofca , para que fu afsiento , ò planta vaya bien bañada , que por no hazerlo afsi en algun Templo que
yo sè , y mis condifcipulos faben , arcos , bobeda , y texado vino al fuelo , cau-
fando laftimofas muertes. Acoftumbran algunos Maestros en la eleccion de
las cepas , echar vnos zoquetes , fobre que afsientan las cimbras , y estos entran
en el grueffo de la cepa , y no lo tengo por feguro , digo , en tiempo continua-
do ; porque al fin con èl fe han de corromper ; y el cuerpo , que ellos ocupan
queda flaco , y à effe paffo el arco , conviene no echarlos , previniendo lo por-
venir , fino en las cimbras hacer fus zanjas , de fuerte , que fe entregue en el
grueffo de la pared , y defpues de quitadas , macizando fu vacio con yeffo , ò
cal , que le firme , y perpetuo de vna , y de otra fuerte , hecho arcos torales , mas
fon mas firmes las que no llevan zoquetes , que las que los llevan. Las cepas
fe han de facar por vna regla cercha monteada por fu buelta ; porque al afsien-
tar las cimbras te halles con menos dificultad , y mas feguro. Nota , que fi al- *Nota.*
gun arco empezàres donde no fe pueda acabar , le empezaràs fegun el que
avemos dicho , y ferà como fi fe hiciera con toda fu cimbra , con tal , que la
parte opuesta à la buelta , estè igual para el perpendiculo , ò plomo con que fe
govierna la regla cercha , y afsi quedarà demonstracion de arco , aunque no
acabado. Las pechinas fe eligen con las cepas , haciendolas vn cuerpo , fegun
viene la boquilla de abaxo elegida , que fiempre fe han de guardar los vivos
para fu fortaleza. Importa , que vaya travando en el arco , de fuerte , que el arco haga refalto por la parte de la pechina , como en la boquilla , y fobre èl
cargue la pechina vn quarto de pie , para ayudarla à fuftentar. Para labrar las
quatro pechinas , tira vn cordel de vna boquilla à otra , que estè en diagonal ,
y donde fe cruzan afsienta vn punto fixo , que estè à nivel de las cornifas por
la parte alta , ò con el afsiento de las cepas , y pechinas , y en este punto pon
vn cordel , y hallaràs que este và circundando la mifma buelta de los arcos ,
como fi con èl fueran hechas. Esto entendido , echa vna feñal en el cordel , ò
fintrel , que venga con el afsiento de las pechinas , ò boquillas ; y fegun pidie-

re tu buelta, iràs echando hiladas, bolando cada vna lo que el cintrèl pide, haſta enraſar con el reſalto que lleva el arco toral del vivo de la pilaſtra, de ſuerte, que venga à hacer vn circulo redondo, ò anillo. Las pechinas vnas veces
las macizan haſta arriba, otras macizan los dos tercios, y encima de ellos eligen vn moderado grueſſo de pared, para ſuſtentar la media naranja, lo vno, y
lo otro es bueno: mas ſi el edificio eſtà bien plantado, por mejor tengo que
vayan macizas, que es gran coſa en las obras los cuerpos vnidos. Enraſadas
las pechinas, ſe labra el alto del alquitrabe, y friſo, ò collarin, y friſo; y de ſu
alto tratamos en las cinco ordenes. Eſte friſo ha de ir vn circulo redondo,
à plomo con la poſtrera hilada de las pechinas, y no es neceſſario que vaya
macizo, baſta que tenga de grueſſo la mitad que tiene el arco de ancho, y lo
reſtante quede de hueco; enraſado el friſo, ſe aſſentarà la corniſa. Puede ſer,
que eſtas pechinas, y arcos torales, ſe hagan de canteria; y porque de los cortes de los arcos tratamos en el cap. 38. de adonde ſuficientemente ſe puede
aprovechar el Maeſtro, reſta ſolo el tratar de los cortes de las pechinas, que
ſon en eſta forma: El aſsiento de las dobelas ha de ſer quadrado, ſin que en ſus
lechos guardes tirantèz, y de no llevarle, es la razon de ſer mas fuerte; porque
como eſtas pechinas no ſe vienen à juntar, no reſiſte ſu centro el empujo que
contra èl hacen, como en los arcos, ò bobedas; porque todos los cortes de los
arcos hacen ſu empujo contra ſu centro, hallando reſiſtencia en los lados, y
llevando tirantèz, ella miſma las guia abaxo con ſu natural peſo. Otroſi, que
ſiendo quadradas en ſu aſsiento, bolando el buelo poco, ſegun el cintrèl pide, en ſu miſmo aſsiento ſe ſientan, ayudando à las dobelas el traſdos con
que ſe maciza el cuerpo de la pechina, y los miſmos torales ayudan al ſuſtento de la pechina. Avemos dicho del aſsiento de la dobela, que es lecho, y ſobrelecho; y fuera de eſto falta el paramento de afuera, y los cortes de las juntas: y para darlos obſervaràs la regla que ſigue. Forma el quadrado A. B.
D. M. ſegun lo fuere la planta; porque ſi es quadrada, lo ha de ſer la figura dicha; y ſi la planta fuere prolongada, ſeràlo tambien la traza de la planta para
las pechinas, cogiendolas con dos circulos, dexando entre el vno, y otro el
prolongo, de que trataremos en las medias naranjas prolongadas. Suponiendo ſer quadrada, tira las lineas diagonales A. D. B. M. y en el punto P. que es
do ſe cortan, ò cruzan, aſsienta el compàs, y deſcribe el ſemicirculo A. B. D.
divide el quadrado con las dos lineas S. T. Y. N. haſta que toquen en el ſemicirculo A. B. D. tira la linea T. Y. que eſtè paralela con la diagonal D. A. y
lo que ay de eſta diagonal à la linea T. Y. debantan las pechinas. Para conocer ſu buelo dentro del quadrado, deſcribe el circulo O. S. X. V. y lo que
huviere en qualquiera de ſus diagonales, deſde el circulo haſta qualquiera
de los quatro angulos A. B. D. M. eſſo buela la pechina en ſu vltimo buelo, y
el circulo O. S. X. V. denota la circunferencia que cauſan las pechinas, y el

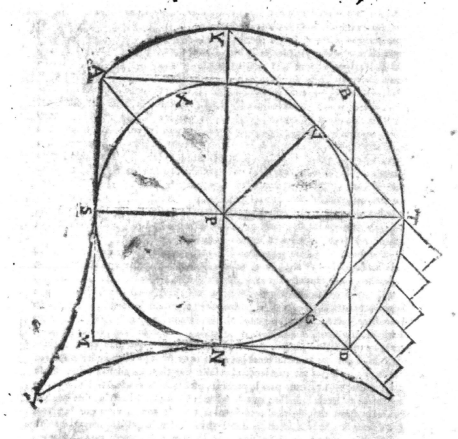

alsiento de la media naranja. Hecho esto, reparte las dobelas que quisieres
echar, segun lo que debanta, y estas se han de repartir por las lineas P. V. O.
T. y en la poecion T. D. vè tirando las divisiones de las dobelas que demuestran

tran fus lechos, y paramento; y afsi haciendo reglas cerchas para cada hilla-
da, las facaràs con toda perfeccion. Para facar el corte de las juntas; afsi las
que las dobelas hacen entre sì, como las que hacen arrimadas à los arcos, ò
entre ellas, y los arcos; para hacer esto abre el compàs la diftancia de la diagonal A. D. afsienta la vna punta en el punto M. y de èl deferive la porcion L. affienta defpues la punta del compàs en el punto D. y deferive la porcion Q. y
affentando el compàs en el tocamiento de las dos porciones, ò donde fe cruzan, mira lo que paffan de la linea M. D. que effo cerraràs, hafta que eftè igual
con la mifma linea, y cerrando deferive la porcion X. N. y en el otro lado
haz lo mifmo, hafta que fe toquen las dos porciones en el punto X. y lo que caufa el angulo X. S. N. es corte de la pechina; porque el lado X. S. es corte de la
junta del vn arco toral, y el lado S. N. es corte de la junta del otro arco, y las
juntas que eftàn dentro, ò entre sì en la pechina, fe han de facar fegun dirèmos adelante, quando tratèmos de los cortes de la media naranja. Y haciendo cerchas, que fe ajuften con las dobelas, por los lados X. S. N. X. para cada
vna de por sì, vendràn à eftàr bien ajuftadas. La buelta que le toca à cada dobela demueftran las divifiones que tiene el mifmo triangulo X. S. N. mas fe
han de facar fegun dirèmos en las dobelas de la media naranja.

Porque à cada dobela pertenece diferente buelta, por lo que en cada hilada fe và cerrando; y afsi, en el primer lecho ha de tener vna plantilla para
fu buelta, y en el fobrelecho otra, fegun lo que fu buelta pide: advirtiendo,
que la cercha que firve el fobrelecho de la vna, firve para lecho de la otra que
fe afsienta encima, de que el experimentado conocerà fer afsi, y el que no lo
fuere haga cortes de yeffo, fegun el diffeño demueftra, y conocerà fer ajuftado
lo dicho. Las juntas de enmedio, ò de entre sì, vendràn à fer perpendiculares,
de fuerte que eftèn à plomo. Advierto, que el refalto que dixe en la pechina
de albañileria, que avian de tener los arcos; que no fe ha de entender que fean
refaltados, fino que defcubriendo el refalto que tiene la pilaftra fobre èl, fe
haga vn pequeño afsiento para la pechina, para que la ayude à fuftentar, y lo
mifmo ha de fer de ladrillo, que de canteria; y fiendo afsi, en la junta que hacen las pechinas defcubrirà el arco igual la tirantèz con fu vivo por la clave.
Los fillares de que fe hicieren las dobelas han de fer largos, de fuerte, que fe
entren en el cuerpo de la pechina, por lo menos dos veces mas de lo que
buela, para que macizando el traìdo, ayude à fu fortificacion; porque el mifmo pefo, y cuerpo de la obra, hace que fean mas feguras. En lo que toca à macizar eftas pechinas, hafta los dos tercios, ò hafta arriba, me remito à lo que
al principio dixe de las pechinas de ladrillo. En lo que toca al alquitrabe, y
frifo, guardaràn la circunferencia en que rematan las pechinas, facando los
cortes de fu punto, que por fer facil no hago demonftracion de ello. Sentada
la cornifa que ferà elegida fegun la orden que al Artifice pareciere, fiendo
de canteria, como diximos en el capitulo paffado, en quanto à la entrada,
que ha de hacer en la pared, y de ladrillo, obfervando lo dicho, defpues fe eligen las paredes para el alto de la media naranja, en forma de vna caxa quadrada, ò ochavada, devantandola lo neceffario para la media naranja. Y porque en el cap. 35. tratamos de la continuacion del edificio, por effa caufa no
la torno à referir; folo advierto, que en eftas quatro paredes algunos Maeftros dexan huecos, por aligerar el pefo que carga fobre los arcos; y efto no
lo tengo por feguro, de que yà tratamos en el cap. 29. fino que la obra es
mas fegura que vaya maciza, y de vn cuerpo pueda echar ventanas à plomo de las pechinas. El grueffo de las paredes de la caxa ha de fer por la mitad
del grueffo de las paredes del cuerpo de la Iglefia, porque la media naran-
Nota. ja tiene muy poco empujo. Nota, que las paredes de la caxa han de guardar
el vivo de los quatro arcos torales fobre que cargan por la parte de adentro, que el refalto que hacen por la de afuera los copetes de las armaduras,

los

los cubren, y afsi quedan viftofas, y recogidas, y la media naranja mas fegura. Otras veces pide el edificio, que fobre la media naranja, ò fus arcos, y pechinas, no fe haga caxa quadrada, fino ochavada, ò fexavada, por hermofear
mas el edificio, y en tal cafo fe elegirà fobre los arcos, y pechinas, que vnido
todo es muy feguro, dandole los gruessos como eftà dicho: fi es ochavado fe
puede adelgazar mas por la mitad del ochavo, que los angulos, quedan baf-
tantemente gruessos.

CAPITULO XLII.

TRATA EN QUE TIEMPOS CONVENGA EL CORTAR LA madera, y forma de cortarla.

EN Atenas huvo vn famofo Carpintero llamado Dedalo, que fue inventor del Navio, y de la fierra, inftrumento con que fe afsierra la madera, y
inventò la barrena, y cepillo. Fue padre de Icaro, de quien dice la fabula, que
hizo alas para sì, y para fu hijo, teniendo por fundamento las velas del Navio, como el las avia inventado. Debefele mucho por aver inventado eftos
inftrumentos con que fe difpone la madera para las fabricas. Teniendo,
pues, la fabrica de que vamos tratando, enrafada, y debaxada hafta el afsiento de las maderas; necessariamente hemos de tratar de la fuerça que fe ha de
cubrir, y de los cortes de las armaduras: mas anticipadamente es bien digamos, que maderas fon mas à propofito para los edificios. Muchos fon los arboles que para el minifterio de las obras fon à propofito, afsi por fus calidades, como por fu grandeza: y aunque en el cortar guardan vna mifma orden,
y tiempo, no tienen vn mifmo efecto, ni tienen vnas mifmas fuerças; y afsi,
el diligente Maeftro debe ferlo en la eleccion de la madera. Entre nofotros
la que mas comunmente vfamos es el Pino, y entre eftos arboles ay diferencia de vnos à otros, porque vnos llevan fruto, y otros no, y fon mejores los
que no llevan fruto, que los que llamamos Pinos albares; y fiendo de vna
mifma efpecie, y naturaleza de arbol, fe aventajan vnos à otros, cuya ventaja confifte en el mifmo Pinar, por coger en el valles, y laderas, ò cerros: y
los pinos que fe crian en valles, fiendo de continuo humedos, crian la madera menos condenfada, y mas fujeta à corrupcion; y al contrario, los que fe
crian en laderas fon mas tardios en criar, y mas duros, y menos fujetos à corrupcion. Tenemos exemplo en la fruta, que la que es de regadio en breve
tiempo fe corrompe, y es poco fabrofa, haciendola el mifmo vicio defazo-
nada, y la de fecano fe conferva mas tiempo, y es de buena fazon. Tambien
và mucho que el pinar eftè à la parte del Norte, para que tenga mas durezas;
porque fi dieffemos que vn mifmo pinar tuvieffe vn cerro, que vn lado ef-
tuvieffe al Norte, y otro à Mediodia, mas condenfados feràn los pinos de la
parte del Norte, que los de Mediodia. Compara Vitrubio lib. 2. cap. 9. al pino *Vitrub.*
con el ciprés, cedro, y enebro, y dice, que tienen vnas mifmas calidades, que
eftàn compueftos igualmente de los quatro elementos. El pino fe conferva
debaxo del agua incorruptible, y por efto echamos los marranos de pino en
los pozos, que fon vnas vigas fobre que fe fundan las paredes de los pozos,
de que adelante trataremos. El haya debaxo de tierra dura por largo tiempo, y
fuera fe corrompe con brevedad. El alamo blanco, y negro, fon de vna natural
dureza, en quanto à los edificios, mas no en quanto à labrar, y differecinan tambien, que el alamo negro criado junto à lagunas, haciendo de el eftacas para
eftacar los edificios, dura para fiempre, y fuera perece con brevedad. El ol-
mo, y el fresno, fon maderas floxas, participan igualmente de los elementos,

y fon

y son de vna misma calidad. El roble, y la encina, de su naturaleza son pesa-
das, que echadas en las aguas se van à lo hondo, es madera fuerte, y que su
conserva largo tiempo en el edificio; mas por su peso no conviene para los
edificios: mas cortada con la disposicion que luego tratarèmos, echados en
el agua, nada como la demas madera. El castaño es muy fuerte, y muy semejante al pino, y assi de èl se pueden hacer edificios, aunque diferencia en el peso, mas tambien ay pino tan pesado como el castaño. El nogàl es muy semejante à la haya, y se conserva mucho tiempo en el agua. De todos los arboles
dichos se pueden cubrir los edificios: mas en la eleccion de la madera, te remite siempre à la experiencia de la tierra, que no à todas tierras es vna regla
general. En què tiempo convengá cortar la madera, lo dice Vitrubio lib. 24
cap. 9. y es desde el principio del Otoño, hasta el principio de la Primavera: y
la causa porque en el restante tiempo, desde el principio de Primavera no sea
bueno cortarlas, es, porque empiezan à brotar, y la virtud que tienen repar-
tenla en hojas, y en fruto, y cortado en esse tiempo el arbol, como està repartida la virtud, viene el arbol à estar algo vano, y poco condensado: y al contrario, porque en Otoño, è Invierno, la virtud que comunica la tierra por
las raices, como no tiene à quien sustentar mas que el arbol, sin comunicar-
la à hoja, ni fruto, por esta causa viene à estar mas solido, y macizo. Harto
bien venia la similitud de vna muger preñada; mas no ay para que nos de-
tengamos en esso. El tiempo de Otoño, y Invierno, por si mismo causan al
arbol efectos de dureza, y de sanidad, que assi se experimenta en el cuerpo
humano, que el calor le ayuda à abrir los poros, por donde recibe las enfer-
medades, mas en el Invierno apretadas las carnes, està con mas fuerza, y salud. En el tiempo dicho se ha de escoger el menguante de la Luna, porque en
este tiempo està mas gastado el gruesso humor del arbol; y quanto menos
tiene, menos sujeto està à pudricion, que por no estàr cortados los arboles
con sazen, crian (estando nuevos) la carcoma que los consume; y assi en breve tiempo perecen ellos, y los edificios que sustentan. Dice Columela, que
se ha de cortar el arbol, desde el dia veinte, hasta el treinta de la Luna, Aba-
gecio dice, que se corte desde el dia quince, hasta el veinte y dos de la Luna,
mas por mejor tenga la opinion de Columela, aunque el vno, y otro cortan
en menguante: Y todos quantos Autores tratan de esta materia concuerdan, que
ha de ser menguante. Los Astrologos dicen, que se ha de esperar à que se en-
cubra la Luna con la tierra, porque con su influencia se mueven todas las
plantas, y lleva tras sì el humor: y assi, de fuerza ha de estar en los fines de las
raices, y entonces està el arbol de mas sazon para cortarle. Llevan muchos,
que es bueno cortar madera en el menguante de Agosto, y estos se fundan en
vna razon de Plinio, y à la verdad contradice à Vitrubio, ya, que no en todo,
en parte, y conviene cortarla en estotras Lunas, por ser mejores, à lo menos
en nuestra España: mas quando la necessidad lo pide, bien se puede cortar, y
mas si la tal menguante cae en Septiembre, segun de ordinario sucede, que
desde esse tiempo dice Vitrubio se empiece à cortar. La forma que se ha de
tener en cortarla, dice Vitrubio en el lugar citado, y concuerdan con èl todos los Autores, que señalado, el tiempo conveniente yà arriba dicho, en el
arbol que has de cortar hagas vn corte que llegue hasta la mitad del corazon,
y dexarlehas sin acabar de cortar, hasta que se seque; y es la causa, que por la
herida destila el mal humor, ò abundancia de èl, y quedarà mas incorruptible;
porque el arbol cortado de vna vez, aquella humedad que tiene le corrompe con mas brevedad. Ay similitud en vn animal, que si le deguellan, y destila
su sangre, se conserva mas la carne con buen olor; y si acaso le matan aho-
gandole, ò à golpe, sin que el humor, que es la sangre, la destile, sino que se la
queda en el cuerpo, con mucha brevedad se corrompe. No es de menos importancia el saber conservar la madera despues de cortado, que se acabarà

de cortar defpues de bien oreado, pues và mucho en faberlo confervar, y cafi como en el faberlo cortar, y affi importa, que defpues de cortado como
eftà dicho, que lo apiles, y que al punto que fe acaba de cortar lo quites la
corteza, y lo achees, fegun en la difpoficion en que lo has menefter, y lo pila-
da, ò piladas, procurarás que efte guardada de los ayres recios, aguas, y foles,
porque todas tres cofas fon perjudiciales, y la dañan. Lo que es verde no lo
confientas poner en tus obras, ni tampoco des lugar à que pueftas fe mojen,
y affi importa enmaderar en Verano, porque el agua que recibe, al tiempo
de enjugarfe, entre la humedad, y el calor, cria la carcoma, que confume la
madera. Nota, que affi como à los vivientes les dà enfermedad, les dà tambien à los arboles, y fe fecan, ò por algunos otros accidentes, y eftos tales fe-
cos no fon buenos para edificios, affi como no lo fon los animales, que de
enfermedad fe mueren, para fuftentarnos. La madera quiere fer difpuefta con
las circunftancias dichas, para que nueftros edificios fe conferven. Otras muchas maderas ay que dexo de referir, mas yà queda remitido à la experiencia
de la Region donde edificares; y affi de ella, y de lo que aqui avemos dicho
te valdràs en las ocafiones para el mayor acierto.

CAPITULO XLIII.

TRATA DE QUE SUERTE SE AYAN DE TRAZAR LAS
armaduras, y quantas diferencias ay de ellas.

LA diferencia de las armaduras fon tantas quantas el Artifice quifiere
vfar en fus edificios; porque como folo fe diferencian en mas, ò menos
baxas, por efta caufa pueden fer muchas. Comunmente nofotros vfamos de
dos, ò tres, mas yo harè demonftracion de ocho, declarando la forma de trazarlas, y de adonde toman los nombres. Y puefto que fe nombran las armaduras con nombres de cartabones, ferà bien dezir què fea cartabon, y de fu
principio, y fabrica. Tuvo principio de Pitagoras, fegun Vitrubio lib. 9. cap.
2. y es de adonde fe derivò la cuenta de la raiz quadrada, de que tratamos en
las difiniciones; en Geometria tiene figura de vn triangulo rectangulo, de
que tambien tratamos en el cap. 16. Es cartabon vna tablilla con la figura
dicha; firve para los cortès de las maderas, y aun para medidas, de que adelante trataremos. Su fabrica es fegun fe figue: Sobre la linea A. B. defcrive el
circulo A. S. B. y del punto donde
affentafte el compàs faca la perpendicular Y. S. que caufe angulos
rectos, como diximos en las difiniciones; tira la linea S. B. y avràs hecho el triangulo, ò cartabon, fegun
eftà dicho. Por fer cofa clara efte
inftrumento, no le pongo mas en
practica, aprovechandome de lo
dicho para las armaduras, pues à
todas las nombramos con nombres
de cartabones, empezando por car-

tabon de à quatro, cartabon de à feis, y fiete, &c. Nota, que al paffo que el cartabon es de menor numero, levanta mas la armadura; y al paffo
que tiene mas numero, es mas baxa la armadura. Ningun nombre ay en la
Arquitectura acafo; y affi eftos nombres no lo eftan fino muy de propofito;
y es la razon, que hecho vn circulo, fegun A. B. D. el cartabon de à quatro ha-

Vitrub.

llaràs que mide quatro vezes la circunferencia, y, el de à cinco la mide cinco vezes, y el de à seis, seis vezes, &c. pues para hazer el cartabon de à quatro, le harás como està dicho, y demuestra A. S. B. y si le miras, hallaràs medir quatro vezes la circunferencia. Sirve esta armadura para torrecillas que han de estàr emplomadas, ò aforradas con hojas de lata, de que adelante tratarèmos: y tambien se pueden tejar con tejas enclavadas, de que tambien trataremos. El cartabon de à cinco guarda en el trazarle esta orden: divide la linea Y. B. en tres partes iguales, y del punto M. que es la vna de las tres partes, tira la linea paralela con Y. S. despues tira las lineas N. A. N. B. y hallaràs que la linea N. B. mide cinco vezes la circunferencia al rededor, y que en el tocamiento que haze la N. A. en la Y. S. en el numero cinco, es lo que denota el cartabon de à cinco. Otros toman el ancho, que es como demuestra A. B. y hazen la cambija, y assentando el compàs en ella, miran lo que baxa la mitad de la linea A. B. es poca la diferencia, y es vna armadura muy buena para todo genero de tejados, porque las maderas trabajan poco; y assi destas vsaràs en tus obras. El cartabon de à seis, fabricaràs en vna de dos, ò reparte la linea A. B. en quatro partes, y de la vna tira la perpendicular P. Q. que està paralela con Y. S. y despues tira las lineas A. Q. Q. B. ò toma la distancia que ay del centro de la circunferencia, y assentado el compàs en el punto B. señala donde llega, que serà en el punto Q. y tirando las lineas A. Q. Q. B. saldrà tambien lo mismo; y si tomas la distancia de la Q. B. hallaràs que mide seis vezes la circunferencia, y en el tocamiento que haze la A. Q. con la Y. S. en el punto seis, es lo que levanta el cartabon de à seis: es tambien muy buena armadura, aunque mas baxa que la passada; mas en tierras que no nieva es segura, porque el peso de la nieve destruye las armaduras; con que tambien importa tener consideracion. El cartabon de à siete se traza tomando el largo, ò distancia de la linea P. Q. y assentando el compàs en el punto B. mira donde llega en la circunferencia, que serà en el punto X. y tirando la X. A. en el tocamiento que haze en la linea S. Y. en el punto siete es lo que levanta la armadura; y si lo pruebas, hallaràs que tomando la distancia B. X. mide siete vezes à la circunferencia, segun las demàs. Para sacar el cartabon de à ocho; divide la quarta del circulo B. S. en dos partes iguales en el punto O. y tirando la linea A. O. en el tocamiento que haze en la linea Y. S. en el punto ocho, es lo que levanta el cartabon, ò armadura de à ocho; y assi hallaràs, si tomas la distancia O. B. que mide ocho vezes la circunferencia. Para trazar la del cartabon, ò armadura de à nueve, mira la distancia que ay del punto X. al punto O. y otro tanto baxa del punto O. àzia el punto B. que serà en el punto L. y del tira la linea A. L. y en el tocamiento que haze en la S. Y. en el punto nueve, denota el cartabon, ò armadura de à nueve; y assi hallaràs, si tomas la distancia L. B. que mide nueve vezes à la circunferencia. El armadura, ò cartabon de à diez se traza tomando la distan-

cia

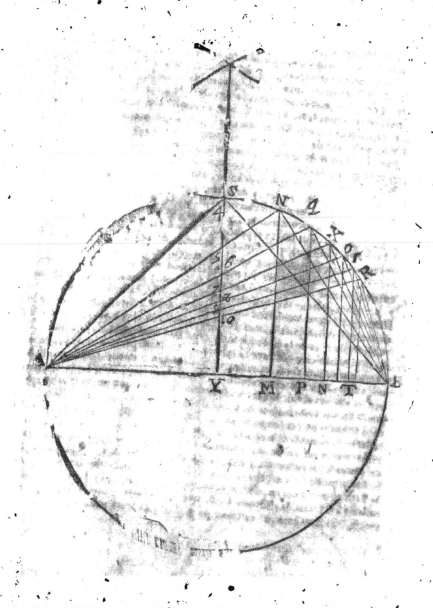

cia L. T. y affentando el compàs en el punto B. mira donde llega ; que es en el
punto R. y dèl tira la linea R. A. y en el tocamiento que haze en la linea Y. S.
en el num. 10. denota lo que levanta el armadura , ò cartabon de à diez ; y afsi
hallaràs ; que fi tomas la diftancia R, B. que mide diez vezes la circunferencias
y afsi haràs las femejantes.

M 2   Nota,

Nota, que si lo dicho se te hiziere dificultoso, será facil, con solo que conforme la armadura que quieres echar, vayas midiendo la circunferencia, hasta que halles justas tus medidas, y despues formarás el cartabon, ò armadura. Será muy facil tambien el trazarlas, sabiendo lo que cada armadura levanta. Para lo qual supongo que la linea A. B. tiene diez y ocho modulos, ò tamaños; despues destos levanta el cartabon de à cinco, seis y vn quarto; y el cartabon de à seis levanta cinco menos vn quarto; y el de à siete levanta quatro, y el de à ocho levanta tres y medio, y el de à nuebe, tres, y el de à diez, levanta dos y dos tercios. Assi, que repartiendo el hueco donde quieres hazer la armadura, en diez y ocho partes, dando al cartabon que quieres echar, la cantidad que queda dicha, le obrarás con facilidad, y perfeccion. Nota, que fuera de las armaduras dichas, ay otras que pertenecen à capiteles para torres; y porque adelante he de hacer diseño, por essa causa no le hago aqui, y el presente demuestra lo dicho, y lo bastante para qualesquiera armaduras. Si quieres acrecentar mas, puedes, formando entre las dichas, otras.

CAPITULO XLIV.

TRATA DE LOS CORTES DE LAS ARMADURAS, Y de su assiento, y fortificacion.

SABIDA la fabrica de los cartabones, y conocida por ella lo que levanta, resta el dàr à entender sus cortes, y de la forma que se han de fortificar, assi las armaduras, como de las que llevan los capiteles. Destos cartabones se hazen tres diferencias de armaduras. Vna es la que llamamos molinera, que comunmente es à vn agua, y de ordinario cargan en paredes, y en ellas vnas vezes en los mismos pares se haze el alero, otras no; supliendo à esto con algunos canecillos que buelan; y de vna suerte, y otra son muy buenas, y tienen diferentes cortes; porque bolando el mismo par en la armadura dicha, lleva el corte que demuestra B, y no bolando, lleva el que demuestra M. y esse le llamamos despatillado, y essotro embarbillado. En esta, y en las demàs armaduras, se han de echar tirantes, de que adelante trataremos. Otra diferencia de armadura es de pares, y sus cortes demuestra A. C. el corte A. demuestra el que el par tiene por la parte de abaxo, que llamamos patilla, y el corte que demuestra la C. es el que lleva por la parte de arriba, que ajusta con la hilera que llamamos, al madero que se echa por el cavallete. La patilla ha de tener en lo que baza de barbilla, no mas de la quarta parte de alto del gruesso del madero, para que estrive contra el estrivo, y esta quarta parte se ha de contar con el viage que el madero haze; demostrado con N. V. Acostumbrase de vn par à otro, quando el hueco de la armadura es grande, echarle de vno à otro vn madero que llamamos jabarcon, hazen à la armadura mas fuerte: hanse de echar sobre los dos tercios de los pares, como demuestra P. D. y en ellos mismos se señalan los cortes en el presente diseño. Estos, y los demàs pares, siempre que los quisieres trazar con perfeccion, buscarás vna pared llana, y en ella trazarás tu armadura, segun queda dicho, y haziendo vna plantilla, por ella hallarás tus cortes en los pares de vna, y otra parte; advirtiendo, que aunque mas los ajustes, tendràs que enmendar en la parte alta, y assi es bien que quede el par algo mas largo, para que cortandole segunda vez, le enmiendes, que es muy facil el no salir bien, no siendo assi, como la experiencia te lo irà enseñando. Nota, que en tus armaduras no consientas que el par trabaje de punta, ni de la parte alta del par, ni de la baxa, porque es falso, siempre el par ha de trabajar de pecho, que es mas seguro. Lo que sea punta, ò pecho en el par, no creo lo dudarà nadie, y por essa causa no lo demuestro. Las lineas tesas, y oyas, guardan entre sì diferente orden en quanto al cartabon, porque no guardaràn las lineas el cartabon de los pares, por lo que tiene demàs el diagonal lugar, y assiento de las lineas tesas, y oyas; y assi, donde vinieren se ha de guardar el alto que guarda el par, y lo demàs tienda la linea, segun pide el largo del diagonal. Siempre has de procurar, que los pares guarden en su assiento correspondencia vnos con otros, y que vayan à plomo.; porque de ir remados se sigue el quedar la armadura con peligro de huudirse. Lo mismo han de guardar las pendolas en las lineas tesas, ò oyas; que pendolas en las limas, es lo mismo que pares, y assi han de estàr vnas enfrente de otras. Procuraràs escusar quanto te fuere posible las limas oyas, que de ordinario se pudren por las canales maestras.

La tercer diferencia de armadura trae Vitrubio lib. 4. cap. 2. y es la mas antigua, llamada tixera: es armadura muy fuerte, y de poco empujo para el edificio. Esta en la parte baxa tiene su patilla con su barbilla, y en la parte alta se encaxa vna con otra con su empalma, como demuestra A. B. C. D. dexando las cabezas B. C. que es donde viene à encajar vn madero, que forma el cavallete. Estas tixeras se ponen à trechos sobre los tirantes, y de vnas à otras se echa tramo de madera, es obra fortissima bien clavada, y sin ningun empujo, y de esta sola trata Vitrubio en el lugar citado. Esto presupuesto, y entendido, para assentar la armadura, assentaràs à nivel vnos zoquetes, moderado espacio vno de otro de largo, del ancho de la tapia, hechas tres partes las dos, y tan gruessos como la madera que echares por soleras, que son los maderos que se assientan encima de los nudillos, ò zoquetes. Estas se assientan por la parte de adentro del edificio, dexandolas reconociendo adentro del vivo de la pared. Estas no alcançando se empalman vna con otra, procurando que cayga la empalma sobre nudillos. En todas las soleras de vna, y otra parte, se assientan los tirantes, ò vltimo suelo, en los quales se hacen las paredes fuertes, y resisten al empujo de la armadura. Si es para bobedillas, ò entablado, yà comunmente se sabe à que distancia vàn para este efecto: mas echando los tirantes solo à fin de que ayuden la armadura, por estar debaxo de alguna boveda, ò por querer que quede sin echar suelo, en tal caso iràn los tirantes vno de otro, con tal, que la fabrica no passe de treinta pies de ancho el tercio; y si passa desde treinta, hasta cinquenta, iràn vno de otro la sexta parte. Estos se han de clavar en las soleras muy bien, y han de ser tan largos, que bañen la dos paredes, no dexando que acaben de salir afuera, aunque antiguamente botaban fuera de la pared, y se sentaban espesos, como nosotros sentamos los suelos de bobedillas, y de sus cabezas tuvieron origen los triglifos, segun Vitrubio lib. 4. cap. 2. y llama este Autor *Vitrub.* à los tirantes, aseres, derivandose su nombre del fin à que se echaban en las obras, que era de asirlas, y travarlas; aunque tambien es propio el nombre de tirantes que nosotros vsamos; porque estos tiran los empujos adentro, que las armaduras hacen afuera. Assentados los tirantes, sucede ser necessario echar en la armadura quadrales, y aguilones, y de ellos trataremos quando trate de los chapiteles. Despues de los tirantes se assientan los estrivos, sobre los tirantes, guardando el vivo de la pared de la parte de adentro, haciendo en los tirantes vnas colas de milano, segun demuestra la A. y en los

M 3 mis-

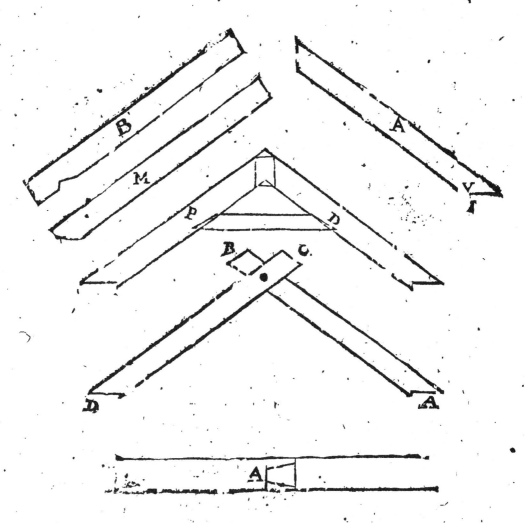

mifmos eftivos vnos con otros fe han de vnir con eftas empalmas, advirtiendo, que no fea muy honda la empalma, que fe hace para affentar fobre
el tirante, porque pueda recibir el par, eftrivando en el eftrivo la barbilla de él.
Sentados los eftivos fe han de clavar con buenas eftacas en los tirantes, y
quedando afsi la armadura, quedará con toda fortificacion. Sentadas las foleras, tirantes, y eftivos, fe figue el afsiento de los pares, ò tixeras, que antes
de hacer el afsiento de foleras, tirantes, y eftrivo, fe han de prevenir, y por
efta caufa hizimos diffeño de ellos antes de fu afsiento. Los gruessos de todas
eftas maderas, han de fer arbitrarias del Maeftro, advirtiendo, que importa
fea muy confiderado; y fi acafo algun Maeftro no tiene experiencia en efto,
ferà bien lo comunique con quien la tuviere, para que afsi acierte. Los cha-

piteles guardan lo mismo en quanto soleras, tirantes, y estrivos: solo se añaden los aguilones, y quadrales, de que yà hizimos mencion al principio deste capitulo. El quadral denota la A. y la B. el aguilon, y la parte mitma en que estàn; es su lugar en chapiteles, y en las demàs armaduras de Capillas mayores, ò caxas quadradas. En chapiteles se assentaràn los tirantes cruzados, segun demuestra N. M. B. D. repartidos desuerte, que en medio hagan vna caxa quadrada, donde se fixa el arbol en que se haze fuerte el chapitel, que denota X. Nota, que si hizieres el armadura en caxa quadrada, para algun texado que no sea chapitel, que has de assentar los tirantes con claros iguales, sin que dexes la caxa dicha; porque solo sirve para chapiteles, y tambien puedes assentar de suerte, que el cimborrio de la media naranja sobrepuje, y por quatro buardas que queden à las quatro aguas del armadura, reciba su luz la linterna, de que en su lugar trataremos. Los quadrales se assientan en el lugar yà dicho, empalmados en ellos los estrivos, segun la planta demuestra. Los aguilones se empalman en los quadrales à cola por la parte de abaxo, y han de ser quadrales, y aguilones, del gruesso de los quisantes. Los estrivos se assientan como en su lugar diximos.

Nota.

Mucho

S. S. Eſtrivos.   D. D. Soleras.
T. T. Tirantes.   G. G. Grueſſos de pared.
N. N. Nudillos.

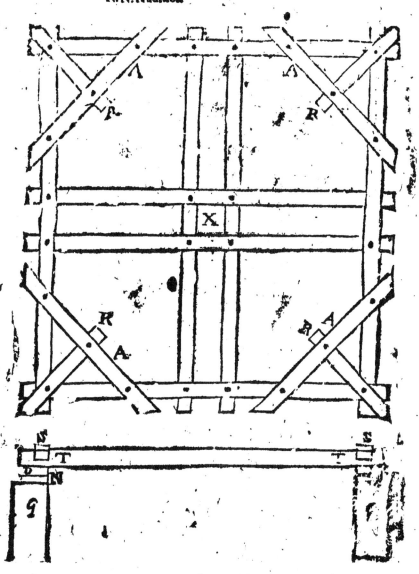

Mucha es la diferencia de chapiteles, yo ſolo harè diſeño de los preſentes, dexando al arbitrio del Artifice el crear de los demàs; porque de ſu
eleccion depende la muchedumbre mas importa que en ellos ſea muy conſiderado. Los chapiteles vnas vezes ſon quadrados, otras ochavados, y todos ſon ſeguros, y guardan vna miſma fortificacion, que conſiſte en la planta dèl, y tambien el acompañamiento que la obra le haze. El peligro del cha-
piteí

pitèl caufan los ayres violentos, pues ha fucedido arrancarle enteto, y yo sè
adonde fucediò ; mas remediaſe eſte peligro con abundancia de madera. No
excederà el chapitèl en alto mas que ancho, y medio de la torre, y el cumplimiento à dos anchos ha de tener la Cruz, y bola ; y eſto ſe entiende quando
lleva algun ornato como el preſente, que en caſo que aya de ir ſeguido, no
ha de levantar mas que vn ancho, y el exceder de aqui no lo tengo por ſeguro ; y es la cauſa, que el que lleva eſſa demonſtracion de cuerpo vltimo, los
pares de abaxo no vàn tan derechos, y hacen fuerte el arbol ; y ſi los pares lle-
gàran haſta arriba, con facilidad (eſtando tan derechos) los arrancàra el ayre:
Demàs de eſto, todas eſſas molduras que demueſtra es vn cuerpo macizo con
el arbol, y aſsi neceſſariamente le hacen firme. Y aunque en la parte alta los
pares vàn derechos, no importa, por hacerlos ſeguros los de abaxo. El armadura que ha de guardar haſta el cuello, es lo que le levanta la quadrada de
que yà tratamos en el cap. 43. deſpues cortaràs el largo del chapitèl, y haràs
los cortes que ſeñalan, deſpues haràs las molduras que ſe ſiguen, haciendolas mas crecidas de lo que ſegun Arquitectura ſe requiere, por lo que ſe diſminuye à la viſta. Todas ſus particularidades medidas vàn diſpueſtas por el pitipie ; y aſsi, por èl conoceràs qualquiera particularidad. Las guardas ſe echan
en el primer cuerpo, ſi es quadrado quatro, y ſi es ochavado ocho, haciendolas moderadas, porque por ellas no reciba daño el chapitèl, pues ſolo ſe echan
à fin de ornato, mas que no atendiendo à lo que la neceſsidad pide. Todo lo
que haſta aqui avemos tratado pertenece para obras de afuera, que ſon de
madera toſca ; y aunque toca à Carpinteros, tambien importa à los Artifices,
para la diſpoſicion de cubrir ſus edificios, y ſaber trazar ſus armaduras, y,
aunque ſean labradas, guardan entre ſi lo dicho, ſegun en los diſe-
ños queda demoſtrado. En la ſegunda parte tratò de mas
armaduras, y de mas abundancia de fortificacion.

CA-

CAPI-

CAPITULO XLV.

TRATA DE LA SVERTE QUE SE HAN DE
cubrir las armaduras.

CON algunas diferentes materias ſe cubren las armaduras, que ſirven para la madera, y conſervacion del edificio, y provecho de ſus habitadores. Vnos las cubren con plomo; otros con cobre; otros con hoja de lata, y
texas, y piedras, aſsi de pizarra, como de otras diferentes. Vitrubio dize lib.
1. cap. 1. que lo primero con que ſe empezò à cubrir las caſas, fuè con cañas; y eſto, aun oy dia dura en Eſpaña; pues ſabemos de Lugares, que las cubren con paja, y retama. Otros las cubrian con cortezas de arboles; y tambien lo vèmos, que ſe cubren con corchos en algunas partes. Cada vno, en
aquellos primeros tiempos, ſe valia de la induſtria, para remediar ſu neceſsidad, haſta que ella miſma, como inſigne Maeſtra, arbitrò la forma de la texa,
de que oy vſamos. Eſta, dizen algunos, que la inventò Grina, natural de Chi-
pre, hijo de vn Labrador; y otros, que la inventò Taſio: que ſean eſtos, ò otros,
và poco: ella fuè vna traza admirable, y dada como de tal Maeſtra. El dezir
de la ſuerte que ſe ha de hazer la texa, es eſcuſado, pues en todas partes la
ſaben hazer, y aſſentar; aunque con todoeſſo es bien que tratèmos dello: y en
primer lugar, ſiempre que pudieres eſcuſar en los texados canales maeſtras
(que es lo que diximos de limas oyas en el capitulo paſſado) lo has de hazer; porque ſon perjudiciales en vn edificio. Eſtas ſe eſcuſan con echar torrecillas, ò con frontiſpicios, de que adelante tratarèmos, ò con levantar mas
vna pieza, ò mirador, donde vinieren; y fuera de quitar las canales, hermoſean el edificio. La cauſa porque aconſejo eſcuſes las canales maeſtras, es
porque de ordinario ſe recogen en ellas las aguas de otras canales, y con ſu
abundancia haze rebentar la canal; y yà que no ſea eſto, por lo menos la humedad paſſa à la madera, y la corrompe, y pudre: y aſsi conocerás, que donde las ay, con mas preſteza perece la madera, que en otras partes del miſmo
texado; y la caſa que tiene canal maeſtra, ha meneſter continuo vn Maeſtro
que la repare; y eſto remito à la experiencia de cada vno: Mas donde no ſe
puede eſcuſar, ſe procure texa mas ancha, y grueſſa, y ſe vidrie, para que reſiſta el daño referido; y tambien es bueno echar dos canales juntas, porque
quepa mas agua. En algunos Autores he leído, que las texas ſe aſsienten con
cal, y con yeſo: y lo vno, y lo otro es muy dañoſo; porque la cal deſeca, y come la virtud de la madera, y en breve tiempo la pudre: y eſto me conſta de
experiencia; fuera de que apoya mi razon Vitrubio lib. 7. cap. 1. que en él
dize, que la cal pudre à la madera; y quando la experiencia no nos lo enſe-
ñàra, por ſer Texto deſte Autor, lo aviamos de ſeguir. Si ſe aſſentaſſe la canal con barro, y deſpues de encaſcotada, las cobijas ſe aſſentaſſen con cal, ſeria
ſeguro, fuerte, y provechoſo; porque no llega à la madera. Tampoco es ſeguro el aſſentar la texa con yeſo: y es la cauſa, que la texa de ſuyo es poro-
ſa, y aſsi recibe en ſi la humedad; y de la ſuerte que la recibe, la deſpide; y co-
municada al yeſo, le haze perder ſu fortaleza; pues à todos conſta, que eſtando el yeſo en humedo, en breve tiempo ſe convierte en tierra; y viene à ſer
de menos virtud que el barro; pues aunque el reciba la humedad, buelto à
enjugar, ſe queda en ſu principio, y fuerza, lo que no haze el yeſo. Tambien en tierras que yela es de menos virtud el yeſo, que el barro, en los texados; pues elado el yeſo, y deſelado, es lo miſmo que ſi ſe mojàra, bolviendoſe
tierra; y en el barro ſucede de la ſuerte dicha, pues ſe torna à ſu principio.

En

Vitrub.

Vitrub.

Enseñandonos la experiencia, que de la suerte que à vn tiro de artilleria resiste mas vna faca de lana, que vn muro; assi el barro à los tiros del yelo, y
de las aguas, resiste mas que el yesso. Tres diferencias ay de tejar, y todas tres
las iremos declarando. Vna es à texa vana, que es quando la teja, ò canal se assienta sobre barro, y los ñudillos que hacen entre vna, y otra canal, los en-
cascotan, y echan de barro, se assienta la cobija, dexando hueco lo demàs, y
assi lo harás siempre que se te ofreciere este tejado, que solo se vsa en casas
humildes, y pobres, y donde las armaduras son muy llanas: porque no tiene
tanto peso. La segunda diferencia es à lomo cerrado, y esto lo harás todo el
lomo, y quixado de barro, sentar encima la cobija; es mas segura esta forma
de tejar, que la passada, y mas provechosa; segura, porque el ayre no levanta
con tanta facilidad las tejas; como en la passada; provechosa, porque defiende mas del calor en su tiempo, y del frio: Demàs desto, quando se reparan
los tejados, ò tras tejan, no se quie[b]ra la teja con tanta facilidad. El modo de
assentar las tejas todos lo saben, y por esso no lo refiero. La tercera diferencia
es clavadas las tejas, que se hace quando se ofrece alguna armadura de à qua[r]-
tro, ò cartabon, de que trataremos en el cap. 43. porque en estas sino clavadas no se pueden tener, clavanse tan solamente en las canales, haciendo vn
barreno en la parte ancha de la canal, y despues se clava con vn clavo de fuerte, que assentando la segunda teja de encima, traslape, como se acostumbra
la de abaxo, y en el traslapo quede cubierto el clavo; y assi por su barreno
no entrarà ninguna agua. Entre canal, y canal encascotaràs segun lo passado;
y el lomo, ò roblon; assentaràs con cal, mojando las tejas para que assi quede
seguro: es tejado muy duradero, y que se conserva largo tiempo. Los que con
curiosidad quieren hacer vn tejado, assientan las cobijas con escantillon, ha-
ciendole, y dexando lo que ha de traslapar cada teja, y assentando la teja con
èl, viene el tejado à quedar derechas todas las cobijas. Echan otros cordel en
las cobijas, y canales, para que vayan derechas; mas basta que en la canal los
eches, procurando que tus tejados no vayan armados, sino à esquadria: porque fuera de parecer mal à la vista, son dañosos para las armaduras: porque
todas las cosas quieren tener su assiento à plomo. Y lo mismo se ha de guardar en los passes, y lo advertimos en el capitulo passado. De los cavalletes, ni
cortes de las canales, y cobijas en las canales maestras, no trato, por ser cosa notoria à todos, ni aun de los tejados queria tratar, mas sigo lo que al principio dixe. Demàs de lo dicho de cubrir las armaduras con tejas, hallamos que
Catulo hizo tejas de cobre, y las doró, y cubrió el Capitolio de Roma con
ellas. El Panteon estuvo cubierto de escamas de cobre doradas. Y Hono-
rio Sumo Pontifice (en tiempo que el maldito Mahoma instituyò Secta à
los Egipcios, y Africanos) cubrió el Templo de San Pedro de tablas de cobre. El Templo de Jerusalen afirman estar tejado cubiertos se tablas de
marmol, à cuya causa desde lo alto parecia monte nevado. En España
acostumbramos à cubrirlos con teja de Capuchina. Alemania resplande-
ce con tejas vidriadas. Demàs desto, es comun el cubrir las armaduras en
plomo, y hojas de lata, y vno, y otro en quanto [su]plir [lo que] guarda[n] vna misma orden, y de las dos lo que mas se conserva es el plomo; aunque tambien
tiene sus inconvenientes: porque el plomo si[en]do sobre piedra, està peligro de correrse; y se [o]rdinario si se ha de librar las piedras con vna lechada de
ceniza de cisco, [cu]briendo lo perdidiza[n]co. Los clavos de cobre clavos se encienden con la fuerza del Sol, y que los de yerro mas dañan al plomo con el mo[h]o:
y assi, en las cosas g[r]andes, procuraràs [ha]cer[se] del mismo plomo, petufos
per[n]os, con que se faxen las planchas, y dich[o]s clavos las assentares; sea de
suerte, que no sea cabeza, como luego advertiremos: porque con facilidad
siendo el Sol fuerte, se derrite, y aun cada suerte, que si vn vaso de plomo se

lena de agua, y eſtà al Sol, ſolo con vna piedrecilla que eches dentro, ſe derretirà. Haceſe tambien daño al plomo la inmundicia de las aves, y eſtiercal; y aſsi, en la parte que eſto ſe viene à juntar, o la parte que ſe viene à recoger, eſtè la materia de plomo, y lechada mas eſpeſa. Del Templo de Salomon

Eufebio. dice Euſebio, que tiraron cadenas de vna parte à otra, y que de ellas colgaron los vaſos de cobre, y con ſu ruido ſe ahuyentaban las aves; accion propia de limpieza. Eſto es, para en quanto aſsienta ſobre piedra, aunque por eſta tierra no aprieta tanto el Sol: fuera de que ſobre madera no es tanto el peligro. La hoja de lata no es tan peſada, mas no dura tanto, aunque ſe conſerva largo tiempo. Eſta de ordinario ſe aſsienta ſobre madera, y el plomo, y todo. Mas es de advertir, que en ſaberlo clavar và mucho; porque por los agujeros de los clavos deſtila el agua, y pudre la madera; y aſsi, para remediar eſte daño, empezaràs à clavar la hoja de lata, ò plomo, por la parte de abaxo, doblando vn dedo la hoja àcia la parte de adentro, y clavando por la parte doblada los clavos: ſobre las miſmas cabezas ſe ha de bolver la hoja; y de la parte de arriba ſe ha de doblar lo miſmo, quedando la hoja ſegun demueſtra A. B. que la A. denota la parte baxa, y aſsiento de la primera hoja, y la B. la parte alta, y la hoja que ſucede encaxa en ſu doble, y clava à las dos juntas, y aſsi vàn ſucediendo haſta que ſe remata, y de la ſuerte que eſtàn eſtos dobles, han de eſtar los de los lados en la miſma hoja, haſta que dè buelta à toda la armadura; y rematado vendràn à quedar de arriba abaxo, de ſuerte, que caygan las aguas de vnas en otras, como ſi fueran tejas, y aſsi quedaràn las maderas ſeguras, y el emplomado, ò enlatado mas fuerte, y es muy poco el aumento de gaſto, y mucha la perpetuidad, y curioſidad; pues no ſe verà clavo ninguno.

Nota. Nota, que en los chapiteles has de dexar vnos garfios, ò garavatos de yerro, para que à ti te ſirvan de andamios; y ſi ſucediere en tiempo advenidero, ſer neceſſario aderezar algo, deſde ellos ſe hace con facilidad. Cubrenſe tambien las armaduras con pizarra, dexandolas vnas veces en forma de eſcamado, y otras almohadillado. Mas ſobre la madera no ſe ha de aſſentar con cal, ſino clavarlas; y quando aya de ſer con cal, ſea con mucha conſideracion, y reparandola con yeſſo, mezclando lo vno, y lo otro, de ſuerte que no le ofenda. Su traslapo, y grueſſo, ſea moderado: en partes ſerà neceſſario el clavarlas, y en partes no; mas donde lo fuere, ſe procure, que la cabeza no ſalga fuera, porque tiene el inconveniente que el plomo. Los clavos la grandeza que han de tener, diſpondrà el Maeſtro, ſegun la parte en que ſe han de aſſentar. En la Segunda Parte trato de la medida de la pizarra ſobre cupulas, en el capitulo 54. por calculo, y por aproximacion.

CAPITULO XLVI.

TRATA DE LOS JAHARROS, Y BLANQUEOS, Y DE què materia ſe hacen.

EL jaharro es con que ſe enluce, ò adornan todos los edificios por la parte que ſe han de habitar, dexandolos no ſolo viſtoſos por igual los telos, y oyos, ſino tambien, fortifica la fabrica. La materia de que ſe hace es de cal, y de yeſſo, y de la cal tratamos en el capitulo 25. El yeſſo es en vna de tres formas, que es moreno, ò negro, color que ſe cauſa el participar de tierra gredoſa, y eſto ſe llama en algunas partes de Eſpaña ſapero: otro yeſſo, es mas condenſado, y lleno de vetas, que llamamos comunmente yeſſo de eſpejuelo: otro yeſſo ay blanquiſsimo, que es de piedra blanca de ſuyo, y muy condenſada, y junto à Aſmiño ſe halla deſte yeſo: Mas en Valdemoro, y en Añover, y en Colmenar de Oreja, y en tierra de Madrid, y en otras muchas partes ay abundancia de vno, y de otro. En quanto al gaſtarlo, es muy ſemejante; y no ay para que detenernos en el modo, pues nadie lo ignora. Deſtos materiales de cal, y yeſo ſe hazen tres diferencias de jaharros, ò enluzidos; vno es con yeſo; otro con cal; otro con cal, y yaſo, que comunmente ſirve eſte poſtrero para partes humedas, y es muy ſeguro. De todos tres tengo experiencia, y ſon muy buenos. El que primero ſe vsò fuè la cal. Como ſe aya de mezclar, y què arena convenga, tratamos en el cap. 20. Solo ay que advertir, que para harrar ha de llevar menos arena, y ha de repoſar mas tiempo la mezcla, para que ſea mas ſegura. En toda parte que ſe aya de harrar, ſe han de echar maeſtras de quatro à quatro pies de vna à otra, con yeſo; y ſino lo huviere, podràs fixar reglas à trechos, y harrarlo, quitarlas. Si el jaharro que ſe hiciere fuera en Templo, procuraràs, que las maeſtras reconozcan adentro, de ſuerte, que tambien reſiſta al empujo de las bobedas. Siendo el trecho largo, hechando maeſtras à vno. y otro extremo dellas, echaràs tientos con vn cordel, para que aſsi quede derecho. De la ſuerte que ſe aya de harrar, eſtando amaeſtrado, dice Vitrubio lib. 7. cap. 3. y es, que lleve tres coſtras, que comunmente llamamos manos. Importa; porque dando el cuerpo que cabe de cal de vna vez, ſe hiende, por cauſa, que la cal es poco tecante: mas ſucediendo vna mano à otra, vàſe embebiendo, y viene à quedar ſin hendedura; y demàs deſto, haziendolo de tres vezes, queda mas macizo, que de vna vez. La mano primera, ſeria bien fueſe la cal, ò mezcla algo mas aſpera, que la ſegunda; y la ſegunda, mas que la tercera. El grueſo que ha de tener cada coſtra, ò mano, dice Vitrubio en el lugar citado, que ſea de vn cuero: mas en eſto haràs ſegun la neceſsidad pide. Si eſtos jaharros hizieres ſobre tapias de tierra, deſpues de bien picadas, de la miſma mezcla haràs lechada, y con ella las regaràs, porque aſsi ſe vne mejor. Y ſi fuere ſobre ladrillo, ò piedra, baſta el quitarla el polvo, ò regarla con qualquiera agua, y con eſto la encaladura no harà vexigas. Enzima del jaharro de cal, podràs rematarlo con yeſo negro, ò blanco, que qualquiera deſtos materiales recibe. Si la obra que harrares eſtuviere freſca, es mejor, para que enjuta, ſea todo vn cuerpo. Puede ſer dàr la poſtrer mano de cal, por faltar yeſo, ò por impedirlo la humedad: en tal caſo, mezclarla has con piedra molida de alabaſtro, dos partes de cal, y de alabaſtro vna, ò de piedra molida, que ſuele aver en las canteras; ò con cal ſola, aviendola tenido en agua mucho tiempo, por lo menos dos, ò tres meſes. La experiencia, para conocer ſi eſtà buena, nos dize Vitrubio lib. 7. cap. 2. y es, que con vna azuela la recortes; y ſi la azuela ſe mellare, es ſeñal, que eſtàn por deshazer las pedrezuelas; y ſino ſe le pegare nada, es ſeñal eſtà falta de agua; y ſi ſe le pegare la cal, y no ſe mellare, y eſtuviere pegajoſa, eſtarà buena.

Vitrub.

Vitrub.

Nota, que eſtas propiedades ha de tener la cal para el revoco. Pueſta la cal en eſte punto, daràs la poſtrera mano algo delgada: y porque quede terſa, y reſplandeciente, la iràs bruñendo con vna piedra igual, haſta que ſe enjugue, y aſsi quedarà viſtoſo, y ſeguro: y ſi quiſieres que quede mas reſplandeciente, como ſi fuera pulimiento en marmol, toma vn poco de almaſtiga, y vn poco de cera, y azeyte, y derritelo todo junto, y con ello baña la pared; y para que con brevedad ſe enjugue, mete fuego de carbon; y enjuto, quedarà muy ſemejante al marmol. Los ſuelos holladeros ſe pueden hazer de cal tambien, echando primero vn hormigon, ò nogada, con piedras muy menudas, piſado à piſon, y enzima echar el jaharro, ſemejante al dicho. Los cielos raſos, te aconſejo no los hagas en tus obras; porque no los tengo por ſeguros. Apoya mi parecer Vitrubio en el libro ſeptimo, capitulo tercero: fuera de que la miſma experiencia nos lo enſeña. Eſtos pavimentos han de ſer de bobe-

Nota.

Vitrub.

bobedas, de que adelante tratarèmos, ò de madera con fus bobedillas, ò en tablado, de que yà tratamos en el cap. 48. Y tambien fe puede hazer pavimiento rafo de piedra, como le tiene la infigne obra del Efcorial debaxo del Coro; y es de confiderar en tanta anchura tanta llaneza, pues eftà à nivel: hazefe efte fuerte en fus cortes, de que adelante tratarèmos, y en las paredes, pues han menefter tener de grueffo todas quatro la tercera parte de fu ancho, de que yà tratamos en el cap. 20. La caufa porque los cielos rafos no los tengo por feguros, es, que eftando la cal pendiente, ò yefo, eftà violentado, y fu natural pefo lo inclina al fuelo, ò centro de fu defcanfo, y puede al caer fuceder vna, y muchas defgracias. Eftos cielos vnas vezes fe hazen fobre zarzos de caña, otras entomizando la madera, mas yo no lo quiero para mis obras, hagalo quien lo quifiere en las fuyas. Demàs de lo dicho, fe haze de cal eftuco, que es propiamente vna compoficion de labores relevadas. La obra eftucada fe haze de ordinario en falas, para entretenimiento de la vifta, hermofeando por fi el edificio, aunque yà fe acoftumbran muy poco. Los Meros lo acoftumbraron mucho. Hazefe de cal, la qual fe prepara como eftà dicho. Para la poftrera coftra, ò mano, fon varias las labores que en la eftuqueria fe hazen, por hazer vnas vezes cabezas de animales, otras de brutefco, otras coronas, y vafos de panales, y todo fe talla primero en madera, y defpues fe và vaciando, y recortando, con que viene à quedar viftofo, y afsi lo conocemos oy en los edificios antiguos. Diximos, que de cal, y de yefo fe harrava, tambien efto lo haràs en lienzos que reciben agua, y eftàn en humedo, mezclando dos partes de yefo à vna de cal. Efto ha de fer para la poftrera mano, aunque mejor es, fi todo puede fer de cal. Diximos, que el jaharro con cal, y yefo, todo es vno, y afsi no avia para que nos detener en efto. Tambien queda advertido, quantas diferencias ay de yefo. En la forma del cocerlo và mucho en la experiencia; porque no todos los yefos han menefter vn mifmo fuego, aunque he hallado Autores que feñalan el tiempo que ha de arder; mas no es cierta fu dotrina, fino en la parte que efcrivieron; porque al paffo que el yefo es mas duro, y apretado, ha menefter mas fuego, y el yefo es de propiedad que fi fe le dà mas fuego del que ha menefter, viene à no fer tan tenaz, ni apretar tanto, y afsi me remito à la experiencia de los naturales, como en los demàs materiales he dicho. Solo advierto, que el yefo no fe detenga defpues de cocido, fino lo menos que pudieres, efpecialmente en tiempos de frios, que aun dà mas lugar en el Verano; y dilatado en el gaftar, fe convierte en tierra; afsi, que fe gafte luego, y fe procure tener amontonado en la mayor cantidad que fer pudiere, que afsi fe conferva mas tiempo. Hazefe otro yefo de lo mifmo que de los edificios fe quita, tornandolo à recocer, que en el Reyno de Aragon llaman vizcocho; y efto quantas mas vezes fe recuece, tanto es mejor, mas no en todas las tierras es vna mifma conveniencia; porque yo hize la experiencia en Madrid, tierra donde aprendì efta facultad, y no tenia la fuerza que lo demàs. Es nocivo, y dañofo à todo yefo cocido, la humedad, y agua vientos: mas es importantifsimo para edificios defendidos dello; porque no folo fortifica con fu fortaleza el edificio, fino que dà lugar para hermofearle, y obrando con èl retablos como fi fueran de madera: fuera defto es prefto, y aligera las fabricas, afsi de gaftos, como de pefo bien obrado, y fin malicia, es perpetuo; tengo por felicifsima la tierra que alcanza efte material: pueden hazerfe lienzos de pared grueffos, y delgados, y fon fortifsimos, y fe pueden cargar brevemente, y hazer bobedas de quantas maneras ay en el Arte. Solo tiene vn inconveniente, y es, que no fe pueden hazer cimientos dèl, mas todo lo demàs fi: tambien mas tratable que la cal, pues no ofende las manos como ella; y para dezir de vna vez fus propiedades, me perfuado à que Dios le crió para ornato de fus Templos, en quanto materia para hermofearlo proxima a ellos. Tambien advier-

vierto , que fi de yeffo fe hizieren lienzos de pared , que fi es muy fuerte, fu
mifma fortaleza la torcerà: y afsi el Maeftro lo puede templar con tierra , dif-
minuyendola , para que alli fe conferve derecho. Hafe de machacar el yeffo
con palancas de madera , que lo demàs no es tan provechofo. Difpuefto el
yeffo , fe harra con él , como fi fuèra cal : folo fe diferencia en que no ha menefter las tres coftras que dice Vitrubio , fino de vna vez fe puede ir llenando el caxon ; y fi fuere en Templo , y defeas dexarla mas igual , no la dès de
llana , fino con la mifma regla que harras , llenaràs los oyuelos , y en los que
quedaren haràn provecho al yeffo blanco , y fino , podràs darlo de llana , y
rafparlo , para que en lo afpero agarre , y quede mas perpetua. Si harrares
fobre tapias de tierra ; defpues de bien picada la tapia , harás lechada de tanta
tierra , como yeffo , y regaràslas con ella , para que fe incorpore mejor , y defpues con tierra , y yeffo la darás de mano ; porque fi es yeffo folo , falta , y fe
avexiga ; porque no fe vne bien el yeffo , ni con tierra , ni con madera : y afsi , à
las tapias harás la diligencia dicha , y à la madera picarás muy bien ; y clavando clavos à trechos , la enredaràs con tomiza : y porque los clavos no muef-
tren el orin fobre el yeffo , vntaràs lo que de ellos fe viere con ajos : y afsi lo
darás de mano con yeffo puro , y quedará vnido lo mas que fer puede. Y fi
fobre alguna pared ahumada huvieres de harrar , porque no falga la mancha
del humo , que es propiedad del yeffo no confentir manchas debaxo de sì , para
impedirlo toma vn poco de almagre , y de vinagre fuerte , y con ello lo laba-
ràs , y afsi no faldrà fuera. Y fi fobre mancha de azeyte huvieres de harrar,
eftriega la mancha con ajos , y labala con vinagre fuerte , y tampoco faldrà:
todo lo qual tengo experimentado fer afsi. Si fobre ladrillo , ò piedra harrares , mejor es hacerlo con yeffo folo , que con yeffo , y tierra. Aviendo de blan-
quear con yeffo blanco , que es el tercer yeffo que diximos , defpues de cocido , à las piedras fe les rae el humo , dexandolo muy blanco , y defpues fe ma-
chaca , y cierne con cedazo: Tiendefe como el yeffo negro , delgado , quanto
no defcubra manchas; y afsi como fe và tendiendo , fe và labando , y queda
tan igual , que encima fe pintan Pinturas al frefco. No confientas que fe hagan lechadas del yeffo , porque con facilidad fe quita. Las bobedillas , de que
hizimos mencion en efte capitulo , fe forjan fobre galapagos , dando en ellos
la buelta que quifieres : y quando en las bobedillas te pidieren hagas labores,
haciendolas en los mifmos galapagos , quedaràn vaciadas. Conviene , que el
yeffo no fobrepuje , ò la bobedilla , del fuelo holladèro ; porque el pefo que ha
de caufar el enrafar las coronas , no fea dañofo : y afsi el galapago , ò cimbra,
fobre que fe hizieren , tendrà la buelta ajuftada con fu alto. Lo demàs que
pertenece à harros , como es revocos , y falfeos , creo que nadie los ignora ; y
afsi no me detendrè mas , por llamarme aprifa las bobedas , de que irèmos tratando , con el favor de Dios.

CAPITULO XLVII.

TRATA DE LOS NOMBRES DE LAS BOBEDAS , Y DE
donde fe derivaron.

LOS nombres de las bobedas fon tantos , quantos fon fus diferencias. Algunos difieren en fus nombres , aunque no en fu efecto. Pueden fer tantas las bobedas , quantas las areas ; pueden fer de Templos , y cafas : Mas aunque tantas , reducirèmoslas à cinco , por eftos nombres. El primero llamamos vn cañon de bobeda , que pertenece à cuerpos de Iglefias , y à falas largas , guardando en fu buelta medio punto. La fegunda es media naranja , per-
tenè-

tenese à Templos, y plantas, sobre figuras redondas, y ella por sì lo es. La tercera Capilla se llama baida : plantase sobre plantas quadradas. La quarta se llama Capilla esquilfada : tiene su planta como la passada, y tambien la quinta, à quien llamamos Capilla por arista; y de estas cinco se originan las demas. Otros las llaman con otros nombres, Leon Bautista llama en su lib.

Lib Bautista.

3. cap. 14, à la media naranja, recta esferica; y à las bobedas esquilfada, y por arista, y Capilla baida, las llama esmeras, haciendo vn nombre generico à todas tres, y à las demàs que de ellas se derivan, y à la media naranja que fuere abierta, como la Rotunda de Roma, la llama fornix. Otros nombres ay, que

Crio.

dexo de referir. A todas se les dà vn nombre comun de bobeda, à imitacion de los Cielos, que su figura es en bobeda; y asi Crio Poeta llama à los Cielos bobedas grandissimas: y en este nombre de bobeda concuerdan todos, aunque pocas demostraciones he visto de ellas impressas. Es fabrica de suyo muy fuerte, siendo bien entendida del Artifice; porque todos sus lineamentos vàn à parar à su centro, que es donde hacen su empujo. Hermosea mucho vn edificio; y teniendo resistencia su empujo, de que tratamos en el cap. 20. durarà lo mismo que èl. Hacense en las bobedas, en vna, y otra lunetas, tanto para hermosear la bobeda, como para fortalecerla; y de su fabrica, y demostracion, tratarèmos despues de todas las bobedas, por no confundir con muchos cortes à las mismas bobedas, ni à quien se quisiere aprovechar, pues lo muy ofuscado es menos inteligible. De tres materias se hacen bobedas, que es de yesso tabicado, y de rosca de ladrillo. De estas dos no harèmos demostracion, y de la tercera sì, que es de canteria. Si deseas aprovechar, y experimentar este mi escrito, haz cortes de yesso, y por ellos conoceràs ser cierto, y concordar lo practico con lo especulativo: todo lo qual experimentè por mis manos antes de escrivirlo, siendo este mi exercicio, como en otras ocasiones he dicho.

CAPITULO XLVIII.

TRATA DEL PRIMER GENERO DE BOBEDA, QUE es vn cañon seguido, y de las dificultades que acerca de èl se pueden ofrecer.

ENtre todas las bobedas la mas facil, y dificultosa es la de vn cañon seguido. Facil, porque siendo el cañon en parte derecha, como lo es el de vn cuerpo de Iglesia, ò sala, es muy facil de obrar; y siendo el cañon obliquo, ò circular, es dificultoso, mas que otra ninguna bobeda. De vno, y otro hemos de ir tratando. Y empezando de lo mas facil, que es bobedas tabicadas en vn cañon derecho, sabido su assiento, y nivèl, procuraràs, que todas tres bobedas lleven la buelta de medio punto; porque es la mas firme, y vistosa buelta, y de menos pèso, de que tratamos en el cap. 38. Y aviendo de ser rebaxada, seguiràs la regla que en el lugar citado dimos; y segun su buelta, en vna parte llana, haràs las cerchas de tablas, por lo menos de dos de ellas, para que à trechos la vayas tabicando, y vn trecho cerrado, empezarás otro, llevando travadas las hiladas, como si fuera sillerìa, cada hilada de ladrillo, de vna parte à otra: aunque tambien puedes echar la hilada segun và la buelta; y esto se puede hacer con sola vna cercha: mas por mejor tengo la que se tabica por el assiento de vna parte à otra; y assi como vayas tabicando, la iràs doblando, y macizando las embecaduras, hasta el primer tercio; y esto ha de ser en todas las bobedas, echando sus languetas à trechos, que levantan el otro tercio, para que assi reciban todo el empujo, ò peso de la bobeda. De las lu-

netas trataremos en su lugar. Las cerchas harás de fuerte, que queden en dos
medias; para que con facilidad las asientes, y quites. Siendo la bobeda de
rosca de ladrillo, requiere cimbras mas fuertes, y las asentarás à trechos, y
las otras eras de tablas, de fuerte, que cor de toda la montea igual, y encima
las sentando la rosca, de la suerte que si fuera vn arco, guardando la esquadria. Estas bobedas de ordinario se labran con cal. Si debaxo de tierra hicieres
alguna bobeda, podràs hacer la cimbra sobre la misma tierra, con vna cercha
de la misma montea que quieres que quede; y vaciada la tierra, quedarà tan
perfecta como la quieda, echando el macizo en las embecaduras, ò enfaxado
con las lenguetas. Siendo esta misma bobeda de canteria, sentadas las cimbras,
repartiràs las dobelas, que sean en numero nones, para que sus travazones sean
iguales, como que demuestra en la bobeda A. B. C. repartida harás la regla cercha A. N. O. y con ella labrarás las bobedas por la superficie concaba A.
N. y el lecho, y sobrelecho, denota N. O. y las juntas sacarás à esquadria,
de suerte, que à la vista esten perpendiculares, trazando vna con
otra, y de esta suerte quedaràn todas las bobedas bien ajustadas, y la bobeda perfecta, segun el diseño
lo demuestra.

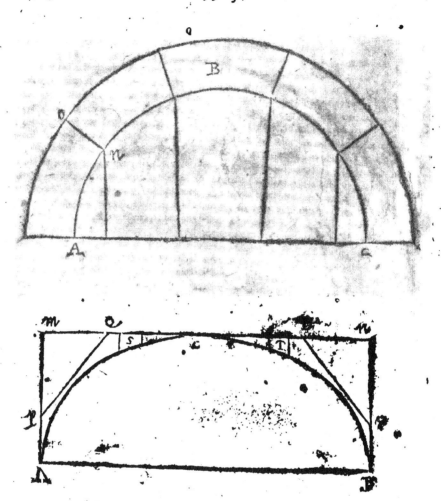

Y de la suerte que queda dicho, que se macize, y eche lenguetas en las
passadas, se ha de hacer en esta. El gruesso que aya de tener dexò à la eleccion del Artifice, que en todo debe ser muy considerado. Si la bobeda de
canteria fuere rebaxada, ò levantada de punto, bueltas de que tratamos en
el cap. 38. serà necessario hacer para cada dobela regla cercha, para que acudan bien los lechos, y sobrelechos. Demàs de lo dicho se puede ofrecer en
algun salon hacer alguna bobeda rebaxada, y esta vnas veces se hace encamonada, haciendo camones de madera, que son vnos pedazos de viguetas, ò
tablones, y fixanse en el assiento de la bobeda, y rematan en el vn tercio de
su lado, y de vnos à otros se tabican, y queda la bobeda con menos peso: y
por el exemplo precedente lo entenderàs mejor, aunque no es la misma traza. Supongo, que en el hueco A. B. quieres hacer la bobeda rebaxada A. C. B.
y que es su suelo de madera M. N. clava en el suelo de parte à parte dos ris-
tieles con buenos clavos en el lugar que demuestra S. T. despues à cada madero echa las zancas, ò tornapuntas P. Q. L. V. y desde el assiento de la bobeda

bóueda A.B. vé tabicando de sencillo hasta los ristreles, y lo que ay de vno à
otro ristrel, entre madero, y madero, passarás el tabicado de boueda; y lo demás del suelo entomizado, harrarás segun queda dicho en el cap. 46. y quedará como el disseño lo demuestra.

Es boueda segura, y de poco peso, por ser tabicada de sencillo; y yo la
tengo hecha de 40. pies de largo, y 18. de ancho, con solos tres pies de buelta. Si fuere encamonada, sentarás los camones en el lugar que están las zancas, ò cornabuessas, con la parte de buelta que les toca. Puede ofrecerse auer
de hacer vna boueda circular, al rededor de vn Claustro redondo, como
la tiene la Alhambra de Granada, fabrica que empezò la Magestad del Emperador Carlos Quinto, que es vna obra dificultosissima, y de grande ingenio; esta se sustenta sobre colunas bien dispuestas: mas el empujo de toda
ella es resistido de sì misma; porque sabida cosa es, que todo genero de buelta hace su empujo contra su centro; y como el assiento de ella es redondo,
de qualquiera parte que empuja, la opuesta la resiste, como se conocerà mejor por el disseño. Y allí supongo, que la circunferencia A.B.C. es coluna del
Patio, ò Claustro, cuyo centro es N. el qual tiene 50. pies de diametro; y la
circunferencia D.E.F. es la que forma el Claustro, ò passeo, ò Portal, que denota lo que ay de B.T. Pues para auer de hacer en este espacio boueda, con
sus cortes, lo daré à entender, demostrandolos desde A. à B. porque las circunferencias B, S-T, A, O, L. son monteas, que tienen en sì el cañon: y assi,
haciendo vna regla cercha, como demuestra B. V. X. acudiràn todos sus cortes iguales, para en quanto lechos, y sobrelechos: Mas para la parte curba, que
toca à cada dobela, por ser opuestas vnas à otras, necessita cada hilada de dos cerchas, vna en la tirautèz del primer lecho, que denota R. M. y otra en el sobrelecho G. H. siruiendo esta para la segunda dobela; y assi iràs obrando las demàs.
Advirtiendo, que estas cerchas siruen para hasta llegar à la clave O.S. que en el
otro lado del mismo cañon se han de hacer reglas cerchas para cada hilada, segun
demuestra N.M.P.N. y assi cerrarás igual todo el cañon. Puedes hacer esta bobeda cargando sobre vna coluna, ò pilastra, que esté de medio à medio de su planta; y en particular es prouechosa para Templos, que han de ser anchurosos, y no
muy altos, aunque sean de figuras pentagonales, sexavadas, ù ochavadas, que
con lo dicho de los cortes, entenderàs lo demàs, y quedarà la boueda
redonda, segun el disseño lo de-
muestra.

Nota.

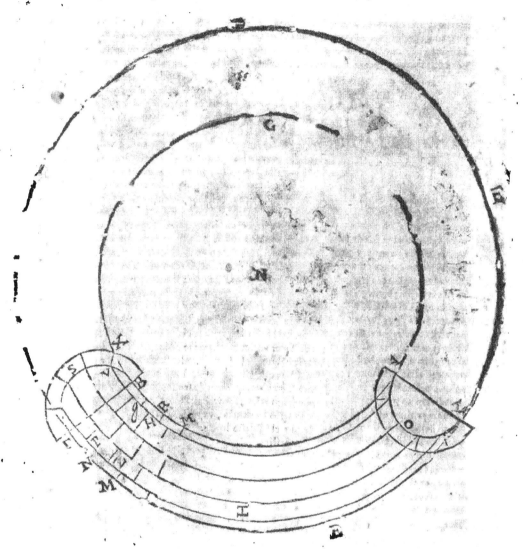

Nota , que las dobelas , quanto mas se van apartando del centro , son maa
yores ; porque sus juntas se han de sacar del centro , como en lo demonsa
trado se conoce. Tambien es de notar , que las dobelas de la parte exterior
tienen concaba su cercha ; y las de la parte interior , que son las mas conjun-
tas al centro , la tienen convexa ; y sacando todas las dobelas segun está dicho , quedará vna bobede fortissima , vistosa , y lucida. Tambien se puede hacer esta bobrda tabicada de yesso , y de citara de ladrillo , aunque con sus
dificultades. Si fuere de rosca de ladrillo , sentadas las cimbras , y formada la
bobeda de tablas , iràs sentando hiladas , segun que la misma cimbra lo pida:
y aviendo de ser tabicada , sentaràs cerchos à trechos , y del centro iràs governando las hiladas , y assi saldrà con toda perfeccion. Aunque sea esta bobeda de la materia que fuere , se han de sacar las embocaduras , y lengueras,
S

segun queda dicho en el principio; y siendo la planta quadrada en lo exterior, y en lo interior redonda, los quatro angulos que quedan los ocuparàs con escale-ras, secretas, ò con piezas serviciales, para que assi se aproveche todo, de que yà tratamos en el cap. 18. recogiendo los angulos que viene à retener todo el angulo: y assi quedaràn aprovechados, y no desluciràn la fabrica. Otros caño-nes ay de bobedas: mas con los dichos ay luz suficiente.

CAPITULO XLIX.

TRATA DE LA DISPOSICION, Y ORDEN DE HACER la media naranja.

EL assiento, y fundamento de la media naranja, es las pechinas, de que trata-mos en el cap. 41. y toda parte redonda lo es tambien; porque como su arca es esferica, y redonda, por essa causa es necessario que su assiento lo sea, aunque tambien se puede hacer en el suelo, como comunmente se hace vn hor-no. La media naranja se puede ofrecer hacer en vna de tres formas, que son, ò medio punto, que es media circunferencia perfecta, ò rebaxada, ò prolongada. De todas tres irèmos tratando, haciendo demostracion de la vna, para que con su luz la puedas recibir de las demàs: Y aviendo de ser tabicada de yesso, y dando lugar el edificio à que sea de medio punto, se le daràs, pues es buelta mas perfecta, que las demàs (como en su lugar diximos.) Siendo tabicada, no necessita de cimbra ninguna; y assi, en el centro del anillo, à nivel del assien-to de la media naranja, fixa vn renglon, con vn muelle, que ande al rededor; y el renglon assi fixo, ha de servir de punto, ò cintrel para labrar la media naranja, teniendo al fin del punto vna empalma del gruesso del ladrillo, para que en ella misma descanse cada ladrillo assentado, en el interin que otro assientas; y ha-ciendo assi en todas las hiladas, acabaràs la media naranja con toda perfeccion. Si fuere prolongada, la labraràs con dos puntos, semejantes al dicho; y el as-siento dellos ha de ser de tal suerte, que el prolongo quede entre vno, y otros, y tabicaràs con cada vno la parte que le toca de su media circunferencia, y lo demàs con vn cordel, que tenga por centro la mitad del prolongo. Si la media naranja fuere rebaxada; y tabicada, repartiràs las hiladas que en toda ella te caben por el pitipie: y repartidas, ò conocidas, miraràs lo que quieres reba-xar; y repartirlohas en otras tantas partes, quantas fueren las hiladas, y seña-larlashas en el punto, ò renglon, y à cada hilada la iràs cortando la parte que le toca, y llegando à cerrar, hallaràs aver rebaxado la bobeda la parte que que-rias. Y si acaso huvieres de rebaxar la bobeda, y fuere prolongada, señalando el rebaxo con los dos puntos, ò renglones, y cortando à los dos à cada hilada la parte que le toca, saldrà como en la passada: y assi haràs las semejantes. Si la media naranje huviere de ser de rosca de ladrillo, assentaràs cerchones à trechos, para que el peso le resistan con la buelta que le cupiere, ò prolonga-da, ò rebaxada, ò de medio punto; y sentados los cerchones, ò cimbras, iràs echando hiladas hasta cerrarla. En esta, la passada, y la que se siguiere, saca-ràs sus enharrados, ò embecaduras, hasta el primer tercio, y hasta el segun-do las lenguetas. (Creo, nadie ignorarà, què sean lenguetas, y por esso no me he detenido en declararlo.) Si huviere de tener la media naranja linterna, puede ser en vna de dos formas, que es, dexandola debaxo de la misma ar-madura del texado, y que reciba luz por las quatro buhardas; y la otra es, sobrepujando encima de la dicha armadura, viniendo los pares à rematar en vna caxa de madera quadrada, segun el espacio tuviere la dicha linterna.

leya

levantando la media naranja hasta el alto del remate de los pares; y de encima
haze, ò vna forma de pedestal quadrada, con sus ventanas en el necto, ò hazien-
dole ochavado, y por cada ochavo darle su ventana, para que por ella reciba luz
la media naranja : y siendo de canteria, podràs darle la forma exterior que quisieres, fundada sobre la misma media naranja, aunque por de dentro, vna, y
otra, han de tener forma redonda. El diametro de la linterna ha de ser por la
quarta parte del diametro de la media naranja ; y el alto de la linterna, ha de ser
de diametro y medio, en quanto à la parte de adentro de la linterna; y assi quedaràn en buena disposicion las medidas. El remate de la linterna, assi por defuera, como por dedentro, serà segun te agradare : con tal, que no te apartes de
lo que la misma fabrica pide. Aviendo de hacer media naranja de canteria, ante todas cosas, has de ser considerado en la piedra, y gruesso ; porque como diximos en el cap. 38. no se puede dàr regla vniversal à los gruessos, por la razon
que alli diximos. Advertido en esta circunstancia, supongo, que en la circunferencia A.B.C.D. quieres plantar la media naranja, ò disponerla : lo primero
que has de hacer, es repartir las dobelas que le caben en numero impar: las quales estàn demostradas por sus numeros en el semicirculo A.B.C. que denota lo
que levanta, ò tiene de montea la media naranja ; y lo restante del circulo, que
es el semicirculo A.D.P. fuera de mostrar toda la circunferencia (como està dicho) sirve para declaracion de los cortes : y estos, en todas las dobelas se han de
buscar lechos, y sobrelechos, juntas, y paramentos, y todo ello es causado de
su mismo centro, contra quien van guiados todos los empujos. Siendo la media naranja de medio punto, sus cortes de lechos, y sobrelechos seràn entresi
iguales: y assi, haciendo vna regla cercha, como S.R.T. acudiràn todas las dobelas iguales, y quedaràn ajustadas. Mas siendo la media naranja rebaxada, para
cada dobela serà menester regla cercha diferente, siendo de diferente hilada. Si la
bobeda fuere rebaxada, y prolongada, atenderàs à lo dicho en este capitulo, para
que por ello conozcas sus cortes. Conocido lecho, y sobre lecho, y la tirantèz
que hace, ò causa la montea A. C. B. conviene el saber las tiranteces, que cada
hilada tiene deporsi; porque cada vna cierra la parte que la toca la media naranja ; y en lo demostrado de la dobela no es mas que el alto de la dobela, mas no
el largo, y en èl ha de tener dos reglas cerchas, vna para la tirantèz del lecho,
y otra para la tirantèz del sobrelecho : mas no por ello dexaràn de ser las juntas
vnas mismas, pues todas salen de vn centro, segun pide la regla cercha del lecho
de la primer dobela, denota X. A. que està en el semicirculo A.B. y el sobrelecho denota N.L. que tambien es semicirculo causado de los buelos de la primer
hilada, y sus monteas. X. A. N. L. se busca su punto, alargando la linea A.L.
hasta llegar à la S. que es centro de la primer dobela, como de la segunda es el
punto M. y de la tercera el punto Y. y assi por los demàs semicirculos, que nacen, ò se causan de la caida de cada dobela, conoceràs lo que cada vna cierra de
las hiladas; y para cada vna iràs haciendo reglas cerchas, semejantes à las passadas : Aunque es de advertir, que la regla cercha del sobrelecho sirve para el lecho de la hilada que se assienta encima: y assi, en la primer hilada se hacen dos reglas cerchas, y en las demàs hiladas, en cada vna, vna : y haciendo los cortes segun està dicho, quedarà la media naranja con toda perfeccion, como el disseño de
muestra.

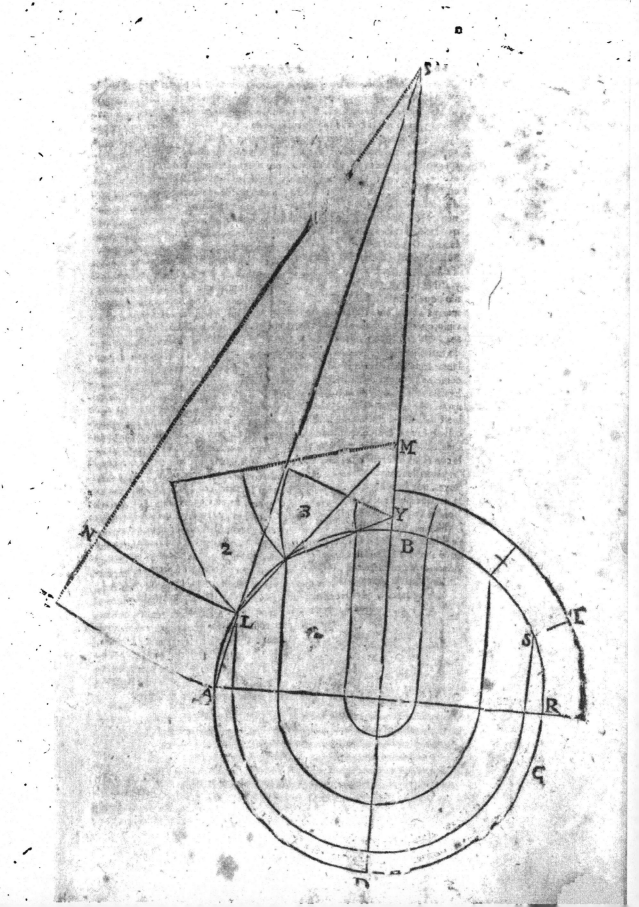

ſeria bien, que para enterarte de lo dicho hicieſſes de piezas pequeñitas de
yeſſo los cortes dichos, y fuera del enterarte conocerás ſer aſsi. Las juntas han
de ſalir de los centros S. M. Y. y vendrán à quedar perpendiculares: y ſi fuere aovada, la harás con la inteligencia deſta, y ſu diſeño. Eſta viene à rematar en vna pieza. Y ſi huvieres de hacer linterna, guardarás la proporcion que
en ſu lugar diximos; advirtiendo, que la media naranja, en cerrando qualquier hilada empezada, eſtà ſegura, por hacer el empujo contra ſi miſma; y
aſsi no ay dificultad en hacer linternas. Diximos en el cap. 45. como ſe avia de
cubrir la piedra; mas no quiriendo, podrá quedar deſcubierta; y en ella podrás, ſi quiſieres, dexar vnas gradas, para ſubir à ſu alto, que muchas las tienen, y fuera de ſervir para eſto, ſirven de fortaleza à la miſma boveda, aunque la media naranja es la boveda que menos empujo hace. Si echares linterna,
la adornarás con algunas pilaſtras, y corniſamentos, de que ya hemos tratado.
Solo adviarto, que ſu remate ſea mas crecido, por lo que diminuye la viſta.
Tambien puedes dexar abierta la media naranja, y por ſu eſpacio recibirà luz,
y aſsi ſe veen el Pantheon de Roma, Edificio ſumptuoſo, y de quien dice Plinio, que le fundó Marco Agripa. Ha ſido alabada de Arquitectos eſta abertura,
mas ya advertimos, que en cerrando la ilada queda ſegura. Diximos al principio, que la boveda prolongada de media naranja ſe avia de labrar con dos puntos; eſto es, ſupomendo, que el prolongo paſſa de vno, ò dos pies: Mas ſiendo mas el prolongo, que venga à ſer figura obal, ò obalo: en tal caſo ſe ha de
labrar con quatro puntos, ò cintreles, que con otros tantos ſe traza el obalo,
como en ſu lugar diremos. He advertido eſto, porque ſe và introduciendo en
Eſpaña eſte genero de boveda; y aſsi la tiene la Encarnacion de Alcalà de He-
nares. No hago demoſtracion della, por parecerme, que con lo dicho tiene
luz ſuficiente el que de mi Eſcrito ſe quiſiere aprovechar. Tambien puede ofrecerſe ſobre vn cabecero redondo aver de echar ſu montea redonda, y en ella ſucede el tallar vna Venera: eſta ſe labra ſemejante à la media naranja, vniendo-
la con el arco toral: y ſi lleva Veneras ò la media naranja labores, ſe han de hacer plantillas para cada ilada, conociendo lo que cada vena de la Venera diminuye, que ſe conoce lo que cada hilada và levantando. No ſè que perdone coſa, en que pueda aver duda, porque el primer fin me và in ſimulando todavia:
verdad es, que eſcuſo algunas demoſtraciones, pareciendome ſon ſuficientes
las dichas. En Toledo hice vn cuerpo de Igleſia, bien adornado de yelleria, y
en èl hice vna Venera, que todos la alaban. Para dar grueſſos à las venas, y fondo, ò ancho à las canales, y ſus diſtancias iguales, monteando del centro las
monteas que te pareciere, y ſegun es el ancho en que han de parar arriba, y lo
angoſto de abaxo, las irás diminuyendo igualmente, para que ſalgan
iguales, advirtiendo, que la canal ha de ſer mas ancha,
que la vena, la mitad mas; y aſsi
quedarà con toda perfec-
cion.

CAPI

CAPITULO L.

TRATA DE LA FABRICA DE LA CAPILLA BAYDA.

PUede fer , que en otras tierras varien en los nombres de los que vfamos en la nueftra , afsi en el todo , como en partes del edificio : Mas aunque efto fea afsi , no fe puede variar en la fubftancia , y fundamento del : y defto hacemos demoftraciones por lineas , para que por ellas en otras tierras lo conozca, lo que por ventura no fe conocerà en los nombres. Todos los defta Facultad obtereamos vnos mifmos preceptos , y vna mifma difciplina : y afsi , vnos fe aprovecharán de los nombres , y otros de las demoftraciones. Pufimos en el tercer afsiento la Capilla bayda , en el cap. 47. y la caufa es , porque fe aproxima mas à la circunferencia. Efta de fuyo es vna bobeda viftofa , y fuerte : aunque por mas tengo las paffadas ; pero no por effo lo dexa de fer efta , fegun en fu demoftracion fe conocerà. En el labrar efta bobeda , y la paffada , fon muy femejantes. El afsiento defta Capilla es al nivel del afsiento de los arcos torales ; y no fiendo acompañada con arcos torales , fino que fe haga vna caxa quadrada , hace las formas monteadas , femejantes à la montea de los arcos torales: mas fiendo fabricada con acompañamiento de arcos torales , tendrà fu afsiento à nivel con ellos , como eftà dicho. Y fi los arcos torales hicieren boquilla en fu afsiento , tambien la viene hacer efte genero de Capilla. Efta bobeda de ordinario fe hace por no poder fubir mas el edificio , ò por no atreverfe , ò por ahorrar : y afsi , fiempre que la huvieres de labrar , tirarás vn diagonal dos cordeles , de boquilla à boquilla , fegun diximos en el cap. 41. para labrar las pechinas. Conocido el centro , que es donde fe cruzan , fixarás vn renglon , femejante al de media naranja , y con el irás tabicando , de la mifma fuerte que fi fuera la bobeda paffada : y conocerás por experiencia , que la montea que tienen los arcos , effa mifma và circundando el punto , ò renglon , de fuerte , que venga à fer vna mifma buelta. Puedefe tabicar fin cimbras efta bobeda : mas por mejor tengo , que afsientes quatro cerchones en diagonal , dandole la buelta de medio punto por el mifmo diagonal , para que afsi obres con mas feguridad. Puede ofrecerfe , que tambien tenga efta bobeda algun prolongo , y que fea rebaxada : en tal cafo , fentarás los dos puntos , dexando el prolongo entre los dos , como en la media naranja diximos. Si fuere rebaxada , de necefsidad lo han de fer los arcos que la acompañan ; y afsi harás los cerchones rebaxados , fegun los arcos lo eftuvieren : y en el tabicarla , guardarás el orden de media naranja. Si la bobeda fuere edificada en vna caxa quadrada , y la huvieres de rebaxar , ferà fegun la necefsidad lo pide el rebaxo : cortando al punto , ò renglon, lo que à cada hilada pertenece , macizarás el primer tercio de la embecadura , ò trafdofados , y dobla fegun la necefsidad lo pidiere ; echarás lenguetas , que firven de eftrivos , y eftas han de coger la tirantèz de la diagonal , para que refiftan à fu empujo , y queden con feguridad , y firmeza. Es de advertir , que en los arcos torales , afsi como vayas tabicando , harás vna toza , para que eftrivando en ella , quede la bobeda con fuficiente afsiento. Si efta bobeda huviere de fer de rofca de ladrillo , ferà necefsario , que toda ella vaya bien fortalecida de cerchones ; y mientras mas , mejor , para que mejor cojan la buelta ; porque fi ay pocos cerchones , y lo quaxaffes de tablas , no quedaria bien redondo : y lo mifmo es menefter para la canteria. Sentados los cerchones , monteados con el mifmo punto , por totos , llevarás tus hiladas fegun el cintrel pide. Seria mi parecer,

cer, que los cerchones dexasses vn grueflo de ladrillo mas baxos; y encima la
tabicasses de ladrillo, para que quedasse por cimbra lo tabicado, y encima sen-
tasses tu rosca de ladrillo, que darà con mas perfeccion. En la coronacion de
los arcos echaràs vna faxa al rededor, para que haga division de las pechinas;
y desde la faxa lo restante adornaràs de labores, como si fuera media naranja;
aunque tambien puedes atar las labores desde las pechinas, con lo restante
de la bobeda; porque como ella en sì es vn cuerpo, no contradize echar su
ornato como parte entera, sin dividirla con la faxa de la coronacion. Y
aviendo de ser la boveda de canteria, necessariamente lo han de ser los arcos: porque arcos de ladrillo, y boveda de canteria, no dizen bien, ni tan se
compadece, sobre arcos de canteria echar boveda de ladrillo. Y assi estaràs
advertido, en que todas las bovedas que sobre arcos se fundaren, han de ser
de la materia que fueren los arcos. Y siendo de canteria los arcos, supongo,
que el sitio donde quieres hazer la boveda es semejante à la planta A. B. C. D.
tira las diagonales A. C. D. B. y se cruzàn en el punto N. del centro, ò punto N. Haràs el semicirculo A. B. C. siendo su diametro A. C. Este semicirculo denota lo que levanta toda la boveda. En el repartir las dobelas, que
conviene que tenga, atenderàs à que sean nones, que assi demuestra en su
planta por sus numeros; y haziendo vna regla cercha, semejante à la M. N. C.
con ella podràs labrar lechos, y sobrelechos; y el paramento de la dobela
con la cercha N. S. T. C. sirviendo esta para dobela de la primera hilada, con
las juntas que demuestra, buscandolas segun denota la R. C. N. alargando-
las segun diximos para la media naranja. Advirtiendo, que aqui no se demuestra este diseño como su corte pide; porque se avia de alargar la D. B.
hasta que la C. N. hallarà sus centros en ella, segun se hizo para la media
naranja; porque si esta boveda se cierra de la suerte que la media naranja, los
cortes son semejantes vnos à otros. Las lineas que baxan sobre la diagonal A. C. y son paralelas con N. B. denotan lo que se và cerrando cada hilada; y dellas nacen los semicirculos, segun van cayendo: y labrandolas como està dicho, quedaràn sus juntas perpendiculares; y la parte de porciones
iguales.

No es lo menos dificultoso el dàr à entender los cortes, que causa
esta boveda, con sus arcos para su assiento: Y para su inteligencia, formaràs
la pechina X. D. H. que se hace, tomando el largo de los centros de las dobelas, que es en los puntos R. P. y echando vna linea paralela con la diagonal A. C. como demuestra Q. V. siendo centros dellos, formaràs la pechina
X. D. H. y daràs el alto de la dobela. Y para buscar los demàs centros, lo
haràs tirando vna linea desde el grueso de la dobela, ò alto, que es del punto V. que passe por el punto Y. como denota la linea V. Y. O. y tomando la
distancia N. P. y assentando el compàs en el punto V. miraràs donde llega,
que es en el punto O. y del has de dàr la montea à la segunda hilada, haciendo lo mismo con las demàs. Esto es quando la Capilla parte por hiladas;
que quando es la Capilla semejante à la passada, haràs como queda dicho,
para la pechina, y media naranja. Con lo dicho quedan declarados dos modos de cerrar esta Capilla: vna por hiladas; y otra como la passada. Nota,
que la linea X. D. es junta del vn lado de la pechina; y la linea D. H. es la otra
junta, de que yà hicimos demostracion en el cap. 41. Aunque alli diximos,
que las dobelas avian de tener su assiento de quadrado: Mas aqui, porque
toda la pechina se haze vn cuerpo con su boveda, por tanto iràs con sus tiranteces, como esta dicho. Hacese fuerte esta boveda en los mismos arcos;
dexando en ellos, ò en la parte que se formare, vna moderada caxa, en que
estrive; y cerrada, queda muy segura: y para cortar las dobelas ajustadas con
las monteas de los arcos, haràs regla cercha, ò saltaregla, conforme à las
juntas, que se conocen en el lado H. X. ò en el X. D. de donde tambien el

tàn repartidas las dobelas que à la pechina pertenecen, con sus numeros: y
sacando todas quatro semejantes à ella, quedarà la bobeda, à la coronacion
de los arcos, igual con ellos, y la iràs prosiguiendo segun està dicho. Puede
llevar esta bobeda linterna, como la media naranja, de que yà tratamos en
el capitulo passado: mas comunmente las cubren con su armadura, de que
tambien tratamos en el capit. 44. Esta bobeda, à la vista parece rebaxada,
mas el diestro conocerà tener su buelta de medio punto, como la media naranja. Yà queda dicho el lugar donde se han de assentar las cimbras. Y si
quisieres, demàs de las diagonales, puedes, haciendo las cimbras à las quatro
frentes de los arcos, con que estarà mas segura. Esta bobeda se ha de tras-
dosear, ò macizar los enlazados, como queda dicho para las de yeso, echando las lenguetas de piedra: porque de ordinario conviene, que todo vn edificio sea de vn material. Las dobelas de esta bobeda, y las de las demàs han
de sentar con cal cernida, bien dispuesto, de manera, que no haga mayor la
punta de lo que se pretende: porque si fuesse assi, la postrer dobela vendria à
ser mas pequeña que las demàs; y assi importa el ir advertido al tiempo de
repetirlas, el darles la parte de junta que les pertenece, que muchos pocos
vendràn à hacer vn mucho; y no parece bien vna clave desigual de las demàs hiladas. Y esta advertencia ha de ser general en todos tus cortes, assi
de arcos, como de bobedas, pues todos tienen este inconveniente. Aunque no
lo he advertido en los demàs capitulos, doy fin à este con amonestar, que importa mucho el cuidado en las obras, pues èl es grande
parte para que ellas salgan buenas,

****

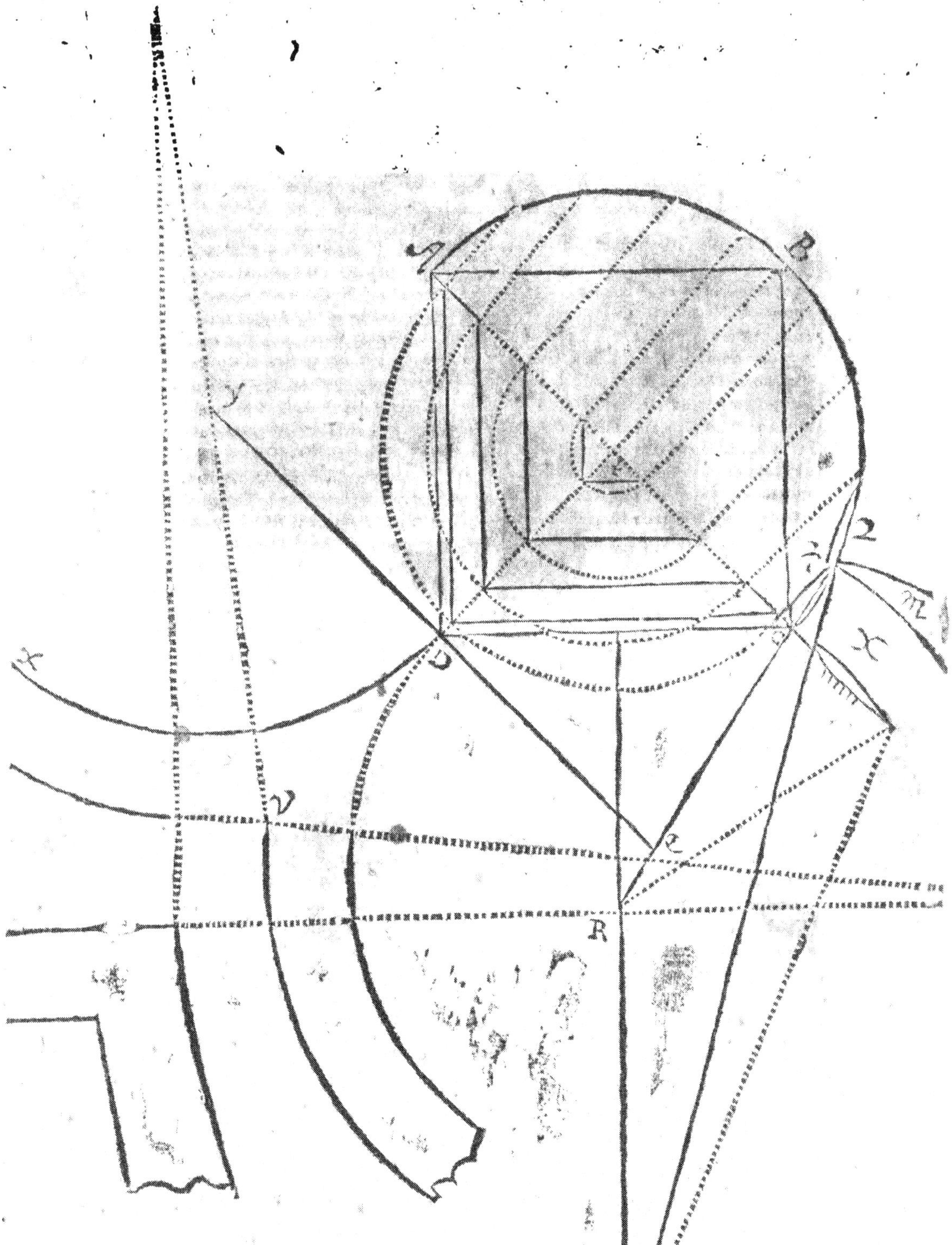
A
B
y
R

CAPITULO LI.

TRATA DEL QUARTO GENERO DE BOBEDA, que llamamos esquilfada.

LA Capilla, ò bobeda esquilfada, es no menos fuerte, y vistosa, que las passadas. Es bobeda, que continúa con su planta hasta su remate, de tal suerte, que los rincones, ò angulos, que forma su planta, la misma bobeda los và formando. Pueden servir los cortes de esta bobeda para luz de otros, que en la Arquitectura se pueden ofrecer. Pusimosla en el numero quarto, en el capit. 47. con nombre de esquilfada, tomando el nombre por los quatro rincones que entre sì hace: aunque esto de los nombres (como diximos en el capitulo passado) es segun las tierras; y por esso quedan referidos algunos de otras tierras. Su propia planta de estas bobedas es quadrada. Son muy buenas para salas, y para sobreescaleras, y para Capillas. Las passadas son mas propias para Templos; aunque de tal suerte puede ser el Templo, que convenga esta para èl. Aviendo de ser tabicada, harás cerchones en diagonal, y estos no han de levantar mas de lo que levanta la montea de la bobeda por medio, que ha de ser medio punto, sino es que la ayas de rebaxar: Mas sea rebaxada, ò no lo sea, no levantarás la cercha, ò cimbra mas de lo dicho. Assentados los cerchones, iràs tabicando, empezando de quadrado sobre los quatro lienzos, tirando el cordel de vn angulo à otro; y las cimbras son las que vàn governando toda la bobeda, formando sobre ellas los quatro rincones, ò angulos. Todo lo dicho se conocerà mejor en el diseño que adelante pondrèmos, quando trate de los cortes de canteria. Puedese hacer en los quatro lienzos de pared, en la misma bobeda, hacer lunetas, y su fabrica remit à la postre: mas si llevare estas lunetas, no ay que echar lenguetas para su fortaleza, sino solo macizarla hasta su primer tercio. Aviendo de ser de rosca de ladrillo, porque tiene mayor peso, avrà menester mas cimbras; y assi, demàs de las quatro que tiene por diagonal, echarás otras dos por frente en la mitad de los lienzos; de suerte, que rematen en los angulos que hacen las cimbras, que estàn por diagonal, ò que ajusten en la parte que se cruzan; y quaxadas de tablas, de vnas à otras, harás tu bobeda de rosca de ladrillo; y para la canteria se han de assentar las cimbras conforme à las dichas. Si huviere de tener lunetas, tambien se han de formar en las mismas cimbras, para que salgan travadas, y vnidas con la bobeda. Es de advertir, que à esta bobeda conviene, que en los rincones vaya travada; porque si cada quarto de los quatro fuere de por sì, serà falso el harrado, ò embocaduras, à quien otros llaman tobacos, se macizaràn como en la tabicada; y lo mismo serà para la de canteria. Y para su inteligencia, supongo, que en la area, ò planta M. N. P. Q. pretendes hacer la Capilla de que vamos tratando. Lo primero que se ha de hacer, es tirar las diagonales P. M. Q. N. y estas lineas demuestran los rincones que lleva el esquife, ò el mismo esquife, y se cruzan en el punto A. Despues tira el semicirculo M. A. N. que denota lo que levanta la bobeda por la parte de enmedio de ella, assi de vn lado, como de otro: aunque el assiento de este semicirculo tiene su assiento en la linea Y. V. y la causa de no demostrarle allì, es, porque no estorve à las demàs demostraciones. Y tambien la linea H. L. es circunferencia; respecto de la bobeda, por
que

que en toda ella no ay forma, sino que mueve igual de todas quatro partes. Assi, que haciendo dos cimbras, como demuestra M. A. N. y assentando-
las en V. Y. la vna, y la otra en L. H. medias de las mismas piezas, salas, ò
Capillas, y haciendo despues la buelta rebaxada M. D. P. por la buelta de
cordel, de que tratamos en el cap. 58. y segun ellas, dos cerchones, ò cimbras,
quedarà toda la bobeda cimbrada. Para conocer los cortes, reparte las dobelas, ò hiladas que al rededor pueden caber, de tal suerte, que cierren con
nones. Estas estàn repartidas por sus numeros en la circunferencia M. A. N.
y haciendo vna regla cercha, ò saltaregla, conforme demuestran N. X. T.
y labrando con ella todas las dobelas, las sacaràs ajustadas, porque por ellas
se labra lecho, y sobrelecho, y paramento. Esto es, siendo de medio punto,
mas si fuere rebaxada, haràs regla cercha para cada vna de por si. Y para sa-
carlas juntas con los lechos, ò sobrelechos, las contras à esquadra, y si en-
triega, ò grueso labraràs tambien à esquadra con el paramento; y assi vendràn vnas con otras. Solo falta el declarar los cortes del esquilfe, ò esquilfes. Y para esto, en la diagonal M. P. reparte las mismas hiladas que estàn
repartidas en la circunferencia, ò semicirculo M. A. N. que tambien estàn demostrados por sus numeros. Reparte mas hiladas en la buelta M. D. P. que
tambien estàn demostrados con sus numeros, y en ellas concuerdan en cantidad todas tres partes. Y reparte mas la A. D. de tal suerte, que concuerden
sus puntos con los numeros de la P. A. como demuestra A. C. O. B. S. G. R.
D. Esto assi dispuesto, en la primer hilada del esquilfe debes notar, que siendo su angulo recto, tambien la dobela ha de tener por lecho el angulo recto,
y assi con la esquadra le iràs ajustando; mas en las demàs dobelas, y en la primera por el sobrelecho, no viene el mismo angulo, sino que mientras mas
và, và siendo mas obtuso; y assi para conocer el corte de la primer hilada
por el sobrelecho del numero vno de la diagonal, al numero vno de su montea, tira la linea del numero vno y tres: y de la letra D. tira la linea 1. 2. y haciendo vna cercha, ò saltaregla, conforme 2. 1. 3. y sentandola en la dobela
por el sobrelecho, vendrà à ser el esquilfe segun las tirantezas piden; y por
esta misma cercha se ha de labrar la segunda hilada, por ser el angulo de la
vna, y otra vna misma cosa; y assi las dos forman vna misma junta. Y sacando como esta las demàs tirantezes por la montea de la diagonal, desde los
puntos de la linea D. A. concordando los numeros de la diagonal, con los
numeros de su montea, segun hizimos en la passada, saldràn de sus lineas reglas cerchas, ò saltareglas, conforme el esquilfe và pidiendo. Advirtiendo
(como queda dicho) que la saltaregla que sirve al lecho, sirve al sobrelecho
de la que se assienta encima: y conoceràs, que à cada hilada, el angulo que al
principio le tuvo recto, cada vez se và haciendo mas obtuso, hasta llegar casi à no conocerse, aunque de continuo se conoce. Si quieres escusar las cerchas del esquilfe, puedes, porque las monteas que se hacen en las dobelas, con
su regla cercha, ò saltaregla N. X. T. vàn formando el esquilfe, y te hallaràs
en obrarle bien, y sin tantas medidas: mas hele demostrado, porque conozcas por lineas lo que queda despues de obrado.

Serà bien que la primera hilada por la diagonal tenga la junta, por escusar trabajo, y gasto: mas la segunda tendrà la junta como el diseño F. demuestra. Puede ofrecerse hacer esta bobeda en alguna parte que tenga prolongo (y à mi me ha sucedido en bobeda que tiene ochenta pies de largo, por
alguna necessidad, en sus estremos hacer los esquilfes dichos) y en caso que
se suceda, que la planta sea prolongada, la sacaràs dexando el prolongo entre el vno, y el otro esquilfe, haciendo en este espacio la forma, y montea de
vn cañon de bobeda, y à sus estremos el esquilfe, traxandole conforme à la
                                                                          pas-

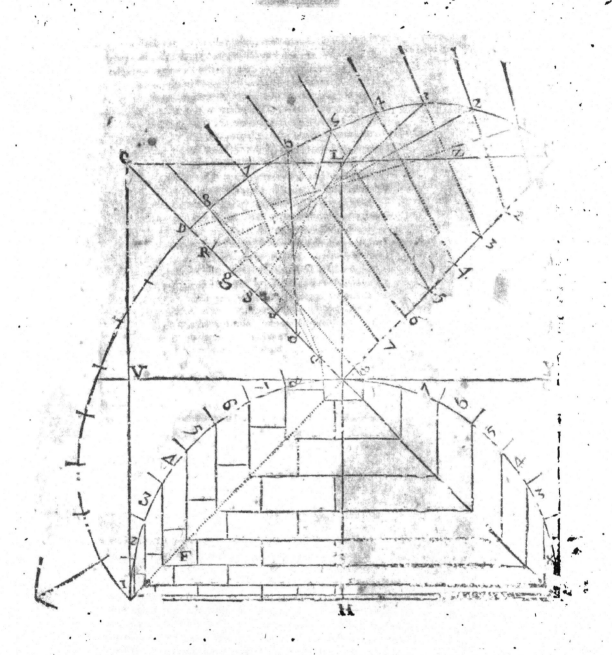

fada: Las lengüetas; y macizos desta serán como se dixo en la tabicada: Ad
virtiendo, en que à rosca mas gruessa, mas gruessos requiere los estrivos D l
que han de tener las dobelas para el gruesso de la rosca; dexo al arbitrio del Artifice, que en todo debe ser muy considerado, assi en su hueco, como en el
gruesso de las paredes, para no cargar mas de lo que moderadamente pueden sufrir; que siendo assi, hará sus obras con acierto.

Una

Vna dificultad se puede ofrecer acerca desta bobeda, y de la que se sigue; y es, si se huviessen de hacer en plantas que fuessen de angulos desiguales, como lo es el de vna trapecia; de que trataremos en las Difriniciones, y es segun de= muestran A.B C.D. la qual planta tiene quatro angulos; dos acutos; vno rectos y otro obtuso; y les lados tambien son desiguales. No se puede negar, que pa= ra hacer en esta planta bobeda esquilfada, ò por arista, tiene su dificultad: mas esta, y otras mayores, se vencen especulando; y por la declaracion desta alcan= zaràs otras. Aviendo de hacer aqui qualquiera de las bobedas dichas, tira de sus angulos las lineas diagonales, como demuestran A.C.B.D. que se cruzen en el punto N. Dispon las quatro formas de tal suerte, que queden à vn nivel por su coronacion, rebaxando la mas alta, y levantando la mas baxa. Y sabido el alto de las quatro formas, que supongo es la distancia M. N. para trazar la mon= tea de la arista, ò el esquife, mira la distancia que ay desde N. C. y esso mismo ha de tener A.N. y acrecentarà lo que ay desde A.S. y sobre esta linea S.A.N.C. hàz la buelta rebaxada M.C. segun diximos en el cap. 38. Hecho esto, toma la distancia A.N. y mira donde llega en la N. C. que es el punto V. y sobre la li= nea V.N.A. descrive la buelta rebaxada, ò de medio punto A.M. y haciendo dos medias cimbras, segun C.M. M.A. que se junten en el punto M. y despues hacer otras dos medias sobre la otra diagonal: y assentadas, podràs sobre ellas hacer la bobeda, sea esquilfada (de que avemos tratado) ò por arista, de que trateremos en el siguiente capitulo. Y si la bobeda fuere de canteria, sacarà reglas cerchas, segun queda dicho en el disseño passado: porque la dificultad desta bobeda con= siste en el saber coger estas monteas, para que el esquife, y arista vaya perfecta= mente derecho del movimiento de vn angulo à otro que esto es lo que significan las diagonales, como el disseño lo demuestra.

***

CAPI:

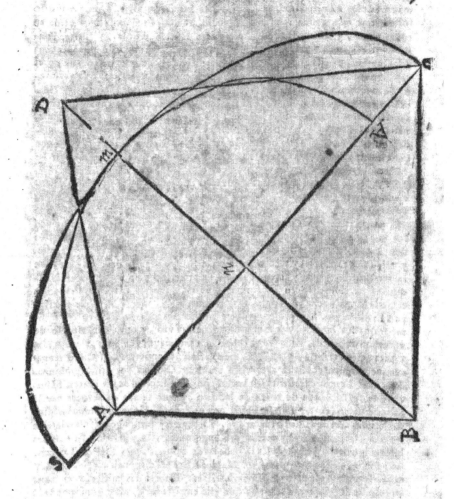

CAPITULO LII.

TRATA DEL QUINTO GENERO DE BOBEDA, QUE
*llamamos Capilla por arista , y de su tra-
za , y fabrica.*

LA boveda passada và causando por su diagonal los rincones que demuestra su planta. De la que se sigue , siendo vna misma planta, sucede al contrario; porque en lugar de rincones , forma esquinas por el mismo diagonal,
cruzandose vna con otra , sucediendo al rebès de la passada; porque en ella
las esquinas quedaron por encima de la boveda , ò por la superficie convexa ; y por abaxo , ò superficie concaba , quedaron los rincones : mas
en esta quedan los rincones por la parte de encima , y por la de abaxo las
esquinas , ò aristas , derivandose el nombre de ellas mismas. La passada asi-
P
siguea

sienta , y baña sobre las quatro paredes : Mas esta no tiene otro principio
mas del de las quatro esquinas , haciendose fuerte en ellas , y en las quatro
formas que ella misma montea, segun su buelta. Es bobeda muy vsada en
todas partes , y acomodada para qualquiera fabrica vistosa , y fuerte. Pusimosla en el quinto numero , en el cap. 47. por causa de que este mas proxima
à las lunetas , pues son en el labrar muy semejantes , de que trataremos en el
cap. siguiente. Las cimbras de esta bobeda se hacen por la diagonal , y en el diseño de los cortes de canteria se conocerà su demostracion. Sentadas las cimbras , y monteadas las formas , se và tabicando de la forma à la cimbra , sirviendo ella de que la esquina de la bobeda vaya cargando encima , y sustentandola,
hasta que las vnas con las otras se vienen à juntar , y cerrar ; y estando assi, queda segura. No necesita esta bobeda de lengüetas , ò estrivos , por causa de que
tiene los empujos contra sus mismos diagonales : mas necesita de macizar las
embocaduras hasta el primer tercio ; y con esto tiene lo suficiente. Puede ofrecerse , que la planta donde esta bobeda se ha de labrar , sea prolongada; y siendo el prolongo moderado , con solo levantar la forma la mitad del prolongo de pie derecho ; vendrà bien. Y para que mejor lo entiendas , supongo , que
vna planta tiene veinte pies por vn lado , y por otro veinte y cinco , son cinco
los que tiene mas de prolongo ; de estos cinco , la mitad es dos y medio , estos
dos y medio levantaràs las formas del lado que no tiene mas de veinte pies,
y assi quedarà dos pies y medio mas baxa la forma angosta de los veinte , que
la ancha de los veinte y cinco , y te serà de provecho para poder coger la esquadria en el jaharro en las formas angostas ; porque si la levantas tanto
como la forma ancha , te vendrà mal al jaharro , y tendràs bien que macizar
para su dissimulo. Si el prolongo fuere mucho , no passes la arista en cruz , sino forma dos lunetas , y dexa el prolongo entre vna , y otra , con espacio de
vn cañon de bobeda. Estas tengo hechas por mis manos , de vnas , y de otras;
y para quien trabaja , y estudia , todo es facil , aunque mas dificultad tengas;
aunque tambien confiesso aver visto en estas Capillas por arista prolongadas , muy buenos Maestros bien atados , por la dificultad de sus cortes. Si huviere de ser la bobeda de rosca de ladrillo , y que se aya de revocar por la
parte de abaxo , en tal caso serà bien que no tenga prolongo , porque las hiladas acudan con igualdad à sus aristas. Y si tuvieren prolongo , y se huviere de
revocar , forma lunetas , y dexa el prolongo entre ellas , llevando siempre las
hiladas iguales. Aviendo de ser la bobeda de canteria , para declarar sus cortes , supongo , que es la planta V. M. N. D. tirà las diagonales V. N. D. M. y
cruzarsehan con el punto A. Estas dos lineas denotan las aristas , y el semicirculo V. H. M. denota la forma que està en el lado V. M. y conforme à esta forma han de ser todas quatro ; y tambien declaran el alto que ha de tener
toda la bobeda. Y assi sobre la diagonal V. A. N. descrive la buelta rebaxada
V. X. N. que levante tanto como las formas ; y si las formas fueren rebaxadas,
no ha de levantar mas que ellas. De la suerte que se ha de rebaxar tratamos
en el cap. 58. y haciendo otra semejante à esta , serviràn para la montéa de
las cimbras , las quales se assentaràn , la vna en V. N. y la otra en M. D. que son
las cimbras principales que lleva la bobeda ; y si tuviere necesidad de mas,
echaràs de las formas à las cimbras ristreles de madera , ò maderos suficientes para sustentar la parte que les toca. Entendido esto , en el semicirculo V.
H. M. reparte las hiladas que les caben , siendo ñones ; las quales estàn se-
ñaladas por sus numeros ; y haciendo vna regla cercha , ò saltaregla semejante à la M. Y. C. y labrando con ella las dobelas , sacaràs lechos , y sobrelechos : mas si la buelta fuere rebaxada , para cada hilada serà menester diferente saltaregla , como queda declarado en los demàs capitulos. Para sacar el
corte de la arista , haràs segun en la passada ; y es , repartiendo en la diagonal
A. N. las mismas hiladas , que tambien estàn demostradas por sus numeros,

Reparte mas las hiladas en la buelta rebaxada X.N.demostradas tambien por sus numeros, y todas tres en numero han de guardar vna misma igualdad. Esto entendido, del centro X.tira la linea vna dos, y del primero de la diagonal numero vno, tira la linea vna tres; y segun esta, vè haziendo otro tanto en todas las hiladas, sirviendo de centro de las diagonales: y en la misma diagonal han de servir de centro los numeros vnos à otros, como van sucediendo.

Y haziendo vna saltaregla conforme los numeros dos, vno, tres, denotarà el corte que el sobrelecho haze para la parte alta de la dobela, por lo que la arista va diminuyendo: y tambien servirà para el assiento de la segunda: aunque esta cercha se puede escusar; porque labrando las dobelas con sus monteas, formaràn la arista. Y demuestro este diseño de la arista, solo à fin de que conozcas como se và diminuyendo. La primera, por la parte del lecho, es en vna esquina su principio recto; y conforme và creciendo, và perdiendo del angulo recto, y quedandose mas obtuso, hasta tanto que por la parte que se juntan las aristas casi no se conoce, aunque si haze. Para dar la montea de la arista, hàz saltaregla conforme a la V. 1. y con essa buelta irà la arista, advirtiendo, que para cada dobela has de hazer las que las mismas hiladas van demostrando: y para el largo de cada dobela haràs regla cercha, segun su largo, por la montea V.X. no mas larga, que el largo de la misma dobela. El arista, por la parte de su principio, tendrà su entrego en el cuerpo de la obra, para que assi quede fuerte, y solo demostrarà lo que tiene de principio de esquina: y librando conforme las cerchas dichas, saldrà la bobeda con toda perfeccion. Los cortes de las juntas guardan esquadria, cogidas de las mismas tirantezes, y lechos. Si la bobeda fuere rebaxada, ò prolongada, guardaràs lo que al principio diximos en el fabricar desta bobeda. Las trabazones, que han de guardar sus hiladas, aunque sobre las monteas dichas, seràn segun demuestran H.G.F.L. y à la vista se conocerà, que todas las hiladas van de quadrado. Y mirado todo el pabimento de la bobeda por la parte de abaxo, su demostracion serà segun està yà demostrado, y juntas las ocho partes, vendrà à cerrar la clave vna de sus hiladas, por la clave, de vna, y otra parte. Y de aqui conoceràs, que hasta cerrarse esta bobeda carga sobre sus cimbras todo su peso; à cuya causa deben estar muy fuertes. El trasdos, serà semejante à la de yesseria. Muchas diferencias ay de bobedas, demàs de las dichas; y todas se pueden ofrecer, que son de figura pentagonal sexavada, ochavada, y otras: Mas de las dichas se puede conseguir el fin de todas, pues de ellas puedes formar tus cortes con diligencia, y assi te sucederà bien. Debes ser muy advertido, en que no sea la piedra muy pesada; aunque yà queda notado: mas como và tanto en ello, por esso se repite, especialmente en esta bobeda: y si lo fuere, fortalece bien las cimbras, y hàz las paredes con cuidado.

⁎⁎⁎⁎

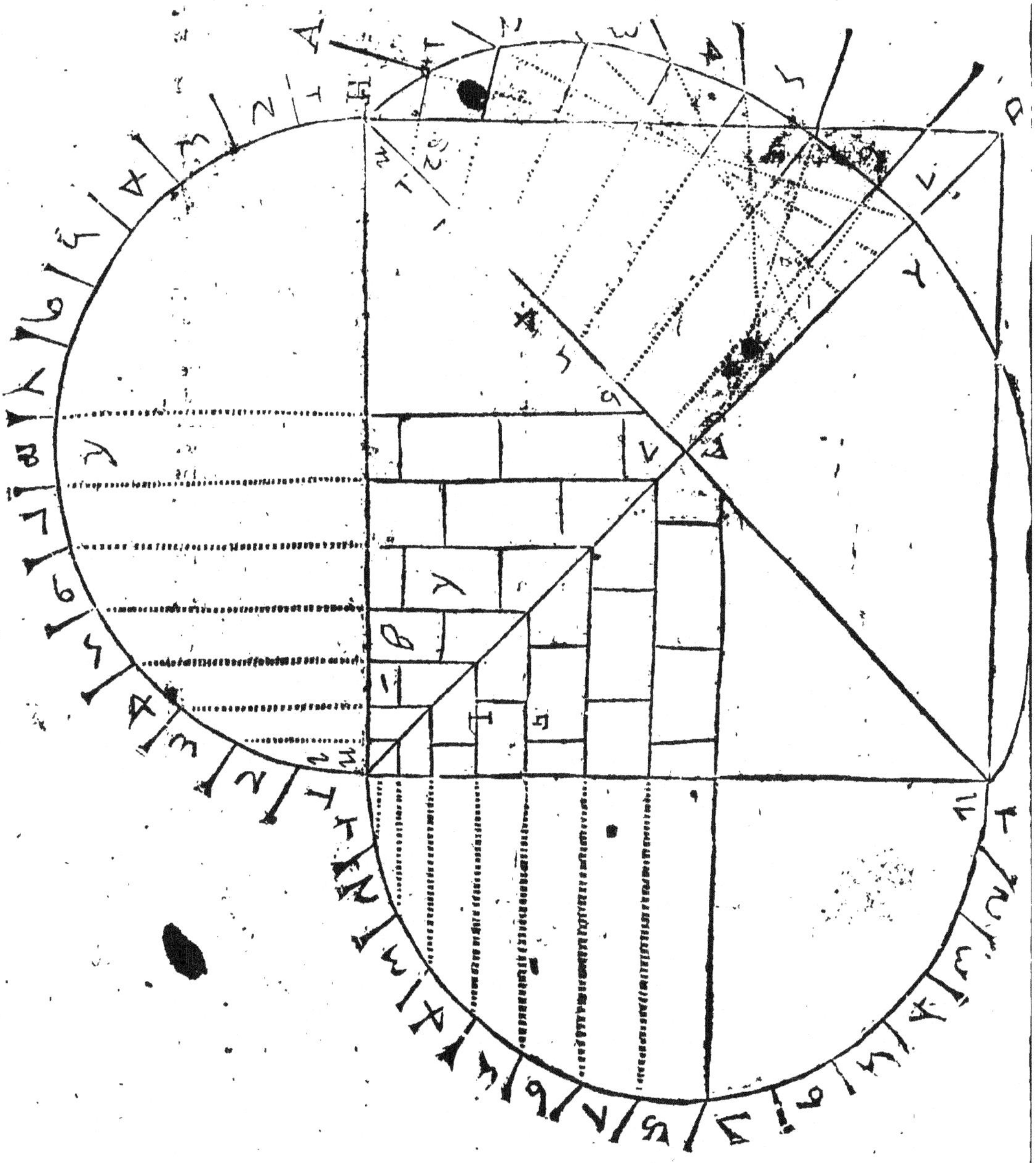

CAPITULO LIII.

TRATA DE LA FORMA DE TRAZAR, Y LABRAR las lunetas.

LA diferencia de lunetas sucede segun el lugar, y sitio donde se labran. El nombre de luneta se tiene con propiedad, y es la razon, porque en la boveda dà lugar à que se esparza mas la luz; y todas las vezes que por vna ventana entra luz, y dà en alguna boveda, forma la misma luz la luneta. Es muy semejante en todo à la Capilla por arista, de que tratamos en el capitulo passado; y assi, quando llamassemos à la Capilla por arista, lunetas agregadas, ò Capilla de lunetas, no seria impropiedad. Muchos trazan, y labran las lunetas, guardando la orden de las Capillas por arista, y ofreciendoseles vna boveda prolongada, hacen lo que diximos en el capitulo passado, y se debe hacer, que es echar vna luneta à vn lado, y otra à otro; haciendo vn cañon de seguido. En todas las bovedas, que sus bueltas son cañon seguido, ò por esquilfe, estàn muy bien las lunetas; y no sólo adornan, y hermosean el edificio, sino que fortalecen la boveda; y la que lleva lunetas, poca necessidad tiene de estrivos, ò lenguetas. Resta saber el orden que has de tener en trazarlas, y obrarlas. Quanto à lo primero, el trazarla en papeles, segun demuestra A. B. C. y la circunferencia A. N. C. denota la forma que està en el lugar donde està la ventana, y la A. B. C. denota lo que tiene por la parte de la boveda. Si fuere necessario rebaxar la luneta, con solo retirarte àcia el centro con el compàs; quedarà rebaxada. La luneta ha de tener, siempre que pudiere, de hueco, la mitad del hueco de la boveda, y assi lo demuestra la circunferencia V. D. M. que la A. C. es mitad de su diametro, y la M. Y. demuestra lo que levanta la forma, y la Y. X. lo que tiende por la misma boveda, y hallaràs, que haciendo otra luneta al otro lado para correspondencia, como de ordinario sucede, dexan de espacio entre vna, y otra luneta el ancho de la misma luneta; porque labrandola con la disposicion dicha, viene à tener el semicirculo de la boveda, tres partes, las dos toman las lunetas, y vna queda de espacio entre vna, y otra luneta. Esto se entiende, siendo la boveda de medio punto; porque siendo rebaxada, no puede ser la regla igual, ni darse igual. Aviendo de hacer cimbras para la luneta, tomaràs la distancia que ay de la X M. y la quarta parte de ella te apartaràs de la mitad del diametro, que es en el punto H. abriendo el compàs la distancia H. M. daràs la porcion de circulo O. M. que se dà desde el punto H. y esta la cortaràs, assentando el compàs en el punto M. todo lo que labra, y quedarà como demuestra O. M. y todo lo que tiene mas que X. M. es de mas larga, por lo que tiende de diagonal la cimbra despues de amolada.

Todo lo dicho se hace por via
de Arifmetica, y el orden mas facil para darlo à entender es el dicho, y por esso no lo demuestro
por la Arifmetica, por no ofuf-
car. Afsi, que haciendo dos cimbras conformes à la regla dada,
que lo demuestra O.M. quedaràn
hechas las cimbras para la luneta,
y assentadas, podràs labrar las lunetas con seguridad. Si fueren de
canteria, guardaràs el orden en
los cortes que en la Capilla por
arista del capitulo passado. Quando la bobeda es tabicada, si fuere
menester en sus lunetas cimbras,
las dispondràs con la orden dada,
mas quando sin cimbras se pueden tabicar, lo haràs con solo poner vn cordel en el afsiento de la
luneta A, y otro en la C. que levanten lo que tuvieren de ancho
las lunetas, y con ellos iràs formando las aristas hasta cerrarlas;
procurando siempre, que trauen
bien los ladrillos en la parte de la
arista, y afsi quedarà bien dispuesta. Otras vezes se levantaràn las
formas de pie derecho, por levantar la luneta; por ser angosta
su eleccion, ò porque estando en
parte alta se descubra mas. Otras
la rebaxan, y todo pidiendolo la
necesidad da la obra, estarà bien
dispuesto. Yo lo advierto para
que no vayas atado siempre à
vna regla; y porque en las ocasiones te valgas de ello. Otros trazan la luneta, formando de su ancho vn quadrado, y de los angulos tiran cordeles, que se cruzen
por la diagonal, y hasta el tocamiento que hacen en la cruz tienden la luneta. Tambien es muy
buena orden; mas es de advertir,
que en bobedas de medio punto
sube poco esta luneta, y en bobedas rebaxadas tiende mucho: la
que avemos demostrado, es la

mas vistosa, y serà bien vsar de ella siempre que pudieres. Otras lunetas ay que se
ofrecen el estàr en viages; mas en tal caso acuda el Artifice à la mayor comodidad; porque pretender que todo ha de quedar notado, serà nunca acabar, y pedir impofsibles; los suyos venceràs ayudado de lo dicho, y de tu diligencia,
sien-

siendolo en el estudio, y en el dificultar, pues las dificultades apeadas aclaran
los entendimientos.

CAPITULO LIV.

TRATA DE LA SUERTE QUE SE HAN DE JAHAR-
rar las bobedas, y cortar las lunetas de yeseria, y
correr las cornisas.

EN el cap. 46. tratamos de la suerte que se avia de jaharrar, mas esto fue en
quanto à pies derechos, ò lienzos seguidos, y aviendo tratado de las bobedas, necessariamente aviamos de tratar del modo de enluzirlas, y en quanto à la materia con que se ha de hacer, comunmente se hace con yeso, mas
tambien se puede hacer con cal, y assi lo he hecho yo en bobedas bien grandes, con solo echar maestras. Y antes que tratemos de echarlas, advertiràs
que ay bobedas donde no se pueden echar maestras, estas son el cañon redondo, de que tratamos cap. 48. y la media naranja, que tambien tratamos della
cap. 49. y todas sus semejantes, no porque no se puedan echar en rigor maestras, sino porque de suyo en la primera bobeda tiene los cortes encontrados,
y echadas maestras, es menester hacer cerchas para jaharrar de vna à otra. Tambien en la media naranja se pueden echar maestras de arriba abaxo, mas para
jaharrarla ha menester tambien cerchas, aunque si echasses las maestras con
el punto al rededor, como van las hiladas, y hicieses vna cercha, segun su
montea, con ella podràs jaharrar, mas tiene el inconveniente de los andamios,
y por esto diximos, que no se podia echar maestras, y assi las jaharràras à ojo,
que como no se mira por tirantes, no parecerà mal jaharrada à ojo, y assi se
escusa de trabajo, y enfado; en las demàs se pueden echar maestras, y jaharrar-
las à torno. Y quando las bobedas fueren rebaxadas, echaràs las maestras con
las mismas cerchas, echandolas por sus mismas circunferencias, mas no por
diagonal, porque no saldrà tambien. Para jaharrar vn cañon de bobeda seguido, y los demas, atraviessa de vna parte à otra vn madero que este à nivel
del assiento de la bobeda, y en la mitad ponle vn punto, y con él vè echando
maestras à trechos, y despues jaharra de maestra à maestra, ò con yeso, ò con
cal, y quedarà la bobeda como si estuviera monteada con vn torno, y à la verdad lo es, pues el punto es torno, que sobre él se mueve. Nota, que ay bobedas que se levantan de pie derecho, y esto lo debes hacer quando el edificio es
baxo; y el punto le assentaràs encima de lo que levanta de pie derecho. Si la
bobeda fuere levantada de punto, assentaràs dos puntos para echar las maestras, segun lo que està levanta, y con el orden dicho se han de jaharrar los arcos. Y para sacar el vivo de sus esquinas, tiraràs vn cordel de vn vivo à otro,
y despues con vn perpendiculo te iràs cortando, para que assi quede igual. La
Capilla bayda la jaharraràs como la media naranja, que en su lugar advertimos de la suerte que se puede hacer. La bobeda esquilfada se jaharra echando
maestras à torno, assi por el medio punto, que es donde se cruzan los rincones, como lo restante, hasta llegar al esquife; y en echando maestras jharra-
ràs de vna à otra, y el mismo jaharro va dexando el rincon, y rincones vivos,
y bien conocidos, aunque en la parte que se cruzan es bien le abras mas de lo
que el descubre dissimuladamente, para que se conozca, que sino es assi, vendrà à quedar vn plano de bobeda, y parecerà mal, puesto que los rincones y an
siguiendo toda la bobeda por la diagonal. En la Capilla por arista se jaharra à
torno, en esta manera: En las quatro formas se han de echar quatro maestras
con la misma buelta que ellas se formaron, despues toma vn reglon que al-

cance de maeftra à maeftra ; y te iràs forjando las efquinas de las ariftas en vna, y otra parte , quáxadas las quatro , fegun lo que pide , que fe conoce , tirando por la diagonal vn cordel , y con vn perpendiculo iràs mirando fi tiene harto yefo , defuerte , que le quede que cortar , y quaxadas, iràs cortando lo que fobra , feñalando con el mifmo perpendiculo à trechos , y con vna regla delgada la iràs trazando , y cortandolas , y afsi quedaràn formadas las quatro ariftas. Defpues de las maeftras que eftan arrimadas à las formas iràs jaharrando , firviendo la arifta de maeftra por el otro lado. Y fi la Capilla fuere grande, echaràs de medio à medio de los quatro cañones , ò lunetas , otras maeftras , hafta que lleguen à la arifta , y afsi quedaràn mas pequeños los cañones , ò hiftorias. En la parte que fe cruzan las ariftas , es neceffario las mifmas ariftas crecerlas vn poco , de fuerte , que fe conozca que es efquina ; y conoceràs que fucede al reves que en la Capilla efquilfada , porque alli es menefter rehender , y abrir rincon , y aqui es menefter formar efquina. Las lunetas fon muy femejantes en el jaharro à la Capilla por arifta. Mas fi fuera defta Capilla tuvieres lunetas, echada la maeftra en la forma por la parte de la luneta , en fu movimiento affentaràs vn cordel , y tomando el ancho miraràs en la parte alta donde llega, echando vna pequeña porcion de circulo ; y haciendo otro tanto en la parte alta , miraràs donde fe cruzan las dos porciones , y defde ella tiraràs vn cordel al movimiento de la luneta , y conforme èl iràs cortando el arifta , y afsi quedarà la luneta con perfeccion. Tambien la puedes cortar , formando el quadrado que en el capitulo paffado diximos de fu ancho ; y defpues mirar lo que tienden las diagonales en la parte que fe cruzan , y conforme à ella trazar lo que tiende la luneta , conociendolo por vn perpendiculo , y quedarà tambien muy buena. Puedefe cortar tomando el ancho de la luneta , y fixo vn cordel en la parte dicha, fegun el ancho della irla monteando, que viene à fer conforme las trazamos en papel. Antiguamente fe vfava efte corte, mas ya no fe practica. Hechas las maeftras , y cortadas defpues de jaharrado , es vna obra muy lucida. Nota, que haciendo cornifa en el anillo de vna media naranja , fe ha de correr con torno , fixando en èl la tarraja , y afsi quedarà perfectamente redonda. Tarraja es vna cornifa cortada en vna tabla , eftando facada en ella la cornifa que tuvieres de echar. Si al rededor de algun arco corrieres alguna impofta , tambien la has de fixar en torno , con la buelta que el tal arco tuviere. Las demàs cornifas que fe corren fiendo derechas , fe han de correr llevando la tarraja fobre reglones , y afsi quedaràn derechas , y defpues iràs cortando los capiteles , y rincones , fegun el buelo que la cornifa tuviere por vn perpendiculo; para que la efquina quede igual , y derecha en el capitel.

CAPITULO LV.

TRATA DE LAS LABORES CON QUE SE SUELEN *adornar las bobedas.*

DE ordinario fe adornan las bobedas con pinturas , lazos , y labores. Muchas bobedas pudiera referir que oy lo eftàn , bafte por todas la gloria que eftà pintada en el Efcorial , en el Coro , Templo de que yà hemos hecho mencion , y que merece que fola fe nombre , por fu primor ; y afsi puedes hacer adornar de pintura tus bobedas , y dar lugar à que fe haga , aunque Platon dice , que los Templos no tengan mas pintura que la que vn pintor acaba en fola vn dia. Para aquellos tiempos convenian eftas amoneftaciones por la

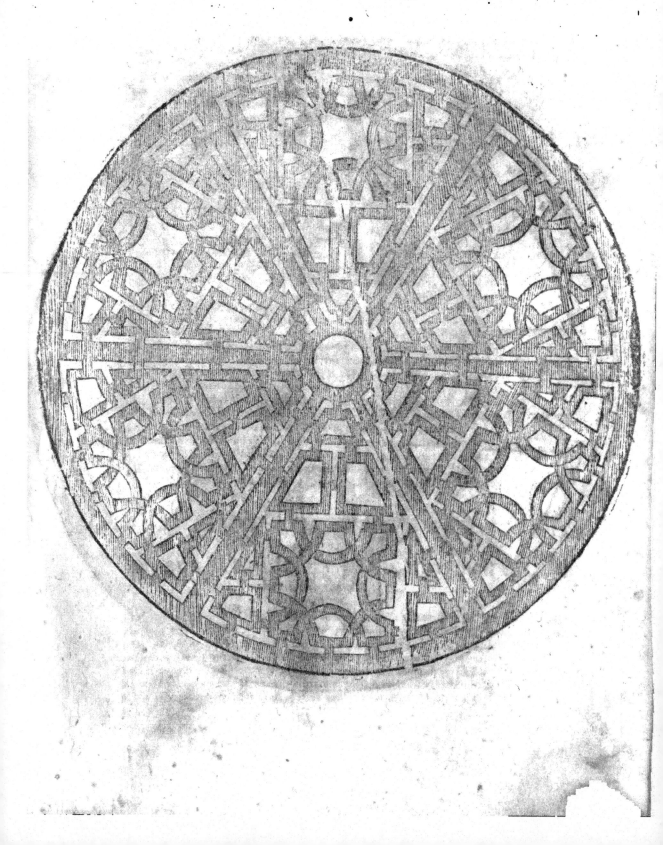

superfluidad, mas en el presente, bien es adornar los Templos, y escusarà
otros gastos. Tambien los puedes adornar con lazos, y labores, porque vno,
y otro no es todo vno, aunque muy semejante lazo es aquel que entre sì està
enlazado, y que demuestra passar vnas faxas por debaxo de otras, como los
diseños lo demuestran.

Estas, y las passadas dixe que eran semejantes; y assi lo son en los sitios, ò
bobedas que se pueden echar; las vnas, y las otras se labran de vna misma
suerte, y assi despues de trazadas en las bobedas, sentaràs vnas tablillas, ò reglas, dexando el espacio de la labor libre, y llenandole de yeso quedarà la labor, ò lazo formado. Siendo toda la bobeda blanca, no ay que advertir, sino
que las esquinas procures queden lo mas vivas que ser puedan y que sea el fondo de pardo, y la faxa de blanco, estando las bobedas altas, que si estan baxas
todo puede ir blanco: mas siendo de negro, ò pardo, procuraràs echar del
mismo yeso blanco; arrimada à la faxa vn dedo de cinta, para que parezca de
lexos que tiene dos relieves; y si quisieres que la faxa los tenga, es facil, for-
mandolos como dixe en las faxas passadas. En muchos Templos se acostumbran
dorar los resaltos de las faxas, con otro tanto al lado, parece muy bien, y es
obra sustrosa, y perpetua. En las medias naranjas procuraràs de arriba à baxo
echar faxas, ò cinchos à plomo correspondientes, y en los espacios de entre
vna, y otra, adornarlo con alguna labor; porque pretender en ellas echar algun compartimiento de los passados, tengolo por impossible, à lo menos para
que parezca bien; y assi he visto, que quien pretendiò echarlos, despues de
averlo echo, y deshecho los andamios, tuvo necessidad de tornarlas à hacer, y
deshacer las labores. Lo seguro en esto es, el reducirse, y el tomar consejo de
los experimentados, que assi te saldràn tus obras en todo, segun que deseas.
Los que se pueden echar en las medias naranjas, son los diseños presentes, ò
sus semejantes.

El que se sigua se puede echar en todo genero de bobeda, como no sea media naranja, los presentes tengo echos por mis manos; y de los demàs que
tengo echos semejantes à estas, pudiera llenar vn buen libro. El ancho de
la faxa, y relieve, serà segun tu disposicion, y el alto de la bobeda pide: lo que
yo acostumbro de ordinario, es darles medio pie de ancho, y de relieve vn dedo. Las labores se diferencian de los lazos en que de ordinario son faxas que
guardan igualdad, y correspondencia, y son formadas de circulos, obalos, al-
moain, ò punta de diamante, figuras ochavadas, ò sexabadas, y otras semejantes: y de todas estas figuras hacen vna labor agradable, como
los diseños lo demuestran.

(§.)

CAPI-

CAPITULO LVI.

TRATA DE LAS FACHADAS, Y FRONTISPICIOS: SV ornata, y disposicion.

LAS fachadas son compuestas de las partes que hasta aqui avemos tratado; que son, despues de su planta; lugar propio de su asiento, de que tratamos cap. 18. Su demás ornato, es pedestales, basas, colunas, ò pilastras, chapiteles, alquitrabes, frisos, ò cornisas, de que tambien tratamos desde el cap. 29. hasta el 33. tratando de cada parte en particular, segun su asiento, y medida. Demàs desto se adornan de frontispicios, y contrafuertes, pyramides, y otros remates: y de todo lo referido, el diestro Arquitecto compone vn todo hermosotissimo. Y como puede ser, que en vna fachada ; parte por sus huecos, los quales no dàn lugar todas veces à que la plenitud de vna orden la llene toda ; parte porque la misma variedad, quando està bien executada, causa al mismo Arte mayor hermosura: por lo que se te puede ofrecer, serà bien advertir lo que conviene, assi para la fortaleza, como para mayor primor del Arte: y para que ayuntadas tò las estas partes en vna, el diseño muestre toda su perfeccion, para que por el puedas con facilidad ayuntar, y ordenar fachadas lucidas, y vistosas: y siendo las cinco ordenes, cada vna de porsì, respecto de sus partes, vn todo, del qual puedes adornar vn edificio; tambien de todas cinco puedes hacer vn cuerpo, con tal perfeccion, y armonia, que todas juntas descubran mas la gracia del Arte, y de su Artifice. Y para esto has de notar lo que diximos acerca de la robustez de cada vna, y de las que en esto se aventajan mas vnas à otras. Y puesto que la Toscana es la mas robusta, si desta orden, y de otra quisieres hacer alguna fachada, siempre irà esta la primera ; y procuraràs la suceda la Dorica ; y sobre la Dorica, la Jonica, y despues la Corintia, à quien sucederà la Composita: y obrando assi, và con propiedad ; porque si sobre la Dorica echasses la Toscana; ò sobre la Jonica, la Dorica ; este tal edificio, dado que quedasse fuerte, no quedava con propiedad, ni hermoso: y esta parte se ha de buscar, como parte necessaria : y de lo dicho ay muchos exemplos en los mas Autores. Y assi Sebastiano, en sus Antiguedades, y en los demàs Libros, trae fachadas en la forma dicho. Demàs desto, se adornan las fachadas con vn almohadillado, que son vnos campos relevados, cosa moderada, haciendo sus fondos mas lucida la obra. Vnas veces llevan colunas las fachadas, y otras pilastras: vno, y otro es muy bueno ; y mejor, quando lo lleva todo. Despues de aver cumplido con lo que toca à las colunas, y pilastras, no aviendo de llevar otro cuerpo ; se remata con vn frontispicio. Estos son de quatro diferencias: vna es en punta, y este mismo quebrado, ò abierto : otra, y la tercera, redondo, y tambien quadrado, que viene à ser la quarta : y todas las demostrarà el diseño al fin del capitulo. El alto que ha de tener el tympano, dice Vitrubio lib. 3. cap. vltimo: y es, que la corona, partida en nueve partes, vna dellas tenga de alto el tympano por su punta. Algunos Autores dicen, que la quinta parte : otros, que la sexta ; (y es, à mi vèr, muy buena proporcion:) otros, que la decima. Y otros llevan, que ha de tener de alto lo que levanta la buelta escarzana, de que ya tratamos capitulo 28. De mi parte tengo por buena la dicha: y assi, el frontispicio no ha de tener de alto, por la parte del tympano ; mas de vna de las seis partes de la corona. Por remate, y resguardo dèl, echaràs vna gola, ò escocia, que sea tan alta como la corona, y mas la octava parte ; y de salida, ò buelo, otro tanto.

E,

Es de Vitrubio en el lugar citado. Es de advertir , que si el frontispicio fuere de ladrillo , que la moldura dicha no le eches , porque no es segura , sino que le remates con las que tienen su cornisa : mas en piedra , y en madera , se debe echar como está dicho. Ay otros lugares , donde se echa frontispicio , que no se puede guardar la regla dada de la altura del tympano , como lo es donde se echa frontispicio , no solo por remate , sino tambien por cubrir alguna armadura , que de ordinario sucede en Templos, En tal caso tendrás atencion con que levante lo que la armadura , quede el tympano alto , obaxo , que en essa parte no ay inconveniente alguno , ni al prudente Maestro le debe parecer mal, pues está obrado segun su necesidad pide. Los remates , que comunmente se suelen echar sobre los frontispicios , son pyramides , bolas , jarras, y otros extremos; y todos se han de assentar sobre vnas acroterias , ò remates , que su propia figura es de pedestal. Vitrubio las llama acroterias en su libro 3. cap. vltimo. Estas , dice , que tengan de alto tanto , como lo que tiene de alto el tympano: esto se entiende en las de los extremos; que la de enmedio, ha de tener, segun el mismo Autor , la octava parte de alto , que las de los lados. De grueso han de tener lo mismo , que la coluna , ò pilastra. Por la parte de arriba , encima de las acroterias , se assientan las pyramides , ò abujas, segun tu voluntad; advirtiendo siempre en lo que mas conviene. Puede ofrecerse , que en vn frontispicio sea necesario , en el lugar del tympano, poner vn Escudo de Armas: en tal caso : no importa que el tympano levante mas. Tambien se adornan los frontispicios , ò fachadas , con nichos : Estos se labran con vna cercha , segun su buelta , y de alto se le dá lo que à vna ventana; llevando en la parte del asiento de la buelta vna imposta , y à sus lados las acompañan , segun parece en los dichos que se siguen , con todas sus medidas: y à su imitacion podrás adornar otras fachadas , con sus huecos de puertas, y ventanas. No solo desta orden, sino de qualquiera de las restantes de las cinco , segun el diseño primero , la tengo obrada toda de ladrillo por mis manos ; y hasta las colunas son de ladrillo, y han lucido , y lucen donde las hice : mas fue ; que fueron desta pobre materia , por ser conforme à la pobreza de mi Religion, que no permite mas sumptuosidades.

)0(§)o(

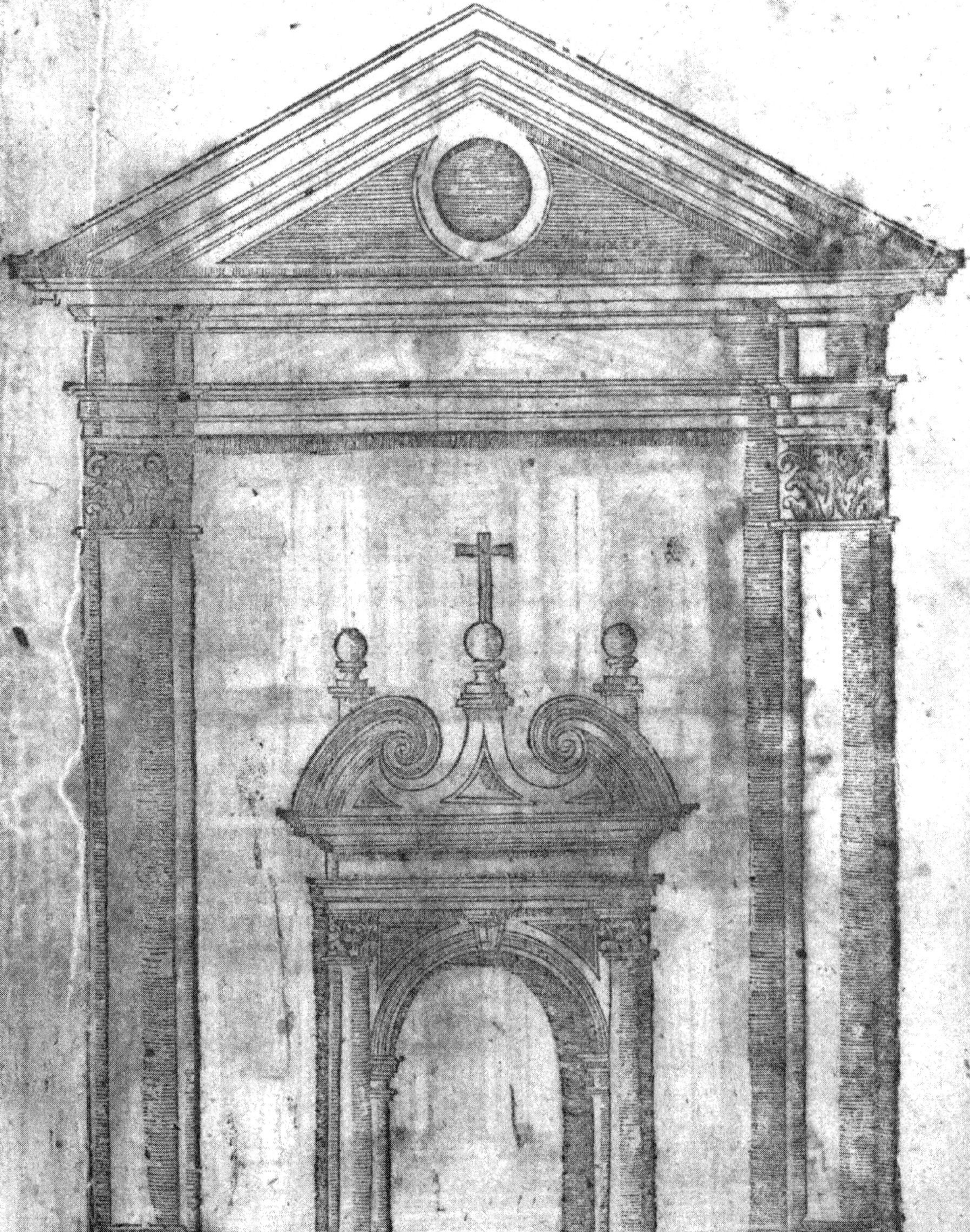

CAPITULO LVII.

TRATA DEL PERFIL , O ALZADO DEL TEMPLO,
por dentro, y fuera.

Diversos son, y de muchas maneras los perfiles, como tambien lo son las plantas; y el fin de los perfiles, es demostrar lo que levanta el Templo por dedentro, y por defuera; y assi en el capitulo passado tratamos del perfil, ò fachada; y aunque hace demostracion de la parte de afuera, mas no la hace de todo el edificio; porque en partes sucede levantar mas la Capilla Mayor, que la fachada; y assi es bien que todo quede demostrado. En el perfil de adentro se demuestra todo el ornato que el Templo, ò Templos han de tener por la parte de adentro, haciendo demostracion de todas sus particularidades, para que por ellas se dè à entender, y se haga concepto, que tal serà despues de acabado : demostrando las basas, ò zocalos, pilastras, ò colunas, assi en pedestales, como sin ellos, los capiteles, alquitrabes, frisos, y cornisas, con sus movimientos de bobedas, y arcos, para que assi se conozca su assiento de cada cosa : aunque de cada vna de ellas en particular avemos tratado en todo este Discurso. Demuestranse tambien los huecos de las puertas, Capillas, y ventanas, y su ornato, la correspondencia de las lunetas : los gruessos de las paredes : su ornato de cornisa : la altura de las armaduras, y su disposicion, dando à cada parte la particular medida que requiere. Y en fin, el perfil ayunta en vno, y hace vn agregado de todo el edificio; y este, en la forma que fuere, ha de tener el perfil, demostrando, quando mas no pueda, la parte interior. Y quando el edificio fuere de tal propiedad, es bien que se haga distinto perfil para lo de afuera. Y quando fuere tambien el edificio notable ; no digo en grandeza, sino en ornato, es bien que la parte de afuera tambien la demuestre, distinta de la de adentro: mas quando fuere llano, basta demostrarlo ayuntado vno, y otro. No solo se ha de hacer diseño del largo del cuerpo de la Iglesia, Capilla Mayor, y cabezero, segun que el diseño presente lo demuestra, sino que tambien ha de demostrar otro perfil lo que al Templo falta, que es Colaterales : aunque yo no los demuestro, por sercosa facil el disponer por este los demas que faltan. Las medias naranjas, no solo se han de demostrar en sus assientos, sino tambien en el numero de fixas, que en la parte que de ellas se toma pertenece, para que assi puedan diferentes Artifices continuar vn mismo edificio, sin que se conozca con diferentes manos. Si el Templo tuviere mas que vna orden en toda su altura, la procuraràs guardar con toda rectitud en tu diseño, y fabrica; y si huviere de tener todo su ornato de diferentes ordenes, guardaràs la que dizimos en el capitulo passado. El diseño presente demuestra lo que à el le pertenece.

✱✱✱✱

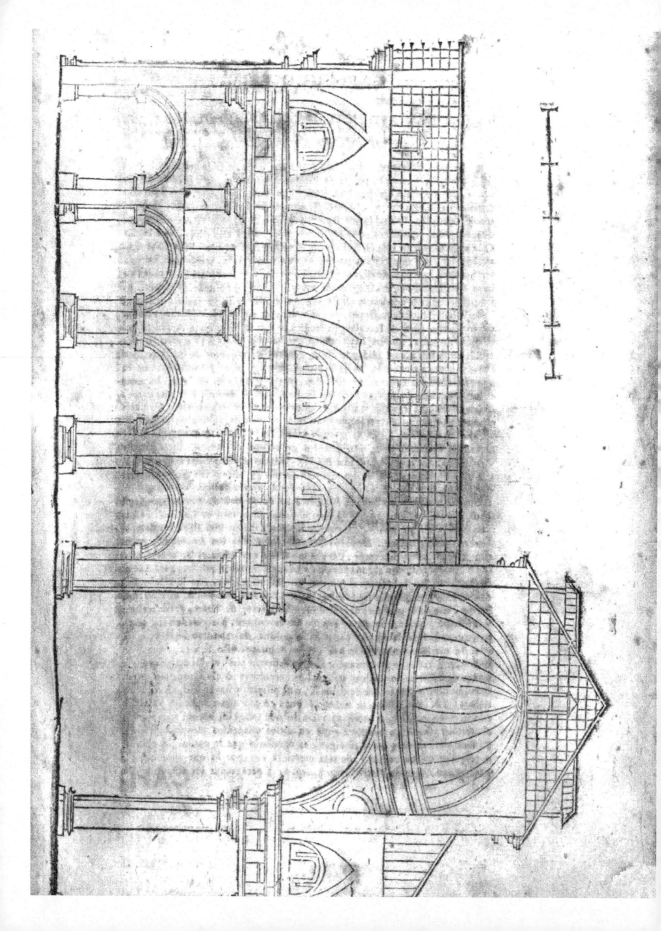

CAPITULO LVIII.

TRATA DEL ASSIENTO DE LAS COLUNAS, Y disposicion de los corredores.

Alguno, ò algunos podràn dificultar, que sea la causa de que aviendo tratado en el capitulo 19. de la planta de apotentos, de que se compone vna casa (como allí diximos) no trato de su ornato, y fachada, puesto que tambien se acostumbran adornar? Y aunque en los dos capitulos passados queda satisfecha esta duda, por ser ellos diseño de àdonde el Arquitecto ha de componer los demàs; con todo esso respondo à esta duda, con decir, Que no menos sirve este capitulo para el ornato de los corredores, que para el de las casas; pues en sus portadas comunmente se assientan colunas para su ornato: y demàs de ellas se adornan de huecos de ventanas, à quien cubren frontispicios; que assientan, ò sobre pilastras, ò colunas, ò cartelas. Y supuesto que cada vno puede elegir segun el dictamen de su razon, y para èl basta lo hasta aqui demostrado, de que todo se compone; por esso no demuestro particular perfil de las casas; passando à lo que me falta, que es el assiento de las colunas, que en èl ay tambien particulares medidas; y assi las dà Vitrubio en su lib. 3. cap. 1. dando cinco generos de assientos de colunas, con sus nombres, à cinco generos de Templos. El primero es Picnostilos, que es quando estàn las colunas continuadas, y espessas; y esto es, aviendo entre coluna, y coluna (que comunmente se llama entrecolumnio) coluna y media de hueco. El segundo es Sistilos, que es quando las colunas estàn algo mas apartadas; y tienen de entrecolumnio dos gruessos de coluna de hueco. El tercero es Diastilos, que es quando estàn las colunas mas apartadas; y tienen de entrecolumnio tres gruessos de coluna de hueco. El quarto es Areostilos, que es quando se assientan las colunas ralas, y entre sì convenientes, guiados los espacios de los entrecolumnios, y assentando las colunas de dos en dos, y de las dos à las dos dexando de entrecolumnio quatro gruessos de coluna; y en las dos, de vna à otra, ha de quedar de entrecolumnio el gruesso de vna coluna, y mas la quarta parte. El quinto es Eustilos, que es vna justa distribucion de los entrecolumnios, dando mas licencia para los huecos de entre coluna. De todos estos assientos vsan los Artifices, y guardan muchos estos preceptos: y todas las vezes que huvieres de assentar colunas, que acompañen alguna puerta, y huviere de tener pilastras à los lados, ò estuvieren las colunas en algun macizo, de tal suerte, que le acompañen otros huecos, ò que ella sea sola hueco; y lo demàs macizo; de vna, y otra suerte, à coluna guardarà de gruesso la tercia parte de hueco de la puerta; y la pilastra, que acompaña el gruesso de la coluna, ò el macizo del pilar, tenga de cada lado la quarta parte de la coluna, de tal suerte, que venga à estar de macizo la mitad de lo que tuviere de hueco. Esto se harà, aviendo de sustentar gruessos de paredes encima, que no siendo assi, vsaràs del genero que mas te agradare de los dichos arriba. Los corredores, ò claustros, assi altos, como baxos, suelen ser, ò de colunas, ò de pilares: y siendo assi, de coluna à coluna, ò de pilar à pilar, se traban, y vnen, ò con arcos de medio punto, ò con arcos adintelados, ò con vigas. De lo que toca à los arcos, tratamos en el capitulo 38. Mas si sucediere, que en patios quadrados assentares colunas, y sobre ellas echares arcos, ò vigas, es necessario que la coluna, ò colunas angulares sean mas crecidas, de tres partes la vna, por lo que diminuye à la vista; y es doctrina de Vitrubio lib. 3. cap. 2. Y para recibir los empujos, que

sus

los arcos hacen las colunas angulares, es necessario, que eches otros arcos contra los gruessos de la obra, que corresponden à las mismas colunas angulares, ò que tenga de gruesso el pilar, que viene à estàr angular con su coluna, y toda la mitad del hueco de los arcos, para que assi quede resistido su empujo. Si el Clauftro, ò Patio fuere redondo, como lo es el Patio de la Alhambra de Granada, de que hizimos mencion en el cap. 48. el qual tiene encima de las colunas arcos adintelados; este tal siendo assi, pueden fer todas las colunas de vna igualdad; porque cerrados los arcos, fean redondos, ò adintelados, en si mismos se hacen fuertes en el anillo, ò circunferencia. Atraviessanse tambien vigas de coluna à coluna, para corredores, en tal caso se pueden assentar las colunas mas ralas, sentando encima de ellas sus zapatas, para que la viga tenga mayor assiento. Esta es obra vistosa; mas no tan segura como la passada, por causa, que las aguas, y el calor, que combate à la madera, con el tiempo la consume. El gruesso que avan de tener las vigas, ò arcos, ò dinteles, que encima de las colunas se assentaren, no ha de exceder del gruesso que la coluna tuviere por la parte de arriba, para que assi quede seguro. Y si encima de las primeras colunas sucedieren segundas, no han de tener mas gruesso por la parte de abaxo, que la primera por la parte de arriba, para que de esta suerte guardes en tus edificios vivos sobre vivos, y el peso se vaya diminuyendo. Es de notar, que nunca la pilastra, ni la coluna ha de quedar rota con el arco que la acompaña, sino que la pilastra, como parte principal, lo manifieste el serlo, estando entera: y assi se conoce en el diseño del capitulo passado, y por èl te podràs guiar; pues en la Arquitectura se guardan vnos mismos preceptos en las pilastras, que en las colunas, y vn mismo ornato: y esta es la causa porque aqui no pongo diseños de diferentes corredores, ni fachadas de casas, pues lo que hasta aqui està demostrado de la orden Dorica, puedes (guardando las medidas dichas en los capitulos de las cinco ordenes) disponer, y ordenar todo quanto quisieres; con tal, que guardes los preceptos segun queda advertido.

CAPITULO LIX.

TRATA DE LA SUERTE QUE SE HA DE PLANTAR vna Torre, y de su fortificacion, y de algunas cosas tocantes à Muros, y Fortalezas.

NO es menos importante la doctrina para plantar las Torres, y su altura, y ornato, que lo demàs que avemos dicho; pues fuera de ser ornato, y hermosura de vna Ciudad, es parte necessaria, para su defensa, y para atalayar las tierras circunvecinas; y assi sabemos, que en tiempos antiguos se dieron mucho à la fabrica de las Torres. Tambien por ellas se conoce de què parte sopla el viento: y solo à este fin en Atenas, Andronico Cirrestes, edificò vna Torre ochavada, toda de marmol, y con ella consiguiò su intento. En Babilonia, dice Herodoto, que se edificò vna Torre. enmedio del Templo, que tenia vn estadio por lado, y ocho de alto, y à cada vno correspondia vn suelo, para desde èl atalayar lo mas oculto. Otras Torres ay, que dexo de referir, por passar à lo que importa, que es su disposicion. Las Torres, ò son quadradas, ò redondas, ò ochavadas: y de vna, y otra suerte, su basis, ò planta se ha de abrir segun el ancho que ha de tener la Torre, y mas, para rodapie, ò carpa (nombre de Andalucia) se ha de abrir la decima parte mas, vaciando toda la basis, y mas lo dicho para rodapie: y ahondaràs, siendo la tierra firme, la tercera parte de su ancho: y para su mayor firmeza la llenaràs de estacas,

segun

ſegun diximos en el cap. 14. muy bien clavadas en tierra ſegura ; no ſuceda lo que ſucediò en tierra de Venecianos, junto à vn Lugar llamado Meſtri, que por no prevenir eſte daño, vna Torre ſe hundiò haſta las Almenas: y aſsi es bien, que vaya toda ſu planta con conſideracion, por obviar los daños que pueden reſultar. Diſpueſta aſsi la zanja, ſe macizarà ſegun diximos en el cap. 16. Macizas las zanjas, la altura de la Torre ſerà haſta quatro cuerpos, ò quatro anchos, haſta el alto de la corniſa: y ſi la neceſsidad lo pidiere, podràsla dàr cinco cuerpos: y ſin ella ay Autores que ſe alargan haſta ſeis: Mas yo no me atreviera à ſeguir en eſta parte ſu doctrina, ſino es echando enmedio de la Torre vn macizo, ò pilar, que comunmente llamamos Alma, del qual tambien cargaſſen las Campanas; y ſi acaſo le hizieres, le daràs de grueſſo la tercia parte del hueco de la Torre; eſto es, levantando mas que los quatro cuerpos: mas no excediendo del numero de quatro; puede quedar hueco lo que ay entre las paredes; que tendràn de grueſſo, de qualquier manera que ſea la Torre, la quarta parte de ſu ancho, y aſsi quedarà con ſeguridad, y firmeza que pueſto en practica, es: Si la Torre fueſſe de ſeſenta pies de ancho, ſe ha de abrir de baſis ſetenta y dos; y viene à quedar de zarpa, ò rodapie, la decima parte que diximos; y de hueco, ò fondo, veinte pies: de grueſſos de paredes, quince pies, que es quarta parte: y de alto docientos y quarenta pies; y eſtas medidas guarda la Torre de Comares en la Alhambra de Granada. Labròla vn Maeſtro, que ſe llamaba Comares, y de ſu Artifice tomò el nombre; y labrandola hizo vna experiencia, que fue, tomar la medida de lo que tenia edificado en vn arambre, y con ella auſentarſe, y al fin de vn año bolviò, y hallò aver baxado vna vara. De que debemos tomar experiencia, quanto importa el no apreſurar las obras. Tambien tiene la Santa Igleſia de Granada vna Torre, muy bien adornada de Arquitectura, mas muy laſtimoſa de vèr las quiebras que tiene por dedentro; defecto bien ſenſible, por faltarle à las paredes cinco pies de grueſſo. Puedes adornar las Torres de baſas, pilaſtras, ò colunas, chapiteles, alquitrabes, friſos, y corniſas, guardando la diſpoſicion que dimos en las cinco ordenes, creciendo las molduras ſegun crece el lugar de ſu aſsiento, por lo que diminuye la viſta. Si la Torre fuere redonda, la daràs de alto quatro diametros: Y es de advertir, que parecerà mayor que la quadrada, y que la ochavada, y todo; y la ochavada parecerà mayor que la quadrada: Mas de la forma que fuere, ha de obſervar las medidas dichas. Si quiſieres hacer la Torre ſin el Alma, ò pilar, puedes, con tal, que eches à la Torre eſtrivos por la parte de adentro, y por la de afuera; en eſta forma: Que en la parte de adentro, en los quatro angulos, eches à cada vno ſu eſtrivo, y correſpondientes afuera, ſegun demueſtra la planta A. B. C. D. y aſsi quedarà ſegura; y aſsi lo eſtà la de la Santa Igleſia de Toledo. Encima de las corniſas ſe ſuelen echar balauſtres, ò de piedra, ò hierro, para guarda, y defenſa de las perſonas que à ellas ſuben; ſuelen rematarſe con medias naranjas, de que yà tratamos en el cap. 49. Eſte remate es ſeguro: mas no parece, ni luze como los chapiteles, de que yà tratamos en el cap. 43. Y puedes diſponer tus chapiteles de ſuerte, que hermoſeen la Torre, procurando, que no levante mas que vn ancho. Si la Torre llevare ornato de colunas, ò pilaſtras, ſegun diminuyen ſus vivos, diminuiràs al grueſſo de la pared; aunque comunmente no ſe echan eſtos ornatos en el primer cuerpo, ſino en el ſegundo, tercero, ò quarto, que es donde eſtàn los huecos de las Campanas. Y llevando eſte ornato, à cada cuerpo le relaxaràs adentro medio pie, para que ſe modere el peſo. Puede ſer, que ſe te ofrezca el aver de labrar alguna Torre diminuida, como lo eſtà la de la Parroquia de San Juan de Madrid; y ſiendo aſsi, guardaràs la regla que dimos de labrar coſas diminuidas, en el capitulo veinte y cinco. Es obra muy fuerte, y que parece bien, por ir con igualdad. Los Muros, y Fuertes, ò Fortalezas, ſon muy neceſſarios para

la

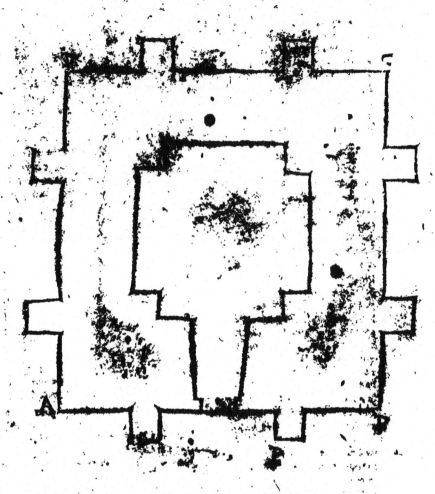

la defensa natural : y aunque en particular pudieramos hacer tratado de ellos; **D. Diego**
lo dexo, por aver escrito lo neceffario à ellos diverfos Autores, entre los **Gonzalez**
quales nombraré el libro de Fortificacion de Don Diego Gonzalez de Me- **de Medi-**
dina, y el del Capitan Chriftoval de Roxas, tambien de Fortificacion; tan- **na.**
to bien entendidos de eftos Autores, como neceffarios; y afsi, fi fe te ofreciere ocafion, los feguiràs, fi con lo que aqui advirtieremos no te hallàres fu- **Chrifto-**
ficiente. Para lo qual dice Vitrubio en fu libro primero, capitulo quinto, que **val de Ro**
el grueffo del muro fea tan ancho, como la necefsidad pide ; de fuerte, que **xas.**
los hombres armados que por èl anduvieren, no fe enquentren, ni emba- **Vitrub.**
racen, fino que comodamente, acudiendo cada vno à fu exercicio, no fe
eftorven, y defde èl fe combata al enemigo. La planta del muro depende
de la Ciudad que cerca, y fiempre que pueda fer fe plantarà, ò redondo, ò
en figura pentagonal, ò fexavado, ò ochavado: y es la razon, que la fi-

R Gui

gura que mas imita à la circular, es mas fuerte; y quanto los angulos son mas obtusos, son mejor guardados: y quanto mas agudos, mayor es el daño que los tiros hacen. Y no solo es este el daño, sino que vienen à ser defensa del enemigo, pues quita el poderle ofender con lo oculto de sus angulos. La orden que se ha de tener en abrir, y macizar sus zanjas, serà la que dimos en los capitulos veinte y quatro, y veinte y seis. Sobre el grueso del muro se haràn vnos antepechos con sus saeteras, y almenas, para que sin ser visto del enemigo, le pueda ofender. Las almenas significan fiereza, y guerra, y assi en ninguna casa las echaràs, sino es que sea edificada con fin de ofender. Hacen mas fuertes los muros, el estàr acompañados de torres, y assi las echaràs, que disten vnas de otras à tiro de escopeta. Y quando la planta del muro no estuviere en la figura dicha, por lo menos lo estèn las torres; porque demàs de que sirven al muro de estrivos, sirven de que en sus espacios aya gente de copia, y municion, y de guardar que no se lleguen los enemigos al muro; y tambien, que siendo ofendidas las torres con los tiros de los enemigos, resisten mas el impetu del golpe, por tener por resistencia el centro de la misma torre. Y porque no se dè lugar al enemigo que se llegue al muro, le rodearàs todo de vn foso hondo, y ancho, quanto la disposicion de sitio, y tierra diere lugar. Y para que la entrada à la Ciudad, ò Fuerte, y salida à escaramuza sea segura, echaràs puentes levadizas en sus puertas, y recogida la gente, la levantaràn con tornos. Y el foso sea de tal traza, y disposicion, que tenga abundancia de agua; y porque no se corrompa, se ahondarà el foso hasta llegar al agua viva, y manantial; y juntas se conservaràn mas sanas, y los ayres que passaren por su profundidad, no seràn corruptos. La materia de que se ha de hacer el muro, es vna de cinco generos. El primero, sillares; y si fuere de esta materia, ninguno tenga de frente mas que media vara en quadrado, y de fondo todo lo mas que pudiere. El segundo es de mamposteria, y tambien todas las azeras seràn lo mas pequeño que ser puedan: y los cuerpos de vno, y otro macizar muy bien. El tercer genero es con argamassa, que es la obra mas fuerte que las dos, y es de piedra menuda, y cal, todo sacado à pison. El quarto es de ladrillo, y es mas fuerte que las tres. Y el quinto, y el mas fuerte de todos, es de tierra: y es la razon, porque quanto mas densa es la materia, tanto mayor daño recibe de los tiros; porque la poca resistencia que halla el tiro en la tierra, viene à embaraçarse, y à hacer menos daño; porque con su golpe atormenta, siendo la materia rala, no mas que el lugar donde dà el golpe; y siendo la materia condensada, el golpe, y lo que le acompaña. Y por esta causa algunos Antiguos edificaron muros con las partes exteriores de piedra, y las interiores de tierra, mas no las tengo por seguras; porque soy de parecer, que ò bien sean de vno, ò de otro, para que no aya distincion de cuerpos; demàs, que con la abundancia de aguas, se humedece, y recala la tierra, y con su peso abre los muros, y paredes exteriores, y viene à arruinar el edificio, daño irremediable, y que yo le vi, y fui consultado para su remedio, y sin èl se cayeron à vista de todos algunos muros; y assi es bien procures no caer en este daño, como nuestros antepassados.

Seria bien que el muro, vna de las tres partes de lo que ha de subir, le labrasses aldeado, ò escarpado, para que si por de dentro le hiciesse algun terraplen, resistiesse mas su empujo: demàs de que estorva à que el enemigo no eche escalas, sino con dificultad. Las Fortalezas, y Castillos se han de plantar en lugares eminentes, para que no solo sean patentes, sino que señoreando la tierra, la sujete, y sirvan de atalayas. Dentro de estos Fuertes se ha de hacer habitacion copiosa, conforme à la parte que defiende, para que sus de

fend

defensores habiten. Su planta ha de ser como queda dicho. Entrada al Castillo, solo avrà vna, que sea puente, y ocultas las necessarias para los ardides de guerra: y la puerta principal ha de estàr adonde con poca dificultad se pueda ofender, y defender, tambien con su puente levadiza, para que en aviendo hecho el acometimiento, si la necessidad pidiere el recogerse la Gente, con facilidad se haga, dexandolo por la puente al enemigo burlado, y su defensa segura. Plantarlcha de suerte, que se juzgue la Ciudad, y en parte que desde el Castillo la pueda ofender, si se moviere algun motin. Estarà rodeado el Fuerte, ò Castillo de Torres, segun la necesidad pide, aunque menos distantes: y en el medio tendrà vna superior, para poder atalayar desde ella lo mas oculto, y se prevenga el remedio para el daño. Tambien tendrà el Castillo, ò Fuerte, su foso, semejante al passado. Si el Fuerte fuere maritimo, los vados, ò passos, que le rodearen, serán impedidos con vigas, ò piedras, para que assi no se le arrimen las Velas, que le pretendieren contrastar, dexando passo oculto para el socorro de el: y assi quedarà inexpugnable. Mas (como al principio diximos) lee Fortificacion de Don Diego Gonzalez de Medina, y Fortificacion del Capitàn Christoval de Roxas; que con lo dicho, y lo que alli un faràs, haràs Fuertes seguros.

CAPITULO LX.

TRATA DE LAS ESCALERAS, Y CARACOLES, Y DE *su fabrica, y cortes, con sus demostraciones.*

ANtiguamente se acostumbraron las gradas de madera, para assentarse en los Teatros; y porque Pompeyo puso gradas perpetuas de marmol en el lugar del Expectaculo, ò Teatro, fuè reprehendido; porque su principio fuè fabrica de madera, y levadizas. Quien fuesse el inventor, dicen algunos, que fuè Iolao, hijo de Ipsicleo, y que instituyò assientos de gradas en la Isla de Cerdeña, quando recibiò de Hercules las Iespiadas, que es lo mismo que Musas: y dèl tuvieron origen, las escaleras, disposicion necessaria para los edificios. Oy estàn con disposicion mas entendida, que jamàs estuvieron. Del lugar en que se avian de plantar las escaleras, tratamos en el capitulo diez y nueve. En este avemos de tratar de la traza, y disposicion suya: y en esta parte es donde mas conviene, que el Artifice vaya con maduro juicio, pues vna escalera bien fundada, hermosea vn edificio. Y ante todas cosas, la escalera ha de ser muy clara, y ha de estàr en lugar patente, y à la vista de todos. No ha de ser la escalera de vn tiro, sino que lleve messas; porque demàs de servir de descanso para la Persona que sube, sirve tambien para detenerla, si acaso cae al subir, ò baxar por ella: Fuera de que la escalera es mas lucida, y vistosa, y mas honesta para Mugeres, fabricandola como està dicho: y siendo de messas, no ha de exceder el numero de los passos de cinco, siete, ò nueve. Y assi, antiguamente acostumbraren à poner gradas de numero impar, dando por razon, que en los Templos se entrasse con el pie derecho, pareciendoles imperfeccion entrar en ellos con el izquierdo: mas entre nosotros corre diferente quenta. Mas con todo esso, es bien, que no sea el numero de gradas, ò passos de messa à messa, mas que hasta nueve, por obviar el cansancio: mas quando la necessidad lo pidiere, el Artifice no ha de estàr atado à ningun precepto, sino con resolucion resolver lo que mas conviene. Tres cosas ay que considerar en las escaleras,

R 2   que

que ſon la entrada , parte , ò partes donde ſe ha de parar , y luz que ya queda
advertido al principio. Lo que pertenece à la entrada , es , que ſea deſahoga-
da , y libre. Lo que toca à la parte, ò partes donde ha de ſubir , que llamamos
parte donde remata la eſcalera : en primer lugar tomaràs la altura de la primer ſubida , que ha de tener la eſcalera ; advirtiendo , que en la parte que re-
matare la eſcalera , tambien ha de quedar deſembarazada , y por lo menos,
meſſas ſegun el ancho de la eſcalera. Tomada la altura della , repetiràs los
paſſos ſegun el alto que han de tener : Dando la huella à cada paſſo, repetiràs
los tiros; y ſi faltaren huellas, ò paſſos, enangoſtando la eſcalera, hallaràs juſ-
ta ſu medida : y ſi ſobraren las huellas, enſanchando la eſcalera, tambien hallaràs la juſtificacion al numero de los eſcalones , que la altura pide. La proporcion en que ha de eſtar la altura del eſcalon con la huella (dice Vitrubio
lib. 9. cap. 2. y lo colige del cartabon de Piragoras , de que hicimos mencion
en el cap. 5. y la haremos quando tratèmos de medir los triangulos) es figura , que propiamente llamamos, triangulo rectangulo, en Geometria. Dice,
que ſu proporcion ha de tener como tres con quatro ; de ſuerte , que ſi la huella tuviere diez y ſeis dedos de alto , ha de tener doce ; que en termino mas
breve , es vna tercia de huella , y vna quarta de alto : proporcion, que en muchas eſcaleras ſe vſa. Y ſi quieres hacerla mas llana , es facil , con ſolo baxar
del alto del eſcalon. En las que yo he trazado , comunmente les doy de alto
no mas que diez dedos. Mas es de advertir , que no porque ſe diminuya el alto de la grada , ſe ha de diminuir ſu huella; porque lo menos que ſe puede dar
de huella , es vna tercia. Tambien ſe ofrecerà hacer gredas de à media vara
de huella , como las tiene la eſcalera del Alcazar de Toledo : pieza , que ſe
dificulta , ſi ay otra mejor en Roma , Italia , ni Francia : y es notable ſu grandeza , pues ocupa vn Quartà , que tiene de largo ciento y quarenta pies , y
de ancho treinta y ſeis , adornado de muy lucida Arquitectura. Eſta eſcalera vierte à dos lados , empezando de vn tiro , que tiene de ancho quarenta
y cinco pies ; y del parten dos ramales , vno à la mano dieſtra , y otro à la ſi-
nieſtra , cada vno tiene de ancho diez y nueve pies , y deſte largo ſon todas
las piedras de los paſſos , que ſon de vna pieza ; y tan llana , que puede ſubir
vn Principe à cavallo por ella. Y porque la huella ſea de media vara , no ſe
ha de exceder del alto de vna quarta , que la regla que dà Vitrubio , es lo mas
comun , pero no general para todo : y aſsi ſe ha de entender eſta diſpoſicion
de eſcaleras. De diez dedos de alto convienen para caſas graves , Palacios , y
Conventos , eſpecialmente para caſas donde ay frequencia de Mugeres. Conocidos los paſſos que ha de llevar la eſcalera , repartiràs los tiros dando ſobre cada vno ſu meſſa ſegun el ancho de la eſcalera : Advirtiendo , que la
meſſa no lleve ningun peldaño en cartabon , que es vn paſſo que ſe ſuele echar
en diagonal de la meſſa : y eſte , fuera de ſer fealdad para la eſcalera , es pe-
ligroſo; porque el que baxa , como es coſtumbre arrimarſe al paſſamano , que
es vn tabique , ſobre el qual lleva la mano , yendo arrimado à él en llegando
à la meſſa , tal vez de vna baxa tres eſcalones , ò por lo menos dos , y aſsi procuraràs eſcuſarlos lo poſsible. Repartidos los tiros , ſobre cada vno repartl-
ràs los paſſos que à cada vno le caben , con ſu alto , y huella. Para inteligencia
de lo dicho , reſta ponerlo en diſeño : para lo qual ſupongo , que en la planta
M. N. B. D. quieres hacer le eſcalera que en ella eſtà diſpueſta , ſuba lo que quiſiere, porque el terminarla aqui, es eſcuſado: y aſsi en ſu planta ſolo ſe demuel-
tran las meſſas , y huellas , para que ſe aproveches del diſeño. Reſta el demoſtrar ſu altura , que es lo que demueſtra , V. X. ſiendo meſſa la X. Mueſtra la
planta ſiete gradas , y otras tantas mueſtra en ſu alzado , las quales denotan Y. X. que eſtàn repartidas ſegun las medidas dichas , que vienen à eſta
con el triangulo rectangulo S. X. F. que es lo primero que has de trazar

Despues repartidos los passos , porque la K. E. S. denotan la huella Y. K:
E. el alto , y lo que tiende el passo , denota la S. K. y por sus medidas has de
disponer cada passo. La S. T. denota el occino , ò arco sobre que se funda el alto , el qual puede ser tabicado de ladrillo doblado , y es suficiente,
puede ser de rosca de ladrillo ; su buelta buscaràs à mas provecho , para
que lleve menos peso , de suerte , que hecho el occino , venga à llegar à los
angulos rectos de cada passo. Es de advertir , que quanto participare mas
de buelta el ocino , tanto es mas fuerte. Los demas occinos cargan vnos
sobre otros , enrasando el ancho del tiro à nivel , y desde el empezarà la
buelta del que se sigue , conforme al passado , mas aviendo de ser esta escalera , ò las semejantes , embocinadas con Capillas por arista , como lo denota la mesa O. en tal caso te avràs en el hacer la Capilla , segun diximos
en el capitulo 52. Y echando el cañon de boveda A. L. O. que corresponde con Z. R. demostrado por puntos , de que tambien tratamos en el capitulo 48. tabicadas tus bovedas , que se han de sustentar sobre el claro,
que està de medio à medio de la planta , que ha de ser maciza. Dispuestas
assi las bovedas , y escalera , vendrà à ser embocinada : es obra muy fuerte , y muy curiosa. Y si huvieren de ser estas bovedas de canteria , con seguir los cortes de los capitulos citados , serà lo mismo. Solo es bien ad-
viertas en los gruessos de las paredes , para sustentar el peso , y empujo de
las bovedas , como queda advertido en el capitulo 22. El siguiente tiro
denotan los passos que estàn sobre la mesa X. Despues sucede el tercero
tiro , y porque no solo se hacen las escaleras de tabicado , y embocinado,
sino que tambien se hace de madera zanqueada , y de otros cortes de canteria , por esso pondrè el tercero de madera , y el quinto de diverso corte
de canteria , para que de ellos puedas aprovecharte : y todo el diseño
junto te enseñarà la disposicion que has de tener en trazar los que se te
pueden ofrecer. Y aviendo de ser la escalera de madera , à sentaràs zancas
con sus patillas , y barbillas , de que tratamos en el capitulo 44. las quales
demuestran H. P. espesas , segun la cantidad que te pareciere : y estas se
hacen fuertes en la parte baxa , y alta. En el madero que atraviessa el ancho de la escalera , que te demuestra P. L. de vna zanca à otra , sucede
entablarlo ; mas en Madrid se practica echar bovedillas , y parecen muy
bien ; y aun en las armaduras se suelen echar bovedillas , y es muy mala
obra , y que la deben contradecir los Maestros , despues suta às tus p daños , segun queda dicho. Estas escaleras se pueden fundar sobre pies derechos , ò colunas , sentando en los quatro angulos de las quatro mesas , coluna sobre coluna , y assi la tienen vnas casas enfrente de Santo Domingo
en la Villa de Madrid , obra , que à sus principios fue muy alabada. Puede
subir esta escalera , segun està dicho , quanto su necessidad pidiere , con seguro de que es segura. Conocida la fabrica de la escalera de madera , resta
el tratar de los cortes de otras escaleras de canteria , aprovechandome de la
escalera que tiene el Convento de Santa Catalina de Frayles Geronimos
en la Villa de Talavera , y despues fue contrahecha en el Convento de
Veles de la Orden Militar de señor Santiago , que por ser ingeniosa demos-
trarè sus cortes : suponiendo , que las paredes donde se aya de executar , han
de ser fuertes , porque en ellas tiene tambien su assiento , como lo demuestra el tiro quinto ; y la linea Y. H. M. denotan la parte de la escalera , que
và arrimada con la misma pared , y segun ella viene à cargar el tiro el rincon , dandole de entrega en el gruesso de la pared , lo que demuestra V. H.
con el mismo derramo que denota la Y. porque haciendo en la pared
tambien aquel sulmer , viene à ser mas segura. Y las lineas Y. V. O.
denotan la V. O. la parte exterior de la escalera , ò parte por donde và

el paſſamano. Y la Y. V. denotan el viage, ò engavchido que ha de tener el mismo azino; ò tiro; porque todo el ha de eſtar, aſsi en meſſa, como en tiro, ſegun demoeſtra Y. V. O. Del angulo V. al opueſto del rincon, ſe ha de ir ſacando el miſmo rincon, con los cortes que diximos en el capitulo cinquenta y vno, con el pequeño eſquiſe que le cupiere; eſto es, para en quan,o al pabimento de la eſcalera, por la parte baxa. Para declarar ſus cortes, abre el compàs la diſtancia H. O. y tira las porciones que ſe cruzan en el punto G. y deſde él iràs haciendo las juntas del lecho, y ſobrelecho, de meſa, y tiro: y haciendo ſſaltareglas para cada dobela, ſegun las demoſtraciones, ſaldrà la eſcalera perfecta, ſegun demueſtra ſu diſeño, y fortiſsima. Y para el tiro que ha de ſuceder, harás el corte conforme al de la primera dobela, ſirviendo de cintrel el punto G. El corte de las juntas por la parte baxa ha de ſer conforme demueſtra: y deſta ſuerte quedarà viſtoſa, y fuerte. Encima aſſentarás paſſamanos, ò de piedra, ò hierro; porque ſu hermoſura no permite otra coſa. Eſta miſma eſcalera ſe puede hacer ſiendo igual el pabimento; quiero decir, de vn miſmo grueſſo por adentro, que a fuera, que aſsi las ay en Salamanca: imita mucho à la eſcalera de madera, y por eſta cauſa no pongo ſu diſeño. Solo es de advertir, que en eſta vltima no permite hacer los tiros muy grandes, lo que no ſucede en la paſſada, pues pueden ſer crecidos lo que la neceſsidad pidiere. Demàs deſtos cortes dichos ſe puede hacer eſcalera, que las miſmas dobelas ſirvan de gradas, ſegun demueſtra el numero ſeptimo. Los cortes de lechos, y ſobrelechos ſe han de ſacar como en la demoſtracion. Eſta es tambien ſegura, y fuerte, y hacela mas fuerte el ſer el paſſamano de piedra; porque el miſmo peſo la ayuda; y mas teniendo ſeguros ſus eſtrivos. Todo lo dicho demueſtra el diſeño preſente.

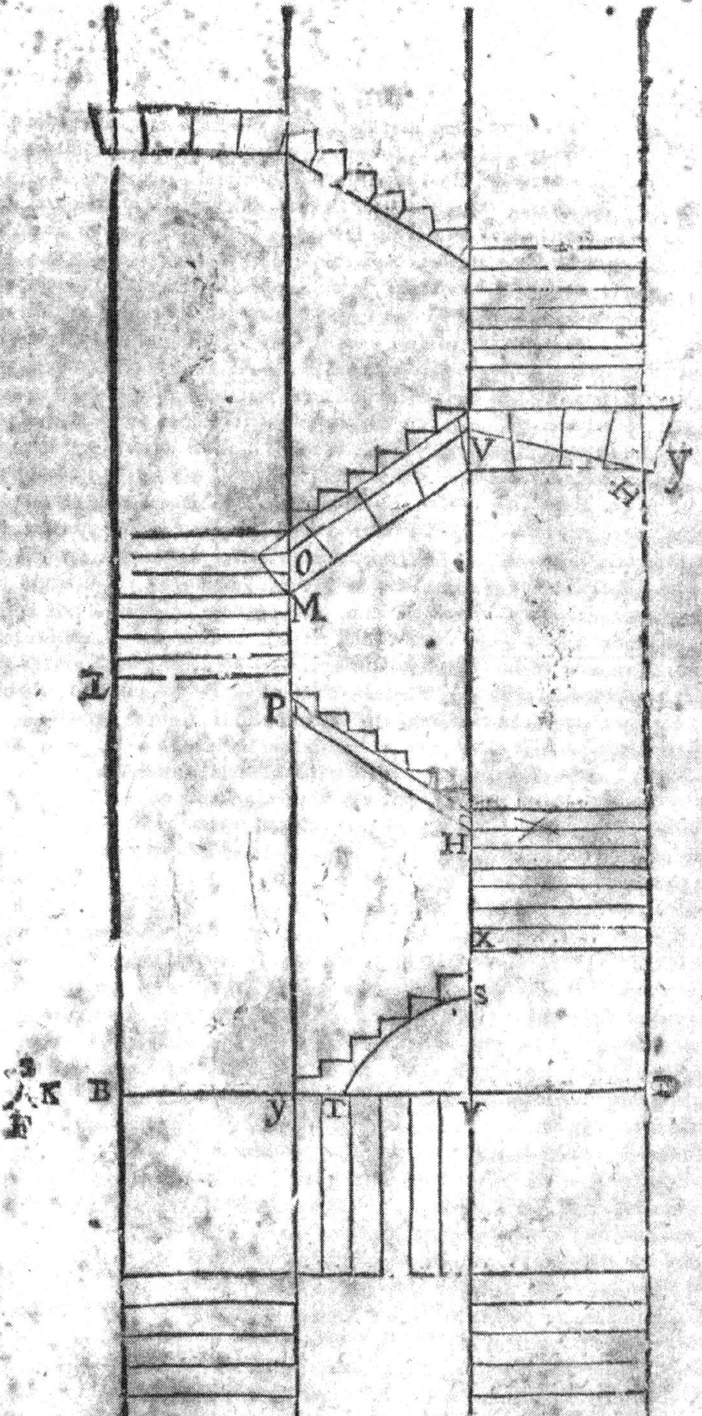
V
y
O
M
P
H
X
S
K
B
y
T
V
D
C
L
O
M
R
N

Orras eſcaleras ſe hacen, que es en vna caxa dos eſcaleras, las quales tienen diferentes entradas, y ſalidas, aunque à vnos miſmos ſuelos: y eſtas ſuceden quando en vna caſa principal ay ſervicio de hombres, y mugeres, ſirviendo vnos por vna parte, y otros por otra. Es coſa muy decente, y debida al de-
coro de caſas principales. Demas de las eſcaleras dichas, ſe hacen otras de
yeſo, y de canteria, en pequeños eſpacios, que llamamos caracoles. Son in-
geniotas en ſu fabrica, y ſerviciales, y aprovechadas para el vſo de caſas. Y
ſon tambien aprovechadas, porque ocupan poco lugar. Verdad es, que ſu
ſubida es algo mas dificil, mas el exercicio lo facilita todo. Comunmente
ſirven eſtos caracoles en parte ſecreta: en ſu fabrica ay dos diferencias, vna
es, el ſer caracol de coluna, que es quando à la parte donde rematan las gradas eſtà maciza: otra es de ojo, que es quando el eſtremo de las gradas rematan en vn hueco, que de arriba abaxo ſe vè quien ſube, ò quien baxe. El llamado caracol de Mallorca, es aun mas ingenioſo que el paſſado, por la dificultad de los cortes que tiene el ojo. En eſtos miſmos ſe hacen dos diferencias de
gradas, vnas que vàn derechas à ſu centro, otras que vàn torcidas, y eſtas vltimas ſon mas aprovechadas que las paſſadas, por ſer mas largas. De vno, y
Andrea otro hace demoſtracion Andrea Paladio en ſu lib. 1. cap. 28. Queriendo ha-
Paladio. cer caracoles de yeſeria, fixaràs en ſu mitad vn madero, que llamamos arbol,
que ſea redondo, y guarnecido el cubo, trazaràs en èl todos los paſſos, con
ſu alto, y huellas, ſegun el numero que de ellos tienes neceſſidad. Trazados los
paſſos al rededor del cubo, y guarnecido el arbol de yeſeria, deſpues de bien
enmizalo, trazaràs en el miſmo arbol los peldaños, ò paſſos iguales en altura, y con la parte de huella que arrimada al arbol le toca: y deſpues, de vn
pendaño à otro trazaràs el ocino, el qual iràs tabicando, y ſentando ſobre èl
los peldaños, quedarà con toda perfeccion. Todo lo dicho conoceràs mejor,
tratando de ſus cortes de canteria; y para ſu inteligencia ſupongo, que vn hueco de ocho pies, demoſtrado en A. B. C. D. quieres hacer vn caracol de canteria, eſte hueco repartiràs en quatro partes, aviendo de ſer para coluna, quiero decir, que el ojo demoſtrado en G. ha de ſubir macizo, y repartido el hueco, ò diametro de la planta dicha en quatro partes, vna de ellas ha de tener el
macizo, ò coluna; mas ſi huviere de ſer hueco, le repartiràs en cinco partes,
y la vna daràs al ojo, aunque ay Autores que dicen ſe reparta en tres partes,
y la vna ſe dè al macizo, ò coluna; y ſi fuere hueco el ojo, dicen, que ſe reparta en quatro partes, y que la vna ſe le dè. La eſcalera de coluna Traxana eſtà
repartido el diametro en ſiete partes, y las quatro quedan à los paſſos, mas en
muchos caracoles de Eſpaña, hechos por ingenioſos Maeſtros de ella, aun adel-
gazan mas de lo que yo digo. Eſto preſupueſto, para repartir las huellas ſegun la que tuvieres determinada de dàr (que comunmente es vn pie) para re-
partirlas ſe apartaràs de las tres partes del largo del paſſo, que denota A. G.
la vna demoſtrada en N. y por eſta parte ha de tener la huella cumplida, dexando que crezca en la parte exterior lo que creciere, por cauſa de lo que
diſminuye arrimada à la coluna. Para entender los cortes de los paſſos, haràs
vna plantilla, ſegun demueſtra P. Q. E. K. Y. y ſegun ella cortaràs los vivos
del paſſo, dandole para la entrepa del cubo, que es el lado P. Q. de mas à
mas lo que te pareciere, y aſsi queda demoſtrado vn lado del paſſo, que es la
miſma huella. Para labrar lo reſtante, haràs vna plantilla ſegun X. H. R. L. y
eſta ſe ha de aſſentar en la parte de la cabeza del paſſo, ò ſi no, haràs vna regla cercha, como demueſtra H. R. L. y aviendo labrado los dos angulos rectos H. X. con vna eſquadra en el engavchido, ò pavimento de caracol, ſal-
dràs con la regla cercha H. R. L. Nota, que la H. R. es aſsiento que vàn haciendo los paſſos vno ſobre otro, y por ello es mas crecida la huella L. X. dos
diez y ſeis avos, que es lo que ſu planta pide. Demàs de eſtas plantilias, has de
ha-

hacer otra como demuestra S. V. M. T. haciendo regla cercha, segun M. T. V. que es la parte que viene arrimada à la coluna; con estas cerchas iràs labrando el pavimento de abaxo; que las huellas V. S. L. X. y los altos del passo M. S. H. X. con la esquadra se labran. Y debes notar, que las monteas que tienen estas plantillas, se dàn abriendo el compàs la distancia G. A. y assentando el compàs en los puntos T. V. R. L. descriviendo las porciones F. Z. y donde se cruzan sentaràs el compàs, y con èl se descriven las porciones T. V. R. La y assi viene à quedar todo el pavimento igual. La plantilla del lecho se hace segun Q. A. E. y la distancia que ay entre las dos lineas A. E. denota la parte del lecho que à cada passo pertenece; que lo que pertenece à lecho, y sobrelecho de la coluna, ello mismo se està declarado. Labrando cada passo segun estas plantillas, quedarà como el diseño lo demuestra, y el caracol con toda perfeccion.

Si fuere el caracol abierto con ojo, à las plantillas de lechos, y sobrelechos les daràs la parte de porcion que les pertenece, que es, al lecho la porcion A. E. y al sobrelecho la porcion Y. A. E. y con esto, llegando à dàr la buelta entera, quedarà el ojo perfecto. Debes advertir, que te parecerà, que và torcido el ojo; mas no es assi, pues acabado, quedarà perfectamente redundo. Diximos, que los passos torcidos eran mas aprovechados, y es la causa, porque vienen à tender mas, y à ser mas largos. Entendida la demostracion passada, serà facil el entender la presente.

En plantas aovidas se puede ofrecer el hacer caracoles; mas la misma disposicion tienen los vnos, que los otros;

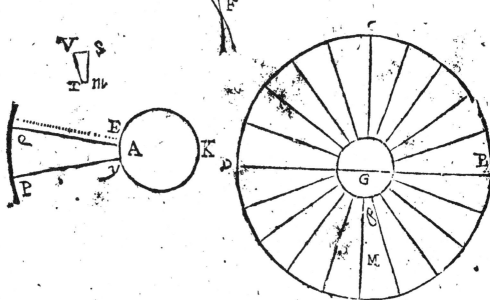

CAPITULO LXI.

TRATA DEL SITIO CONVENIENTE PARA LAS puentes, y de su fabrica.

MVchas son las particularidades que ay que advertir en vna puente ; y, como de suyo sea el edificio de vna puente arduo, y dificultoso ; no, tanto por su fabrica, quanto por su conservacion, por esso conviene, que en el plantarla seas muy considerado. De tres generos de materiales se edifi-can puentes, que es de madera : y assi sabemos, que las edificò Cesar, y con ella consiguiò tantas victorias. El segundo es de ladrillo ; y de esto leemos, que hizo puente el poderoso Rey, Mausoleo ; y otras muchas conocemos, que son antiquissimas. La tercera es de piedra, de que comunmente son co-das. Todas tres son fuertes, y seguras, aunque mas la de piedra. Las dos re-quieren vn mismo assiento : mas la de madera en algo difiere, segun adelante se irà declarando ; y antes que passemos à su fabrica, serà bien tratar de la conveniencia del sitio : Y ante todas cosas, en el plantar la puente se hà de mirar al mayor aprovechamiento de la tierra, y à que no sea muy costoso su edificio ; aunque por huir de la costa, no debes de edificarla en el mejor sitio. Procuraràs, que los vados del Rio no sean muy hondos, y que el Rio no va-rie de assiento, rompiendo diversas madres, sino que persevere de continuo en el que eligieres : y de esto daràn noticia los habitadores de aquella Region, Tampoco se ha de plantar la puente en parte que las Riberas cauten codos, sino que derechas entren las aguas en la puente. Tampoco la plantaràs en parte que las aguas vayan rapidas, sino que su corriente sea manso, y sosse-gado. Si pudieres edificar la puente sobre rocas, ò peñas, serà mas segura ; pues las que assi estàn plantadas, perseveran con la entereza que se planta-ron : y tanto es de alabar la planta de vna puente, como su edificio ; y assi vemos, que es de alabar la puente, y sitio de Albalà, ò Almaràz, por otro nombre : fabrica que hizo la Magestad de Carlos Quinto. Es puente que està sobre dos rocas : y es tan altissima, que turba la vista ; y tan grande el vn ojo, que por èl solo passa Tajo, con ser Rio tan caudaloso ; y dexa otro ojo, que le acompaña, en seco. Conocido el sitio, y aviendo de fundar puentes de madera, en siendo rocoso el sitio, dicho se està, que mal se podrà hacer : mas siendo parte comoda, haràs la puente de madera, con la traza, y disposicion que irèmos declarando. Quanto à lo primero, procuraràs cortar la madera con la traza, y disposicion que dimos en el cap. 42. dispondràs los pies derechos, que sean quadrados, y largos, segun el fondo del agua, y lo que encima han de sobrepujar : y en las cabezas de los pies, ò en lo mas gruesso de ellos, haràs vna punta quadrada, que tenga cuerpo : y si la tierra fuere fuerte, de tal suer-te, que temas se han de romper las puntas al clavarlas, echaràs vna punta de hierro, cortando la punta de la madera vn pedazo, y semejante à lo cortido, serà la de hierro, y con vna espiga la clavaràs en la parte que cortasse la punta de madera. Y demàs de esto, de la misma punta de hierro, saldràn qua-tro barretas, que se claven con clavos, muy fuertemente, en la misma viga, para que quede la punta mas fixa. Assi dispuestos los pies, cortaràs vn tronco de encina, de la altura de vn hombre, y lo mas gruesso que ser pueda, y en los lados haràs quatro escopleaduras, dos altas, y dos baxas, y fixaràs en ellas quatro zoquetes, que relieven hasta vna quarta : y estos han de estar con tal dis-posicion, que estè en derecho vno con otro. En la parte alto del tajo fixaràs vna argolla de hierro, de adonde ha de pender la maroma, para tirar el maban de ponor con dos vigas: las mas altas que ser pueda, harás vna canàl en cada vna, que vengan ajustadas con los zoquetes del mazo; y dispuestas estas dos vigas, en el lugar que has de hincar el pie derecho las fixaràs, y encima de ellas estará vna polea, y con vn torno subiràs el mazo, siendo el hierro con que se han de prender en forma de S. para que en llegando el mazo; la polea se suelte, y de el golpe sobre la viga, la qual rompiendo la tierra baxarà lo necessario con la violencia del mazo. Clavados todos los pies derechos, segun el ancho, y largo de la puente, sentando con rectitud vnos enfrente de otros, y despues iràs echando asnillas, ò puentes de vno à otro pie, que sean gruessas, segun el ancho de la puente, para que no solo sustenten el peso del enmaderamiento, sino la muchedumbre d' peso que puede ofrecerse, que passe por encima. De vnos à otros pies echaràs por la parte baxa vnas riostras en forma de aspas, para que resistan el empujo del agua; y à las mismas asnillas, ò puentes, echaràs otras riostras, para que las ayuden à sustentar. Advirtiendo, que en los pies se haràn espigas, y en las asnillas, ò puentes, harás sus escopleaduras, para que encadenen mas la obra. Despues de bien tramada de madera, echaràs los antepechos para que passen con seguridad. Estos seràn de madera, ò de verjas de hierro. Y assi sabemos, que en Verona, para defensa de los carros, acostumbraron à echar verjas de hierro en sus antepechos: y con esta disposicion queda la puente segura, y con seguro passo sus circunvecinos. No tratamos al principio del remedio que se ha de tener, quando la necessidad pide el atajar el rio; porque de ordinario se hacen estas puentes en rios poco caudalosos; y quando lo sean, lo harás segun lo advertiremos en este Discurso. Y en primer lugar, siendo las puentes de ladrillo, y piedra, lo que se dixere de la vna, se ha de entender de la otra, por ser en todo muy semejantes. Y assi tomo por assumpto el de la canteria, por ser mas comun, por su mayor firmeza, y presteza. Aviendose de hacer puente de silleria, ò de canteria, eligiràs el tiempo à proposito, para sacar las cepas, de tal suerte, que las avenidas no las puedan dañar; y assi empezaràs la puente en la Primavera, quando la obra se puede acabar comodamente en el Verano: mas no siendo assi, sino que se puede acabar, empezaràs las cepas en el Otoño, ò de mediado del Verano, porque las aguas vàn mas baxas en estos tiempos. En partes sucederà aver menester apartar el rio por otra parte, ò en èl mismo guiarle en vna parte à otra con vnas ataguias. No es nuevo el atajar los rios, ni echarlos de vna parte à otra; pues sabemos, que el Rey Mina, en vna puente que hizo junto à Menfis en el Rio Nilo, para poderla hacer, guiò las aguas (con ser tan caudalosas, y abundantes) por diferente parte de curso; y acabada la puente restituyò el agua à su antigua madre. Y Nicoris Reyna de los Assirios, en otra puente que edificò, teniendo todos los materiales prevenidos, hizo vn gran lago donde se recogieron las aguas en el interin que se edificaba; y acabada la puente divirtiò el lago, y el rio siguiò su curso. Y assi para apartar el rio de vna parte à otra, te apartaràs vna pequeña distancia del asiento de la puente, y de la parte que te apartares, por la que quisieres guiar las aguas, de vn extremo à otro iràs hincando estacas à trechos, vnas de otras poco mas de tercia, y que sean largas lo necessario, para que sobrepujen del agua, y clavaràs vnas por vn lado, y otras por otro, formando vn gruesso de pared, tanto gruessa, quanto la pujanza fuere del rio: despues de vnas à otras las entretexeràs de taray, ò retama, y en el medio le macizaràs de piedra, y arena, y broza, para que entrapada no ofenda la obra: de esta forma harás las ataguias. Esta diligencia anticipada, es provechosa para ti, y para la obra, pues à la obra dà lugar al asiento de cepas, y à ti à que la hagas con seguridad, y satisfaccion. Tambien antes de plantar las cepas, es necessario el reconocer por què parte và mas copia de agua, para procurar que quede entre dos cepas, y no ninguna en medio. Y efto lo conocerás echando, algo diftante de la puente, cantidad de alguna coſa liviana, como ſon nuezes, ò pedazos de corcho, ò paja, que todo es à proꝑpoſito: y por la parte que paſſare mayor abundancia de lo que echares, es ſeñal, que por alli và mayor copia de agua: y procurarás queden las cepas, ſegun eſtà dicho, vna à vn lado, y otra à otro. Sabido el aſſiento de las cepas, procuraras, què el numero de los arcos ſean impares, como tambien advertimos en el cap. 58. porque fuera de que no dexa de ſer algo mas fuerte, tambien es parte deſu hermoſura. Reſta el tratar de la fortificacion de las cepas; y eſta ha deſer ahondandolas todo lo poſsible; porque las aguas quando baten en ellas, con la fuerza que traen, ſocaban las puentes, y las derriban; y aun por ello convendrà, que los ſeñores de las puentes, en los Veranos hagan que los Maeſtros recorran las cepas, ò en el Invierno han ſido ſobadas, para recibirlas, que eſſo ſe hace con facilidad; y el hacerla deſpues de caida, es dificil. Si al abrir las cepas manare agua, con bombas remediarás la parte que pudieres; porque conviene mucho el ahondarlas. A las cepas les darás buenos rodapies, ò zarpas, para que queden bien bañadas. Las formas que las cepas ayan de tener, demoſtraremos en planta, con ſu alzado. Abiertas las cepas, ſe macizarán de piedras mas crecidas, que ſer pudiere, trabadas entre ſi, ſegun diximos en el cap. 40. y el corazon ſe macizarà de fuerte argamaſſa, y de piedra, no tan crecida como la exterior: Si aun con la diligencia de la ataguia paſſare agua, de fuerte, que te ſmpida, harás caxas de madera, ſegun la planta de la puente, y las irás ſentando en cada cepa; y ſirven para que el agua no desflore la virtud de la cal, y de que puedas irla obrando. Eſtas caxas no ſe han de quitar haſta que ſe oudran, ò el Rio las quitè. Si diere lugar el ſitio de la cepa, la llenarás de eſtacas (ſegun diximos en el cap. 24.) muy fuertemente clavadas. El grueſſo de las cepas ha de ſer por la mitad del hueco del arco. La ſalida del eſtrivo, ò tajamar, procurarás que no ſea demaſiada deacura en ſu angulo; porque facilmente, con las avenidas, trae el Rio troncos, que quebrantan ſus puntas, y las maltratan. Antiguamente ſe acoſtumbraron à hacer los eſtrivos redondos, por ventura, porque les parecia mas fuerte, como de ſuyo lo es la figura: Mas la experiencia nos enſeña, que no corta el agua, y que por ſer ſu reſiſtencia mayor, combate mas, y aſſi no es tan provechoſo: y para que lo ſea, ſerà bien ſea el angulo recto, y aſſi tendrà fuerza el tajamar para reſiſtir, y cortar el agua. Seria bien, que los huecos de la puente fueſſen al principio mas angoſtos, que los del medio. Solo tiene vn inconveniente, y es, que por tiempo puede mudar el Rio de madre, y aſſi conſiderarás vno, y otro. No ſolo conviene, por la hermoſura de la puente, que los arcos ſean al principio mas angoſtos, ſino tambien porque eſtando mas anchos, vienen à ſer mas altos los arcos, y por ſu eſpacio puede entrar mas agua. Y tambien conviene, que la puente venga à tener algo de cueſta en el medio, que de neceſsidad la cauſa lo dicho. El grueſſo de las dobelas ſerà de alto en las bobedas ſegun al Artifice pareciere: mas los ariſtones, que ſon las dobelas exteriores, que reciben los golpes, ſerán por la doſzaba parte de ſu ancho, aunque en el capitulo quarenta y vno diximos, que no ſe podia dar regla cierta para los grueſſos de los arcos: Mas en eſte caſo, corre muy diferente regla; porque ſe ha de conſiderar, que por vna puente paſſan muchos, y diverſos peſos de piedras, golpes de carros, y otras coſas, y por eſta razon conviene, que ſean tan grueſſas las bobedas, ò arcos de las puentes: y ſi el grueſſo que pide fuere tal, que comodamente no ſe puedan ſubir, ni aſſentar ſus dobelas, en tal caſo lo repartirás en dos bobedas, ò arcos, y ſervirà de cimbra la primera à la ſegunda, y aſſi quedarà la puente ſegura: y lo miſmo tiene la puente de Albalà, de que hizimos mencion al principio, y otras que dexo de referir. Las cepas, ſerà bien que las levanten

algu-

alguna pequeña parte de pie derecho, para que la bodeda no mueva deſde el principio: y lo que huviere de levantar quede à ſu eleccion, y à la neceſsidad de la puente. La buelta que el arco ha de tener, ſerà bien ſea de medio punto, por ſer mas fuerte, como diximos en el cap. 38. Y ſi huviere de ſer de otra buelta, en el miſmo capitulo hallaràs ſu diſpoſicion, ſegun la buelta huvieres de echar. El corte, ò cortes de las bobedas, y forma de labrarlas, hallaràs en el cap. 48. y labradas ſegun alli diximos, ſaldràn los arcos, ò bobedas perfectas. Hechos los arcos, ò bobedas, los enraſamientos, y coronaciones ſe haràn de ſillares, que vayan bien trabados, y que ſe entreguen bien en el cuerpo de la obra. Los eſtrivos levantaràn haſta los dos tercios de los arcos, y haſta el vltimo ſe iràn rematando con la miſma nariz del tajamar, ò angulo, que llevarà bien ſoldado, para que aſsi tambien ſea defendido el eſtrivo de las inclemencias del tiempo. Hace à las puentes mas ſeguras, ſi en el medio ſe levantaſſen algunas Torres, fundadas ſobre ſus cepas; porque el peſo en las avenidas reſiſte el impetu de las aguas: y aſsi las vemos en las puentes del Arzobiſpo, y Alcantara, y en otras partes. Enraſada la puente, ſe levantaràn los antepechos, y eſtos han de tener el grueſſo que mas pudieren, que no ſolo ſirven de provecho à los Paſſageros, ſino à la miſma puente. Eſtos, de ordinario ſe echa en ellos vna faxa baxa, y otra alta, para ornato, y encima ſus bolas, con alguna forma de pedeſtales, como los tiene la puente de Belio, ò Adriano en Roma, llamada por otro nombre de San Angel. En los antepechos quedaràn canalones, para que deſpida el agua que ſobre la puente cayere; y eſtos canalones quedaràn de vna, y otra parte. Para ſolar la puente buſcaràs la piedra mas fuerte, y de ella haràs loſas, y la ſolaràs aguas vertientes à los lados. Tengan las loſas moderados grueſſos: mas en ſer duras, lo mas que ſer pudiere; porque el curſo de la Gente no las gaſte. Aunque leemos, que las hormigas, con ſer vnos animales tan pequeños, hacen curſo, y gaſtan aun pedernales. Y aun no ſeria malo en puentes muy frequentadas las empedraſſes de pedernal crecido. Tambien conviene, que las puentes tengan apartaderos encima de los eſtrivos, para que los carros, y los demàs animales no ſe enquentren. Tambien conviene, que en los antepechos queden ſaeteros; porque ſi el Rio ſobrepujare, no ſe los lleve, y paſſe el agua que pudiere por ellos. Son perjudiciales los molinos para las puentes; y aſsi, à qualquier intereſſado le eſtà bien el no conſentirle, ſino que eſtè apartado: la razon es, porque ſe hacen preſas para guiar las aguas al molino, y eſtaſſe vàn llenando de arena; y ſi el Rio iba por vna parte, le guian por otra: y eſtando el molino enmedio de la puente, le aparta la preſa, y guia à las orillas, y rompiendo nuevas madres, ſe lleva la puente, y dexa el molino en ſeco: aſsi, que conviene el eſtàr apartado; y eſto enſeña la experiencia. Las particularidades dichas demueſtra el diſeño preſente; y obradas ſegun queda advertido, puedes eſtar ſeguro lo eſtarà tu obra. Nota, que quando el Rio fuere de muchas avenidas, y las cepas no las pudieres ahondar à tu ſatisfaccion, que de cepa à cepa encadenes los huecos, que es ahondarlos ſegun las cepas, y eſtacandolas como eſtà dicho, echaràs la piedra mas crecida que pudieres, en ſeco, haſta enraſar con la ſuperficie de la arena: y eſto es lo que ſe llama encañado. Es muy buena obra, y aſſegura el edificio.

Aqui convenia el tratar de las maquinas, con que ſe ſuben las piedras para las fabricas: Mas dexolo de demoſtrar; porque me perſuado, que ninguno ignora, que ſea grua, ò torno, cabrilla, ni cabeſtrante, ni troculas, è inſtrumentos para ſubir peſos grandes, ni de ſu fabrica. Eſtos ſon los mas comunes en nueſtros edificios: y por ſerlo, y ſer tan conocidos, no ay para que detenerme en ſu declaracion. Vitrubio pone otras maquinas en ſu libro decimo, de las quales te puedes aprovechar.

CAP.

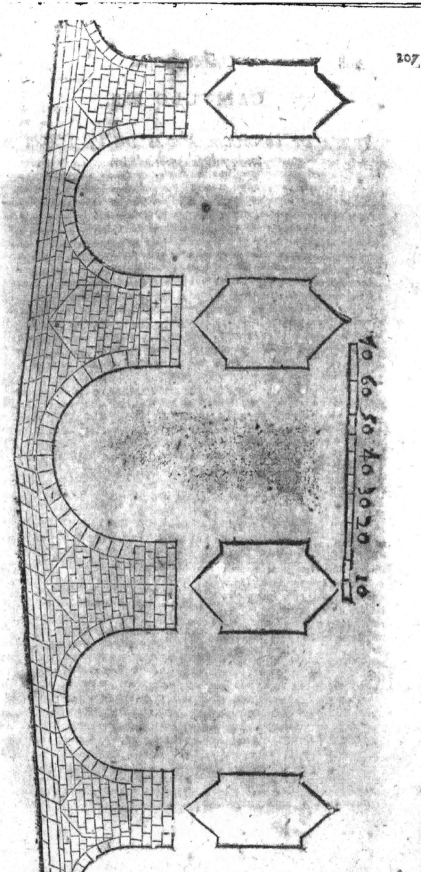

CAPITULO LXII.

TRATA DE CONDUCIR AGUAS DE VN LUGAR A otro, y de sus propriedades.

SObre el principio de todas las cosas, y Elementos, disputaron los Sabios: y vnos dixeron ser el fuego: otros el fuego, y agua: y otros, que el ayre, y la tierra: y cada vno sustentaba su opinion, apoyada con razones. Mas Tales Milesio, vno de los siete Sabios de Grecia, y el primero que disputò sobre las cosas de la Naturaleza, dixo, ser principio de todo el agua. En que sea esto, ò aquello, và poco en disputarlo; y mucho en conseguir nuestro intento. El agua, de suyo es necessarissima para conservar la vida, y el buscarla, y traerla, es accion propia desta Facultad : causa, que me ha movido à tratar dello. Y en primer lugar, es el buscarla : y esto se hace por algunas muestras exteriores de la misma tierra donde se busca : para lo qual dice Vitrubio libro 8. cap. 1. que se conoce el lugar donde ay agua, echandose sobre la tierra en el mes de Agosto, antes de salir el Sol, y en la parte, ò partes que la tierra despidiere vapores, es señal que ay agua, y que està cerca. Tambien es señal de agua en la parte que se crian juncos, cañas, y yedras; porque estas plantas, de suyo son frescas, y sin mucho humor no pueden conservar la frescura, y mas no siendo cultivadas. Tambien se conocerà si ay agua; haciendo vna fosa, que llegue hasta la cintura, de parte de tarde meter vna pieza de barro crudo, ò vn bellon de lana. y si en la mañana el barro estuviere humedo, ò deshecho, es señal, que ay agua : y si el bellon estuviere humedo, es señal tambien, que ay agua. Otras señales pone Vitrubio, à quien sigue Andrès de Cespedes, y los demàs que desta materia han escrito : Mas las dichas bastan para nuestro intento. Conocida la parte donde ay el agua, has de considerar el terruño de la tierra; porque èl es parte para que sea buena, ò no; porque si la tierra es gredosa, el agua serà delgada : mas no serà abundante, ni tendrà buen sabor. En la arena suelta ay poca agua; y el agua que se hallare entre cascajo, serà muy suave. Entre la arena aspera, y roxa, ay copia de agua, y de buen sabor, y firme, como se ha experimentado en la Villa de Madrid, que lo ha descubierto la abundancia de fuentes, con que oy està adornada.

En las faldas de los Montes se halla abundancia de aguas frias, y firmes, y de buen sabor, y destas, son mejores las que estàn al Septentrion. En el yesso son las aguas salobres: Donde ay lumbre, son las aguas agrias; como lo es vna fuente que està en Almagro, à la que llaman fuente de la Nava, y està apartada dos leguas : y junto à esta misma fuente ay otras dos; la vna es dulze, y es por causa que no passa por alumbre ; y la otra tiene el agrio mas templado, por participar de poco alumbre : y dentro de Almagro ay vn pozo tambien agrio. Las aguas que passan por azufre, son calientes; y assi lo son las Burgas de Orense en Galicia, y los Baños de junto à la Sierra de Elvira, vna legua de Granada; y los de Alhama; y otros muchos, que dexo de referir : De suerte, que las aguas toman el sabor que de las Minas reciben. Para conocer de todas las aguas, qual sea la mejor, toma vn pañuelo, y ni jalè, aviendole pesado primero, y despues ponle à enjugar : y estando bien seco, tornale à pesar; y si su peso no excede al primero, señal es, que el agua es buena: mas si excede, no lo es; porque tiene el agua mucho de terrestridad, y serà dañosa à la salud. Otros pesan el agua, y la que menos pesa, esta tienen por mas saludable. En los campos llanos se descubren fuentes à costa de trabajo;

pura

porque pocas veces brotan en los llanos las aguas, como en las tierras montuosas, y en vna, y otra parte ay su razon natural. Y en lo que toca à los campos, es la razon, que el Sol hiere con mayor vehemencia con sus rayos, y hace que se exalen los vapores humedos, y comprimida la tierra, y cerrados sus poros, no dà lugar à que rompiendo la tierra brote el agua, que por sus venas toda repartida, hasta que busca la parte mas flaca, y porosa, y rebentando riega la tierra. Al contrario sucede en la tierra montuosa, y es la causa, que en los montes no hiere el Sol con tanta fuerza como en los llanos; parte porque corren de ordinario ayres frescos, y refrescan la tierra, y no exaladas los vapores, ni comprimida la tierra, brota el agua. Tambien el Sol en los montes hiere al soslayo, y obliguo, y los arboles defienden el calor, y que el Sol no levante los vapores sutiles, causa que hace que el agua sea mas sana: entre todas las aguas, la mas sana es la llovediza, guardada en cisternas, ò aljives, aunque no se ha de coger en todos tiempos. La causa de ser mas sana es, que levantada del calor del Sol en vapores sutilissimos, y siendo movidos en el ayre, del mismo, y espesados con el frio, vienen à caer en la tierra convertidos en agua delgadissima, y sin mal olor, ni sabor, y casi se puede decir, que es puro elemento: hase de coger en el Invierno, y reposada es saludable: Conocidas las aguas, y la que mas conviene para sustento de el hombre, intentarás el cogerla en esta forma: Si el agua es de manantial descubierto, adelante trataremos como se ha de llevar; y siendo de pozos, conviene, que aviendo anivelado sus nacimientos, y conocido, que el agua puede ir à la parte donde la necessidad lo pide, conviene, que todas las aguas de los pozos las juntes en vna arca por sus minas, para que ajuntadas ordenes el viage del agua, dando al arca despidiente. En el interin que se hace la cañeria, las arcas son buenas, ò de ladrillo, ò sillares bien ajustadas en sus juntas. Nota, que las aguas que juntares en el arca, tengan vn mismo nacimiento, aunque sean de diferentes pozos, ò por lo menos de nacimiento mas baxo, tenga lo suficiente para el lugar donde ha de llegar à estàr la fuente, porque sabida cosa es, que ningua agua puede subir mas que su nacimiento; y si diessemos que en vn arca se juntassen dos aguas, la vna mas baxa que la otra, y quisiessemos que la alta subiesse acompañada à si la baxa, aunque fuesse cosa moderada, es cierto que no levantaria mas que su nacimiento, primero romperia todo el edificio; porque cada vna ha de levantar su natural nacimiento; y assi conviene, que los pozos esten en vn parage, para que siendo el agua vna, con facilidad se lleven. El llevar las aguas à las arcas es por minas, de que adelante trataremos.

Nota.

CAPITULO LXIII.

TRATA DE LA FABRICA DEL NIVEL
y de su exercicio.

Diversos son los instrumentos con que dice Vitrubio que se pueden conocer las alturas de las aguas, y de ellos trata en el capitul. 6. de su libro 8. haciendo demostracion, mas la fabrica del Nivel es en estos tiempos muy exercitada, y digna de alabar; de el hace demostracion Andrès de Cespedes en su Tratado de Instrumentos de Geometrìa, aunque confiessa, que no es traza suya; tambien hace de el demostracion el Capitan Christoval de Roxas, y tampoco hallo que el le inventasse: el es instrumento antiguo, y su fabrica la haràs como se sigue: Haz vn circulo, segun demuestra A. B. C. D. tira mas las lineas diametrales A. C. B. D. que causen angulos rectos entre sì, y que quede dividido el circulo en quatro quadrantes igua-

Vitru.

Andres de Cespedes.

les.

S

les, y afsi fe cruzarà en el punto M. Divide el femidiametro M. D. en diez
partes iguales, y affentando el pie del compàs en el punto D. defcrive los femicirculos, que paffen por las divifiones, y toquen en el femicirculo A. C. D.
Defpues tira las lineas que falen del punto B. que de todas es fu centro, y
que baxen hafta los femicirculos: Tira mas las lineas A. B. B. C. que fignifican las piernas del Nivèl. Y es de notar, que eftando trazado afsi el Nivèl,
puede fervir de efquadra. Saca otra linea paralela con la A. C. como demueftra B. G. y efta ferà la travefìa, ò puente del Nivèl: y donde cortaron las
lineas que fe tiraron del punto B. en la linea H. G. demoftràràn las medidas,
ò alturas que ay de vn punto à otro, y eftas fe pondràn con fus numeros, como el difeño lo demueftra.

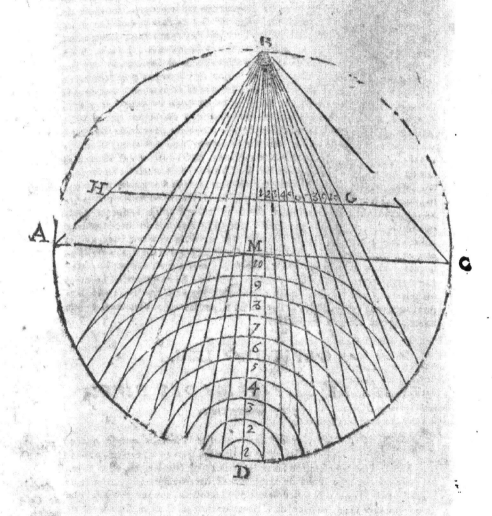

Nota, que para nivelar vn edificio, como solo sirve la perpendicular M.B. no es necessario ¡las demàs lineas, sino solo las de las piernas, y atravesia, formadas en vn semicirculo, para que vayan con rectitud : mas la fabrica demostrada conviene para la Fontaneria. Todo lo demostrado trazaràs en vna pared muy igual, y no excederà el hueco del nivel de vna pierna à otra de a diez pies, y si puede ser no tenga menos, porque con mas facilidad puedas corregir, y conocer las alturas, y lo que has caminado; para ajustar la cuenta. Las puntas del nivel seràn de acero, ò hierro, porque no sea que se gaste, y gastado sea incierto : y tambien le haràs vnos texos de hierro, que por lo menos tengan quatro dedos en quadro; y si los fixares en vnas tablillas de à tercia serà mejor; y aviendo de anivelar, sentaràs el nivel sobre los texos, para que assi reconozcas mejor lo que pretendes. Advirtiendo, que en la parte mas baxa no se abaxe el nivel con el peso mas que lo que es superficie. Conviene declarar su exercicio. Diximos, que dividiesses el semidiametro M.D. en diez partes iguales, y que el nivel tuviesse diez pies de hueco; segun esta razon la M.D. tiene cinco pies, y diez medios, que todo es vno à esta cuenta. Las divisiones hechas en la atravesia del nivel, cada vna es medio pie, y tiene diez medios à vna parte, y diez à otra; y assi siempre que el perpendiculo cayere en qualquiera de las divisiones, tantas quantas fueren seràn los medios pies que baxa, ò sube. Si quisieres que sean quartos de pie, entre las divisiones vè echando otras lineas que estàn de medio à medio de las hechas, y assi seràn quartos de pie; y si quisieres que sean dedos, divide los quartos de pie, puesto que cada vno es quatro dedos en quatro partes iguales, y ven irà à quedar entre division, y division ocho dedos, que es lo que tiene medio pie. Sabida esta disposicion, queriendo reconocer de dos estremos qual està el mas alto, es cosa facilissima; solo ay vn inconveniente, que es necessario ir derecho por la parte que se nivelare; porque no siendo assi, saldrà incierto lo que caminas; mas no lo que nivelas : y caminando derecho de vn lugar à otro, te avràs con esta cuenta con facilidad; y es, que cada hueco que midieres, ò anivelares, lo que el perpendiculo señalare de desnivel, assientes assi de lo que subiere, como de lo que baxare, declarando cada cosa de por si, con termino de nombres, que es, à lo que baxa, se dice guia, y à lo que sube, contra : y acabada la nivelacion, sumando lo vno, y lo otro, restando vno de otro; y lo que quedare serà lo que los dos sitios tienen de desigualdad; y assi conoceràs si el agua puede ir, ò no. Con otros instrumentos Geometricos se reconoce esto mismo, como es el quadrante, y el vaculo mensorio, ò vaculo de Jacob. Y destos trata Mova lib. 1. cap. 2. y 3. Traelos tambien Andrès de Cespedes en su tratado de instrumentos de Geometria, y otros muchos Autores, que lo demuestran con su exercicio, de estos, y otros instrumentos : mas si el que los exercita no es diestro, con dificultad reconocerà las alturas con certidumbre, mas si lo es, no ay duda sino que son verdaderos : mas el mas cierto de todos para esta facultad es el nivel, si se exercita, como queda declarado. Si la distancia fuere pequeña, con que assientes vn reglon à nivel perfectamente, y por encima de el causares vna linea visual, que vaya al estremo que desseas reconocer, determinando la vista lo que difieren el alto, ò baxo; y señalado, no ay duda en que serà tambien cierta, y segura la medida de esta suerte : todas las cosas quieren rectitud, y esta mas que otra
ninguna; porque de ella depende su mayor vtilidad.

Mova. Andrès de Cespedes.

CA-

CAPITULO LXIV.

TRATA DE LA SVERTE QUE SE HAN DE ABRIR LAS minas, y guiar las aguas.

ANtiquíssima cosa es el guiar las aguas por minas, y azequias: y en esto se aventajaron los antepassados; y assi, hallamos que fue admirable la mina de Megato, que tenia veinte pies de alto, por la qual se guiaba vna fuente à la Ciudad. Y Semiramis, Reyna de los Asirios, y muger que fue de Nino, guió mucha abundancia de agua por vna azequia à la Ciudad de Ezbatanas; y para ello rompió vn monte de veinte y cinco estados de alto; y tenia la azequia quince pies de ancho: y el azequia, y mina son muy semejantes, y muy comunes para este fin, aunque dexo de referir muchas cosas que tocantes à esta materia he leido en diversos Autores. Y tratando de lo que nos importa, reconocidas las alturas de la agua, y que à lo menos tenga el naci-miento de mas alto que la parte donde ha de parar, ò manadero, medio pie

Plural. en cada cien pies, que con esto está suficiente, segun Vitrubio lib. 8. cap. 7. y recogidas las aguas à vna arca (segun diximos en el capitulo passado) iràs abriendo minas de suerte, que por ellas pueda ir vn hombre en pie, dandole el ancho suficiente. Y porque las minas no vayan torcidas, tomarás vna abu-ja tocada con piedra imàn, y assentandola en el alto del pozo miraràs à cue parte està, donde has de guiar el agua, y señalarás en el lugar que està senta-da la abuja vna linea que vaya derecha por donde ha de ir la mina, y despues por debaxo de tierra siguiendo la linea señalada saldrà la mina al lugar de-terminado; porque la abuja no puede dexar de guiar al Norte; y la linea he-cha señala el viage que la mina ha de llevar. Puede ofrecerse, que abriendo las minas encuentres con tierra que se derrumbe, especialmente, quando es arena muerta, ò floxa; en tales casos se iràn haciendo alcantarillas de ladri-llo, para que con seguridad passe el agua por las minas. Vnas veces và el agua descubierta, otras encañada; en esto obrarás, segun la necessidad pidiere, aunque mas limpieza es ir guiada el agua por cañeria, y mas quando està cer-ca el manadero. Diferentes dificultades se pueden ofrecer en el guiar el agua, segun la diferencia de los sitios, y assi conviene el irlos declarando. Quando el nacimiento del agua se conoce evidentemente ser mas alto que el mana-dero, ò parte adonde ha de parar, y que no tiene que subir cuesta arriba, sino solo ir baxando, en tal caso facil es el llevar el agua, sino es que aya de ir dan-do algunas bueltas, y haciendo codos, por algunos inconvenientes que se pue-den ofrecer; y assi serà su remedio el ir haciendo arcas en el lugar de los co-dos, para que descanse el agua; porque no siendo assi, rebentarà la cañeria. Hase de advertir si el camino es corto; porque en tal caso no ha menester arcas, mas si es largo, aunque el camino vaya derecho, se han de hacer arcas para que descanse el agua; lo vno, y lo otro, para que si la cañeria se quiebra rebentando las aguas los caños entre vna, y otra arca, con facilidad se cono-ce el daño, por saber entre quales dos arcas està, y con brevedad se acude al remedio. Puede ofrecerse el estar el agua en vn cerro, y aver de baxar por vn valle, y tornar à subir otro cerro, lugar donde ha de parar, ò manar. En to-das las cosas importa la diligencia del Artifice; y assi en tal caso miraràs si la subida, y baxada son muy largas; porque de suyo el agua se inclina à su cen-tro, por ser notable su peso; y el agua que baxa, y la que sube carga en la ca-ñeria baxa, y su peso la hace rebentar, aunque sea de la materia mas fuerte que fuere; en tal caso iràs haciendo cambixas, que son vnas como torres pe-

que

pequeñas, ò arcas; en moderada distancia vnas de otras, que suban con este
orden : Reconocida la distancia que excede al manadero el nacimiento, y repartidas las torres que conviene echar; el exceso que ay de nacimiento à
manadero, repartiràs en otras tantas partes, y lo que le cupiere irà quedando mas baxa la torre que su nacimiento; y assi el agua irà con menos peso,
llevando la cañeria fixa por la torre arriba; y en lo alto de la torre vaciarà
el agua en vna pila, de la qual tornarà à baxar, y continuando, quedarà segura la fabrica; por ir subiendo, y baxando de torre en torre. Si el agua fuere
en abundancia, serà bien que vaya encaminada por dos caños, y que no tenga mas hueco que la necessidad pide; porque si tienen mas, llenos los caños, aumentan à si mismos peso mas grave. Pueda ofrecerse, que entre el
nacimiento del agua, y el manadero aya algun cerro, y que el exceso del
agua sea pequeño; de suerte, que antes que te determines à guiar el agua,
convenga, el saber por linea derecha, què distancia ay de vn lugar à otro, para saber si le corresponde à cada cien pies medio, segun queda dicho; y aunque sea vn quarto, basta, y menos; en tal caso mira lo que ay de elevacion en
el monte, ò cerro: y supongo que tiene ciento y diez pies; esto se hà de hacer con el nivèl, supuesto que para conocer el exceso que ay del nacimiento del agua al manadero, se ha de hacer, que tambien supongo que tiene diez
pies; sabido que tiene ciento y diez pies, mira lo que tiene del nacimiento à
la cumbre, y supongo tiene ochocientos y cinquenta pies, multiplica los
ochocientos y cinquenta por si mismos, por la regla del cap. 5 y montaràn
setecientos y veinte y dos mil y quinientos; multiplica mas los ciento y diez
pies de la elevacion, ò altura del cerro por si mismos, y montaràn doce mil
y ciento, restalos de los setecientos y veinte y dos mil y quinientos, por la
regla del cap. 4. y quedaràn setecientos y diez mil y quatrocientos; saca à
raiz quadrada de ellos, por la regla del cap. 13. y saldrà la raiz, ochocientos y
quarenta y dos, y mas mil quatrocientos y treinta y seis; de mil seiscientos
ochenta y quatro abos; y esto tendrà el cerro desde el nacimiento del agua,
hasta lo que es la cumbre del cerro. Para saber lo que ay desde la perpend-
cular, hasta el manadero, haràs otro tanto, midiendo lo que tiende la falda, y
multiplicandolo por si mismo, y multiplicando tambien la elevacion perpendicular por si misma, como se ha hecho; y restando vno de otro, de lo que
restare sacaràs la raiz quadrada, y lo que saliere, juntando lo con los ochocientos y quarenta y dos, esto tendrà el cerro por linea recta; desde el nacimiento hasta el manadero, advirtiendo, que lo dicho es lo suficiente para
saber si à cada cien pies de largo, corresponde lo dicho de corriente; porque
si lo hemos de justificar mas, saldrà algo demàs, aunque serà muy pequeña
parte; y es la causa por lo que viene à crecer la perpendicular, mas lo dicho
basta, y es lo que la necessidad pide, conocido, puede ir el agua. Abriràs las
minas, segun queda dicho, con la abuja. Si en algunas minas encontrares agua,
de tal suerte, que no te dexe trabajar, si fuere facil el desaguaria con otra mina, lo haràs; y sino, empezaràs la mina de la parte en que ha de parar, ò de lo que
ha de manar, para que desague por ella misma. Si en la mina encontrares alguna
peña, y huviere comodidad para apartarte, lo haràs con la abuja, y con ella
misma te tornaràs al mismo viage. En todas las arcas ha de quedar por donde respire el ayre que està en la cañeria. Quando el nacimiento del agua fuere brotando àcia arriba, y la necessidad pidiere el ayudar al agua que suba algo mas, por faltarle al manadero; esto lo haràs haciendo vn arca en su nacimiento, porque ella misma sobrepujarà de la tierra seis, y ocho pies, y aun doce
segun opiniones. Y à mi me ha sucedido en vn pozo, despues de hallada el
agua fixa, subir quatro estados en alto con tanta violencia, que por buena diligencia no corrió peligro quien se ahondava; y assi en la suerte que mana àcia
arri

arriba, puede ſer que ſea de tal calidad, que levante lo dicho: y levantada, con mas facilidad la llevaràs. Si caminare el agua por pantanos, ſerà neceſſa-rio que vaya por algunos arcos, para que aſsi permanezca. En fin, en todo conviene diligencia del Maeſtro, pues ſin ella ſon los preceptos, como ſi no ſe dieſſen: y ayudados de ſu induſtria, los aventaja; ò por lo menos los obra ſegun el fin para que ſe eſcrivieron.

CAPITULO LXV.

TRATA DE LA MATERIA DE QUE HAN DE SER LOS caños, y de ſu aſsiento, y del betun, y embetunar.

DE diferentes materias ſe hacen los caños, para llevar agua à las fuentes, como ſon plomo, cobre, madera, y barro cocido: y en vnos, y en otros ay que reparar, en qual ſea el mejor. De los de plomo, teſtifican los Medicos, que crian eſcoriacion en los inteſtinos. De los de cobre, dicen, que dàn gota coral, cancer, dolor de higado, y de bazo. Los de madera inficionan el agua, comunicandola el ſabor, y color. Los de barro ſon mejores: y del vaſo de barro, afirman los Filoſofos, que es mas ſabroſa el agua que en èl ſe bebe, porque dicen, que la tierra es el natural ſoſsiego, y aſsiento del agua: Y aſsi
Vitrub. lo alaba Vitrubio en ſu lib. 8. cap. 7. donde dice, ſer mas ſanos los caños de barro, que otros ningunos: y todos concuerdan, en que ſon mas ſanos: y fuera de ſerlo, ſon de menos coſta. Eſtos ſe haràn de buen barro, y vidriados, por la parte que paſſa el agua, fuera de lo que embrocala vno en otro, para que aſsi trabe el betun. El largo, y grueſſo que han de tener, remite à la experiencia de los que los gaſtan, y hacen. Los vnos, ſegun la neceſsi-dad del agua, ſabràn lo que han meneſter: mas los que los hacen, obraràn ſe-gun la experiencia tienen de lo que el barro puede ſufrir: Mas ſi ſer pudie-re, tengan de grueſſo no menos que dos dedos, para que reſiſtan al peſo del agua. Su hechura ſerà por vna parte mas ancha, que por otra, para que em-brocale vno en otro, entrando dentro no menos que quatro dedos. Aſsi for-
Ariſtot. mados, ſe coceràn muy bien, pues el fuego, ſegun dice Ariſtoteles, convier-te la tierra en piedra, de que por experiencia nos conſta. Para aſſentar eſtos caños, diſpueſta la mina, ò parte por donde ſe guia el agua, cerneràs cal del-gada: tan freſca, que ſe mate para cernerla; porque ſu mayor vigor fortalece el edificio: y picaràs cantidad de eſtopa, y mojando la eſtopa en aceyte, la rebolveràs con la cal, y ſe irà maſſando à golpe de piſon, haſta que quede bien templado. Podràs hacer tambien betun, echando à cinco partes de cal vna de texa molida, y media parte de eſcorias, todo cernido, y pelos de cabras picados, y todo junto, maſſarlo con aceyte, à golpe, haſta que eſtè duro: y ſi fuere alguna piedra la que huviere de pegar vna con otra, como puede ſu-ceder en los codos que hace la cañeria: para pegar vna piedra con otra, to-ma cera, incienſo, y pez Griega, por iguales partes, y echalo en vna olla limpia, y cerner cal, ò piedra, tanta cantidad como la cera, incienſo, pez, y texa, como la mitad de piedra, ò cal, y ponerlo à la lumbre, y ſin dexar-lo hervir mucho, menearlo: y calientes las piedras, las pegaràs, y quedaràn muy fuertes: y eſto es lo que llaman betun de fuego. Hecho el betun, por donde ha de ir la cañeria, echaràs dos hiladas de ladrillo, bien bañadas con cal, y ſo-bre ellas aſſentaràs los caños, vntandolos primero con aceyte por la parte que embrocala, y lo que ha de embrocalar, ò entrar de vn cañon en otro: y deſ-pues, por la parte que encaxa, embetunaràs el caño, echando lo neceſſario para que ajuſte con el otro, y quede bien eſchuſado; y apretando vno con otro

las juntas por defuera las iràs guarneciendo con betun. Otros en los nudos
acoſtumbran rebolver vnos pedazos de angèo, y los atan contra el betun.
Sentados los caños, los acompañaràs de cal, y ladrillo; y ſi encima de la cañería, y debaxo, fueres aſſentando texa, mas ſeguro quedarà el encañado, y
ſobre èl echaràs dos, ò tres hiladas de ladrillo, para que los ayuden, y incor-
poren. No dès lugar al betun à que ſe endurezca; y por eſſo ſerà bien ir haciendo, como ſe vaya gaſtando. En la parte que huviere codos, ſi no ſe hiciere arca, haràs los codos en ſillares; porque no ſiendo aſſi, rebentarà. Por la parte
que el codo eſtuviere, echa la cañería en la forma dicha, la cargaràs de tierra
piſada, igualandola con lo que fuere de zanja. Al ſoltar el agua, es meneſter
ir con tiento; porque llenos de ayre los caños, como de verdad lo eſtàn, ſegun Ariſtoteles, y no dando lugar à que el ayre vaya retirandoſe, haràn rebentar la cañería; y aſsi ſoltaràs el agua poco à poco, haſta que llegue al manadero; y porque reſpire, advertimos en el capitulo paſſado, que las arcas tuvieran vnos agujeros por donde el ayre reſpiraſſe. Serà bien que al ſoltar el
agua eches vn poco de ceniza cernida; y aſsi lo dice Vitrubio lib. 8. cap. 7.
para que los huequecillos que ayan quedado en las juntas, ſe llenen, y en-
trapen; porque aſsi todo junto prevalezca. Guarda el agua medida como
las demàs coſas, con vn nombre comun de vno, ò dos reales de agua.
Què cantidad ſea la de vn real, por no ſer igual en todas partes, no ſe puede dàr vn termino ſeguro; porque en cada tierra eſtà diſpueſto ſu tamaño, por los que la rigen, y goviernan: mas determinada la cantidad de vn
real, ſi piden dos, ò tres, ò mas, es meneſter dàr regla cierta, para que ninguno con engaño quede agraviado. Y aſsi ſupongo, que el circulo A, es
la cantidad determinada de vn real de agua, y ſe piden vna cantidad de dos,
en tal caſo tira la linea A. C. que paſſe por el centro del circulo, y ſobre el
punto C. echa vna linea perpendicular, como demueſtra N. C. de tal ſuerte,
que el angulo C. ſea recto. Hecho eſto, toma la diſtancia A. C. y aſſentando el compàs en el punto C. mira donde llega en la linea C. N. que es el
punto M. del qual tiraràs la linea A. M. y el circulo de quien fuere diametro la linea A. M. ſerà duplo al circulo propueſto, que es lo miſmo que dos
reales de agua. Si quiſieres hacer quatro, toma la diſtancia A. M. y aſsienta el compàs en el punto C. y mira donde llega en las lineas A. C. C. N. que
en los puntos X. S. y tirando la linea S. X. el circulo de quien fuere eſta linea
diametro, eſtarà en proporcion quadrupla con el propueſto circulo, que
es lo miſmo que quatro reales de agua. Y ſi quiſieres ir doblando, procediendo aſsi, aumentaràs con igualdad los reales que huvieres meneſter: y
de aqui conoceràs à doblar vnos circulos a otros. Para dar tres reales de
agua, es facil, dividiendo las partes de lineas S. M. A. X. como demueſtran
los puntos V. Y. y tirando la linea Y. V. y haciendo ſobre ella vn circulo,
tendrà proporcion tripla, ò tresdoblada, con el circulo propueſto, que es lo
miſmo que los tres reales de agua. Si fuere meneſter que dès medio real
de agua, ò la mitad del circulo propueſto, tomada la diſtancia del centro à
la C. y aſsienta el compàs en la C. y mira en la perpendicular adonde llega, que es en el punto R. y tirando de èl vna linea al centro, el circulo que ſobre la tal linea ſe hiziere, ſerà medio real de agua, ò cabrà tanto como la
mitad del circulo propueſto. Y ſi te pidieren vn quartillo de agua, dividiendo la diſtancia R. y centro, en dos partes, y deſde la C. mirar donde
llega, que es en los puntos T. P. tirando la P. T. el circulo que ſobre ella ſe
hiziere, ſerà la quarta parte del circulo propueſto, ò vn quarto de real de
agua, ò quartillo, que es lo miſmo; y aſsi las peticiones ſemejantes. Puede ofrecerſe, que aviendo repartido de vna arca diverſas cantidades de
agua à diverſas partes, que con el tiempo ſe diminuyan las aguas, y eſta diminucion es meneſter ſe reparta igual, ò que las cantidades queden diſpueſtas

tas, de tal fuerte, que no se haga agravio à ninguno de los dueños; porque si los conductos están à nivèl, ò iguales en forma circular, segun demuestran A. B. C. D. G. la menor cantidad saldrà llena, mas las mayores recibiràn el daño, ò falta del agua. Daño en que pocos advierten, y ay mucho en que reparar: y para remediarle haz vn quadrado que quepa tanto como la mayor cantidad de los conductos, que es la C. y tirando dos lineas paralelas con èl, como demuestra F. L. V. O. y assentandolos en vn igual assiento, el agua saldrà igualmente diminuida, si baxare; y si no, en la misma igualdad se queda, como por el diseño se conoce; porque los paralelos gramos, que están debaxo de los circulos, son iguales à ellos, y tanta agua cabe por el conducto circular, como por el conducto paralelo gramo. El modo de reducir el circulo à quadrado, ò à paralelo gramo, diremos adelante.

CAPITULO LXVI.

TRATA DEL SITIO, Y LUGAR DE LOS POZOS, Y norias, y de como se ayan de labrar.

Sirven los pozos para el vso, y govierno de las casas vnas vezes, y otras para el sustento de los habitadores de ellas: y à este fin Alexandro Magno mandò, que se cabassen pozos algo distantes del mar. Siendo constreñido Anibal de Cipion, dice Apiano, que en la Ciudad de Cilla socorriò su Exercito cabando pozos. Y de otras historias sabemos, de quanto provecho ayan sido. El sitio mas conveniente para hacer los pozos, es aquel que menos ocupa la casa, y de adonde con mas facilidad se pueda acudir à las necesidades, pues es el fin con que los pozos se hacen. Tambien conviene que su sitio estè al descubierto, y que le dè el ayre, Sol, y agua. Y assi, de los tales dicen los Fisicos, que dan el agua sencilla, y limpia, mas que los que están à lo descubierto. Los pozos, y las norias son muy semejantes, aunque se hacen para diferentes fines, porque los pozos se hacen à fin del sustento de la casa, y las norias al de cultivar las huertas, y jardines. Las figuras de los pozos son vnas vezes circulares, otras aobado: y las norias comunmente son aobadas, por la buelta que da la maquina con que se saca agua. Hechos los pozos, ò norias, que serà el pozo en lo descubierto de la casa, y donde menos estorve; y las norias en la parte mas conveniente para su fin de poder regar, si quisieres empedrar al vno, ò otro, ò labrarlos de mamposteria, ò albañileria, haràs lo que se sigue: Ahondados lo suficiente, para que assi dèn el agua, assentaràs lo primero vn marco de vigas muy fuertes, que tengan la figura que el pozo, ò noria, muy fuertemente empalmados, à los quales llamamos marranos; estos son de mucho provecho; porque aunque con el curso del agua salga arena, y te vayan baxando, como la obra baxa vnida, no hace hendedura, sino que todo el edificio se baxa entero. Sentados los marranos, labraràs encima de ellos, de piedra muy fuerte, y crecida, sin cal, ni arena, ni mezcla ninguna, sino en seco, hasta el alto que la primer agua se descubriò quando se hizo la noria, ò pozo: y esto se ha de hacer, porque manando las aguas, sin perjuizio de la obra pueda salir por entre las juntas de la piedra. Estas se han de assentar segun la figura que el pozo, ò noria tuviere. Esto es lo que propiamente se llama empedrar vn pozo. Enrasado todo lo que conviene que quede en seco, haràs cercha segun su buelta, para ir labrando, ò bien sea de mamposteria, ù de albañileria, que guardando los plomos, y dando à la cercha su buelta, quedarà igual el pozo, ò noria. Si fuere noria, serà necessario echarle

I. estri-

eſtrivos; y demás de ſervir à eſte fin, ſirven para limpiar deſde ellos la miſma noria, y para guiar ſa maroma; ſi no fuere muy honda, baſtarán dos eſtrivos, vno ſobre el nacimiento del agua, y otro debaxo de la rueda que dà la
buelta de la mequina con que ſe ſaca el agua; y ſobre eſte aſſientan vnos maderos que guian la maroma, que los hortelanos llaman paſtores. Y ſi la noria
fuere muy honda, ſe han de echar tres eſtrivos, los dos donde eſtà dicho, y el
otro en medio. Eſtos eſtrivos han de ſer arcos, dandoles la buelta que ſe pareciere, que comunmente ſe ſuele echar de zarpanel, de que tratamos en el
cap. 38. enraſandole à nivèl por encima, y con ellos quedan los lados de las
norias ſeguros, por reſiſtir à ſu empujo, que de la parte que eſtán las porciones de circulo, no neceſsita de ningun eſtrivo, por hacer el empujo contra
ſu centro. Si al hacer el pozo, ò noria, ſe derrumbiare la tierra, ſerà neceſſario
abrir mucho mas ancho el vacio del pozo, ò noria, para que la tierra no ofenda à quien la labrare. Lugar era conveniente aqueſte para tratar de las maquinas con que ſe han de ſacar las aguas, de que trata Vitrubio en ſu lib. 10. cap.
9. 10. 11. 12. mas dexo cada coſa para quien le pertenece, para que no ſolo la
obre, ſino que de ella pueda hacer tratados. Los grueſſos que han de tener los
empedrados de pozos, y norias, queda à la diſpoſicion del Maeſtro.

CAPITULO LXVII.

TRATA DE LA SUERTE QUE SE HAN DE LABRAR
los eſtanques, ciſternas, y aljibes, y del conſervar las
aguas en ellas.

Aumentan grandeza los eſtanques; y aſsi dice Xenophonte, que à los
Reyes de Lacedemonia, para mayor grandeza ſe les hacia vn eſtanque, de que tambien han adornado nueſtros Catolicos Reyes todas las caſas, pues en ninguna de ellas vemos les faltan eſtanques con mucha abundancia de agua, y grandes ſobre manera; y aſsi los vemos en la Caſa del Campo,
y Buen Retiro en Madrid, y en las demàs Caſas Reales los ay ſemejantes; y à
ſu imitacion, los mas de los Principes de Eſpaña los tienen, donde ſe coge
abundancia de peſcado, divirtiendoſe en ellos con el exercicio de la peſca.
En el labrar los eſtanques, y ciſternas ſon muy ſemejantes, pues ſu fin es vno,
que es detener el agua, y aſsi lo que ſe requiere para labrar el vno, ſe requiere para labrar el otro. De vno de tres materiales ſe acoſtumbra à labrar,
que es, ò de piedra menuda, que llamamos ormigon, ò argamaſſa. Otro es
de ladrillo. Otro es de piedra crecida, con abundancia de cal en vno, y en
otro; mas eſte vltimo no es tan ſeguro para detener el agua como los dos; y
aun de eſtos ay ventaja entre el ormigon, y el ladrillo; y aſsi, ſegun me enſeña la experiencia, tengo por mejor el que es hecho de ormigon, ò argamaſſa, que el que es hecho de ladrillo. Para labrar el eſtanque de argamaſſa, tendràs prevenida gran cantidad de piedra menuda, que no ſean mayores que huevos; y diſpueſto el lugar donde ha de ſer el eſtanque, le echaràs
de ſuelo, por lo menos vn pie, ſegun ſu grandeza fuere; y lo haràs echando
vn lecho de cal, y otro de pedrezuelas, piſandolos muy bien à piſon, y con
abundancia de agua. Si el ſitio donde ſe planta el eſtanque fuere de tierra
movediza, hincaràs muchas eſtacas con muchos ſarmientos, de la ſuerte
que diximos en el capitulo veinte y quatro, para que hagan vna igualdad
con firmeza en el ſitio. Enraſado el ſuelo, haràs vnas tapias de tierra por la

pa-

parte de afuera de la pared, que ha de quedar en el estanque, y otra por la parte de adentro; de fuerte, que entre vna, y otra pared quede el gruesso que ha de tener la pared del estanque, que será de gruesso por la septima parte de su ancho, como no exceda de cinquenta pies; que excediendo, te aconsejarás con prudentes Maestros. Y lo dicho se entiende, no teniendo terraplenos que lo acompañen por defuera, que teniendolos, menos gruesso requiere. Despues irás macizando à pison, con sus lechos de cal, y piedra, el hueco de entre vna, y otra pared, hasta que llegue à lo alto que requiere que tenga el estanque. El remate de encima será, ò de piedra, ò de ladrillo de canto, que comunmente llamamos sardinel; y si fuere de piedra, será de lo mas largo que ser pudiere, fortaleciendolas con sus grapas de hierro emplomadas. Antes de deshazer las tapias de tierra, darás lugar a que por espacio de vn mes se oree la argamassa, y quedarà fortissima la obra. Sobre ninguna de las paredes del estanque se ha de consentir que carguen ninguna otra de edificio, sino es que en todo él carguen por igual. Y es la razon, que si cargan en vn lado, y en otro no, henderàn el estanque por la parte que cargare el peso, que por no tomar mi parecer en cierta ocasion, y cargar vn estanque por vn lado, resultò el perderle, y el quedar obligados à hazer otro. Despues le solarás de ladrillo, echando por lo menos dos hiladas, de suerte, que queden bien satisfechas de cal. Si el estanque fuere hondo mas que la quarta parte de su ancho, tendrà de gruesso mas que la septima parte respectivamente, para que el empujo del agua no le haga rebentar. Si labrares el estanque de ladrillo, al assentar cada vno, procurarás que por sus juntas él mismo haga salir la cal, para que por ninguna de ellas pueda salir el agua. El gruesso del estanque siendo de ladrillo, basta que sea por la octava parte de su ancho, será remata do segun el passado. Si fuere de mamposteria, conviene sea mas gruesso, por la desvnion que vienen à tener las piedras, especialmente para agua; y assi será de la sexta parte de su ancho. Nota, que conviene que el estanque tenga figura quadrada; porque el empujo del agua sea igual; y si fuere prolongado, será crecida la pared del prolongo, ella en si misma: reputando su largo por ancho, para que assi quede segura. Si el estanque fuere para regar, importarà que el suelo quede superior à lo que regare, y él en si mismo mas alto que la parte por donde despide el agua. Hecho el estanque, no se echará el agua hasta que estè algo enjuto, procurando, que en el Invierno estè siempre lleno, porque los yelos no le hiendan.

La cisterna, ò aljibe se labrarà de la suerte que el estanque de ladrillo, y vno, y otro se emberunarà del berun que diximos en el cap. 65. Tambien se puede emberunar, ò jaharrat haziendo legia, que se haze en vn tinajon, echando raizes de higuera, y de alamo, y de moral, y de hinojo; y si fuere para aljibe, anis; y estando vnos dias en agua, con ella batiràs la cal. Y si quisieres, puedes echar polvo de ladrillo, y reposada la cal, jaharrarlo, y bruñirlo con vna piedra lisa, y quedarà muy fuerte. Son vnas vezes las cisternas vnos aposentos quadrados, y otras redondos, y ahobados, y comunmente se cubren de bobedas, de que ya tratamos en los cap. 48. hasta el 51. Otras vezes son pozos, echandoles abaxo vnas campanas, que es vn espacio que queda abaxo, en que cabe gran copia de agua: y de estos ay abundancia en Toledo, que comunmente llaman aljibes. A las cisternas, ò aljibes se acostumbran llenar de agua del rio, ò fuente, ò de las lluvias. El tiempo en que se ayan de echar las aguas, diximos en el capitulo sesenta y dos, y es gran parte para que se conserven, el ser cogidas en esse tiempo; y para que estèn frescas, echaràs cantidad de cascajo, ò arena gorda labada del rio, y saldrà el agua mas sencilla, y fina. Si el agua hiziere alguna quiebra en el aljibe, ò cisterna, en tal caso, la macizaràs fuertemente con greda seca; y para conservarla sin mal

olor, toma vn vaso de vidrio, y le llenarás de sal, y tapado muy bien, le
meterás de suerte, que esté en medio de la cisterna, y con esto se conserva el
agua. Otros dizen, que vn vaso de vinagre fuerte, y tapado, y metido dentro
causa lo mismo. Otros dizen, que echar vnos pezecillos, y que llenar vn vaso
de azogue: mas lo que mas lo conservara, será el estar el agua al Norte, y defen-
dida del Mediodia. Esto pertenece para el agua estancia, y assi procurarás labrar
los aljibes, ò cisternas, de suerte, que conserven el agua. Si huviere de ser el
agua de lluvias, harás dos cisternas, vna para que de agua, y otra para que la
reciba, y assi tendrà la casa agua sana, y reposada.

CAPITULO LXVIII.

TRATA DE LOS DAÑOS QUE SOBREVIENEN A LOS edificios, y de sus remedios.

AVemos tratado hasta aqui de la planta, y forma, y fortificacion de los
edificios, assi pequeños, como grandes, con el ornato exterior, y interior que pertenece, y con lo necessario de bobedas, y armaduras. Solo resta
el tratar de sus particulares medidas: y antes que de ellas tratemos, convie-
rè el tratar de los daños que pueden sobrevenir à vn edificio, y de sus remedios, en la parte que ser pudiere. Es de alabar el Medico que previene la enfermedad, y con diligencia cura, no la que el cuerpo padece, sino la que puede padecer: y esta cura conviene que el Artifice haga en sus edificios; porque continuando en el la fortaleza, vendrà à prevalecer por largo tiempo.
De dos causas resultan los daños en las fabricas, y aunque otros dan muchas,
solo hallo que sean dos. La vna es de parte del Artifice, por no estàr bien experimentado. La otra es de parte del tiempo; y assi confiessan los Filosofos, que vence el tiempo todas las cosas. Daño es este bien irremediable. Produce la naturaleza todas las cosas con la perfeccion que vemos, y gozamos,
mas el tiempo lo consume todo: y en nuestros cuerpos casi experimenta-
mos lo que pueden padecer los insensibles, pues el ardor del Sol, el rigor de
las eladas, la fuerza de los ayres, todo atormenta vn cuerpo humano: y lo
mismo haze en los demàs, pues la abundancia de Sol seca el humor de vn
edificio, el yelo le hiende, el ayre le trastorna: y como en la duracion del tiempo sea esto tan continuo, el mismo le viene à consumir. No solo destruye el
tiempo à los edificios, mas aun las mismas rocas conaturalizadas con la tierra, en ellas mismas tiene tal fuerza, que con èl las abre, y despeña, y assi las
vemos en muchas partes. Junto à la puerta de Atenas, puerta que abriò el
Rey Don Fernando, nueve leguas de Granada, se vèn rocas inexpugnables
caidas con el tiempo; y algunos han pensado, que los Cielos por ser cuerpos, han de perecer. Las ruinas que ha causado el tiempo son bien sabidas.
Plat. I. Platon dezia, que se avia desaparecido la Isla Atalanthea. Sabemos de las
Historias, que Burà, y Herelide se deshizieron, la vna con abrirse la tierra, y
la otra con las olas: y à este passo ha destruido el tiempo inumerables Casas, Islas,
Ciudades, Templos, Muros, y Fortalezas, que es impossible el referirlas. Mas
quando los daños en los edificios son causados del tiempo, no los tengo por
muy notables, pues quando viene à suceder, ha servido el largo tiempo que le
consume: y sucede al contrario, quando sucede por el segundo daño, pues gastada la hacienda, ni la goza el dueño, ni el Maestro que la gastò, pues sucede
muchas vezes, que el que empieza vn edificio le vea destruido: y este es daño
que

que le aviamos de llorar todos, pues resulta à todos; y aunque parezca particular razon de poco sentimiento, no es sino común, pues desfallece el al paſſo que desfallecen los particulares. Puede sobrevenir vn daño en la fabrica por falta de los materiales, y esta falta lo es en el Maeſtro, por no reconocerlos, pues advertimos quales ayan de ser en el cap. 25. y si los reconoce, y los gaſta, mayor será su culpa en el consentir que se gaſten, ò gaſtarlos. Mas ay dolor! que es de llorar lo que no quiſiera decir, y eſto paſſa, pues vendados los ojos los Maeſtros, dàn lugar à que la obra hecha titas quède deſtruida. El remedio en eſto es, que el señor de la obra vea lo que en ella se gaſta, y procure que su Maeſtro sea temeroso de Dios, no sobervio, ni hinchado, pues tal qual fuere será el edificio. Tambien advierta el Maeſtro de quien se ha para que reciba los materiales, no sea que cubriendo sus manos, deſnude la obra, y mire que importa al edificio, que el que recibe materiales sea limpio de manos. Otro daño puede suceder, del qual tendrà el Maeſtro culpa, que es el venirle daño à la fabrica, por no eſtàr bien plantada, y de sus remedios trataremos en los capit. 20. y 24. aunque no todas vezes tienen culpa los Maeſtros en eſta parte, pues los señores de las obras à fin de ahorrar, no dàn lugar que se ahonden las zanjas, ni à que se les dèn los grueſſos de paredes que la necesſidad pide, causando eſte daño el menoscabo de su hacienda, y el deſcredito del Maeſtro. Eſto se remedia con dexarle obrar al Maeſtro, teniendo de èl ſatisfaccion, que menos daño es gaſtar de quatro partes de su hacienda la vna, mas por el consejo del Artifice, y dexarà à sus succeſſores que puſſi an libres de gaſtos, que no por ahorrarla, contentandose con gozarlo ellos por sus dias, deſpues de los quales los herederos tienen de nuevo que reedificar; y daño es eſte en que aún la Republica avia de reparar. Hacen aberturas demàs de lo dicho los edificios, ò por el mucho peſo, ò por apreſurar la obra, ò por falta de grueſſos de paredes, ò por temblores de tierra. Si es por el mucho peſo, el remedio es aligerarla de ſuerte, que ſi fueſſe edificado de canteria, y conocieſſes que el peſo le hiende (como ſucedió en vn Convento de Santa Catalina, de la Orden de San Geronimo, en Talavera) el remedio es el remasarle de ladrillo, que es materia mas ligera. Si es por apreſurarla, el remedio es obrar, segun diximos en el cap. 35. Si es por falta de grueſſos, su remedio ya eſtà dicho arriba. Si el daño procede de temblores de tierra, à que muchas partes maritimas eſtàn sujetas, eſte daño se puede prevenir con abrir muchos poços cercanos al edificio, para que por ellos se expelan los vapores, y ahuyentados no perturben la tierra con su violencia, ſiendo tanta, que aun a llana montes, como de muchas partes lo ſabemos. Para remediar eſte daño tuvo antiguamente la Ciudad de Granada vn pozo en la calle de Elvira, de notable anchura, y profundidad, todo labrado de ladrillo, que llamaban el pozo Ayron, por donde expelian los vientos, ſin que cauſaſſen temblores; el qual eſtà oy tapada; y los Ancianos que habitan en aquella Ciudad, afirman por relacion, no aver avido temblores mientras durò el eſtàr abierto; daño que han experimentado deſpues de cerrado. Mas ſi dieſſemos que el edificio eſtuvieſſe abierto, el remedio es, ſi es la quiebra con deſplomos, echarle botales, que ſon vnos medios arcos, ò eſtrivos, que reſiſtan el empujo, ſiendo en echarlos muy conſiderado, no sea que por remediar vn daño cauſe otro mayor en el guſto ſin provecho; y determinado à hacerlo, ſiga lo que diximos en los capitulos veinte, y veinte y quatro, cada coſa donde convenga: y por las reglas que allì dimos conoceràs de adonde sobrevino el daño. Si la quiebra fuere derecha, macizarlahas fuertemente con el material mas comodo para ella; y ſi deſpues de tapada tornare à deſcubrir vicio, serà neceſſario nuevo remedio. Si la quiebra fuere en alguna pequeña parte del edificio, como es en eſquina algun pilar abierto por el mucho peſo, en tal caſo se remediarà apo-

yan-

yandolo con muy fuertes vigas, segun el peso que han de sufrir, y la parte abierta se derribarà, y se tornarà à reedificar de nuevo, dexandolo apoyado hasta que se enjugue, y en hacer esto te avràs con diligencia, previniendo todo lo necessario antes de empezar el reparo, porque el abrir, y el reparar sea à vn tiempo. Tambien es daño en vn edificio el recibir aguas de otro, y es tan considerable, que le disminuye el valor, y muchas veces sucede este, y otros semejantes daños, por la inadvertencia del Maestro: y no tan solamente se han de recibir aguas de otras casas, mas ni aun vna canal de vn texado, porque consentida toma propiedad en lo que no es suyo, y al vender la casa, tiene por ella menos valor: y assi en la Villa de Madrid se quita por cada canal que recibe la casa que se vende, sesenta mil maravedis, y en otras menos, segun el lugar que ocupan. En dar reconocidos estos daños consiste su remedio, y assi advertido el Maestro libra de èl à sus obras. Otros daños suceden en los edificios, causados de infortunios del tiempo, como avenidas de aguas, incendios de fuegos, procediendo el vn daño de tempestades, el qual daño, como es arrebatado, solo Dios le puede remediar. El peso assegura las puentes en casos semejantes: el remedio para el fuego, es el cortar por los lados, para que consumiendo en lo que està cebado, no passe à lo circunvecino: tambien con diligencia de agua se apaga mucha parte. Aprovechan las Cosas Sagradas, y sobre todo el acudir à Dios, como Artifice Universal. Conserva el tener las casas limpias, y en gran perpetuidad, el habitarlas: porque totalmente se destruyen no siendo assi, que hasta en esto son semejantes los edificios à nuestros cuerpos, à quien la habitacion del Alma los sustenta, y la limpieza los conserva: y el reparar el edificio es como el sustento en el cuerpo, hasta que el tiempo lo consume: vno, y otro es dañoso. Los muchos huecos en vn edificio, de que yà tratamos en el capit. 2. 13. y porque este propio lugar de declarar los daños, conviene por obviarlos, el escusar los huecos de puertas, y ventanas, y las que no se pudieren escusar, procuraràs que queden hueco sobre hueco, y macizo sobre macizo (como queda advertido.) Amonestaria yo à los Maestros, que sobre los arcos torales no se hiciesse ningun hueco, sino que sus paredes fuessen macizas: porque incorporado todo el edificio menos peligro tiene. He reparado en que pocos arcos ay torales que sus claves no estèn hendido, defecto que afea vn edificio. Yo me persuado à que sus Artifices hicieron todas sus diligencias, mas el ser el hueco tan grande, causa algo de este daño, este se debe reparar abriendo la quiebra lo que comodamente se puede abrir, y despues macizarla con buen yeso, y raxas de piedra, y que no entren violentadas, sino amorosamente: y si passado algun tiempo tornàre à abrir, serà necessario reconocer de adonde procede, y remediarlo. Si algun lienzo de pared se trastornàre, por largo que sea, y alto, es facil enderezarle, apoyandole àcia el lado que se cae con vigas à trechos, y despues por la parte contraria de adonde se trastorna, hacerle vna roza por el pie de ella, que vaya toda la pared à la larga, y que no entre la roza mas que el tercio del grueso de la pared: y despues iràs empujando las vigas que estàn apoyadas, hasta que llegue à la pared à estàr à su plomo: y macizando la roza quedarà derecha la pared, y segura. Yo he hecho esto mismo en lienzo de mas de sesenta pies de largo, y oy està seguras. Solo ay que advertir, que supongo que la pared ha de quedar sin cargo de armadura para meterla adentro. Otros daños ay, que su reparo es el baxar los cimientos mas abaxo, y esto es facil, que con solo irlo haciendo à trechos, que comunmente llamamos puntos, queda con ellos el edificio seguro. Muchos daños suceden en los edificios, que es impossible advertirlos, mas su reparo depende del cuidado del Artifice. Y atrevome à decir, que recibe mas daño vn edificio por la poca consideracion del Maestro, que de las inclemencias del tiempo, con ser raíz, qual es diximos al principio; y assí; pues te và tu credito, ò Architecto procura hacer de tu parte, no solo lo que entiendes, mas en lo arduo, y dificultoso, añade à tu industria el consejo, pues el obrar con él es camino de acrecentamiento.

CAPITULO LXIX.

TRATA DE LA FABRICA DE LOS TRIANGULOS.

TOdo lo necessario para plantar, y edificar vn edificio avemos dicho, y puesto en practica en el modo mas inteligible; y pues à vn edificio despues de rematado se sigue el medirle, y anticipadamente el Maestro diestro lo suele hacer para saber el coste, serà necessario, que en lo que resta tratemos de lo que conviene para medirle, y con esto cumplirè con lo que al principio diximos: y como puede suceder, que los Templos, ò fabricas sean de diferentes plantas, irèmos midiendo diferentes figuras, para que con su noticia todas se puedan medir, empezando de los triangulos. Ay vn triangulo que llamamos rectangulo, el qual tiene vn angulo recto, y los dos acutos, sobre el qual se funda la regla de la raíz quadrada, de que tratamos en el capitulo 15. y en el capitulo 60. hizimos mencion para las escaleras; es importantissima su inteligencia para qualquiera medida, como en el discurso se conocerà. De su fabrica trata Euclides en su lib. 1. propos. 46. diciendo, que en los triangulos rectangulos el quadrado que es hecho del lado, que està opuesto al angulo recto, es igual à los dos quadrados que son hechos de los dos lados que contienen el angulo recto; y por los dos lados conocidos del triangulo se conoce el otro no conocido. Y para su inteligencia, sea el triangulo A. B. C. que tenga recto el angulo B: el quadrado que se hiciere opuesto à èl, que es en la linea A. C. valdrà tanto como los quadrados que se hicieren de las lineas A. B. C. B. Y supongamos vale la linea B. C. tres tamaños, ò tres pies, y la otra A. B. vale quatro; el lado no conocido es A. C. con la noticia de los dos, pido el valor del no conocido, y de camino conoceràs como vale tanto como los dos quadrados. Para esto es de notar, que si los lados conocidos constituyen en el angulo recto, has de juntar el valor de los dos, y sacar la raíz quadrada de su valor, y lo que saliere valdrà el lado opuesto al recto; y si fuere conocido el lado opuesto al recto, y vno de los otros no, en tal caso multiplicaràs cada vno de por sì; y restando el menor del mayor, de lo que quedare sacaràs la raíz quadrada; y lo que saliere es el valor del lado no conocido; y assi lo descubriò Pitagoras. Diximos, que el vn lado valia tres pies, y el otro quatro, para conocer el no conocido, multiplica, como està dicho, los dos por sì mismos, y montaràn el vno nueve, y el otro diez y seis, que juntos montan veinte y cinco: saca la raíz quadrada, como diximos en el capitulo 15. serà cinco; porque cinco veces cinco, veinte y cinco, y assí montarà cinco el lado no conocido. Demos que el lado opuesto al recto vale cinco, y el otro vale tres, el que vale quatro no es conocido. Multiplica (como està dicho) el lado opuesto al recto, èl por sì mismo, y monta veinte y cinco; multiplica el que vale tres por sì mismo, y monta nueve; restalos de los veinte y cinco, y quedaràn diez y seis, saca de ellos la raíz quadrada, que es quatro, y tanto valdrà el otro lado no conocido. Supongo, que el lado que vale tres no es conocido, y el otro que vale cinco, y el que vale quatro sì. Para conocer el no conocido, multiplica cada vno por sì mismo, y monta el vno veinte y cinco, y el otro diez y seis, resta los diez, y seis de veinte y cinco, y quedaràn nueve; saca la raíz de los nueve, que es tres, y

tanto es el valor del lado no conocido ; y aſsi harás las ſemejantes ; y conocerás ſer verdad lo que dice Euclides , que vale tanto el quadrado que ſe hace del lado opueſto al angulo recto del triangulo rectangulo , como los quadrados que ſe hicieren de los dos lados : y por eſta noticia conocerás el valor
de toda linea diagonal , ò perpendicular , que conviene ſaberlo para las medidas de los triangulos de las fabricas. De otros pudieramos tratar , mas para
medir qualeſquiera que ſe ofrezcan, baſte lo advertido.

Puede ſuceder te pidan, por tentar ſi ſabes , hagas vn triangulo , que el vn
lado tenga ſeis tamaños , y de otro dos , y de otro quatro , y de eſtos numeros
no es poſsible , porque no te dàn mas que vna linea ; porque todo triangulo,
ſus dos lados han de ſer mayores , que el que reſta , y eſtas peticiones ſon
ſupoſiciones falſas , y las advierto antes de entrar en
las medidas.

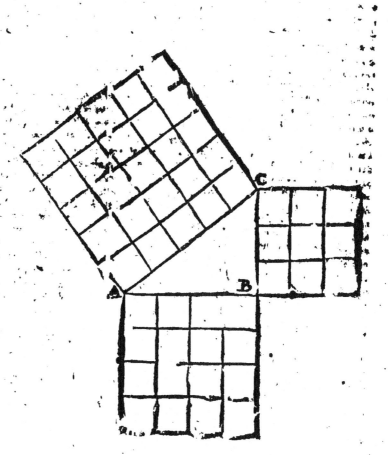

CAPITULO LXX.

TRATA DE CONVERTIR TRIANGULOS A QUADRADOS, y de sus medidas.

EL diestro medidor todo triangulo convierte en paralelo gramo, ò en quadrado, y con esso con mucha facilidad mide qualquiera triangulo. Tambien se mide sacando el valor de la perpendicular, segun queda dicho en el
capitulo passado; y de vna, y otra suerte obra lo mismo, y sin dificultad. Y
porque es necessario que preceda la doctrina para executarla, en este capitulo pondrèmos vno, y otro, obrandolo en las mismas figuras de los triangulos
passados. Si quisieres convertir el triangulo equilatero A. B. C. en paralelo
gramo, divide el triangulo en dos partes, como diximos en el cap. 5. como
demuestra Y. C. saca paralela con ella A. B. y con B. Y. saca paralela A. C. y
el paralelo gramo, ò quadrangulo B. A. C. Y. es igual al triangulo B. C. D. y
se prueba por la proposicion quarenta y dos del primero de Euclides. Si qui-   *Euclid.*
sieres convertirle à quadrado, saca la linea media proporcional entre A. B.
Y. B. segun diximos en el capitulo 15. y el quadrado que se hiziere de la tal
linea, serà igual al triangulo B. C. D. y tambien al paralelo gramo, ò quadrangulo B. A. C. Y. y se colige de la novena proposicion del sexto de Eu-   *Euclid.*
clides. Queriendole medir su area con sola Arismetica, es necessario que
te dèn conocido el valor de sus lados, para lo qual supongo, que vale cada lado doze tamaños, ò pies; y siendo equilatero cada lado valdrà lo mismo, multiplica el vn lado por sì mismo, por la regla del capitulo quinto, y
montarà ciento y quarenta y quatro; y pues tiene iguales lados, qualquiera
puede servir de vasis, y sobre qualquiera puede caer la perpendicular, que
caerà sobre la mitad de las doze, que son seis, que multiplicadas por sì mismas, monta treinta y seis, que restadas de ciento y quarenta y quatro, quedan ciento y ocho, saca de ciento y ocho la raiz quadrada, por el cap. 15. y
saldrà diez y dos quintos, y tantos vale la perpendicular, como tambien
queda dicho en el capitulo passado, y se prueba por la 11. del 12. de Euclides.   *Euclid.*
Conocido el valor de la perpendicular, multiplicala por la mitad del triangulo,
que es seis, ò los ciento y vn quinto por todo su lado, que es doze, que lo mismo monta de vna, y de otra suerte, que es sesenta y dos y dos quintos; y assi
mediràs las semejantes.

Nota, que no saldrà racional siendo sus lados, ni el area, siendo tambien ra-   *Nota.*
cionales sus lados de este triangulo. Pruebase por la 12. del tercero de Euclides; y segun està dicho, mediràs todos los triangulos, assi ogigoneos, como   *Euclid.*
ambligoneos, y isosceles, observando vnas mismas reglas, y los convertiràs
en quadrados, ò en paralelos gramos, con solo que entiendas bien lo dicho.
Aviendo de medir el triangulo escaleno, que es de tres lados desiguales, de
que ya tratamos al principio, y lo demuestra el triangulo A. B. C. que tiene
por vasis B. C. serà necessario para medirle, que te dèn conocidos todos los
tres lados, para que por su valor sepas lo que vale la perpendicular, que con
esso se podrà convertir en quadrado, ò medirle: y para esto supongamos, que
la linea B. C. vale veinte y vno, y la B. A. vale diez y siete, y la A. C. vale diez,
para saber sobre què parte de la B. C. cae la perpendicular, multiplica por sì
mismo cada vno de los lados, y montan los diez y siete, docientos y ochenta y nueve, y los veinte y vno quatrocientos y quarenta y vno, que juntos
montan setecientos y treinta, resta de ellos el lado menor, que es diez,

mul-

multiplicado por ſi miſmo ; que monta ciento , y lo que queda parte al duplo de la B. C. que porque vale veinte y vno , ſerà el duplo quarenta y dos , y
ſaldrà al cociente à cada vno à quince , y ſobre el punto 15. ha de caer la

perpendicular , como ſe prueba por la 12. y 13. propoſicion del ſegundo de
Euclides. Sabido donde cae la perpendicular , que es en el punto D. de la linea
B. C. que tiene veinte y vn tamaños , ſegun lo dicho de B. A. D. avrà quince ,
y de D. A. C. avrà ſeis , que ſon los veinte y vno. Conocido eſto por qualquiera de eſtos numeros con los conocidos , ſacaràs el valor de la perpendicular ,
obrandolo como eſtà dicho. Y porque te enteres mas en la doctrina , multiplica los ſeis por ſi miſmos , y montaràn treinta y ſeis , que es lo que vale D.
C. multiplica C. A. que vale diez por ſi miſmo , y montarà ciento , reſta los
treinta y ſeis , y quedaràn ſeſenta y quatro , ſaca de ellos la raiz quadrada , que
es ocho , y eſſo vale la linea perpendicular ; y haziendo lo miſmo por el lado A. B. D. del triangulo , ſaldràn lo miſmo ; porque multiplicando quince
por quince , que vale D. B. monta docientos y veinte y cinco ; y multiplicando diez y ſiete por diez y ſiete , que es lo que vale B. A. montarà docientos y
ochenta y nueve , que reſtando de ellos docientos y veinte y cinco , quedaràn
ſeſenta y quatro , cuya raiz quadrada es tambien ocho : y aſſi haràs en las ſe-

mejantes. Nota , que aqui avemos hecho dos triangulos rectangulos , y para
medirlos , haràs como en los paſſados , y lo miſmo para bolverlos en paralelos gramos , ò en quadrados. Si quiſieres medir todo eſte triangulo de vna
vez , multiplica la mitad de la linea B. C. que vale veinte y vno , por la linea
perpendicular , que vale ocho , y montarà ochenta y quatro , ò multiplica la
mitad de la perpendicular , que es ocho , cuya mitad es quatro , por los
veinte y vno , y tambien montarà los ochenta y quatro. Si con diſtincion quiſieres ſaber el valor de cada triangulo , multiplica la mitad de la D. C. que es
tres , por la perpendicular , que vale ocho , y montarà veinte y quatro , ò multiplica por lo que vale la mitad de la perpendicular , que es quatro , por la D.
C. que vale ſeis , y tambien montarà veinte y quatro , y tanto ſerà el valor
del triangulo A. D. C. Multiplica aſſimiſmo la B. D. que vale quince por la
mitad de la perpendicular , que es quatro , y montarà ſeſenta , ò multiplica
la mitad de los quince , que es ſiete y medio , por los ocho de la perpendicular , y tambien montarà los ſeſenta , que juntos con los veinte y quatro , haze
los ochenta y quatro dichos , y tanto vale todo el area del triangulo propueſto. En la propoſicion 13. del ſegundo de Euclides , que quedò citada , nos
pone el diſeño de la medida de vn triangulo ſemejante al triangulo A. B. C.
que tiene por vaſis B. C. y tienen de valor ſus lados. A. B. vale treze , B. C. vale catorze , C. A. vale quince ; ſu operacion es ſemejante à la paſſada ; y aſſi
multiplica los dos mayores lados por ſi miſmos , que juntos vno y otro , montan quatrocientos y veinte y vno ; multiplica el menor lado por ſi miſmo ,
y monta ciento y ſeſenta y nueve ; reſtalos de los quatrocientos y veinte y
vno , y quedaràn docientos y cinquenta y dos , que partidos al duplo ſobre
que cae la perpendicular , que vale catorze , y dobla dos , montarà veinte y
ocho , ſaldrà al cociente nueve ; y aſſi queda dividida la B. C. en dos partes ,
cuya diviſion es en el punto D. y la B. D. vale cinco , y la C. D. vale los nueve. Para conocer el valor de la perpendicular , que es A. D. multiplica el
nueve por ſi miſmo , que es ochenta y vno , valor de la D. C. multiplica el lado
A. C. por ſi miſmo , que monta docientos y veinte y cinco , reſta los ochenta y vno , y quedan ciento y quarenta y quatro , que ſacando la raiz quadrada ſaldràn doze , y tantos vale la perpendicular ; y para medirle , multiplica
la mitad de la perpendicular por ſu vaſis , que vale catorze , y montarà ochenta y quatro : ò multiplicada cada triangulo de por ſi , como la paſſada , y ſaldrà lo miſmo ; y aſſi mediràs quantos triangulos quiſieres. He pueſto la medida de eſte triangulo , aunque es toda vna con el paſſado , porque puedas obrar

con mas facilidad. Nota , que fi el triangulo fuere de los dos lados iguales, fobre el tercero ha de caer la perpendicular , dividiendole en dos partes iguales , y con fu noticia facaràs el de la perpendicular , y por ella el de todo el
triangulo , fegun queda ya declarado en las antecedentes medidas. Si de qualquiera angulo de todo triangulo quifieres facar perpendicula ; fe puede ; mas
es de notar , que angulos triangulos caerà fuera de la arca del triangulo. Y
porque efta propoficion no nos importa
à nueftro intento , por efto no declaro fu
demoftracion , pues lo dicho bafta para
que puedas medir qualquiere arca de todo triangulo , afsi de planta, como de tierras , y de qualquiera otra cofa que en efta parte fe te pueda ofrecer. Puedes medir qualquiera triangulo fabiendo el valor de fus tres lados , fegun lo demueftra
el Reverendo Padre Fr. Juan de Ortega,
de la Orden de Santo Domingo , en fu
Tratado de Geometria, fol. 2 2 6. exemplo
11. de triangulos y refierelo Moya lib. 3.
cap. 5. art. 8. Dice , pues , que los tres lados de todo triangulo los juntes en vna
fuma , y juntos tomes fu mitad , y de la
mitad reftes cada vno de fus lados , y el
refiduo multipliques vno por otro , y los
dos por el tercero , y luego la multiplicacion deftos tres refiduos , tornarlashà à
multiplicar por la mitad que tomafte , y
del producto faca la raiz quadrada, y effo ferà el valor del triangulo. Exemplo
de lo dicho para mayor inteligencia : En
el mifmo triangulo que al principio pufimos ; que por vn lado tiene diez y fiete,
y por otro veinte y vno, y por otro diez,
fuma eftas tres cantidades; y montan quarenta y ocho;toma la mitad , que es veinte y quatro,y de eftos 24. refta diez y fiete , y quedaràn fiete : refta de los mifmos
veinte y quatro los veinte y vno , quedan
tres: refta de los mifmos 24. diez, y quedaràn catorce. Multiplica aora fiete por
tres,que es veinte y vno: multiplica veinte y vno por catorce , y montan docientos y noventa y quatro ; multiplica mas
eftos docientos y noventa y quatro por
los veinte y quatro ; y montan fiete mil
y cinquenta y feis, faca la raiz quadrada,
y hallaràs que es ochenta y quatro : y hallaràs que medido efte triangulo , como
queda dicho , todo es vno ; y afsi mediràs todo triangulo de vna , y
otra fuerte.

***

CAPITULO LXXI.

TRATA DE LAS FIGURAS QUADRILATERAS, DE *sus nombres, y diferencias, y de sus medidas.*

EN la difinicion 20. del libro primero pone Euclides las figuras quadrilateras, demostrando la figura, y dandola el nombre que mas propiamente le conviene: y de ellas tratamos en el principio, aunque por mayor, mas lo bastante para su inteligencia, que alli pertenecia; y porque avemos llegado al medirlas, conviene por mas particular irlas especificando. La primera es, vna superficie quadrada, que consta de quatro lineas iguales, que causan quatro angulos rectos, demostrada en A.B.C. D. La segunda es, rettagon, ò quadrangulo, ò paralelo gramo, que de qualquiera suerte està bien dicho. Esta consta tambien de angulos rectos, mas no de iguales lados, porque los dos exceden à los otros dos. mas son iguales los lados opuestos vno à otro, y consta de angulos rectos, demostrada en E.F.G.H. Figuranse esta, y la passada por la cambixa, de que yà tratamos en el cap. 37. Otra figura es llamada en Arabigo, esmuain, y en Griego, rombo : y de estos terminos vsa Euclidas. Esta es de iguales lados, mas no es de angulos rectos. Su fabrica es, sobre vna qualquiera linea tomar la distancia que quisieres que tenga por lado, con el compàs, y sobre la linea descubrir porciones en las partes baxa, y alta, hasta que se cruzen, y en el tocamiento sacar lineas, que vayan à parar donde estuvo sentado el compàs: y assi quedarà segun demuestra Y. K. L. M. Otra es llamada semejante, elmoain, ò romboyde : y estas figuras estàn con lineas paralelas, mas causan dos angulos obtusos, y dos acutos, y son los angulos opuestos iguales entre si. Figuranse como demuestra N. R. T. I. En la difinic. 21. del primero de Euclides pone otra figura, que llama el moarife, es nombre Arabigo, y à quien los Griegos comunmente llaman Trapecia, es nombre generico para todas las figuras de quatro lados desiguales, de las quales vnas tienen los dos angulos rectos, y el otro obtuso, y otro acuto, como demuestra A. B. C. D. y por angulo recto se llama trapecia, ò rectangulo. Otra trapecia ay de dos lineas paralelas desiguales, y otras dos iguales, que constituyen quatro angulos, dos obtusos, y dos acutos, segun demuestra H. X. V. O. y todas las demàs figuras que huviere de quatro lados, demàs de las dichas, se han de llamar trapecias. Las medidas de todas estas figuras iremos declarando cada vna de por si, con la orden que se ha ido demostrando, para que en el lugar, y sitio que se te ofrezcan, con facilidad las midas. Y aunque las medidas de estas figuras por las passadas de los triangulos se podian entender, con todo ello sacaràn por lo vno lo otro, y con lo que fueremos obrando, se entenderà mejor. La primera figura que pusimos fue la quadrada, semejante à la A. B. C. D. Y para esto has de notar, que su superficie de esta, ò sus semejantes figuras, es contenida debaxo de dos de sus lados, ò lineas, que comprehenden vno de sus angulos rectos, qualquiera que sea, como se infiere de la primera difinicion del segundo de Euclides. Assi, que si la figura propuesta tuviera de valor ocho tamaños, ò pies por cada lado, aviendo dicho, que es contenida debaxo de dos de sus lados, multiplicando vno por otro, el producto serà el valor de la tal arca; y teniendo ocho pies, multiplicando ocho por ocho, montarà sesenta y quatro; y tantos pies quadrados tendrà el quadrado propuesto. La doctrina dicha pertenece tambien al paralelo gramo, ò quadrangulo, que tambien es contenido debaxo de dos sus lados, segun lo dicho de Euclides: y assi, el paralelo gramo E. F. G. H. valiendo la E. H. quatro pies, y la G. H. seis, multiplican

Euclid,

can

cando los quatro por seis, valdrà su area veinte y quatro pies: y assi mediràs las semejantes, sean grandes, ò pequeñas. El moain, ò romboyde, se mide con la noticia de sus diagonales, ò con la noticia de sus lados, y vna de sus diagonales; porque mal se podrà medir, aunque se sepan sus lados, si no se sabe el valor de sus diagonales, ò por lo menos de la vna. Para lo qual supongo, que el moain A. B. C. D. vale qualquiera de sus lados diez pies, y la diagonal A. C. que divide al rombo, ò al moain en dos partes iguales, por la proposicion 34. del 1. de Euclides tiene de valor doze pies, cuya mitad es seis: para que con esta noticia se sepa el valor de la perpendicular B. D. seguiràs la regla que diximos en el capitulo passado, multiplicando los seis por si mismos, que montan treinta y seis: y multiplicando tambien vno de sus lados por si mismo, que es ciento: y restando los treinta y seis de los ciento, quedaràn sesenta y quatro; y sacando la raiz quadrada, saldrà al producto ocho, y assi toda la linea B. D. valdrà diez y seis, y por la noticia de estas dos diagonales podràs saber el valor de qualquiera de sus lados, segun lo obramos en el capitulo passado. Nota, que por las diagonales se ha convertido el moain en quatro triangulos rectangulos, y para convertirlos en paralelos gramos, ò en quadrados, haràs segun diximos en el capitulo passado, mas para medirlos por Arismetica, y saber quantos pies quadrados tiene el area de las tales figuras, multiplica vna diagonal por la mitad de la otra, y el producto serà el valor del moain: ò multiplica vna diagonal por otra, y del producto toma la mitad, y serà el valor de la tal area. Diximos, que la B. D. valia diez y seis, y la A. C. doze, multiplica diez y seis que vale vna diagonal, por seis, que es la mitad de la otra, y montarà noventa y seis, y tanto valdrà toda su area: ò multiplica diez y seis por doze, que es valor de las dos diagonales, y montarà ciento y noventa y dos, y su mitad serà noventa y seis, que es lo mismo: ò multiplica cada mitad de area de por si, que se hace multiplicando la mitad de vna diagonal, por la mitad de la otra, y monta quarenta y ocho, que doblados montan noventa y seis. Tambien puedes medir de por si cada triangulo de los quatro, multiplicando la mitad de vn diagonal por la quarta parte de la otra, y montarà cada vno veinte y quatro, que juntos hacen los noventa y seis: y assi mediràs las semejantes. Para medir la que es simil al moain, ò romboyde, es tambien necessario el tener noticia de sus lados, como en la figura passada, y de vna de sus diagonales, que con esto ay lo suficiente para medirle. Para lo qual supongo, que esta figura A. B. C. D. tiene de valor el lado A. B. treinta y quatro pies, y el opuesto à èl, los mismos treinta y quatro, y los lados A. D. B. C. tienen de valor veinte pies, y la diagonal A. C. vale quarenta y dos pies, con la qual queda dividida la figura en dos partes iguales por la 34. del primero de Euclides; y quedan formados dos triangulos ysosceles, que son C. A. B. D. C. A, y estos se han de medir segun diximos en el capitulo passado, reconociendo el valor de la perpendicular, y donde viene à caer: y obrandolo segun queda dicho, hallaràs que la perpendicular viene à caer en la G. dividiendo la A. C. en dos partes, de tal suerte, que la mayor tiene de valor treinta pies, y la menor doze, que hacen los quarenta y dos. Para saber el valor de la perpendicular B. G. sigue la regla del capitulo setenta y tres, ò la que queda dicha en el capitulo passado, y hallaràs, que es su valor diez y seis pies: mide todo el triangulo ysosceles segun el passado, y montarà trecientos y treinta y seis, y doblado serà el valor de todo el romboyde, que serà seiscientos y setenta y dos; y lo mismo saldrà si multiplicàres el valor de la perpendicular, que es diez y seis, por el valor de la diagonal, que es quarenta y dos, que tambien saldràn los mismos seiscientos y setenta y dos: puedes medir esta figura sin conocer el valor de la perpendicular, con sola la noticia de los tres lados de qualquiera de sus triangulos, como queda dicho en el postrer exemplo del capitulo passado, midiendo cada triangulo de por si, y juntandolo, que tambien saldrà lo mismo, y assi mediràs las semejantes. Nota, que si en esta, ò en otra qual-

Nota.

Euclid.

Nota.

qniera area, que midieres, no tuvieres lados racionales (quiero decir, que sea
su valor enteros con quebrados) en tal caso vsaràs de las reglas de quebrados
de los cap. 9. hasta 12. y con esto quedarà qualquier medida ajustada, por mas
pequeño que sea el quebrado. Para medir la figura que dicen el Almoarife,
ò trapecia, como si fuesse A. B. C. D. que tiene los dos angulos rectos B. C.
para medir esta es necessario conocer sus tres lados, el valor que tienen, para lo qual supongo, que el lado A. B. vale veinte pies, y el opuesto B. C. vale
veinte y ocho, y el lado C. B. vale diez, para medir esta de vna vez suma el valor de las dos paralelas, y montarà quarenta y ocho : toma la mitad, que es
veinte y quatro, y multiplicala por los diez, y montarà docientos y quarenta pies, y tantos tendrà la tal figura. Puede ser te dèn conocido el lado A. D.
y no el lado B. C. que en tal caso mira lo que và del lado B. C. que vale veinte y ocho, al lado A. B. que vale veinte, que son ocho, y multiplica estos ocho
por si mismos, y el lado A. D. multiplicale tambien por sì mismo, y resta el
numero, ò cantidad que saliò del ocho del quadrado que saliò del lado conocido, y del residuo saca la raiz quadrada, y esta serà el valor del lado no conocido B. C. formando vn triangulo rectangulo; y assi mediràs las semejantes. Puede ofrecerse el medir otra trapecia, segun demuestra A. B. C. D. de la
qual el lado A. B. vale veinte, y el lado D. C. vale treinta y seis, y los lados
A. D. B. C. valen diez cada vno: para medir esta, ò las semejantes, es necessario saber la distancia recta que ay entre las dos paralelas A. B. C. D. y esto
se ha de hacer echando las perpendiculares A. M. B. N. que caygan en angulos rectos, y que sean paralelas, y seràn iguales por la 33. del 1. de Euclides; y
assi la linea M. N. valdrà veinte, por ser igual à la opuesta A. B. de treinta y
seis, restando veinte quedan diez y seis, que es el valor que tienen las lineas
D. M. N. C. quedandole à cada vna ocho. Diximos, que los lados A. D. B. C.
valian diez cada vno, multiplica el vno por sì mismo, y serà ciento : multiplica mas por sì mismo D. M. y montarà sesenta y quatro, restalos de los ciento, y quedaràn treinta y seis; saca su raiz, que es seis, y tanto valdrà qualquiera de las perpendiculares, aviendo formado dos triangulos rectangulos A.
M. D. B. N. C. Aora puedes medir esta figura, ò toda junta, juntando veinte
con treinta y seis; y montaràn cinquenta y seis, tomando su mitad, que es
veinte y ocho, y multiplicandola por la perpendicular, que es seis, y montarà ciento y setenta y ocho, ò midiendola en partes, como es el paralelo gramo A. B. N. M. que vale su mayor lado veinte por seis, que es el valor de la perpendicular, y montarà ciento y veinte : multiplica el triangulo B. N. C. por
la mitad de la perpendicular con toda la N. C. que vale ocho, y montarà
veinte y quatro, que doblado por el valor del otro triangulo, montarà quarenta y ocho, que juntos con los ciento y veinte, seràn ciento y sesenta y ocho,
como queda dicho ; y de vna, y otra suerte mediràs las semejantes. Todas las
demàs trapecias que se pueden ofrecer medir, lo haràs, ò reconociendo sus
perpendiculares, ò sabiendo el valor de la diagonal, segun diximos en la figura del simil, ò semejante al romboyde. Si midieres jurisdicciones, y estuvieren en cuestas, ò cerros, què es lo mismo, notaràs, que la has de medir para el
interessado, como si fuera vna plana superficie ; porque el aprovechamiento de la vista, es fortuna del posseedor, ò lugar, y no se le debe al interessado mas que el area llana. Y aunque de vna, y otra parte
ay razones concluyentes, yo favoreceria al
posseedor, como queda
dicho.

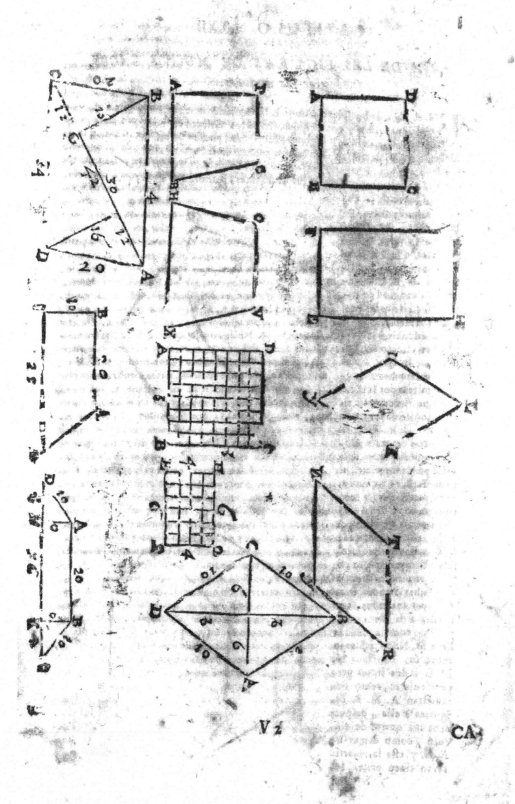

CAPITULO LXXII.

TRATA DE LAS FIGURAS DE MUCHOS LADOS, *y de sus medidas.*

EN el libro de Euclides tratamos de las figuras de muchos lados en las definiciones veinte y vna, à quien dieron los Griegos vn nombre generico, ò comun, llamandolas Poligone: estas figuras, pueden ser casi infinitas, mas haciendo diseño de tres, que son las que pusimos en el lugar citado, con nombre de pentagono, sexagono, octagono, son suficientes para por ellas quedar con noticia bastante para formar sus semejantes, y medir sus areas; pues por la inteligencia de la vna de las tres, se pueden colegir todas las demàs medidas de las figuras de muchos lados. Tres especies, ò generos ay de figuras de muchos lados; las vnas son de angulos, y las dos iguales: y à las semejantes se les puede inscribir, ò circunscribir vn circulo al rededor, por lo qual se llaman comunmente figuras regulares, por la igualdad que tienen entre sì: otras son de lados iguales, y angulos desiguales: otras de lados desiguales; y à ninguna destas se puede inscribir, ni circunscribir vn circulo, de tal suerte, que sea contingente con todos sus angulos, ò que toque à ellos, por cuya causa se llaman figuras irregulares. Esto presupuesto, si sobre vna linea te fuere pedida, haràs vn pentagono, que sus lados sean iguales à la linea propuesta, como si fuesse la linea M. N. en tal caso sobre sus extremos M. N. saca dos lineas perpendiculares, como demuestran A. M. B. N. iguales à ella, despues echa vna quarta de circulo, como demuestra A. N. y esta la repartiràs en cinco partes, se-

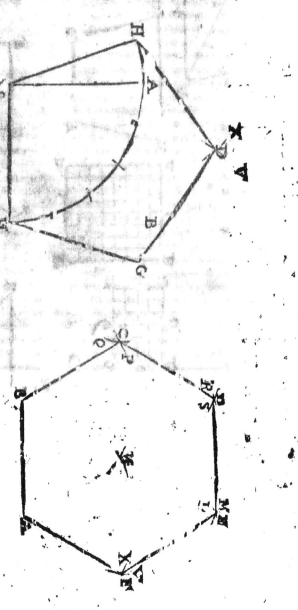

gun

gun en ella mifma fe demueftra , y vna de ellas te apartaràs à la parte exterior
de las lineas perpendiculares , defpues affentando el compàs fobre el vno de
los puntos que te apartaſte , que fon los que demueftran H.C. defcribe las porciones X. V. que fe cruzan en el punto D. Efto hecho afsi , faca las lineas H.
M.D. H. N. G. D. H. y afsi quedarà formado el pentagono de las dos iguales
à la linea propueſtas y de iguales angulos , fegun el difeño lo demueftra, Si te
pidieren hagas vn fexagono , ò fexavo , que tenga los lados iguales à vna linea
propueſta, como fi fueſſe la linea A. B. para hacer los femejantes , abre el compàs la diſtancia de la linea A. B. y affentandole vna punta en vno de fus extremos , y luego en el otro defcribe las dos porciones , que fe cruzan en el punto
N. que es el centro del fexagono: defpues torna à affentar el compàs en el punto A. v de èl defcribe la porcion X. y affentandofe otra vez en el punto N. defcribe la porcion V. y fe cruzaràn las dos en el punto F. haz lo mifmo en el
lado opueſto , echando las porciones Q. P. que tambien fe cruzan en el punto
C. Torna à affentar el compàs en el punto F. y defcribe la porcion M. y affentando el compàs en el punto N. defcribe la porcion L. que fe cruzan en
el punto E. Haz lo mifmo à la mano dieftra , y affentando el compàs en los
puntos N. C. defcribe de ellos las porciones R. S. que fe cruzan en el punto D.
Tira defpues las lineas B. C. C. D, D. E. E. F. F. A. y con eſto queda formado
el fexagono , con feis lados iguales al propueſto , fegun fue la demanda hecha, y quedarà como el difeño lo demueftra.

Si te fuere pedido hagas vn octagono , ò vn ochavo , que fea à cada lado
igual à vna linea propueſta, de tal fuerte , que ninguno de los ocho lados fea
mayor que la linea propueſta, como fi fueſſe A. B. para hacer vn ochavo , que
fea cada lado igual à ella , repartela en cinco partes , y alargala à cada extremo vna parte , fegun demueftran E. L. abre el compàs , fegun toda fu diftancia, y affentandole en los puntos E. L. defcribe las porciones que fe cruzan en
el punto S. el qual es centro , ò ha de fer de todo el ochavo ; y para irle trazen-
do, abre el compàs la diftancia de la linea propueſta A. B. y defcribe las porciones Q. V. torna à abrir el compàs, fegun la diſtancia B. S. y affentando vna
punta en el punto S. defcribe las porciones O. X. y fe cruzaràn en los puntos
R. C. y de la fuerte que has cogido eſtos dos puntos , iràs echando las demàs
porciones para los demàs angulos , y fe cruzaràn todas en los puntos D. G.
H. P. y de ellos facaràs las lineas B.C.D.C.G.D.H.G.P.H.R.P.A.R. y afsi quedarà hecho el ochavo de ocho lados iguales entre sì , y iguales cada vna à la linea propueſta, como el difeño lo demueftra; y afsi haràs las femejantes.

Nota, que para hacer vn ochavo, le pedràs hacer haciendo vn quadrado, **Nota**
y defpues tirando dentro de las lineas diagonales , y abriendo el compàs def-
de

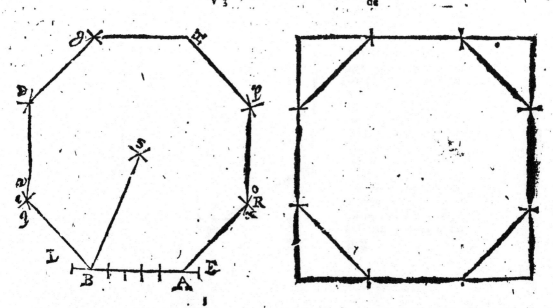

de vno de qualquiera de fus quatro angulos, hafta la parte que fe cruzan las
dos diagorales, fin que tengan mas, ni menos; y con efta diftancia yendo affentando el compàs fobre cada vno de los quatro angulos, y en las lineas que
ay de angulo à angulo, feñalar la parte que alcançare del compàs, de tal fuerte, que en cada linea de las quatro venga à aver dos feñales, vna à vn lado, y
otra à otro: y de eftas feñales tira las lineas que cortan los angulos del quadrado, y afsi quedarà hecho vn ochavo tan perfecto como el paffado, hacien-
dole como eftà dicho, y el difeño lo demueftra.

Nota, que todas eftas tres figuras las puedes hacer con notable facilidad,
con folo hacer vn circulo, y repartir al rededor de la figura que quifieres hacer, y defpues de repartida tirar lineas, hafta cerrar la figura que quifieres hacer; y la tal ferà infcripta, fegun la difinicion primera del quarto de Euclides.
Y afsi dice, que la figura que eftuviere dentro de otra figura, fe dice infcripta, y la de afuera circunfcripta, quando es que la infcripta es la que fe efcri-
ve, ò eftà efcrita, toca, ò es contingente con fus angulos à la parte interior
de la efcrita: mas como queda dicho, de qualquiera fuerte puedes hacer
qualquiera figura, con tal, que la peticion no fea dando los lados iguales à
otra linea propuefta.

Si te pidieren dentro de vn circulo de dos lados conocidos de qualquiera
de eftas figuras, de tal fuerte, que fean infcriptas refpecto del circulo circunf-
cripto, hallaràs efto por el cap. 43. donde tratamos de los cartabones. Para
medir eftas tres figuras, y fus femejantes, es neceffario conocer el centro; y
porque empezamos con el pentagono, ferà el primero en fu medida. Sea,
pues, el pentagono M. N. E. D. B. del qual no fe fabe el centro, para conocerle
tira vna linea de vno de fus angulos, que vaya à la mitad del lado opuefto,
como demueftra A. B. faca otra del angulo D. que caygan tambien en la mitad del lado opuefto, conforme à la D. V. y en la parte que eftas dos fe cortaren, ò cruzaren, ferà el centro del tal pentagono, que es en el punto X. y facando de todos los angulos lineas à fu centro, ferán iguales por la propofic.
14. de Euclides, y quedarà dividido en cinco triangulos, fiendo fu perpendicular de qualquiera de ellos X. A. ò la X. V. con cuya noticia (y la de vn lado
del pentagono fe mide. Y para mayor inteligencia, fea valor de vno de los
lados del pentagono de doze pies, prefupuefto que todos fon iguales, la perpendicular de cada triangulo tiene de valor ocho pies, mide vn triangulo, fegun diximos en el cap. 70. y montarà quarenta y ocho cada triangulo de los
cinco, que fumandolos cinco vezes, ò multiplicandolos por cinco, montaràn
docientos y quarenta, y tanto tendrà el pentagono propuefto. Puedefe medir de vna vez, fin medirle por triangulos, fumando todos fus lados, que fon
cinco vezes doze, y montaràn fefenta: y multiplicandolos por la mitad de
la perpendicular, montarán los mifmos docientos y quarenta. Puedefe medir todo el pentagono, fin tener noticia de centro, ni del valor de la perpendicular, con folo el valor de qualquiera de fus lados, por caufa que el valor
del pentagono eftà con fu perpendicular en proporcion fexquialtera, de que
ya tratamos en el cap. 30. y afsi fe conoce en el exemplo que los porque
ocho con doze eftàn en proporcion, como dos con tres. Y conoceràs fer afsi
el pentagono propuefto, fi le trazaffes con pitipie, de quien tambien tratamos en el cap. 17. Y tambien lo conoceràs por la regla de tres del cap. 13.
De fuerte, que fi el pentagono tiene doze pies por cada lado, di por regla de
tres: Si tres me dan dos, doze quantos me daràn? Multiplica el fegundo por
el tercero, y el producto parte por el primero, y hallaràs que fale à la porcion
ocho; fuma los lados del pentagono, y montaràn fefenta: multiplicalos por
la mitad de los ocho, ò de lo que faliere, y montaràn los mifmos docientos
y quarenta; ò fino, fuma los lados, que fon fefenta, y la mitad multiplica por
lo que faliò, que es ocho, ò lo que faliere, y tambien montarà los mifmos docientos y quarenta; y afsi mediràs qualquiera de las figuras femejantes. El fegundo

do exemplo, ò figura que pufimos, es el fexavo, y efte facãndo lineas de angulos à angulos, vendrà à tener feis triangulos equilateros, y equiangulos; y afsi
dando conocido qualquiera de fus lados, fe dàn conocidos todos los de los feis
triangulos interiores, y exteriores, como el difeño lo demueftra. Para medir
cada vno de por si, feguiràs la regla que dimos en el cap. 60. y multiplicando
el valor del vn triangulo, por los feis que tiene el fexavo, quedarà medida toda fu area; y afsi medirás las femejantes.

Nota, que fi fumares los feis triangulos, por quanto tienen quebrados, los
fumarás, fegun diximos en el cap. 9. y fi los multiplicares, porque tambien ay
quebrados, lo harás por el cap. 11. La caufa porque no pongo la proporcion
que tiene la perpendicular con el lado del fexavo, es, porque fiendo fus lados
racionales, no lo puede fer la perpendicular, como tampoco lo es toda fu
area, fegun en fu lugar diximos. Mas tambien fi del fexavo fumares los lados,
y fupieres lo que es fu femidiametro, que es la linea que llamamos perpendicular de qualquiera de los triangulos, y multiplicares la fuma de los lados
por la mitad de la perpendicular, ò al contrario, multiplica la mitad de la fuma de los lados por toda la perpendicular, que de vna fuerte, y otra, el producto ferà el valor de todo el fexavo. Afsi, que fi el lado del fexavo valiere
doze pies, fu perpendicular conoceràs valer diez, y dos quintos, y todo el
triangulo fefenta y dos, y dos quintos; y todo el fexavo (como eftà dicho)
multiplicando, fumando fus lados, que montan fetenta y dos pies, por la
mitad de la perpendicular, que es cinco y vn quinto, montarà trecientos y
fetenta y quatro, y dos quintos; ò multiplica la mitad de los lados, que es
treinta y feis, por toda la perpendicular, que es diez, y dos quintos, y montarà los mifmos 274. y dos quintos, ò fuma los feis triangulos, y tambien
montan lo mifmo; y lo mifmo fi el valor de vn triangulo le multiplicas por
feis, que tiene el fexavo; y afsi medirás fus femejantes. El ochavo fue la tercera demoftracion de efte capitulo; y para averle de medir figue las reglas de los
paffados, y echando lineas de angulos à angulos, vendrà à tener ocho triangulos, fegun el difeño lo demueftra, que tienen los dos lados iguales, y el
otro defigual, y puedes medir cada triangulo por el cap. 70. dandote conocidos fus lados. El centro fe conoce, con tirar dos lineas no mas de angulo à
angulo; mas yo fupongo, que ni te dàn conocido el centro, ni el valor de la
perpendicular, en tal cafo notarás, que el lado del ochavo fea con fu femidiametro, como cinco con feis; de tal fuerte, que fi el lado del ochavo tiene
cinco pies, fu femidiametro ha de tener feis pies. Pues con efta noticia fupongo, que el lado del ochavo vale diez pies; para faber lo que vale fu femidiametro, que es lo mifmo que linea perpendicular, de qualquiera de fus triangulos, ordena la regla de tres del cap. 13. diciendo; Si cinco me dàn feis, diez
quantos me dàrán? multiplica el fegundo por el tercero, y montarà fetenta,
parte por el primero, y faldrà à doze, y tantos pies vale la linea perpendicular, ò femidiametro del ochavo, cuyo lado es de pies. Con folo efto le puedes
medir, multiplicando el triangulo por la perpendicular, que es doze, por la
mitad del lado exterior, que vale diez, y montarà fefenta pies; ò multiplicando por la mitad de la perpendicular, que es feis, por los diez que vale el
lado exterior, y tambien montarà los fefenta. Conocido que vno de fus ocho
triangulos vale fefenta, multiplicalos por ocho, y montarà 480. y tantos pies
tiene el ochavo propuefto, faldrà lo mifmo fi fumas fus lados, que montan
ochenta, y los multiplicas por la mitad de fu perpendicular, ò femidiametro, que es feis, y tambien monta los 480. y afsi medirás las femejantes. Si
te pidierendès el valor de los lados de los dos triangulos, que es linea que
ay defde qualquier angulo à fu centro, lo harás fegun diximos en el cap. 69.
multiplicando la perpendicular, que es doze, por si mifma, que monta 144.
y multiplicando la mitad de fu valis por si mifmo, que monta veinte y cinco,

que

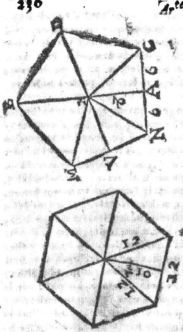

que juntos hacen ciento y ochenta y nueve, sacando su raiz, que estreze, y veinte y seis avos, y assi daràs conocido qualquiera lado. Nota, que demàs de las figuras dichas, ay otras que no son, ni pueden ser regulares, mas siempre que las tales figuras te fueren propuestas, es muy facil su medida, pidiendo el valor de sus lados, y dividiendola con lineas, y formando triangulos, y estando assi, la medirás sin dificultad ninguna; porque ya quedò advertido en la primera peticion del cap. 17. que se puede alargar, y tirar qualesquiera lineas. Otrosi, si se te ofreciere alguna dificultad de medida, la qual hallarás en ella poca satisfaccion, la conocerás si ordenares vn pitipie, y por èl la fueres regulando, y las mismas que yo dexo demostradas, conocerás que estàn por èl ajustadas, si con curiosidad las corriges: pues aun este trabajo no le he escusado, descansando en todo el mayor acierto.

CAPITULO LXXIII.

TRATA DE FIGURAS CIRCULARES, Y DE SECTORES, Y porciones de circulo, y de sus medidas.

COSA es muy conocida de todos la figura circular, y nadie ignora el modo de hacer el circulo, de que ya hizimos mencion en las difiniciones, según la difine Euclides, difinicion 14. lib. 1. y en el mismo capitulo diximos que es diametro, y porcion mayor, y menor de circulo, según el mismo Euclides; y assi, en esta parte poco tenemos que advertir. Mas para la inteligencia, es necessario tratar de su fabrica; la qual es, abriendo vn compàs, y fixando la vna punta con la otra, ir circundando, y quedarà formado el circulo, según lo demuestra A. B. C. y la parte donde se assentò el compàs, señalado en el punto D. es centro del tal circulo, del qual todas las lineas que salieren serán iguales, según ya queda dicho en el lugar citado. La linea que se echare dentro del circulo passado por el centro, y llegare à su circunferencia, le dividirà en dos partes iguales, y esta tal linea es la que se llama diametro, y su mitad semidiametro, como demuestra D. B. que es semidiametro, y la B. D. C. es diametro. Tambien se divide el circulo demàs de las dos partes iguales, en dos porciones, llamadas porcion mayor, y porcion menor, como demuestran V. X. H. que es porcion mayor: y la parte V. G. H. es porcion menor. Demàs de esto, en los mismos circulos se forman sectores, que es lo que demuestra V. G. H. M. Esto entendido, todo èl, y en partes, según queda dividido, le irèmos midiendo en la forma que se puede medir; porque sabemos que los Filosofos hallaron dificultad en la quadratura de vn circulo, y algunos negaron aver ciencia para quadrarle, como comunmente muchos Maestros

Euclid.

tros llevan ; que la circunferencia la mide seis vezes el compàs con que se
circundò , ò que tiene seis semidiametros : mas esta regla no es cierta ; porque
la parte de linea curba que coge el compàs quando le miden à la redonda , es
mayor que la recta que causa el compàs de punto à punto , como se puede
experimentar formando vna porcion de circulo : y los que negaron no poderse medir el circulo , fuè considerando , que la linea recta no es compara-
ble , ni tiene cierta proporcion con la curba. Archimedes trabajò para descubrir lo mas que pudo esta verdad. Y este Autor dice , que està toda circun- *Archim.*
ferencia con su diametro , en proporcion tripla , y vna parte , que es menor
que septima , y mayor que diez setenta y vn avos. El P. Fr. Juan de Ortega en *Fr. Juan*
su tratado de Geometria , segundo exemplo de medir areas redondas , mide de las *de Orte-*
tales areas en proporcion tripla sexquiseptima , que sea como siete con veinte *ga.*
y dos ; y assi pone vna circunferencia que tiene de diametro catorce varas , y de
redondèz , ò periferia , quarenta y quatro , que es lo mismo que siete con veinte y dos, cuya doctrina sigue Moya, lib. 3. de Geometria , cap. 11. y comun- *Moya.*]
mente siguen todos esta doctrina. Lo que nos enseñò Archimedes , fuè , hacer
vn triangulo rectangulo , que fuesse igual à la circunferencia , de la qual se
causasse el tal triangulo , como lo demuestra el triangulo A. B. C. y tanto vale toda la circunferencia como todo el triangulo , por estàr estendida la linea redonda, que es la A. B. y la B. C. es su semidiametro. Para reducirlo à
quadrado , lo haràs sacando vn medio proporcional entre la A. B. y la B. C.
segun diximos en el cap. 15. Y para convertirle en paralelo gramo, haràs segun diximos en el cap. 70. Mas para medir los pies superficiales que tendrà
qualquiera circulo , es necessario tener noticia de vna de dos cosas , ò de su
circunferencia , ò de su diametro ; porque de lo vno se colige lo otro. Diximos , que està en proporcion tripla sexquiseptima , que es como siete con
veinte y dos , pues supongamos quieres medir vna circunferencia , que tiene
veinte y vn pies de diametro , y no te dàn conocido el valor de su periferia,
ò redondèz ; para conocer su valor ordena la regla de tres del cap. 13. diciendo : Si siete me dàn veinte y dos , veinte y vno quantos me daràn? multiplica
por el cap. 5. el tercero por el segundo , y montarà quatrocientos y sesenta y
dos , partelos por el primero , por la regla del cap. 6. y saldrà à la particion
à sesenta y seis , y tantos pies tendrà la linea circular , cuyo diametro vale veinte y vn pies. Otrosi supongamos , que te dàn conocida la circunferencia , y no el diametro , y que su circunferencia vale sesenta y seis pies ; pidente
des conocido el valor del diametro , ordena otra vez la regla de tres , diciendo: Si veinte y dos me dàn siete de diametro; sesenta y seis , quantos me daràn?
multiplica el segundo por el tercero , y montarà quatrocientos y sesenta y
dos ; parte por el primero por la regla del cap. 7. y saldrà à la porcion veinte
y vno, y tantos pies tendrà el diametro, cuya circunferencia es sesenta y seis pies,
y de vna, y de otra forma conoceràs , ò por el diametro la circunferencia , ò por
la circunferencia el diametro , segun queda declarado. Para medir los pies
quadrados que el propuesto circulo tiene en toda su superficie , multiplica la
mitad del diametro por la mitad de la circunferencia , y lo que saliere al producto , seràn los pies que tiene el circulo , ò al contrario ; multiplica por la mitad del semidiametro por toda la circunferencia , y tambien saldrà lo mismo ; ò multiplica el semidiametro por la circunferencia , y la mitad del producto serà su valor. Y puesto que el valor del diametro es veinte y vn pies , y
el de la circunferencia sesenta y seis , multiplicando la mitad , que es treinta
y tres , por la mitad del diametro , que es diez y medio , saldrà al producto trecientos y quarenta y seis pies y medio ; ò multiplicando la circunferencia , que
es sesenta y seis , por la mitad del semidiametro , que es cinco y vn quarto,
saldrà al producto los trecientos y quarenta y seis pies y medio ; ò multiplicando la circunferencia , que es sesenta y seis pies , por el semidiametro , que
es

es diez y medio, saldrà el producto seiscientos y noventa y tres, tomando su mitad, quedaràn los trecientos y quarenta y seis y medio, que de qualquiera suerte saldrà lo mismo; y assi mediràs las semejantes. Para medir sectores de circulo, es necessario se den conocido el valor del diametro, ò el de todo su circulo, para que por lo vno se conozca lo no conocido, como en el exemplo passado se ha visto. Supongamos que el circulo A, B, C, tiene de diametro los veinte y vn pies del circulo passado, y que el sector que has de medir es A, B, D, cuyo centro es D, del qual las lineas que salieren à su circunferencia, seràn iguales, teniendo veinte y vn pies el diametro, y su circunferencia sesenta y seis: mira que parte de circulo toma el sector, y què valor tiene, y por su mitad multiplica el semidiametro, y el producto serà el valor del sector, ò multiplica la mitad del semidiametro, por el valor que tiene la parte de la circunferencia, y saldrà lo mismo: y tambien saldrà si multiplicas vno por otro, y del producto tomas la mitad, que todo es vno. Para lo qual supongo, toma la sexta parte del circulo la porcion del sector, y de sesenta y seis pies, la sexta parte es once pies, que es el valor del arco A, B, multiplicale como està dicho, los once por la mitad del semidiametro, que es cinco y vn quarto, y montarà cinquenta y siete pies y tres quartos, y tantos tendrà el propuesto sector: Mas multiplica los diez y medio, que vale el semidiametro, por la mitad de los onze, que es el valor del arco A, B, que es cinco y medio, y tambien monta los mismos cinquenta y siete pies y tres quartos: multiplicale, como diximos, vno por otro, que es el semidiametro, que vale diez y medio, por los onze que vale el sector de circulo, ò de arco, y monta ciento y quinze y medio, tomando su mitad, como està dicho, quedan los cinquenta y siete y tres quartos; y assi mediràs los semejantes, tean los sectores grandes, ò pequeños, que de vna, y otra suerte saldrà lo mismo. Quando huvieres de medir porciones de circulo, es necessario que reconozcas el centro, sobre el qual se diò la porcion del circulo; y esto lo haràs en vna e dos, ò por la regla que pusimos en el cap. 15. acerca de conocer el centro, ò multiplicando la parte que toma de linea que divide la circunferencia, dividida en dos partes, cada vna de por si, y multiplicala vna por otra el producto partirlo à la parte que la particion tiene de diametro, y à la particion juntarle el mismo valor de la parte del diametro, y esto serà lo que tiene todo el circulo de diametro, cuya mitad serà el centro. Y para mas clara inteligencia de esto vltimo, sea la porcion que quieres medir A, B, C, Supongamos que la A, C, vale doze pies, su mitad es seis, multiplica vno por otro, y monta treinta y seis. La linea N, B, que es la parte de diametro que toma la circunferencia, supongo vale dos, que partidos los treinta y seis, les cabe diez y ocho, y ajuntados los dos con los diez y ocho, montan veinte, y tantos pies tiene todo el diametro de la propuesta porcion; y su mitad, que es diez, serà el centro de adonde se descriviò. Es doctrina de Fray Juan de Ortega, fol. 227. refierelo Moya, lib. 3. de Geometria, cap. 14. Para medir esta, ò las semejantes porciones, pide te den conocido el valor de la A, C, que como està dicho es doze, mas te han de dàr conocido el valor de la N, B, que es dos: y tambien te han de dàr conocido el valor de la A, B, C, que supongo es treze, para hazerlo conoce el centro como està dicho, y el valor del diametro, que es veinte, cuya mitad es diez, que es en el punto H, hecho esto, ordena vn sector, que cause el triangulo A, H, C, mide todo el sector junto, segun queda dicho, multiplicando la mitad del semidiametro, que es cinco, por los treze de la linea A, B, C, y montarà sesenta y cinco, que es el valor del sector: multiplica assimismo el triangulo A, C, H, sabiendo que su perpendicular H, N, vale ocho: porque todo el semidiametro vale diez, y N, B, vale dos, que restados de diez, quedan ocho; pues multiplicando ocho por seis, ò doze por quatro, montan de vna, y otra suerte, quarenta y ocho, que

Fr. Juan
de Orte-
ga.

Moya.

resta

reſtados de los ſeſenta y cinco (valor de to o el ſector) quedan diez y ſiete, que es el valor de la porcion A. B. C. y aſsi mediràs las ſemejantes, ſean grandes , ò pequeñas. Mas quando la porcion que tuvieres de medir fuere mayor que medio circulo , mediràs la menor , conforme lo paſſado , ò midiendo la menor , mide todo el circulo , y deſpues reſta lo que monta , y el reſiduo es el valor de la porcion mayor : mas como eſtà dicho , podràs medir quantas porciones quiſieres, aunque ſean medios circulos.

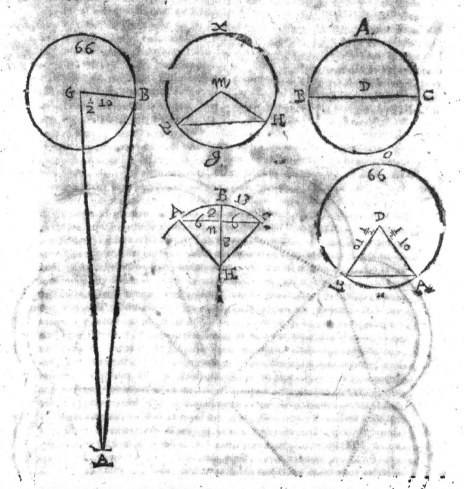

Puede ofrecerſete el aver de medir vna figura mixta ; como lo es ; ſi vn ſexavo , ò vn ochavo ſe circundaſe vn ſemicirculo à cada lado , como lo eſtà vn eſtanque , que ſe hizo en el Buen Retiro deſta Villa de Madrid (medida que entendì hacerla , mas huvo quien dudaſe en ſi ſeria capàz para ello , y mi eſtado no me dà lugar mas de que reſponda , con enſeñar el modo de medirla , ſin meterme en decir , ſi el que dudò ſerà para hacerlo ; y ſi creo que ſerà , aunque algunos Maeſtros ſienten lo contrario.) Eſte eſtanque es ochavado , y es ſegun ſe demueſtra al fin del capitulo. Llamanle el eſtanque de la Torrecilla , por tenerla enmedio , aunque yo no la demueſtro. Tiene de gueco medido de angulo à angulo ciento y ocho pies , que es el valor de la linea A. B. y ſu mitad es cinquenta y quatro , la B. C. vale quarenta y dos ; reſta ſaber

ber el valor de la perpendicular ; y esto lo harás como diximos en el cap. 70.
y hallarás , que vale quarenta y nueve pies , y mas setenta y quatro de noventa y
ocho avos , que para ser tres quartos justos , le falta vno y medio de los noventa
y ocho avos , y assi supongo vale quarenta y nueve , y tres quartos. Con
la noticia dicha se mide qualquiera triangulo del ochavo , y por el valor
del vno , multiplicar los ocho. Assi que valiendo la perpendicular quarenta
y nueve y tres quartos , y la B. C. quarenta y dos , multiplica por su mited la
perpendicular , y el producto es el valor de vn ocho , y hallarás que monta mil
quarenta y quatro y tres quartos el triangulo C. B. D. y multiplicando por
este valor los ocho lados , montan ocho mil y trecientos y cinquenta y ocho
pies , valor del ochavo que terminan los puntos. Falta el valor de los semicirculos , que los medirás como queda dicho en este capitulo , reconociendo por su
diametro la circunferencia. Diximos , que la A. C. vale quarenta y dos , y este
es el diametro destos semicirculos. Y ordenando la regla de tres ; si siete me
dàn veinte y dos, quarenta y dos , que me darán? hallarás que vale el semicirculo C. N. B. setenta y seis pies ; y multiplicando por la mitad del diametro , la
mi-

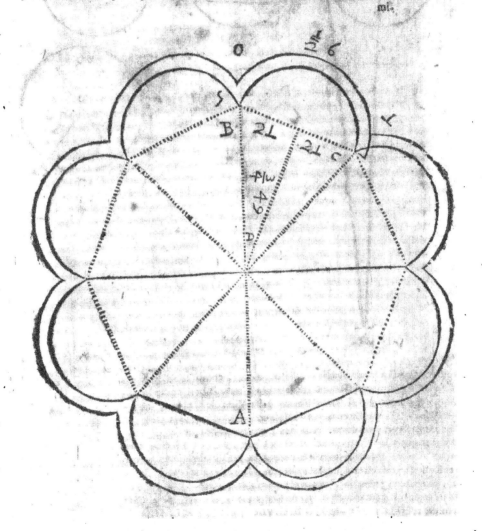

mitad de la circunferencia, monta efte femicirculo 693. pies; que multiplicados por ocho, monta 5544. Falta el valor de los gruessos de paredes que tienen quatro pies de grueffo, y para efto has de faber el valor de la porcion del circulo Y. O. y efto fe hace alargando fu grueffo al diametro, como demueftra S.B. y porque el diametro C.B. vale quarenta y dos; añadiendo al diametro cada lado, valdrà cinquenta. Ordena la regla de tres, fi fiete me dàn veinte y dos, cinquenta quatro me daràn, y faldrà 157. y vn feptimo, cuya mitad es 68. y medio, y vn catorzavo. Mira aora el valor de la S.O. que es fiete y medio, y medio catorzavo, y por-que fon dos porciones que fe tocan, fuman quince y vn catorzavo, que rebaxa-dos de fetenta y ocho y medio y vn catorzavo, quedan fefenta y tres y medio, y tanto es el valor de la porcion Y.O. junta eftos dos numeros, fefenta y tres y me-dio de la porcion Y. O. con los fefenta y feis del femicirculo C. N. B. y montan ciento y veinte y nueve y medio, cuya mitad es fefenta y quatro y tres quartos, que es medio proporcional de los dos circulos; multiplica por fu grueffo, que es quatro, y monta 259. y tanto es el area que tiene cada femicirculo propuefto, que multiplicados por ocho, que fon los circulos, montan 2072. y multiplicado por la altura de fu pie derecho, lo que faliere ferà el valor de las paredes, y todo fu a-rea, que es lo que pretendemos; juntando las tres partidas dichas, que es la prime-ra 8358. valor del ochavo; y el de los femicirculos es 5544. y el de los grueffos, 2072. montan 15974. pies de area, como el difeño lo demueftra.

CAPITULO LXXVI.

TRATA DE LA FABRICA DE LOS OBALOS, Y DE SUS
medidas, y de otras advertencias.

EL obalo es vna figura circular prolongada, y fu cuerpo es femejante al de vn huevo, y por effa caufa fe derivò dèl el nombre, no folo fu cuerpo, fino fu a-rea, tambien algunas diferencias ay de trazarle, las quales iremos demoftrando. Lo primero podràs trazar vn obalo, fi al rededor de vn palo redondo rebolvieres vn papel, y defpues con en compàs defcribe vn circulo: y eftendido el papel faldrà el obalo perfecto. De otra fuerte fe puede hacer el obalo, y es, tirando vna linea rec-ta fegun demueftra A.B. y en fus eftremos echar dos circulos conforme los dos A. P. Q. B. P. Q. y quanto eftos menos fe cortaren, tanto mas prolongado queda el obalo: y haciendo puntos los puntos donde fe cortan, ò centros, que viene à fer en los puntos P. Q. y defpues en los eftremos de la linea A.B. afsienta el compàs abier-to, fegun que eftuvo el defcribir los circulos, y del vn eftremo, que es el punto A. defcribe las porciones N. M. y haz lo mifmo fobre el punto B. defcribiendo las por-ciones V. G. afsienta el compàs fobre el punto P. abriendole la diftancia que ay hafta el punto M. defcribe la porcion M G. afsienta mas el compàs en el punto Q. y del defcribe la porcion V. N. y afsi quedarà formado el obalo, fegun el difeño lo demueftra. Puedes hacer el obalo echando vna linea recta, fegun demueftra A. B. y echando otra que la cruze en angulos rectos, fegun diximos en el cap. 15 y lo de-mueftra C. D. toma dos puntos acafo en la linea A.B. que los denota E. D. advir-tiendo, que quanto mas afrimados à la perpendicular, ferà mas prolongado el oba-lo, y la diftancia que tomafte acafo, effa mifma has de dar de los eftremos de la C. D. azia el interior de la linea, que fon los puntos que feñala M. N. y facando lineas de vnos puntos à otros, que fe cruzen en la M. N. que fon las lineas D. O. D. L. E. G. E. H. hechas las porciones H. O. G. L. defde los puntos N. M. Hecho efto, afsien-ta la punta del compàs en el punto D. y abriendole la diftancia L. defcribe la por-cion L. O. que es el vn lado del obalo; afsienta el compàs en el punto E. y del def-cribe la porcion G. H. y tambien quedarà formado el obalo, como el difeño lo demueftra.

Podràs hacer el obalo fobre vn quadrado perfecto, como fi fueffe el quadrado A. B. C. dividele por medio con las lineas H. G. M. N. tira mas las dos lineas diago-nales M. C. M. B. que cruzen à la H. G. en los dos puntos R. S. hecho efto afsienta el compàs en el punto S. y abrele la diftancia S. A. y defcribe con èl la porcion A. O. B. afsienta el compàs fobre el punto R. y ferà igual à la linea R. C. y defcribe la porcion C. Y. D. torna à affentar el compàs en el punto N. y abrele la diftancia de la linea N. B. y con èl defcribe la porcion B. L. D. y affentando otra vez el compàs en el punto M. eftarà abierto la diftancia M. A. y defde el punto defcribe la porció A. V. C. y afsi quedarà formado el obalo fobre el quadrado propuefto, conforme el difeño lo demueftra.

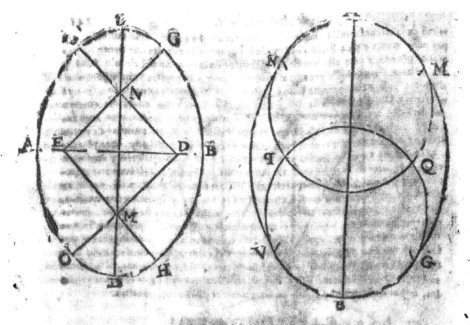

El obalo que mas comunmente se vsa es el que se sigue, que se hace sobre vna
linea propheta, la qual sea A. B. esta la has de dividir en tres partes, como demuestran los dos puntos M.N. y sin abrir, ni cerrar el compas, assientale en el punto M. y del describe la porcion Y.B.D. y assentando el compas en el punto B.ech a
los dos puntos Y.D.q crucen à la porcion Y.B.D. haz lo mismo en el lado opuesto sobre el punto N. haciendo la porcion T.A.S. y desde el punto A. echa los puntos S. T. esto assi, abre el compas la distancia T.Y. y assentado el compas en el pun-
to T. describe la porcion O.y tornandole à assentar en el punto Y. describe la porcion L. que se cruza con la O. en el punto V. y assentando sobre el el compas describe la porcion H.P.Y. torna à assentar el compas en los puntos D.S. y desde ellos
describe las porciones que cruzan en el punto X. y assentando sobre el el compas
describe la porcion D.E.S. y quedarà el obalo con toda perfeccion, segun el dis-
ño lo demuestra.

Nota, que podràs hacer, y trazar qualesquiera obalos, sean grandes quanto quisieres, con solo guardar los puntos, segun quedan demostrados, y trazandolos con
cordel serà lo mismo, y si se ofreciere labrarlos de canteria, ò albañileria lo haràs echando cintreles en los puntos, y con cada vno labraràs la parte que le toca,
y assi que serà el obalo perfectamente labrado, y yo tengo labrados algunos de ladrillo, y parecen muy bien, principalmente quando estàn en alto. Ofreciendose el
aver de medir su area, es necessario te dèn conocido el largo, y ancho, el valor de
cada cosa de por si, y juntarlo en vna suma, y de la mitad hacer vn circulo q tenga
por diametro lo que saliere por mitad, y midiendole, como queda dicho en el cap.
passado, lo que montare serà el valor del obalo. Y para mayor inteligencia, sea el
obalo que quieres medir A. B. C. D. y que la A. C. supongo tiene de largo doze
pies, ò tamaños, y la B. D. tiene nueve pies, juntalos en vna suma, y monta veinte
y vn pies, la mitad es diez y medio: si hicieres vn circulo que tenga de diametro
los diez pies y medio, como lo demuestra E.F.G.H. y le midieres, segun queda dicho, conociendo el valor de su circunferencia por su diametro, y multiplicando
el semidiametro por la mitad de la redondez, el producto es el valor del obalo, y
del circulo, y tan grande es el obalo A.B.C.D.como es el circulo E.F.G.H. Ordena la regla de tres, diciendo: si siete de diametro me dàn 22.de circuferencia, 10.
y medio quàtos me daràn: multiplica el segudo por el tercero, y mõta 231. parte
por el primero, y saldrà al cociente 33. y tãtos pies tiene de redondeza el obalo, y
los mismos tiene el circulo: y multiplicando 16.y medio por 5. y vn quarto mõ-
tarà 80. pies, y mas 5. ochavos, que es lo q tiene de pies quadrados el obalo, y assi
mediràs los semejantes. Puedesle medir multiplicando el largo por el ancho, y el
producto tornarle à multiplicar por 11.y partirlo por 14.y el cociẽte, ò lo q saliere: es el valor del obalo. Exéplo, multiplica 9.por 12.y monta 108. multiplicalos
por 11.y monta 1188. parte por 14.y saldrà al cociente 84.y mas 6.septimos. Y
este genero de medida es mas cierto que el passado, aunque es poca la diferencia.

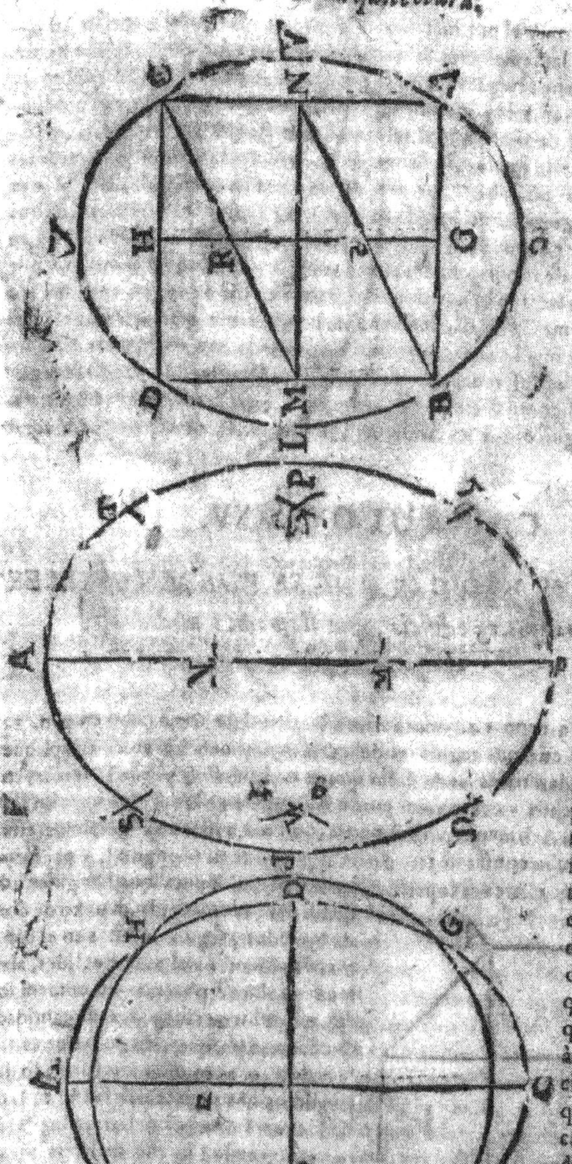

Si te pidieren me-
das vn obalo, y solo
te dã conocido el lar-
go dèl, y no el ancho,
notarás que el obalo si
està trazado confor-
me los dos vltimos,
està en el largo dellos
con su ancho, como
doze con nueve, y por
la regla de tres conna-
cerás el ancho. Puedes-
le medir haziendo dẽ-
tro del obalo vn qua-
drado, tirando lineas
de los quatro puntos
exteriores del obalo,
y despues medir las
quatro porciones, ò
las dos, pues las
opuestas son iguales,
segun queda dicho, pa-
ra medir porciones en
el capitel passado, y
midiendo el quadra-
do, suma el valor de
las quatro porciones,
y con èl, y la suma, serã
lo que monta el obalo
propuesto, y saldrà lo
mismo que en la ope-
racion passada. Hasta
aqui avemos tratado
en estos cinco capitul.
de la suerte que se han
de trazar, y medir
qualesquiera figuras,
que es lo que pertenece
à las areas, ò superfi-
cies de las plantas, de
que tratamos desde el
cap. 17. hasta el 19. y
de lo que en estos ca-
pitulos se contiene, se
puede medir quales-
quiera superficies, ò
tierras grandes, ò pe-
queñas; y porque pue-
de ofrecerse el medir

vna area quantos ladrillos puede llevar, assi para solarla, y prevenirlos, como
despues de solada saber què ladrillo tiene, para ajustar su cuenta, y pagarlo al
Maestro, ò hazerse pagado, en tal caso lo harás midiendo con el mismo ladrillo la sala: si el ladrillo es quadrado, mide los que entran por vn lado, y à
otro, y las dos cantidades multiplica vna por otra, y el producto serà la cantidad del ladrillo, que la tal sala ha menester, ò tiene assentados; y si el ladrillo es
prolongado, mide vn lado de la pieza por el vn lado del ladrillo, y el otro de
la misma pieza mide por el otro lado del ladrillo, y los dos numeros multi-

tiplica vna por otro, y el producto es el ladrillo que la fala ha menefter ; ò tiene, y afsi medirãs las femejantes. Si quifieres faber las tejas que vn tejado ha menefter, ò las que tiene fentadas, mira las que lleua vna canal con fu roblon, y
las canales que entran, y los dos numeros, multiplica vno por otro, y el producto ferà la cantidad de tejas, que el tejado ha menefter, ò tiene fentadas. Las fuperficies leuantadas de qualquier lienço de pared, guardan las mifmas medidas
que las areas, y afsi no ay para que nos deroguemos en fu declaracion. Si fe te
ofreciere medir alguna forma, que es lo que queda debaxo de vna luneta, de que
tratamos en el cap. 53. que propriamente podemos llamar, tempano de luneta, en
tal cafo, fi tuviere de montea medio punto, mide lo que tiene de diametro, y por
el capitulo paffado facarãs lo que tiene de circunferencia; y fegun en el mifmo
capit. tratamos de medir las circunferencias, conocerãs lo que tuviere la tal forma; y fi no tuviere medio punto, fino que fuè rebaxada, con vn compàs mide los
pies que tiene de circunferencia, y reconocido fu diametro, lo medirãs fegun
razon de circulo, como diximos en el cap. paffado. De las demàs medidas trataremos en el cap. figuiente, y en las dichas conviene eftàr advertido, para obrar
las que fe figuen.

CAPITULO LXXV.

TRATA DE LAS MEDIDAS QUE SE PUEDEN OFRECER
en qualquiera edificio, que llamamos medidas
de pies derechos.

Euclides lib. 13. prop. 14. pone la demoftracion del cuerpo cubo en el n. 11.
de los cinco cuerpos regulares, de que hizimos mencion en el 1. cap. que
es en quien fe fundan todas las medidas que en vn edificio fe pueden ofrecer, en
quanto à pies derechos, y cuerpo macizo, y folidos; y en eftas medidas, y en las
paffadas campean la Arifmetica, y Geometria, fegun diximos al principio de efte
libro. El cuerpo cubo confta de tres partes, que fon latitud, longitud, y profundidad, y afsi como el area, ò fuperficie de qualquiera figura quadrangular, ò

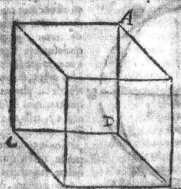

quadrada, es contenida debaxo de dos
de fus lados, fegun diximos en el cap.
71. y es fupof. 1. del 2. de Euclides, afsi
tambien el cuerpo cubo es contenido
debaxo de los tres lados, fean la cantidad
que fueren porque el angulo que caufa el cuerpo, es caufado, ò formado de
tres lineas, que reprefentan la logitud, ò
largueza, y latitud, ò anchura, y la profú-
didad, ò grueffo : las dos primeras lineas
no reprefentan mas q̃ vna fuperficie, mas
la tercera vn cuerpo, y afsi fe demueftra
en la figura A. B. C. D. que efta no es mas
q̃ vna fuperficie, que confta de latitud, y
longitud, mas fi à efta fe damos la pro-
fundidad que denota la D. M. ferà vn cuerpo cubo perfecto, y quadrado, q̃ confta
de ocho angulos, y 6. fuperficies, fegun el mifmo difeño lo demueftra. Si dezimos, que por lado ru i fus tres pies q̃ es el largo de vara, multiplicado eftos
lados vno por otro, el producto es los pies quadrados que tiene todo el cuerpo.
Avemos dicho que la fuperficie confta fu medida de dos de fus lados, el cuerpo
cubo confta de tres: tiene tres pies el propuefto por cada lado, pues multiplicando tres, montan nueve, y afsi precede primero la medida del cuerpo en vna
de fus fuperficies, que en fu cuerpo, pues torna à multiplicar los nueve por tres,
y montan veinte y fiete, y tantos pies cubicos tiene vna vara, con que queda
pro-

probado conftar el cuerpo de tres de fus lados. Nota, que fi vna vara cubica
tiene veinte y fiete pies, media vara cubica quantos pies tendrà, fiendo tambien cubica, porque fi es fuperficial, ferà la quarta parte de nueve, que es dos
pies y vn quarto. Suelen refponder à la pregunta hecha algunos poco experimentados, que fi vna vara cubica tiene veinte y fiete pies, que media tendrà
trece y medio, y no conocen el engaño aun à poder de razones; porque no
confideran los tales, que fi vna vara en quadrado fuperficial tiene nueve pies,
y media vara dos y vn quarto, que es la quarta parte, media vara cubica tiene la octava parte de fu vara cubica: y puefto que tiene veinte y fiete pies,
octava parte de veinte y fiete fon tres pies y tres ochavos de pie, y fi quifieres mas claridad, multiplica pie y medio por pie y medio, y montan dos pies
y vn quarto, multiplica los dos y vn quarto por vno y medio, y faldrà el producto tres pies y tres ochavos, que es el valor de la media vara en quadrado, ò cubica, y afsi refponderàs à las preguntas femejantes. En eftos principios conviene eftar bien fundado para lo que en efte capit. avemos de tratar.
Lo primero que fe ofrece en vn edificio, es la medida de los cimientos, de la
qual fe faca el abrir zanjas, de que tratamos en el capit. 24. y de paffo es bien
eftès advertido, en que teniendo abiertas las zanjas, la primera cofa que has
de hacer, es, en prefencia del feñor de la obra medir el fondo, y ancho de la
zanja, para que acabada no aya contiendas (fuera de que al dueño de la obra
le importa) porque defpues de acabada, es facil el hacer calas aver algun engaño.

En los vaciados de tierra, poco ay que advertir quando es en zanjas, ò en
vaciados de piezas; eftos vaciados de ordinario fe hacen pies cubicos, y hechos fe reparten al num. 27. que fon los pies cubicos, de que confta vna vara cubica, que de ordinario fe conciertan de cabar, y facar al campo en efta
Corte, por vn tanto, mas puedefe ofrecer aver de vaciar como vna plaza,
ò plazuela, ò fitio para jardin, y me ha parecido decir aqui fu forma de medir, que aunque parece facil, no lo es mucho, y confieffo que tambien la pongo, por avermelo pedido perfonas que conozen lo dificil. Digo, pues, que es
en vn fitio que tenga de area, ò fuperficie veinte mil, ò treinta mil pies, quando eftos fe vacian quedan vnos cotos, ò mojones en partes proporcionales,
fin daño de partes; quiero dezir, que eftos cotos fe hagan en lo alto, y en lo
baxo igualmente, fin agravio de partes. Medida la fuperficie fe han de contar
los cotos, y fu altura, de cada vno de porfi: fumar en vna fuma, y fu numero
le repartiràs à los cotos, ò mojones, que es para bufcar vn medio proporcional entre todos, y por el valor que tocare à vno, multiplicaràs el area, y el
propuefto fon los pies cubicos que tiene en el exemplo de lo dicho, es vna area
que tiene veinte mil pies, y tiene treinta cotos, vnos de à dos pies y medio,
otros de à tres y quatro, otros de à cinco pies y tres quartos, y toda fu medida, y altura de los cotos montan ciento y veinte pies, partidos à treinta, toca
al medio proporcional à cada vno à quatro pies, que multiplicaràs por los
veinte mil pies de la area, y montaràn ochenta mil, que partiràs à 27. y lo que
faliere feràn las varas que tendrà cubicas al fitio propuefto, y afsi haràs las
femejantes, feanfe grandes areas, ò pequeñas. Para medir el cimiento, no es
neceffario mas que medir el largo, y fondo, y multiplicar vno por otro, y defpues el producto multiplicarle por el grueffo, y lo que faliere es los pies cubicos, ò quadrados que tiene el tal cimiento. Exemplo Es vn lienzo que tiene cinquenta y quatro pies y medio de largo, y de fondo feis pies y vn quarto,
y de grueffo quatro pies, y vn dozavo, que es lo mifmo que vna pulgada, fegun diximos en el cap. 9. ò la dozava parte de vn entero, forma tus quebrados, fegun diximos en el capit. 11. y reduce los enteros à los quebrados, reduciendo los cinquenta y quatro y medio à mitades, y montan ciento y
nueve mitades, reduce mas los feis y vn quarto à quartos, que fon veint-

te y cinco quartos, multiplica los numeradores vno por otro ; y montan dos
mil setecientos y veinte y cinco , multiplica los denumeradores vno por otro
y montan ocho , que es à quien has de partir los dos mil setecientos y veinte
y cinco , y saldrà al cociente , ò particion trecientos y quarenta pies , y cinco
ochavos de pie , torna otra vez à formar tus quebrados para multiplicar trecientos y quarenta pies , y cinco ochavos , por quatro y vn dozavo , reduciendo los enteros à sus quebrados , y hallaràs que los quatro y vn dozavo , montan quarenta y nueve , doze avos , y los trecientos y quarenta enteros y cinco
ochavos , dos mil setecientos y veinte , y cinco ochavos , multiplica los denumeradores vno por otro , y montan ciento y treinta y tres mil y quinientos
y veinte y cinco , multiplica los denumeradores vno por otro , y montan noventa y seis , que partidos à ellos los 133525. sale al cociente ; ò particion à
mil trecientos y noventa pies , y mas ochenta y cinco de noventa y seis avos,
y tantos pies cubicos tiene el propuesto cimiento , y assi mediràs las semejantes. Y porque esta medida lleva quebrados , que es algo dificil de medir,
aunque cierta , y facil, segun està obrada ; con todo ello para si en la medida
no huviere quebrados , pondrèmos otro exemplo , el qual sea vna pared que
tiene de largo ciento y cinquenta y quatro pies , y de alto treinta , y de gruesso quatro , multiplica qualquiera numero vno por otro , y el tercero por el
producto de los dos , y lo que saliere seràn los pies quadrados , que tiene la
pared propuesta. Assi que multiplicando ciento y cinquenta y quatro por
treinta , montan quatro mil seiscientos y veinte , multiplicando este producto por los quatro que tiene de gruesso , montan diez y ocho mil quatrocientos y ochenta , y assi mediràs qualesquiera lienzos de pared , grandes , ò pequeños. Si la pared fuere de pilares de ladrillo , y de manposteria , ò de tapias
de tierra , medirasla toda , y despues mide el ladrillo de porsi , y lo que montare restalo del todo de la obra , y lo que sobrare serà lo que tiene de piedra , ò
de tierra : y esto lo harás quando los precios son distintos , como de ordinario
sucede. Si huvieres de medir jahartos , los mediràs por las reglas que dimos
en el cap. 71. de medir areas quadrilateras ; y si fueren de otra figura , por las
demàs reglas de los cap. que vàn sucediendo , advirtiendo si huvieres de medir formas de Bobedas , las medir.. por las reglas que dimos en el cap. 73. Si
el concierto de todas estas , ò las demàs medidas , fuere por tapias , es de advertir , que en esta tierra ay dos generos de tapias , que es tapia Real , y tapia
comun. Tapia Real es la que tiene ciento y cinquenta pies cubitos , y assi ha de
tener diez pies de largo , y tres de alto , y cinco de gruesso , ò de alto, que todo
es vno. Otra es la comun, que ha de tener cinquenta y quatro pies cubicos , ò
quadrados , porque tiene seis pies , tres de gruesso , y tres de alto , que hacen
los cinquenta y quatro pies. Fuera destos dos generos de tapia , ay otro que
es superficial , que es el que pertenece à los jaharros , y blanqueos. Esta tapia
tambien se llama tapia Real , y tiene cinquenta pies superficiales ; porque tiene diez pies de largo , y cinco de alto. Aviendo medido toda la obra , si el concierto es de tapias , parte la suma al valor que tuviere la tapia , y lo que saliere al cociente , seràn las tapias que tiene toda la medida , ò sea cubica , ò
superficial. Las cornisas comunmente se miden por varas , y llamanse varas
lineales ; porque no se miden mas que si fuera vna linea : otras vezes se miden
superficialmente : y esto se hace , midiendo el largo de toda la cornisa , con todos sus resaltos , y multiplicando el alto , y largo , vno por otro , el producto
es los pies , ò varas superficiales que tiene la tal cornisa. Despues desta medida se seguia la de las pechinas , y arcos , mas dexolo para el siguiente capit. y
vamos siguiendo lo que pertenece à pies derechos. Si huvieres de medir vn
frontispicio , es facil, midiendo el tempano , porque la cornisa se mide deporsi:
ò tambien le puedes medir todo junto. Este le medirás , midiendo la superficie
del

del triangulo por la regla que dimos en el cap. 70. y despues multiplicandole por el grueſſo que tuviere, y el producto ſon los pies quadrados que tiene. Exemplo. Es vn frontiſpicio que tiene de largo cinquenta pies, y de alto
por el medio diez y ſeis, y de grueſſo tres pies, mide la ſuperficie, ſegun
queda dicho, multiplicando por la mitad del alto, que es diez y ſeis pies, cuya mitad es ocho, por los cinquenta pies que tiene de largo, y montan quatrocientos pies: ò multiplica los diez y ſeis por la mitad de cinquenta, que es
veinte y cinco, y montan los miſmos quatrocientos: multiplica eſtos, como
queda dicho, por el grueſſo, que es tres, y monta mil y docientos; y tantos pies
tiene el tal frontiſpicio. Tambien le puedes medir multiplicando los cinquenta por los tres, y deſpues tornarlo à multiplicar por los ocho, y ſaldràn
los miſmos mil y docientos; y lo miſmo ſaldrà ſi multiplicas los diez y ſeis
por los tres, y el producto le multiplicas por los veinte y cinco, que todo es
vno, y de qualquiera ſuerte mediràs los ſemejantes. Puede ofrecerſe que ayas
de medir vn Templo, ò ſala, que ſea demàs de quatro lados, como ſi fueſſe
en figura de pentagono, &c. y con ſolo hazer demoſtracion de vna figura
mediràs las demàs. Para averla de medir, es de advertir que has de ſaber el
hueco, y el grueſſo de pared, y aſſi ſupongo, que es vna ſala, ò Templo que
tiene quarenta pies de ancho, y es figura de pentagono, y las paredes tienen
de grueſſo tres pies, mide lo primero el area de adentro, ſegun diximos en el
cap. 72. Y porque allì diximos eſtàr la perpendicular del pentagono con ſu
lado en proporcion ſexquialtera, valiendo la perpendicular de eſte pentagono
veinte pies, ſu lado valdrà treinta, mídele ſegun diximos, y hallaràs que tiene el area mil y quinientos pies. Aora es neceſſario, midas lo que ſe acrecienta la perpendicular, y pueſto que la figura propueſta tiene de grueſſo tres pies
la pared, eſtà dicho, que la perpendicular vale veinte, en la ſiguiente medida
valdrà veinte y tres; y el lado exterior, ſegun la proporcion ſexquialtera, valdrà treinta y quatro y medio, multiplicale conforme en ſu lugar diximos, y
montarà mil novecientos y ochenta y tres, y tres quartos; reſta los mil y
quinientos de los mil novecientos y ochenta y tres, y tres quartos, y quedaràn quatrocientos y ochenta y tres pies, y tres quartos, y tantos ſon los
pies ſuperficiales que tiene el area de toda la pared; y multiplicandolo por el
alto, el producto ſerà el valor de toda la ſala, ò Templo, puedesla medir mas
facilmente, como conoceràs en el pentagono A. B. C. D. E. que ſus lados interiores valen treinta pies, y los exteriores F. G. H. M. N. valen treinta y quatro y medio; la pared tiene de grueſſo tres pies, ſuma los lados interiores, y
monten ciento y cinquenta, ſuma los lados exteriores, y montan ciento y
ſeſenta y dos y medio, que juntos con los ciento y cinquenta, montan trecientos y veinte y dos y medio, toma la mitad, que es ciento y ſeſenta y vno,
y vn quarto, multiplicalos por tres, que es el grueſſo de la pared, y montaràn los miſmos quatrocientos y ochenta y tres, y tres quartos, como en el
miſmo diſeño ſe demueſtra; y aſſi mediràs las figuras ſemejantes, tengan
los lados que tuvieren; porque medida la ſuperficie, ya eſtà dicho, que el cuerpo ſe ha de multiplicar por la altura, ò profundidad, que es lo miſmo. Quando ſe te ofreciere medir vna torre, lo haràs tomando ſus grueſſos de paredes, alto, y ancho, y multiplicando vno por otro, el producto ſeràn los pies
que la torre tiene. Si la torre fuere diminuida, mide la area baxa, y la area
alta, y ſuma las dos cantidades, y luego toma la mitad, y multiplicalo
por la altura, y el producto ſon los pies quadrados que tiene la torre. Si huviere algun inconveniente, por el qual no ſe pueda tomar el altura de la
torre, la tomaràs, apartandote à nivel del pie de la torre, todo lo que pidiere vna plantilla hecha por vn triangulo rectangulo, y por el lado
opueſto al recto has de ir imitando el extremo alto de la torre, haſta que
eſtè igual con el; advirtiendo, que la plantilla ha de tener los dos lados
que

que caufan el angulo recto iguales ; y defpues que por fu diagonal ayas cogido la altura , mediràs la diftancia que ay defde la plantilla al pie de la torre,
que lo mifmo tiene de alto la torre , con tal , que eftè à plomo. Puedesla tomar la altura con el Sol de efta fuerte : Señalando donde llega fu fombra , y à
vn mifmo punto affentar vna vara de medir à plomo , y mirar la fombra que
hazen vara , y torre, y defpues ordenar vna regla de tres del cap. 13. diziendo: Si tres pies me dàn quatro de fombra, à los que la vara diere , quarenta , ò
cinquenta pies que tiene de fombra la torre, quantos me daràn? multiplica,
com o la regla manda , el fegundo por el tercero , y parte al primero , y el co-
cient e ferà el altura de la torre , con tal , que eftè igual el fuelo lo mas que fer
pudie re. Las reftantes medidas de pies derechos , las medirèmos en el figuiente cap itulo.

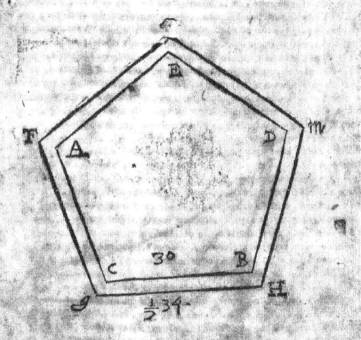

CAPITULO LXXVI.

TRATA DE LAS MEDIDAS DE PECHINAS , Y ARCOS,
y de otros cuerpos redondos, y remates.

NO avrà ningun Maeftro que fea experimentado , que no conozca la dificultad que tienen de medir las pechinas que caufa vna media naranja,
de que tratamos en el cap. 21. Y aunque es verdad que las he vifto medir à
algunos , nunca me ha fatisfecho fu medida. Tratar de la fuerte que la he vifto medir, tengolo por efcufado , porque alguno no lo exercite, pues ferà exercicio engañofo. La caufa porque fu medida es dificil , es , porque el cuerpo de
la pechina es formado de dos angulos rectos , y quatro agudos , como lo demueftra el difeño A.B.C.D.M.N.

Que los angulos A. B. fon rectos, y los C. D. M. N. fon acutos, tiene efte
cuerpo cinco fuperficies, y cada vna dellas confta de dos de lineas rectas, y vna
curba; efto es, de las interiores, como fe demuestra en la B. C. D. y en la A. M.
N. Las otras dos conftan de tres lineas rectas, y vna curba, como lo demueftran D. B. A. M. y lo mifmo tiene la B. C. N. A. La quinta fuperficie, y exterior confta de quatro lineas curbas, como lo demuestra D. C. C. N. N. M. M.
D. y como es cuerpo tan mixto, tiene dificultad el medirle, mas con todo effo daremos dos generos de medida diferentes, y el vno certifsimo, y el otro
cierto en quanto es pofsible. Para la medida certifsima, me valdrè de la inge-
niofa traza que diò Archimedes para conocer fi vna corona de oro que pro-
metiò Hyero Rey de Zaragoza de Cicilia, à los inmortales Diofes, fi acafo
en ella era engañado del platero que la hizo. La traza fue, que el pefo de efta
juntò de plata vna parte, de tal fuerte, que fuefe el pefo como el de la corona, y otro tanto pefo juntò de oro, fegun el de la mifma corona, y defpues hizo vna caxa, y la llenò de agua, y metiò el pefo del oro, y defpues tuvo cuenta con el agua que vertia, y facando el oro del agua, metiò el pefo de la plata, y reconiciò la cantidad de agua que vertia; defpues facando la plata metiò la corona, y cotejando lo que vertiò con el pefo de plata, y del oro, y lo
que faltava hallò en quanto avia fido el Rey engañado. Traelo Vitrubio lib.
9 cap. 3. y defte conocimiento podràs conocer el valor de qualquiera cuerpo. Afsi que para medir vna pechina, los pies cubicos que tiene lo podràs hacer, haciendo vna caxa que fea ajuftada por medida de vn pitipie, y con el
mifmo labra de vefo la pechina con toda juftificacion, y hartarla de agua, y
defpues llena la caxa de agua hafta arriba, y mete la pechina, y el agua que
vertiere es el cuerpo que ella tiene, y conoceras que pies tiene, multiplicando el agua que falta por el pitipie. Y efta es medida, que de ninguna manera
puede admitir engaño. La que fe figue tengo por fegura, y muy facil, y es,
multiplicando, ò midiendo el area de la pechina por la parte de arriba, y defpues medir el area de la parte de abaxo, y fumar las dos cantidades, y la mitad multiplicarlo por el altura de la pechina, y el producto es los pies quadrados que tiene la pechina. Exemplo. Es vna Capilla Mayor, que tiene quarenta pies en quadrado, y el afsiento de las pechinas tiene en el afsiento del
vn pie por cada parte, que viene à tener en quadrado de area medio pie, lo
qual denota el triangulo D. B. C. Para conocer el valor de la area de la parte
de arriba de la pechina, ordena vn quadrado, como denota A. M. N. V. y dentro el circulo P. Q. R. S. el qual tiene los quarenta pies de diametro, que es lo
mifmo que tiene el quadrado por lado, mira el valor del circulo, fegun diximos en el cap. 67. y hallaràs que tiene mil ducientos y cinquenta y fiete, y
vn feptimo, multiplica afsimifmo, ò mide el area del quadrado, que tiene
quarenta pies en quadrado, por la orden de medir areas quadras, que dimos en
el cap. 65. y hallaràs que tiene mil y feifcientos pies, faca del ellos mil docientos y cinquenta y fiete y vn feptimo, por la regla del cap. 10. y quedaràn
trecientos y quarenta y dos, y feis feptimos, que es el valor de la area de las
quatro pechinas A. R. S. R. M. Q. P. V. P. S. Diximos, que el afsiento que toma la pechina, era de area medio pie, fiendo quatro fumaràs dos, que juntos
con los trecientos y quarenta y dos, y feis feptimos, montan trecientos y
quarenta y quatro, y feis feptimos, toma fu mitad, que es ciento y fetenta y
dos, y tres feptimos, mira la altura de las pechinas, que fiendo de quarenta
pies, necefsariamente ha de tener veinte pies de alto; y pues tenemos medidas
las areas de todas quatro pechinas juntas, multiplica los ciento y fetenta y
dos, y tres feptimos por la mitad de la altura de la pechina, y la dezima par-
de la mitad, que es vna, por fu mitad diez, y afsi fe ha de multiplicar por onze, y
montan mil y ochocientos y noventa y feis, y cinco feptimos, en vn fegun-

da

da parte ; cap. 58. fol. 231. digo que estas quatro pechinas tienen mil y novecientos pies cubicos , y aqui en esta primera parte aproximando à lo mas cer-
cano , como queda obrado , digo tienen mil y ochocientos y noventa y seis
pies , y cinco septimos , que es menos tres pies , y dos septimos , y assi tocan à
cada pechina à quatrocientos y setenta y quatro pies cubicos , y vn septimo,
sin hacer caso del quinto septimo. Y porque en este capitulo desta primera
parte no traré de las medidas de superficies de pechinas , en este aproximan-
dolas à lo que digo en la segunda parte , cap. 56. fol. 220. que tienen seiscientos y doze pies ; y para dar regla que se aproxime , mira lo que toca à cada pechina de circunferencia en la parte alta , que es la quarta parte de toda la redondez , y hallaràs que es lo que toca treinta y vn pies , y tres septimos , para
saber el valor de cada vna , multiplica los treinta y vno , y tres septimos , por
la quarta parte del alto de la pechina , y montan ciento y cinquenta y siete , y
vn septimo , valor de la superficie de vna pechina , que es su diferencia de vna
pechina de la medida de la segunda parte quatro pies , y vn septimo , esto es,
de pechina que nace de rincon , mas quando nace de boquilla , siendo tambien
la planta de quatro pies , y sus monteas de medio punto , se juntaràn las partes de circunferencia baxa , y alta , la alta tiene treinta y vno , y tres septimos,
la baxa de la boquilla supongo que tiene vn pie , que son treinta y dos , y tres
septimos. En mi 2. part. cap. 36. fol. 242. digo ; que las pechinas que nacen de

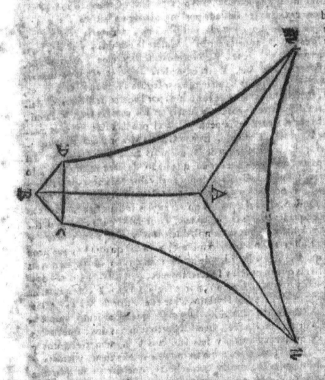

boquilla tie-
nen las quatro
setecientos y
ochenta y vn
pies , y para a-
proximar esta
medida los
treinta y dos,
y tres septi-
mos , multipli-
ca por la ter-
cera parte de
su alto , que de
veinte y seis y
dos tercios,
multiplicados
por treinta y
dos , y tres sep-
timos , mon-
tan docientos
y seis , y vein-
te y un avos,
valor de vna
pechina. La de
la seguda par-
te tiene cien-
to y noventa
y cinco , y vn

quarto ; de vna à otra es la diez pies ; y tres quertos, que en jaharros, y blanqueos,
importa poco ; si la materia fuere mas costosa la ajustaràs por la medida de la
segunda parte , advirtiendo ; que en esta medida no se toma la tercera parte , sino
de la mitad del diametro. Para medir qualquier arco lo haràs reconociendo
los pies que tuviere de circunferencia , y luego multiplicando por lo que tiene de rosca , que es el alto del arco , ò gruesso del , y el producto tornarle à mul-

tiplicar por lo que tiene de ancho, y la cantidad que saliere es el valor, ò pies
quadrados que tiene el tal arco. Exemplo. Es vn arco que tiene quarenta pies
de hueco, si es de medio punto, de que tratamos en el cap. 38. reconocerà los
pies que tiene de circunferencia, por la regla del cap. 73. y hallaràs que tiene
sesenta y dos pies, y seis septimos. Supongamos tiene quatro pies de ancho, y
tres de rosca, multiplica estas tres cantidades vnas por otras, por el cap. 11.
multiplicando enteros con quebrados, y hallaràs que tiene setecientos y cinquenta y quatro pies, y mas dos septimos; y assi mediràs las semejantes. Puede ofrecerte el medir vn arco, que encima de si estè enrasado de quadrado,

como demuestra A.
B.C.D. y que el hue-
co no se ayade pagar
como tal, sino en ar-
cos como es para ha-
zer esta medida, mul-
tiplicaràs el hueco
del arco, conociendo
el area del semicircu-
lo, que denota A. N.
B. y multiplicarla
por el gruesso del ar-
co, y despues medir

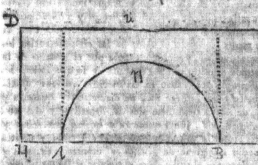

el alto del pie derecho, multiplicandole por su ancho, y gruesso; y el hueco del
arco, ò cantidad, restarla de lo que montò la medida del pie derecho, y el residuo es el cuerpo que tiene encima el arco, que es lo que demuestra A. B. D.C.
H G V. Y para mayor inteligencia, sea el arco propuesto de quarenta pies de
hueco, y levante treinta pies de alto, desde su assiento, hasta lo enrasado,
siendo el de medio punto, y tenga de gruesso tres pies, mide el area del semicirculo por la regla del cap. 73. y hallaràs que tiene seiscientos y veinte y
ocho pies, y quatro septimos, multiplicalos por tres que tiene de gruesso,
por la regla del cap. 11. y hallaràs que montan mil y ochocientos y ochenta
y cinco, y cinco septimos, que es lo que tiene el hueco del arco. Diximos,
que tenia treinta pies de alto, tiene quarenta de diametro, que multiplicados
por treinta, por la regla del cap. y monta mil y docientos, tornarlos a multiplicar por los tres que tiene de gruesso, y montan tres mil y seiscientos, resta
de tres mil y seiscientos, los mil y ochocientos y ochenta y cinco, y cinco
septimos, que tuvo el hueco del arco, y quedaràn mil setecientos y catorze
pies, y mas dos septimos, y tantos pies tiene el arco encima de si, segun fue
hecha la peticion; y assi mediràs las semejantes. Si huvieres de medir mas arcos, assi rebaxados, como levantados de punto, de que tratamos en el cap.
38. lo haràs reconociendo su circunferencia. Lo que està rebaxado, que de
quarenta supongo està rebaxado quatro pies, que de la mitad, que es veinte,
quedan en diez y seis, juntos con los quarenta montan cinquenta y seis, valor de su circunferencia del arco, porque juntos los dos terminos del diametro, y de lo que queda despues de lo que se rebaxa, esto tiene de montea, y
obrando segun el exemplo passado, saldrà ajustada su medida, y lo mismo haràs para medir qualquiera arco de puente, y la medida de las cepas serà facil,
midiendo el area por la regla del cap. 70. de medir triangulos; y despues, multiplicala por el altura, y el producto serà el valor de la puente. De su fabrica
tratamos en el cap. 61.

Puede ofrecerte medir vn cubo, que es vn genero de obra para caracô-
les, y fortalezas, y para molinos: si fuere macizo, le mediràs reconociendo
su diametro, ò su circunferencia, y su altura, y multiplicando por el area el
altura, y el producto es el valor del cubo. exemplo: Es vn cubo que tiene la

sus

diametro catorze pies, para saber lo que tiene de circunferencia, seguiràs la regla que dimos en el cap. 73. y hallaràs tiene quarenta y quatro pies : mide su area por el mismo capitulo, monta ciento y cinquenta y quatro pies, ten-ga de alto treinta, multiplica ciento y cinquenta y quatro por treinta, y ha-llaràs que monta 4620. y tantos tiene el cubo propuesto. Supongamos, que este cubo està hueco, y tiene de gruessos de paredes tres pies y medio en ca-da lado, que hazen siete; y quedanle siete de hueco. Tenemos que todo el mon-ta quatro mil seiscientos y veinte, mide el area del hueco, que tiene siete pies de diametro, por el cap. 73. y hallaràs que monta treinta y ocho y me-dio, multiplicalos por los treinta de alto, y hallaràs que monta mil ciento y cinquenta y cinco, que restados de quatro mil seiscientos y veinte, por el cap. 4. quedan tres mil quatrocientos y sesenta y cinco, y tantos pies tiene el cubo propuesto, puedesle medir, mirando el balor de las circunferencias in-terior, y exterior, y tomar su mitad, y multiplicandola por el gruesso de la pared, ò el producto, tornalo à multiplicar por el altura, y lo que saliere se-rà lo que tiene de valor. Exemplo de lo dicho en las medidas passadas : Dixi-mos, que el cubo propuesto tiene catorze pies de diametro, y quarenta y quatro de circunferencia, de hueco tiene siete pies de diametro; y assi ten-drà de circunferencia veinte y dos, junta quarenta y quatro con veinte y dos, y monta sesenta y seis, toma la mitad, que es treinta y tres, y multi-plicalos por tres pies y medio que tiene de gruesso, y montan 115. pies y medio, tornarlos à multiplicar por el altura, que es treinta, y saldrà al pro-ducto los mismos tres mil quatrocientos y sesenta y cinco, como en el exem-plo antecedente; y assi mediràs los cuerpos semejantes. Puede ofrecerse el tal cubo estàr diminuido, como lo es vna coluna, que es su semejante, y so-lo se diferencia en ser el cuerpo menor, ò mayor, quando esto se te ofrecie-re el medirlo, sea cubo, ò coluna, mira el valor del diametro de la parte ba-xa de la coluna, ò cubo del diametro de la parte alta, y juntalos, y toma su mitad, despues esta mitad, que es diametro del medio, y proporcional entre los dos diametros alto, y baxo, mira que pies te dà de circunferencia, por el cap. 73. y conocido el valor de esta circunferencia mide su area por el mismo capitulo, y el valor de ella multiplicalo por el alto del cubo, ò coluna, y el producto son los pies quadrados que tiene, ò hno; mide los pies superficiales de la vasis de la coluna, ò cubo, y tambien mide la superficie alta, y suma su valor, y por la mitad multiplica el alto, y el producto seràn los pies quadra-dos que tiene el cubo ò coluna propuesta. Exemplo de lo dicho. Es vna co-luna que su vasis tiene de diametro quatro pies, y de alto veinte y nueve pies, y de diametro por la parte alta tres pies, junta los diametros, que son tres, y quatro, y montaràn siete, cuya mitad es tres y medio, mira que pies te dan de circunferencia diametro de tres y medio, por el capitulo citado, y halla-ràs te dàn onze, mide su superficie, multiplicando la mitad del diametro, que es tres y medio, por la mitad de la circunferencia, que es onze, y mon-tarà nueve pies, y cinco octavos; multiplicalos por el alto, que es veinte y nueve, y montaràn docientos y setenta y nueve y vn octavo; y lo mismo sal-drà si tomas la mitad del valor de las areas, y lo multiplicas por el alto, que todo es vno, y assi mediràs los cuerpos semejantes. Si la coluna fuere dimi-nuida, como de la que tratamos en el capitulo 28. mediràs de por si lo dimi-nuido, como està dicho, y lo que està por diminuir, que comunmente es el primer tercio, midiendo el area de su vasis, y multiplicandola por el alto, el producto serà su valor, segun que en el medir cubos iguales diximos. Si se te ofreciere el medir en brocal de vn pozo lo haràs segun en el exemplo que se sigue. Sea vn brocal que tenga de diametro tres pies, y de gruesso vn pie, y de alto quatro pies, mide la circunferencia del hueco por la regla del medi-circulos del capitulo 73. y hallaràs que tiene nueve pies, y tres septimos. Mi-

de

de la circunferencia exterior, que por tener dos pies de grueſſo tendrá cinco de diametro, y de circunferencia, ſegun el capitulo citado tendrá quinze, y cinco ſeptimos, juntalos, y montarán veinte y quatro, y ocho ſeptimos, toma ſu mitad, que es doze, y quatro ſeptimos, y multiplicalos por el alto, que es quatro, y montarán cinquenta pies, y mas dos ſeptimos, y tantos pies tiene el brocal propueſto. Medirás los ſemejantes, ſegun medimos el cubo en eſte capitulo, y como eſtá dicho, que todo es vno. De los remates tratamos en el capit. 56. y para medirlos teniendo ſu vaſis quadrada, y que tenga por vaſis ocho pies por lado en la parte baxa, y en la ſuperficie alta quatro pies, y que la perpendicular tenga doze pies; entre las dos ſuperficies alta, y baxa has de tomar vn medio proporcional, multiplicando cada lado de las ſuperficies, vno por otro, quatro por ocho, treinta y dos, que es ſuperficie media entre la alta, y la baxa, que tiene ſeſenta y quatro pies, y la alta diez y ſeis; eſtas tres numeros, que ſon 64. 32. y 16. juntos montan 112. pies, de eſtos toma la tercera parte, que es treinta y ſiete, y vn tercio, multiplicalos por la perpendicular que es doze, y montan 448. pies cubicos, que es valor de la propueſta piramide, y aſsi medirás las ſemejantes. Si quiſieres ſaber de las medidas de otras piramides, en la 1.part.cap.59.fol.139.hallarás baſtantes medidas.

CAPITULO LXXVII.

TRATA DE LAS MEDIDAS DE LAS BOBEDAS, ASSI *de cuerpos, como de ſolas ſuperficies.*

LAS medidas de las bobedas comunmente eſtán ſolo ſuperficial, y es la cauſa que ſu grueſſo es muy pequeño, mas quando ſe ofreciere el aver de medir ſu cuerpo, ò grueſſo; medida ſu ſuperficie la multiplicarás por el grueſſo, ò alto que tuviere, ſegun la regla de medir arcos del cap. paſſado; y el producto ſerá ſu valor. Tratamos de las bobedas en el cap. 47. nombrando ciento diferencias, y ſegun las fuimos demoſtrando en los capitulos ſiguientes de 47. haſta el de 52. y con eſta orden las irèmos midiendo, para que ſegun la ocaſion te aproveches de ella. Puſimos en primer lugar el cañon de bobeda, eſte ſiempre que fuere de medio punto, ſe ha de ſaber por ſu diametro el valor de ſu circunferencia, ſegun la regla del cap. 73. y ſabido ſu valor, la multiplicarás por el largo, y el producto es los pies que tiene el cañon de bobeda; mas ſi fuere rebaxada ſabrás lo que tiene ſu montea, y la juntarás con el diametro de la bobeda, y junto los dos numeros multiplicarlo por el largo, y el producto es el valor de la tal bobeda. Exemplo de lo dicho. Es vna bobeda que tiene de diametro, ò de ancho veinte y quatro pies, que ſi fuera de medio punto le tocaba doze pies, y eſtá rebaxada dos pies, quedan diez pies, juntalos con los veinte y quatro, y ſerán treinta y quatro pies, y tantos tendrá de circunferencia, que multiplicado por el largo lo que ſaliere, ſerà el valor del tal cañon de la bobeda, y aſsi medirás las ſemejantes. Exemplo, para medir vn cañon de bobeda de vn cuerpo de la Igleſia, que tiene quarenta y quatro pies de ancho, y ciento y diez pies de largo, ſiendo de medio punto; para ſaber quantos pies tiene de circunferencia, reconoce por el ancho que es ſu diametro, que pies tiene, ſegun el cap. citado, ordenando la regla de tres, y hallarás te dàn ciento y treinta y ocho, y dos ſeptimos; toma ſu mitad, que es ſeſenta y nueve, y vn ſeptimo; y ſi no, ordena la regla de tres, con la mitad de ſu diametro, ò ancho, que de quarenta y quatro es veinte y dos, y ſaldrá tambien los ſeſenta y nueve, y vn ſeptimo; y tantos pies tiene de circunferencia la bobeda propueſta; multiplicala por ſu largo, que es ciento y diez, y ſaldrà el producto ſiete mil ſeiſcientas y cinco pies, y mas cinco ſeptimos, que ſon pies ſuperficiales, que tiene el propueſto cañon. Y como eſtà dicho ſi ſe huvieren de cubicar multiplica eſtos por ſu grueſſo, y el producto ſerà ſu valor; y aſsi medirás las ſemejantes. El ſegundo exemplo de bobeda del cap. 48. fue la rebaxada, y deſta avemos dicho como ſe ha de medir. Y paſſando al tercer genero de cañon de bobeda, que es redondo, para averle de medir, reconocerás el valor del aſsiento interior por ſu diametro, que denota la circunferencia A. B. C. mas has de reconocer el valor del

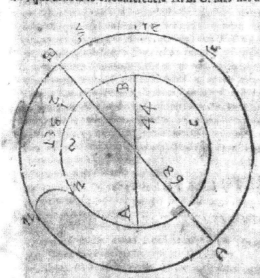

aſsiento exterior, que le denota D. E. F. y las dos cantidades juntarás en vna, y toma ſu mitad, ò ſino, toma el valor del diametro interior A. B. y el valor del diametro exterior D. E. y juntos toma ſu mitad, y ſirviendo de diametro, mira què circunferencia te dà, que ſerà la miſma que la paſſada, y reconocida la circunferencia de la bobeda, que es ſemicirculo M. N. por ſu valor multiplica el de la circunferencia que ſaliò de las dos, y el producto ſerà el valor del cañon de bobeda propueſto. Exemplo de lo dicho. Es vna bobeda redonda, que el aſsiento interior tiene de circunferencia ciento y treinta y ocho pies, y dos ſeptimos, cuyo diametro reconocerás valer quarenta y quatro pies, por la regla del cap. 73. Tiene de hueco el cañon de bobeda doze pies, y el aſsiento, ò circunferencia exterior, tiene docientos y treze, y cinco ſeptimos, y de diametro ſeſenta y ocho, junta docientos y treze, y cinco ſeptimos, con ciento y treinta y ocho, y dos ſeptimos, y montan trecientos y cinquenta y dos, cuya mitad es ciento y ſetenta y ſeis, ò ſino, ſuma los diametros, que ſon quarenta y quatro, y ſeſenta y ocho, y montan ciento y doze, cuya mitad es cinquenta y ſeis, mira diametro de cinquenta y ſeis què circunferencia te dà por el capit. citado, y hallarás te dà de circunferencia los miſmos ciento y ſetenta y ſeis; el diametro de cañon de bobeda tiene doze pies, mira ſegun en lo paſſado què pies te dà de circunferencia, y hallarás te dà ſu mitad diez y ocho, y ſeis ſeptimos, multiplicalos por los ciento y ſetenta y ſeis, y montarán 3318. y ſeis ſeptimos, y tantos pies tendrà el cañon de bobeda propueſto; y aſsi medirás las ſemejantes. La ſegunda bobeda que puſimos en el cap. 48. fue la media naranja, y ſiendo de medio punto ſu aſsiento, y montea, reconocerás por ſu diametro ſu circunferencia, ſegun diximos en el cap. 73. y por el miſmo capitulo ſabido ſu diametro, y circunferencia, mide el area, ò ſuperficie del circulo, y conocido ſu valor doblalo; y el producto ſon los pies ſuperficiales que tiene la media naranja. Exemplo de lo dicho. Es vna media naranja, que tiene de diametro 44. pies, mira ſu circunferencia por la regla de tres, y hallarás, que ſi 7. te dàn 22. que 44. te dàn 138. y dos ſeptimos, multiplica la mitad de 138. y dos ſeptimos, por la mitad de 44. y ſaldrà al producto 1521. y vn ſeptimo, que ſon los pies que tiene el area, ò ſuperficie del aſsiento de la media naranja, doblalo como eſtà dicho, y montarà tres mil y quarenta y dos, y dos ſeptimos, y

tan

tantos pies tiene la media naranja propuesta. La razon de esto dà Arquimedes
lib. 1. propos. 32. donde declara, que medida la superficie de qualquiera circulo, para saber lo que tiene de superficie, si es cuerpo esferico, que se quatro-
doble, y el producto es el valor de toda la superficie del tal cuerpo esferico:
y porque la medida de que hablamos es media naranja, que es la media superficie de vn cuerpo esferico, por esta causa no digo, sino que solo se doble,
y tambien saldrà lo mismo si lo quatrodoblas, y mas la mitad. Si quisieres
cubicar el tal cuerpo esferico, multiplicale segun Arquimedes lib. 1. propos.
33. por la mitad de su diametro, y del producto toma el tercio, que es los
pies cubicos que el tal cuerpo esferico tiene; y puesto que diximos, que la
area del propuesto circulo tiene mil quinientos y veinte y vno, y vn septimo, para cubicarla quatrodoblala, y montarà seis mil y ochenta y quatro, y
quatro septimos, que es la superficie corporea de todo el cuerpo esferico: esta cantidad multiplicaràs por la mitad de su diametro, que es quarenta y
quatro, cuya mitad es veinte y dos, y monta ciento y treinta y tres mil ochocientos y setenta, y quatro septimos, toma el tercio, segun està dicho, que es
quarenta y quatro mil seiscientos y veinte, y mas quatro veinte y vn avos,
que son los pies cubicos que el cuerpo esferico propuesto tiene; y assi media-
ràs las semejantes. Si la media naranja fuere prolongada, juntaràs los dos
diametros del largo, y del ancho, y de los dos saca vn medio proporcional,
el qual te ha de servir de diametro, como si la media naranja fuera de medio
punto. Despues de conocido su diametro, ordenaràs las demàs medidas.
Exemplo de lo dicho. Es vna media naranja que tiene por vna parte quarenta y dos pies de diametro, y por la parte del prolongo tiene quarenta y seis,
suma estas dos cantidades, y montan ochenta y ocho, cuya mitad es quarenta y quatro, que el diametro, ò medio proporcional de la media naranja; y
sobre este diametro ordenaràs tus medidas, segun està dicho, ò sino, mide el area por la regla que dimos del cap. 74. de medir obalos, y medida el
area doblala, y el producto serà el valor de la media naranja prolongada. Y
es la razon, que la proporcion que tiene el area de vn circulo con toda su
area corporea, essa misma tiene el obalo en su area, ò superficie, con toda su
superficie, ò area corporea; y la proporcion que tiene el area corporea de vn
cuerpo esferico, con su cuerpo cubico, esta tiene tambien el obalo de su area
corporea, con su cuerpo cubico. Sacamos de aqui, que medida el area de vn
obalo, segun diximos en el cap. 74. lo restante para cubicarles, si fuere necessario, se ha de obrar como en el circulo; y de aqui conoceràs el medir bobedas aobadas. El tercer genero de bobeda, de que tratamos en el cap. 47. es la
Capilla baida, y de su fabrica tratamos en el cap. 30. Para averla de medir es
menester hazer dos distintas medidas, vna en las pechinas, otra en la parte
de porcion que carga sobre las pechinas. Pues quanto à las pechinas, tratamos de sus medidas en el cap. 76. fol. 156. y para medir scientificamente, esta medida la hallaràs en mi 2. part. cap. 56. que alli digo, que la Capilla baida
tiene dos mil y ochenta y quatro pies; y para dàr aqui medida mas breve,
que se aproxime à ella, has de considerar la Capilla, como si fuera en planta
de quarenta pies, multiplicalos por sì mismos, y montan mil y seiscientos,
destos toma la quarta parte, que es quatrocientos, y destos toma la quinta,
que es ochenta, junta estas tres partidas, que son mil y seiscientos, y quatrocientos y ochenta, y juntos montan dos mil y ochenta pies, que su diferencia no es mas de quatro pies, y su diferencia no es sensible en materia de
yesseria: Y debes notar, que estos numeros como procedan de la planta en
todas las bobedas que sean semejantes, grandes, ò pequeñas, como sean de

Y 2

medio punto, ſiempre ſerà ajuſtada la medida; ſi eſta bobeda fuere rebaxada, lo que le tocare quitaràs de la linea de ſu planta de vn lado, y la multiplicaràs por ſi miſma, y lo que ſaliere, tomaràs la quarta parte, y deſta la quinta, y aſsi mediràs las ſemejantes; y ſi la bobeda fuere prolongada, junta el ancho, y largo en vn numero, y toma la mitad, y lo que ſaliere ha de ſer el numero, como ſi fuera planta quadrada, y multiplicalo por ſi miſmo, y de ſu numero tomar la quarta parte, y de ella la quinta, obrando como eſtà dicho, ſaldrà la medida ajuſtada. El quarto genero de bobeda puſimos en el cap. 47. con nombre de bobeda eſquilfada, y de ſu fabrica tratamos en el capit. 5. eſta ſiendo obrada en vna caxa quadrada, viene à tener quatro triangulos, ò lados; y para medirlos, el modo mas breve, y mas aproximado es el miſmo que digo en mi 2.part. cap. 60. fol. 247. y lo haràs multiplicando el valor de la planta, vn lado por otro; y de ſu cantidad toma la mitad, y junta las dos partidas, y de ſu ſuma toma la quinta parte, y todo junto en vna ſuma ſerà el valor de la bobeda propueſta, menos pequeña parte, que en bobedas tabicadas no es ſenſible. Exemplo de lo dicho. La planta de la bobeda ſea de quarenta pies, multiplica vn lado por otro, y monta mil y ſeiſcientos, toma ſu mitad, que ſon ochocientos, junta eſtas dos cantidades, y montan dos mil y quatrocientos, de eſte numero toma la quinta parte, que es quatrocientos y ochenta, juntalos con los dos mil y quatrocientos, y montan dos mil y ochocientos y ochenta pies, que ſegun eſta medida, tendrà la tal bobeda propueſta à la medida que pongo en la ſegunda Parte. Alli digo que tiene dos mil y novecientos y dos pies, y dos ſeptimos menos, que en bobedas tabicadas no es conſiderable, mas ſi fueren de materia de mas valor ſerà neceſſario medirla, ſegun dixe en la ſegunda Parte. Si la planta fuere prolongada, el prolongo mediràs, y los eſquilfes en planta quadrada mediràs como eſtà dicho; advirtiendo, que las monteas han de ſer de medio punto; porque ſiendo aſsi ſerà neceſſario hazer ſu medida por demoſtracion; porque los eſquilfes crecen, ò diminuyen, ſegun ſon las monteas; y aſsi mediràs las ſemejantes.

El quinto genero de bobeda, que nombramos en el cap. 47. fue la Capilla por ariſta, y de ſu fabrica tratamos en el cap. 52. y ſu medida es diferente que la paſſada; porque en aquella los pies, por razon de los eſquilfes, y en eſta diminuyen por razon de las ariſtas, y aſsi en vna miſma planta tiene mas pies la bobeda por eſquilfada, y menos la por ariſta, ſiendo ſus monteas de medio punto. En mi ſegunda Parte, capitulo ſeſenta y vno, folio 247. trato de eſta medida, y digo, que tiene dos mil y treinta pies, y dos ſeptimos, y para hazer eſta medida aproximada, hazerla con brevedad, ſiendo la planta de quarenta pies, multiplica vn lado por otro, y montan mil y ſeiſcientos, y de eſtos toma la quarta parte, que es quatrocientos, y de eſto toma la dezima parte, que ſon quarenta, y juntos en vna ſuma ſerà ſu valor exemplo de lo dicho, mil y ſeiſcientos, y quatrocientos y quarenta; eſtas tres partidas montan dos mil y quarenta pies, que es mas que el à medida del calculo nueve pies, y cinco ſeptimos, que en bobedas tabicadas, no es ſenſible; y aſsi mediràs las ſemejantes, aunque ſean prolongadas, como ſus monteas ſean de medio punto; porque ſi ſon rebaxadas ſerà neceſſario de ſu montea mirar lo que rebaxa, y ſu cantidad quitarlo de los lados de vno de la planta, como ſi es de quarenta pies, y rebaxados del vn lado quitarlos, y quedaràn treinta y ocho, que multiplicaràs por los quarenta, y obraràs como en lo demàs, y ſaldrà ajuſtado; aſsi mediràs los ſemejantes: Debes notar, que las medidas de pechinas, y bobedas que puſe en la primera impreſsion de eſta primera parte, que las puſe ſegun

las

las avia visto medir à los Maestros viejos de aquellos tiempos, de quien yo
aprendì; y como en estos la naturaleza se ha adelantado tanto, vine en conocimiento, que aquellas medidas no estaban buenas, y assi para ajustarlas tomè
el trabajo de hazer imprimir a costa de tanto dinero la segunda Parte, obede-
ciendo tambien al Consejo Real, que me mandò imprimir las objecciones que
me puso Pedro de la Peña, y lo demàs que contiene el Libro, que todo para
Maestros yà hechos conviene, y para los que se vàn haziendo. Y del util de
todos Libros, el tiempo los darà à entender lo que importan, que Dios quiso
fuesse instrumento para ajustar practica, y especulativa, precisamente necessario
à las obras, y la enseñanza de los discipulos, que desean saber.

CAPITULO LXXVIII.

TRATA DE COMO SE HAN DE AVENIR LOS MAESTROS
de Obras, en lo tocante à censos perpetuos.

UNA controversia he visto entre los Maestros sobre que quando miden
las casas, de como se ha de baxar de su valor, lo que toca al censo perpetuo: porque vnos dizen à mas, y otros à menos, y desseo el advertir en
esto lo que siento. Censo perpetuo, es vna carga por ley, y costumbre esta-
blecida, que el que le impone, solo pretende, que èl, ò el que le tuviere, tenga el directo dominio: y que la possession sobre que està, no se pueda vender
sin su licencia; y que aquel à quien passare el tal censo perpetuo, goze de lo
mismo que el tal imponedor; y tambien tiene de vtil, si no toma la possession por el tanto, el que se le ha de dar la veintena parte del valor de la possession, lo dicho toca al censo perpetuo; resta el dezir mi sentir, de como se
ha de rebaxar està carga à favor del censualista, quando no queda con la possession. Dos modos ay de composicion en el censo perpetuo; vno es, quando el dueño le vende, ò para perpetuamente, ò para tiempo determinado,
como Pedro compra por vna, ò dos veintenas el perpetuo à Juan, por fines
particulares que à ello le mueve al comprador, y al que vende. Y en la venta
del perpetuo, digo, para siempre, ò por veintenas, ò por vn tanto. En esto
los Maestros no tienen que hazer, ni les toca nada, porque las partes se han
de componer, y ajustar en su trato cada vno, en lo que mejor le estuviere,
y de camino es cierto, que Comunidad ninguna puede tener censo perpetuo, que aya de pagar; comprarle para consumirle en sì, puede, y esta es vna
compra, que siempre cuesta mucho à la tal Comunidad; porque de allì
adelante aquel censo perpetuo cesò en todos sus vtiles, por el que le posseia,
y vendiò. Lo que toca à los Maestros en esta materia de censos, es, quando
miden vna casa, y la tassan, despues de ajustado su valor, se baxan las cargas
de ella, como la del censo perpetuo, y otros, y vnos tassan à razon de à treinta, y otros à mas, y otros à menos; y es necessario en esta materia, como
en las demàs, obrar con conciencia, por medio de la virtud de la justicia
distributiva, que dà à cada vno lo que es suyo: y assi supongo, que vna
casa tiene de censo perpetuo cinco reales; que su principal es cien reales,
si estos se le quedan al que compra la possession, què agravio recibe, ni el
que compra, ni el que vende; porque si la casa la tassan en dos mil reales
que ha de pagar el que compra, y se la dexan en mil y novecientos, por baxar los cinco que tiene de carga, no recibe ningun agravio: pues si ha de
pagar cinco reales cada año al censo perpetuo, yà se los dexan en la possession que compra. Mas los Maestros, que dizen que el censo perpetuo vale à razon de à treinta el millar, no tienen razon, pues dàn vn tercio de

(a jufto valor demàs ; porque cinco reales de cenſo perpetuo à razon de à
treinta, importan ciento y cinquenta reales, y eſtos cinquenta queda el que
compra con ellos, es contra conciencia, y ſe los quitan al que vende la poſ-
ſeſsion ; por eſſo abran los ojos, que pecan mortalmente, por quitar cinquenta reales à ſu dueño, que como he dicho, el fin del cenſo, no es mas que
mirar al directo dominio, y à la veintena, ſin atender à la paga de èl ; conoceſe
bien ſer eſte el fin en muchos cenſos perpetuos, que no tienen mas carga,
que vna jarra de agua, que el que le impone no atiende al fin de lo que ha de
recibir cada año, ſino à lo dicho del dominio, ò veintena. Señores Maeſtros, los que oy ſon, bien ſaben quantas vezes ſe lo he dicho eſto miſmo, y
nunca ſe lo he podido perſuadir ; oy cumplo con eſto con mi conciencia.

CAPITULO LXXIX.

TRATA DE ADVERTIR A LOS PRINCIPES, Y DEMAS
*Eſtados, como han de proveer las plazas de Maeſtros mayores,
y de los daños que ſe originan de no hazerlo.*

Tienen los Catholicos Reyes de Eſpaña en ſus Reynos, Palacios, y Al-
cazares, y Fortalezas, vnos para oſtentar ſu grandeza, otros para la
recreacion de la vida, y otros para la defenſa de ſus Reynos, y todos autori-
zan al dueño, à las Ciudades, y aun al Reyno, pues es coſa aſſentada, que los
edificios lo hermoſean todo. Tambien muchas Igleſias Catedrales, y Ayuntamientos, en ſus Ciudades, y Villas tienen edificios, que ſirven de adorno al
Reyno, y Republica. Eſtos Palacios, y edificios, neceſsitan de Maeſtros:
vnos para la continuacion de ſus fabricas, otros para la conſervacion de lo
edificado, y reparo de los daños que les ſobrevienen, para lo qual tienen
ſituadas plazas con ſus rentas, à Maeſtros de eſta facultad, con titulos de
Maeſtros mayores, Aparejadores, y Veedores. Eſtas plazas las proveen los
Principes que aſsiſten à los Reyes, y los Canonigos en ſus Igleſias, y los
Ayuntamientos en ſus Ciudades, que es à quien pretendo advertir los daños que originan, por enagenar eſtas plazas de ſus propios dueños : y ſerà
mas ſeguro mi deſengaño, quanto eſtoy mas lexos de poder tener ninguna
deſtas plazas, por no dar lugar mi eſtado à ſervir ninguna de ellas. El propio
oficio deſtos Maeſtros, es el fortificar eſtos edificios, adornarlos de Arquitectura, la inteligencia de ſus plantas, el conocimiento de ſus materiales, la
induſtria en los aprovechamientos ; y finalmente, prevenirles los daños, y
repararſelos : para lo qual requiere, que ſe dèn à hombres que deſde ſu niñez
ſe ayan criado en edificar, ayudado à hazer, y hecho por ſus manos los tales
edificios : y aun requiere (ſi es poſsible) que ſean naturales de la miſma tierra,
para que conozcan mejor la propiedad de los materiales, que por no cono-
cerlos algun Maeſtro que yo conocì, y advertì de ſu calidad, aunque Maeſtro entendido, por ſeguir lo que donde aprendiò era, y es bueno, fue cauſa
de mucha ruina en vn edificio muy coſtoſo, que en mi tiempo ſe edificaba.
Eſtas plazas de ordinario ſe dàn las menos à hombres que tengan las partes
neceſsarias, porque ò yà por favores, ò porque aquellos à quien les pertenecen no tratan de pretenderlas ; y ſi lo hazen, les falta hombre, que pocas vezes acompaña à la habilidad la ventura ; y como ſe proveen de ordinario por
favor, el que mas tiene ſe la lleva, cauſando los daños que deſpues dirèmos.
Gana à vn Principe la voluntad muy de ordinario vn Pintor, vn Platero, vn
Eſcultor, vn Enſamblador, vn Entallador, y todos eſtos entienden la Arquitectura en quanto à ſu ornato exterior, y aſsi adornan vn retablo, vna fa-

chada , ò la traza de efto , con muy buena traza , y difpoficion. Y no negaré
que fe aventajan en el facar vn papel, à los Canteros , y Albañiles , y Carpinteros : aunque yo he conocido de efta profefsion quien fe les aventaja;
porque como eftas trazas confiften en vn poco de dibujo , el que de efta profefsion le aprende , ha2eles muchas ventajas en todo , porque como fon diferentes los fines , fon diferentes los efectos. Pagados de efta corteza los Principes , à eftos Arquitectos dan eftas plazas , fiendo caufa , que los Palacios , los
Reynos , y los aprendizes que fe crian , reciban notable daño , tal , que fi re-
pararan en ello , conocieran lo mucho que tenian que reftituir. Hazen daño
à los edificios en la poca feguridad con que los edifican fus Artifices , por la
poca experiencia que de efte Arte tienen. Hazen daño en el gafto , porque para
acertar en vna cofa , la hazen , y deshazen muchas vezes. Pudiera feñalar algunos edificios con hartas pérdidas , originadas defte principio : porque què
tiene que vèr la bizarría de vna pintura , con la fortaleza de vn edificio ? què
los cortes de vn retablo , con los cortes de la cantería ? y afsi haziendo co-
tejo de lo demàs. El daño del Reyno es notable , y la razon es , que teniendo
el vulgo por cofa cierta , que los que ocupan eftas plazas fon los mejores ,
los llaman los particulares para la difpoficion de fus edificios , y con fus pareceres , y trazas mal entendidas , caufan el daño dicho al edificio , y al particular ; y al paffo que el particular fe difminuye , fe difminuye el Reyno. El
daño que reciben los aprendizes , es , que como vèn defde fus principios que
no fe premian à los que mas faben , alli van en el trabajar , y eftudiar , con-
tentandofe con moderado faber ; que nadie ignora , que eftimula mucho al
aprender las ciencias , el premio de ellas : y los pocos que eftimulados de fu
natural aprenden , firviendo de enfeñar à los que eftas plazas tienen , haziendo ellos à fu cofta , mueren en los Hofpitales , como yo los he vifto : y los
poffeedores deftas plazas medrados à cofta deftos pobres , y indignos de lo
que poffen , el dia que mueren dexan à ochenta , ò cien mil ducados , los que
en fus principios apenas tenian taller en fu cafa en que poder trabajar. No
negarè yo , que con el tiempo vienen à fer experimentados , y con fundamento fortifican vn edificio , porque la comunicacion en efte Arte , demàs
de fer guftofa , fiendo ellos aplicados , fe connaturalizan en el Arte : aunque
fiempre me atengo al que lo aprendiò en fu niñèz. De todos eftos daños
fon caufa los que proveen eftas plazas. Y el remedio que eftos daños tienen,
es vno de dos , ò que eftas plazas fe dèn por opoficion al que mas fabe , en
prefencia de examinadores ; ò que quando fe provean , fea en perfonas de la
profefsion que han de exercitar , para que afsi atiendan tan folamente al
aprovechamiento de fus edificios , como parte principal , y como menos
principal al de fus aumentos. No confifte efte Arte (como en el difcurfo de
efte libro fe puede conocer) tanto en lo teorico de èl , como en lo practico : y
afsi los Principes , y perfonas que nombraren los tales Maeftros , han de procurar los que faben obrar , y trazar con fus manos aquellas materias que han
de exercitar ; porque lo teorico , ò efpeculativo defte Arte , à todos los que
tienen moderado ingenio , les es comun ; y particular à folo los que le practi-
can , ò executan : y fi eftàn dos pretendientes de alguna de eftas plazas , y el vno
haze ventaja en lo efpeculativo , y el otro en lo practico , no cumple con fu
conciencia quien no fe la dà al que fe aventaja en lo practico. Tambien por
efte libro pueden los que proveen eftas plazas , venir en conocimiento de
què tales fon los Maeftros ; y los Maeftros tambien tener mas fundamento,
ya que el favor les dè lo que no merecen. Y en el figuiente capitulo advertir-
mos de las propiedades del Maeftro , para que hallandofe con lo vno , y
lo otro , con feguro fe les dè el premio merecido
à fu trabajado.

CA3

CAPITULO LXXX.

TRATA DE LAS PROPIEDADES DEL MAESTRO.

AGena cosa es la falta de propiedades virtuosas, en las personas que han vivido debaxo de disciplina, y muy reprehensible, assi al Maestro, como al discipulo. Al vno, porque no trabaja en la buena enseñança de su discipulo; y al otro, porque con diligencia no aprende el medio mas eficàz para su facultad, que es el de la virtud, pues comunmente viene à ser esta la ciencia, juzgadora de todas las Artes, y la maestra que sin ruido de palabras enseña las mayores dificultades. El primer escalon en la virtud, y el principio de la sabiduria, es el temor de Dios, y assi lo dize el Espiritu Santo. De adonde podemos colegir, que no ay camino mas seguro, ni mas breve para aventajarse vn hombre en las ciencias, que este principio, y propiedad, por el qual confiessan los Santos aver aprendido mas en su Escuela, que en las de Atenas, Paris, ni Salamanca. El temor de Dios es el que aclara las dificultades, ilumina los entendimientos, enseña à los ignorantes: y en Maestros temerosos de Dios, pocas ruinas sabemos de sus obras; y si de muchas de los que con poco temor han vivido, castigando Dios, no solo en ellos esta falta, sino en otros muchos, arruinandose sus obras, con pérdida de sus vidas. Y de muchos castigos que leemos, y assolamientos de edificios, fue causador defsu daño, la falta de temor de Dios. Aun en las mismas cosas materiales hallamos, quan importante sea el temor, y aunque insensibles, en el modo que pueden, claman por temor; y si no, preguntaselo à los edificios que apresurada mente se han edificado, sin temor de las quiebras que al tiempo de sus entregos avian de hazer, que en su modo son bocas por donde publican el poco temor con que se obraron. Con este temor obrò Comares su Torre en Granada, y assi hizo la experiencia que referimos en el capitulo 59. y tuvo el buen sucesso que oy vemos todos; y los edificios que assi se edificaron, son testigos desta verdad. En mi tiempo florecian Maestros Religiosos, que aventajadamente procedian, assi en sus traças, como en sus edificios, obrados por sus manos, y disposicion: y algunos Maestros atribulan este saber al tiempo, y comodidad que tenian para estudiar; à quien yo respondia, que su Maestro era el temor de Dios: pues en las Religiones (como tan bien experimentadas) lo primero que se enseña, es el santo temor de Dios. En este fue mi padre bien doctrinado, y assi fue consumado Artifice, y donde quiera que estuvo, fue estimada la traça, y parecer de Fray Juan de Nuestra Señora de la O. de quien yo fui Discipulo en mi facultad: y aunque pudiera mejor, y con mas autoridad sacar esta obra, la falta de salud no se la diò, y el empeño del trabajo, y edad, porque entrò yà muy hombre en la Religion, exercitando los dos en ella siempre este Arte. Dexo de referir muchas, y buenas propiedades suyas, porque no me tengan por sospechoso, por ser su hijo, y discipulo. Y de lo dicho saca dos propiedades que has de tener, y es el santo temor de Dios, y el temor del sucesso de tus obras, porque en estas dos guias, fuera de andar vigilante, y solicito, tendràs felizes sucessos: y me atrevo à dezir, que estimàra mas en mis obras vn Maestro ignorante, y temeroso, que otro sabio, y sobervio, porque el tal alguna vez confiado viene à destruir su obra, à si, y à los que le acompañan. Otra propiedad importa mucho que tengas, y es, el conversar con los que mas saben; y quando ignorares alguna cosa, preguntarselo, que menor daño es que sepan tu ignorancia los de tu facultad, que no que tus obras lo manifiesten. Y yo he conocido quien se aprovechò deste consejo, y hizo valientes obras, siendo de por si muy ignorante, y ad-

guia

quirió nombre de muy gran Maeſtro con trabajo de otros. Debes tambien
no apreſurar tus obras, de que ya tratamos en el cap. 35. ſino labrarlas con ſoſ-
ſiego : ſi te hallares en alguna junta de Maeſtros à dar algun parecer ſobre alguna obra, fuera de que ſi no eres el mas viejo, no le has de dar el primero ; no
te caſes con el que dieres, mira lo que dize el Filoſofo, que es de ſabio el mudar de conſejo ; y aſsi, ſe docil, oye à todos, que tal vez vn ignorante dà luz
de coſas que el entendido no alcanzaba. No ſeas de los que ſi vna vez dan en
vna coſa, ſolo Dios baſta à ſacarlos de ella, originandoſe deſta entereza muchos
daños. A los atrevidos favorece la fortuna, mas no es bien te atreyas à mas de
lo que tus fuerzas alcanzan, que el porfiar contra la naturaleza es peſada coſa,
y violentada viene à vencer ; nunca empiezes lo que no puedes acabar, porque
no incurras en pena de vituperio : emprender coſas dificiles, es reprehenſible ;
y aſsi es digna de ſer vituperada la ſobervia de Eliogavalo Emperador Roma-
no, que fue de vida deshoneſta, y pretendió aſsiſtar vna coluna de tanta grandeza, que excedia à las fuerzas humanas, y pretendió que eſtuvieſſe hueca para ſubir por ella à lo alto, donde queria poner en ella el Dios Eliogavalo, à
quien ſe la pretendia conſagrar, mas no halló piedra tan grande, aunque la
buſcó haſta Tebayde, que eſte fin tiene el pretender impoſsibles. En las coſas
arduas, y dificiles, acude ſiempre à Dios, y conſeguiràs buen fin. Si en el medir no eſtàs bien experimentado, ni en el ſaber el valor de los materiales, huye
el meterte en medidas, y taſsaciones, porque fuera del llevar à cargo el daño
que hizieres, no ſabiendo, quedaràs tenido por ignorante de los que ſaben, y
aun ſabiendo tengo por mas ſeguro el no taſſar obras. Y de aqui quede advertido à los ſeñores de ellas, que nunca dèn obras à taſſaciones, porque ſe paſſa
mucho trabajo en eſto. Si fueres à edificar en alguna tierra que no ayas habi-
tado, antes que la traces, ni empiezes, reconoce los materiales, y informate
de ſus habitadores, para que aſsi aciertes. Si fueres à proſeguir obra que tu no
empezaſte, continuala ſin mudar de materiales, ni inovar en ella nada que au-
mente peſo al edificio, que por ventura le deſtruiràs, y mas ſi es de canteria.
Sè diligente eſcudriñador de las coſas, y de continuo eſtudioſo, pues del ſerlo
depende tu aprovechamiento. Y concluyendo con lo que dize Vitruvio en el
1. cap. del lib. 1. de aquellos que fueron exercitados con ſus manos, y no alcanzaron el eſtudio, no pudieron dar autoridad à ſus dichos, ni hechos ; tampoco los
que ſe confiaron en ſu razon, y letras, pues no alcanzaron mas que la ſombra del
Arte. De ſuerte, que es meneſter que acompañe lo vno à lo otro, para hazer opinion, y que ſin temor ſe pueda ſeguir ſu parecer. Eſte mi eſcrito contiene vno, y
otro, en que me exercitado deſde edad de diez años : y quando le acabè tenia de
exercicio 56. años, aviendo gaſtado parte dellos en apurar, y experimentar los cortes, y medidas que contiene : y con ſer aſsi, quiſiera de nuevo bolver à empezar,
por lo que ſiento de aumento tratando de eſtas coſas ; mas temeroſo de que
la muerte no ataje mi deſeo, lo he abreviado lo poſsible : mas ſi Dios me ayuda, y ſalgo bien del empeño en que eſtoy, por averme coſtado mucho en
tiempos tan trabajoſos eſta impreſsion, te prometo Lector, hazer otra eſtam-
pa fina, y añadir nuevas dificultades, y aclarar algunas de Euclides. Lo que te
pido humilmente, es, perdones las faltas que tiene, y que le recibas con voluntad, pues con ella te le ofrezco, à fin de que aprenda el que no
ſupiere. Todo ſea para mayor Honra, y Gloria
de Dios.

LIBRO PRIMERO.

De los Elementos Geometricos de Euclides Magarense, con Corolarios, y Escolios del Padre Clavio, y otros Autores, traducido por Antonio de Naxera Lisbonense, Cosmografo Mayor de su Mag. en los tres Partidos de la costa de Cantabria,

 N todo el Problema se han de considerar dos cosas principales, la construccion de aquello que se propone, y la demostracion, con la qual se muestra la construccion es rectamente instituida, porque quando el primero Problema que se sigue, manda constituir vn triangulo equilatero sobre vna linea recta, dada, y terminada en qualquiera parte della, de modo, que la linea recta propuesta sea vno de los lados del triangulo, entonces se dice ser la figura constituida sobre la linea recta, quando essa linea hace vn lado de la figura, por lo que primero es necessario construir de los principios concedidos algun triangulo, y despues demostrar, que construido el mismo triangulo, por aquella razon es equilatero; esto es, que tiene todos los tres lados entre si iguales, y lo mismo en todos los otros Problemas se ha de tener la misma consideracion, tambien estas dos cosas se hallan casi en todos los Teoremas, porque muchas vezes para que se muestre aquello que se propone, se ha de construir, y pocos son los Teoremas que no requieren ninguna construcion.

Problema I.   Proposicion I.

SOBRE VNA DADA LINEA RECTA TERMINADA, constituir vn triangulo equilatero.

SEA la propuesta linea terminada A. B. sobre la qual mandan constituir el triangulo equilatero del centro A. Y con el intervalo de la recta A. B. se describa el circulo C. B. D. Iten, del centro B. y con el intervalo de la misma recta A. B. se describa otro circulo C. A. D. que corra al primero en los puntos C. y D. de los quales de vno dellos à saber de C. B. se echen dos lineas rectas C. A. C. B. que constituyen el triangulo A. B. C. esto es la figura

recta linea contenida de tres lineas rectas, digo, que este triangulo assi constituido, necessariamente es equilatero, por quanto las rectas A. B. A. C. salen
del Centro A. para la circunferencia del circulo C. B. C. D. serà la recta A. C.
à la recta A. B. igual; demàs de esto, porque las rectas B. C. B. A. salen del centro B. à la circunferencia del circulo C. A. D. serà la recta B. C. igual à la recta B. A. luego assi la A. C. como la B. C. son iguales à la recta A. B. D. A. C. B.
C. eran entre sì iguales, por esta razon el triangulo A. B. C. serà equilatero:
luego sobre una dada linea recta terminada se escriviò el triangulo equilatero
que se avia de hacer, lo demuestra la figura del num. 1.

PRACTICA.

El Padre Clavio pretende mostrar en practica facil, y breve, que assi cada
vno de los Problemas de Euclides, lo que èl construye con muchas lineas, y
palabras, y esto observaremos principalmente en aquellas Problemas que mas
frequentemente vsan los Matematicos, y en los quales el Compendio de la practica parece traer mas provecho.

El triangulo equilatero se constituirà facilmente, quando sobre la linea recta dada A. B. de los centros A. y B. con el intervalo de la recta, dada A. B. se
descrivieren dos areas de circulos, que se corten entre sì en el punto C. ò esto
sea para la parte de arriba de la linea, ò de la parte de abaxo; despues de esto se
echen dos rectas A. C. B. C. del punto C. para los puntos A. y B. y serà hecho
lo que se propone, y es la misma demonstracion, que por el modo superior,
como si los circulos fuessen enteros, y perfectos, que necessariamente avian de
passar por los puntos A. y B. lo demuestra la figura del num. 2.

El triangulo ysosceles assi se haze de los centros A. y B. con el intervalo
mayor que A. B. ò la recta dada queremos que sea el menor lado, ò que sea
menor, que queremos, que el lado dado sea mayor, se descrivan dos arcos,
que se corten entre sì en el punto C. despues echanse las rectas A. C. y B. C.
que seràn iguales por razon del intervalo igual que se tomò à saber mas, ò menos que la recta A. B. lo demuestra el num. 3.

El escaleno se fabrica de este modo sobre la dada recta A. B. del centro B. y
con el intervalo menor, que A. B. se descriva algun arco. Item, del centro A.
y con el intervalo mayor que la misma A. B. se descriva otro arco, que corte
al primero en el punto C. despues se echen las rectas A. C. B. C. que constituiràn el triangulo escaleno; como consta de la desigualdad de los intervalos que
se tomaron por la construccion, lo demuestran los numeros tercero, y
quarto.

Problema II.   Proposicion II.

De un punto dado, sacar una linea recta igual à otra
linea recta dada.

SEA el punto dado A. y la dada linea recta B. C. à la qual conviene poner
otra recta igual del punto A. hecho del vno, ò otro estremo de la linea
B. C. à saber C. contra (a) se descriva el circulo B. E. con el intervalo de
la recta B. C. y de A. para el centro C. (b) se eche la recta A. C. si
el punto A. no estuviere en la misma recta B. C. porque entonces por
la recta que se echare, se tomarà la recta A. C. como se muestra en la se-
gun-

gunda figura, fobre la recta A. C. (c) fe conftituirà el triangulo equilatero A. C. D. ò de la parte de arriba, ò de la de abaxo, como quifieres, del qual los dos lados aora conftituidos D. A, D. C. fe dilaten (d) àzia la recta A. C. la D. C. opuefta al punto dado A. hafta la circunferencia en E. la D. A. opuefta al centro C. quanto quifieres hafta E. defpues defto, del centro D. con el intervalo de la recta D. E. que paffarà por el centro C. (e)fe defcriva otro circulo E. G. que corta la recta D. E. en el punto G. digo, que la recta A. G. que eftà echada del punto A. dado , es igual à la recta dada B. C. por quanto D. E. D. G. fon echadas del centro D. à la circunferencia E. G. (f) feràn entre si iguales , por tanto facadas D. A. D. C. iguales lados del triangulo equilatero A. C. D. (g) quedarà la recta A. G. igual à la recta C. E. y la mifma C. E. es igual à la recta B. C. porque entrambas las rectas G. B. y C. E. falen del centro C. à la circunferencia B. E. luego la recta A. G. B. C. quando vna, y otra fe mueftra fer igual à la recta C. E. (i) feràn entre si iguales , por lo que de un dado punto, &c. fe demueftra en el num. 5.

Y quando el punto dado eftuviere en el eftremo de la linea dada , qual es C. facilmente fe refolverà el problema si del centro C. con el intervalo B. C. fe defcriviere el circulo, para la qual circunferencia si echaren para qualquiera parte la recta C. E. ferà efta la que fe pide igual à la propuefta B. C. del punto dado, como vna, y otra B. C. y C. E. falen del mifmo centro C. para la circunferencia B. E. lo demueftran los numeros quintos.

Problema III. Propoficion III.

DE DOS LINEAS RECTAS, DADAS DESIGUALES
de la mayor facar vna linea recta igual à la menor.

Sean dos lineas defiguales rectas A. menor, y B. C. mayor, es neceffario que de la mayor B. C. fe faque vna linea igual à la menor A. para qualquiera de los eftremos de la linea mayor B. C. à faber para el punto B. fe ponga alguna linea que fea B. D. igual à la menor A. defpues del centro B. y con el intervalo B. D. fe defcriva el circulo que corta B. C. en el punto E. Digo, que B. E. facada es igual à la mifma A. por qüanto B. E. es igual à la recta B. D. y la mifma B. D. es igual à la recta A. por la conftruccion feràn A. y B. E. entre si iguales , luego de dos lineas rectas , &c. lo demueftra en el num. 6.

Teorema I. Propoficion IV.

SI DOS TRIANGULOS TUVIEREN DOS LADOS IGUA-
les à dos lados vno à vno , y otro à otro , y tengan el angulo igual, al angulo que fe contienen debaxo de los lados iguales , y que la vafis fea igual à la vafis , ferà el triangulo igual al triangulo , y los demàs angulos iguales à los demàs angulos , vno à otro , y otro à otro , debaxo de los quales iguales lados fe opufieren.

Sean dos triangulos G. B. C. D. E. F. y vno, y otro lado del vn G. B. G. C. fea igual à vno, y al otro lado del otro triangulo B. E. D. F. à faber G. B.

B. al mismo D. E. y G. C. al mismo D. F. y el angulo G. contenido de los lados G. B. G. C. igual al angulo D. contenido de los lados D. E. D. F. digo, que
la vasis B. C. será cambien igual à la vasis E. F. y el triangulo G. B. C. al triangulo D. E. F. y vno, y otro angulo B. y C. igual al vno, y otro angulo E. y F.
à saber los angulos B y E. que se oponen à los lados iguales G. C. D. F. entre si
iguales, y los angulos C. y F. que se ponen à los lados iguales G. B. O. E. entre si tambien iguales, por quanto porque la tal recta G. B. se poñe ser igual à
la recta D. E. si la vna se sobrepusiere sobre la otra , se ha de entender coloca-
do el punto G. en el punto D. convendrà vna con otra ; de modo , que el punto B. cayera tambien sobre el punto E. porque ninguno puede dezir por parte de la regla G. B. convenga con parte de la recta D. E. y parte no convenga,
porque entonces era impossible que entrambas fuessen rectas ; y si alguno dixere , qu puesto el punto G. en D. y cayendo el punto B. en E. con toda la recta G. B. cayera, ò à la parte diestra, ò à la siniestra de la recta E. lo que es impossible ; porque se daria que dos lineas rectas cerraban superficie. Y porque
la recta G. B. conviene con la recta D. E. como está dicho , y como el angulo
G. se pone igual al angulo D. convendrà tambien la otra à la otra , à saber la
recta G. C. à la recta D. F. y convendrà el punto C. con el punto F. por razon
de la igualdad de las rectas G. C. D. F. luego la vasis B. C. convendrà con la
vasis E. F. porque de otra manera si cayera por arriba , ò por abaxo ; para que
hiziesse la recta F. G. F. ò E. H. F. cerrarian las dos rectas E. F. E. G. F. ò E. F. E.
H. F. superficie (porque ninguno puede negar , que assi E. G. F. como E. H. F.
son rectas , porque vna , y otra se pone ser la misma que la recta B. C.) lo que
es grande absurdo , porque dos lineas rectas no puede cerrar superficie , por
lo qual la vasis B. C. será igual à la vasis E. F. como no excede vna à otra , y el
triangulo G. B. C. será igual al triangulo D. E. F. y el angulo B. al angulo E. y
el angulo C. al angulo F. serán iguales por la misma causa , por lo qual si dos
triangulos tuvieren los dos lados iguales à dos lados , &c. lo demuestran los
num. 7. y 8.

ESCOLIO DE CLAVIO.

Este nombre de escolio es lo mismo que declarar, ò explicar
mas la proposicion.

COn razon puso Euclides dos condiciones en este Teorema , de los quales la primera es , que los dos lados de vn triangulo sean iguales à los
dos lados de otro triangulo, vno à vno, y otro à otro ; la segunda , que el angulo tambien del vno contenido de aquellos lados iguales , sea igual al otro
angulo que se contiene de los lados ; que al otro son iguales ; porque faltan-
do algunas destas condiciones , ni las vasis , ni los demàs angulos podràn jamàs ser iguales , como largamente en este lugar es demostrado ; de presente
estos triangulos , supuesto que pueden ser iguales , faltandole solo la segunda
condicion, como constarà del Escolio de la proposicion treinta y siete deste
libro, con todo claramente acontece esto , porque sean de los triangulos A.
B. C. D. E. F. los angulos A. y D. iguales, à saber rectos, y los lados A. B. A. C.
iguales à los lados D. E. D. F. no vno à vno , y otro à otro ; sino tomados jun-

tos lo del vno con los del otro, y sea A. B. de tres, A. C. de quatro, que en
trambos juntos hagan siete, y D. E. sea de dos, y D. F. de cinco, que tambien
entrambos juntos haga siete, los quales assi puestos, serà la vasis B. C. de
cinco, y la vasis E. F. raiz quadrada deste num. 29. que es mas de cinco, y menos de seis. Item, la area del triangulo A. B. C. serà seis, y el area del triangulo D. E. F. cinco, y finalmente, los angulos sobre vasis B. C. seràn desiguales à
los angulos sobre la vasis E. F. esto todo se demostrara, si tuvieramos passado
las demostraciones que para confirmacion de ello son necessarias, por tanto
bien se vè que todas estas cosas son desiguales, porque no son iguales los lados, vno à vno, y otro à otro, de los dichos triangulos A. B. C. y D. E. F. lo
demuestra el n. 9. y n. 10.

Demàs de esto, de los triangulos A, B, C, D. E. los lados A. B. A. C. son
iguales à los lados D. E. D. F. vno à vno, y otro à otro, y sea cada vno dellos
de cinco, los angulos A. y D. contenidos de los dichos lados, sean desiguales
A. mayor que D. concedidas estas cosas, serà la vasis B. C. mayor que la vasis
E. F. como lo muestra la prop. 24. deste lib. 1. que si la vasis B. C. se pone de
ocho, pondrèmos la vasis E. F. de quatro, y assi serà la area del triangulo A. B.
C. de doze, y la area del triangulo D. E. F. raiz quadrada deste num. 84. que es
mayor de nueve, y menor de diez, lo que es notorio à los Geometras, por tanto
para que dos triangulos, sus vasis, y sus angulos sean entre si iguales, es necessario que el vno, y otro lado del vno sea igual à vno, y otro lado del otro, cada
vno al suyo; y tambien que el angulo contenido de los dichos lados iguales del
vno, sea igual al angulo contenido de iguales lados del otro, como bien lo dixo
Euclides, lo demuestran num. 11. y 12.

Teorema II.   Proposicion V.

De los triangulos ysosceles, los angulos sobre la vasis son entre si
iguales, y productas las lineas rectas, iguales los angu-
los que estàn debaxo de la vasis, seràn en-
tre si iguales.

SEa el triangulo ysosceles A. B. C. en el qual los dos lados A. B. A. C. sean
entre si iguales; digo, que los angulos A. B. C. A. C. B. sobre la vasis B. C.
seràn entre si iguales, y tambien mas si los lados iguales A. B. A. C. produxieren quanto quisieren, hasta el punto D. y E. tambien los angulos D. B. C. E.
C. B. debaxo de la vasis B. C. seràn iguale, de la linea A. E. producida infinitamente se corte A. F. igual à la misma A. y D. y echense las rectas B. E. C.
D. luego porque los dos lados A. B. A. F. del triangulo A. B. F. son iguales à
los dos lados A. C. A. D. del triangulo A. C. D. vno à vno, y otro à otro, à
saber A. B. al mismo A. C. por la suposicion, y A. F. al mismo A. D. por
la construccion, y el angulo A. contenido de los lados A. B. A. F. es igual
al angulo A. contenido de los lados A. C. A. D. antes el angulo A. es comun à vno, y otro triangulo, serà la vasis B. F. igual à la vasis C. D. y el an-
gulo F. al angulo D. y el angulo A. B. F. al angulo A. C. D. porque los primeros dos, y los postreros se oponen à iguales lados en los dichos
triang.

triangulo ; como se muestra : demás desto , considerense dos triangulos B. D.
C. C. F. B. por quanto las rectas A. B. A. F. son entre sì iguales , por la construccion, si dellas quita mas las iguales A. B. A. C. los que quedan B. D. C. F. seràn
iguales; y porque los dos lados B. D. D. C. del triangulo B. D. C. son iguales à
los dos lados C. F. F. B. del triangulo C. F. B. vno à vno, y otro à otro, à saber
B. D. al mismo C. F. y D. C. al mismo F. B. como avemos probado , y los angulos D. y F. contenidos de los dichos lados iguales, tambien son iguales , como se tiene mostrado, por tanto serà el angulo D. B. C. igual al angulo F. C.
B. y el angulo B. C. D. igual al angulo C. B. F. porque assi los primeros dos angulos, como los postreros , se oponen à iguales lados , y assisten sobre la vasis
comun B. C. de vno , y otro triangulo B. D. C. C. F. B. por lo que si de todos
los angulos iguales A. B. F. A. C. D. que yà avemos demostrado , seràn iguales ; en los primeros triangulos se quitaràn los angulos iguales C. B. F. B. C.
D. los quales tambien avemos probado ser iguales ; en los postreros triangulos quedaràn los angulos A. B. C. A. C. B. sobre la vasis iguales. Avemos demostrado en los primeros , digo postreros triangulos , que los angulos D. B.
C. F. C. B. que assisten debaxo de la misma vasis B. C. eran iguales : luego los
angulos sobre la vasis entre sì , y los angulos debaxo de la misma vasis entre sì
son iguales , y por esta razon los angulos que estàn sobre la vasis de los
triangulos ysosceles, &c. Lo demuestran los dos
numeros treze.

4 taaquilas difiniciones

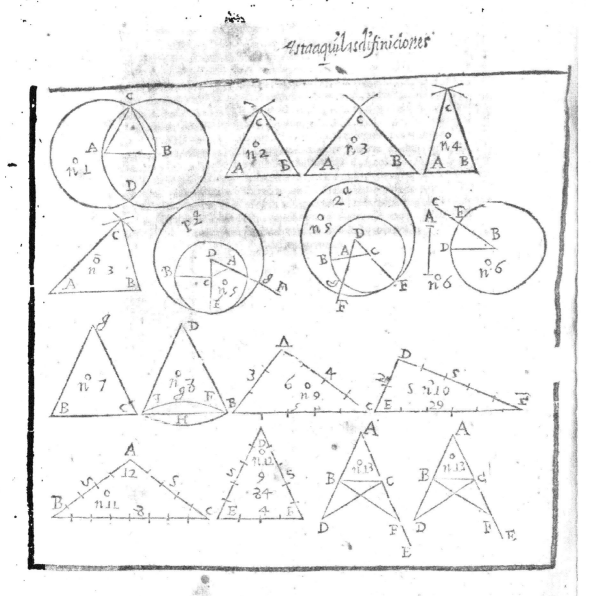

ESCOLIO DE CLAVIO.

Esta proposicion es tambien verdadera en los triangulos equilateros, porque en qualquiera se hallan los dos lados entre si iguales, supuesto que Euclides parece que solo acomoda eo ellas los triangulos ysosceles exiftentes dos
lados A. B. A. C. del triangulo A. B. C. igualas, ò fea el otro lado B. C. tambien igual à los dos, como acontece en el triangulo equilatero, ò fea defigual;
coɟ

como en el ysosceles necessariamente se consigue, que los angulos sobre la vasis entre si, y los angulos debaxo de la vasis entre si tambien sean iguales, como consta de la sobredicha demostracion, y lo demuestra el n.1.

COROLARIO.

Desta quinta proposicion consta, que todo triangulo equilatero es tambien equiangulo: esto es, que tres angulos de qualquiera triangulo equilacero son entre si iguales, sea el triangulo equilatero A. B. C. luego por quanto los dos lados A. B. A. C. son iguales, seràn los dos angulos B. C. iguales. Item, porque los dos lados A. B. B. C. son iguales, seràn tambien los angulos C. y A. iguales, por lo qual todos tres A. B. y C. seràn iguales, que se avia de demostrar, se demuestra tambien el n.1.

Teorema III.   Proposicion VI.

Si vn triangulo tuviere dos angulos iguales, los lados que se opu-
sieren à los angulos iguales, tambien seràn
iguales entre si.

EN el triangulo A. B. C. sean los dos angulos A.B.C.A.C.B. sobre el lado B.C. iguales. Digo, que los dos lados à ellos opuestos A. B. A. C. seràn tambien iguales, si dixeren que no son iguales, aunque sean los dichos angulos iguales, serà vn lado mayor que otro: luego sea A.B. mayor que A.C. si puede ser, y de A. B. se corte en D. la recta B. D. igual à la recta A. C. pues te dize era menor que la recta A. B. y echase la recta C. D. considerense aora dos triangulos A. C. B. D. B. C. en los quales, como los dos lados A. C. C. B. del triangulo A. C. B. sean iguales à los dos lados D. B. B. C. del triangulo D. B. C. vno à vno, y otra à otro, à saber A.C. à la misma D. B. porque la corta mas de A. B. igual à la misma A. C. por el adversario, y contenidos los dichos lados iguales por la suposicion seràn los triangulos A. C. B. D. B. C. iguales todos, y la parte que no puede ser: luego no seràn los lados A. B. A. C. desiguales, si el angulo B. y C. que estàn sobre el lado B. C. son iguales, para que no concedamos que el todo, y la parte son iguales, sino que son iguales: por lo qual si en el triangulo los dos angulos, se demuestra en las dos figuras del num. 2.

Teorema IV.   Proposicion VII.

Sobre vna misma linea recta, à dos lineas rectas dadas, no se daràn
iguales otras dos sus iguales, vna à vna, y otra à otra, que sa-
liendo de los dos estremos de la linea dada concurran en
punto diferente, y para la mis-
ma parte.

Sobre la recta A. B. se constituyan à qualquiera punto C. dos lineas rectas A. C. B. C. digo, que sobre la misma recta A. B. àzia la parte del punto C. se puede para otro punto (assi como para D.) constituir otras dos lineas rectas que sean iguales à las lineas A. C. B. C. vna à vna, y otra à otra, à saber A. C. à la misma A. D. que tienen los mismos terminos A. y B. C. à la misma B. D. que tambien tienen el mismo termino B. porque si puede ser, sean las rectas A. C. A. D. entre si, y las rectas B. C. B. D. entre si tambien iguales, ò que el punto D. assista en el algunas de las rectas A. C. B. C. de modo, que la recta A. D. carga en la recta A. C. ò B. D. en la misma B. C. ò dentro, en el triangulo A. B. C. ò fuera. Sea primero que cayga en el punto D. en vna de las rectas A. C. B. C. como se muestra en la 1. figura, à saber en A. C. para que A. D. sea parte de la misma A. C. luego por quanto las rectas A. C. A. D. teniendo el mismo termino A. dizen, que han de ser iguales; serà la parte A. D. igual à lo todo A. C. lo que es impossible, se demuestra en el n. 3.

Despues desto pongase el punto D. dentro en el triangulo A. B. C. echada la recta C. D. se produzcan las rectas B. C. B. D. hasta E. y F. luego por quanto en el triangulo A. C. D. se ponen los lados A. C. A. D. iguales seràn los angulos A. C. A. D. C. sobre la vasis C. D. iguales; y el angulo A. C. D. es menor que el mismo angulo D. C. F. por ser parte del todo, luego el angulo A. D. C. serà menor que el mismo angulo D. C. E. Y porque el angulo C. D. F. parte del mismo A. D. C. serà mucho menor que el mismo angulo D. C. E. demàs desto, porque en el triangulo B. C. D. los lados B. C. B. D. se ponen iguales, seràn los angulos C. D. F. D. C. E. debaxo de la vasis C. D. entre si iguales, y avemos mostrado, que el mismo angulo C. D. F. es mucho menor que el angulo D. C. E. luego el mismo angulo C. D. F. es menor que el angulo D. C. E. y juntamente igual al mismo, lo que es grande absurdo; se demuestra en el n. 3.

Sea el punto D. fuera del triangulo A. B. C. y que assista en tal lugar, que vna linea cayga sobre la otra, como en la primera destas dos figuras se muestras de modo, que en el lugar de D. entiendas C. y en el lugar de C. el mismo: de lo qual se puede otra vez colegir, que la parte es igual con el todo, lo que es absurdo; se demuestra tambien en el n. 3.

Tambien se puede poner el punto en tal lugar, que las protestas dos lineas cerquen las dos primeras, quedando tambien fuera del triangulo, como lo muestra la 2. figura: si aora en el lugar de D. otra vez entiendas C. y el lugar de C. assista D. lo qual puesto assi correrèmos en el mismo absurdo, à saber que el angulo D. C. E. que es menor que el angulo C. D. E. y igual à lo mismo, como se tiene mostrado, que no puede ser; se demuestra en el n. 4. y 5. y el quinto es errata el numero, que es en la estampa n. 2.

Y finalmente, se ponga en el punto D. de tal manera, fuera del triangulo A. B. C. que vna de las dos lineas postreras, à saber A. D. corte la otra de las dos primeras B. C. por lo que echada la recta C. D. como en el triangulo A. C. D. los lados A. C. A. D. se ponen iguales; seràn los angulos A. C. D. A. D. C. sobre la vasis C. D. iguales; y porque el angulo A. D. C. es menor, que el angulo B. D. C. que es parte; del todo serà tambien el angulo A. C. D. menor que el mismo angulo B. D. C. por la qual razon, serà mucho menor el angulo B. C. D. por ser parte del angulo A. C. D. que el angulo mismo B. D. C. Demàs desto, como en el triangulo B. D. C. los lados B. C. E. D. se ponen iguales, seràn los angulos B. C. D. B. D. C. sobre la vasis C. D. iguales: Yà avemos demostrado, que el angulo B. C. D. es mucho menor que el angulo B. D. C. Por tanto, el mismo angulo B. C. D. es menor que el angulo B. C. E. y tambien es igual al mismo, lo que es absurdo: luego no son iguales entre

tre sì A.C.A.D. ni tambien entre sì B.C.B.D. por lo qual sobre la misma linea
recta otras dos lineas rectas, &c. que se avia de demostrar; se demuestra en el
num.6.

ESCOLIO DE CLAVIO.

Por la misma razon se pueden del punto A. y B. por baxo de A.B. vasis del
triangulo A.B.C. echar dos lineas rectas A.D.B.D. convenientes para algun
punto, assi como A.D. que salga del punto A. y sea igual à la misma A.C. y
B.D. que salga de B. igual à la misma B.C. como se muestra en la figura presente, por tanto, no sin causa añade Euclides, que ha de ser el punto tomado
para la misma parte; se demuestra en el n.7.

Tambien pueden ser dos lineas A.C.A.D. iguales entre sì, que salgan del
mismo termino A. Pero esto assi puesto, por ninguna razon se puede hazer,
que las otras dos lineas B.C.B.D. teniendo el mismo termino B. puedan ser
tambien entre sì iguales, como lo muestra esta 1. figura, y lo tiene demostrado
Euclides, se demuestra en el n.8.

Y finalmente, pueden salir dos lineas rectas iguales à otras dos rectas sali-
das de diferentes terminos, assi como A.D. salida del termino A. à la misma
B.C. salida del termino B. y A.C. salida del termino A. à la misma B.D. salida del termino B. pero esto tambien es contra la condicion de la proposicion,
porque dize Euclides, que las rectas iguales han de salir de vn mismo termino,
lo que no puede ser por ningun modo, guardando todas las condiciones de la
proposicion, à saber, que han de salir de vn mismo termino las lineas rectas
iguales, y para vna misma parte, &c. se demuestra en el n.9.

Theorema V. Proposicion VIII.

Si dos triangulos tuvieren dos lados, vno à vno, y otro à otro igua-
les, y tuviere la vasis igual à la vasis, tambien tendrà el angulo
contenido debaxo de iguales lineas rectas
igual al angulo.

SEan dos triangulos A.B.C D.E.F. que por dos lados A.B.A.C sean
iguales à los dos lados D.E.D.F. vno à vno, y otro à otro, assi como A.B.
sea igual à D.F. y A.C. à la misma D.F. y sea la vasis B.C. igual à la vasis E.F. Digo, que tambien el angulo B.A.C. serà igual al angulo E.D.F. que se contienen de iguales lineas rectas; porque poniendo el triangulo A.B.C. sobre el
triangulo D.E.F. convendrà vno con otro, y el punto B. puesto en E. la linea
recta B.C. convendrà con la recta E.F. y el punto C. con F porque B.C. es à
la recta E.F. igual. Assi, que conveniente B.C. con la misma E.F. tambien convendràn B.A.A.C con las mismas E D.D.F. porque la vasis B.C. conviene
con la vasis E.F. y los lados B A.A.C. no convienen con los lados E.D.D.
F. sino es que se permita assi como E.G.G.F. entonces se costituiràn en la misma linea recta dos lineas rectas iguales a otras dos lineas rectas, vna à vna, y
otra à otra, para otro diferente punto, y para la misma parte, teniendo los
mismos terminos, esto no se puede constituir (b) como se tiene demostrado:
luego el punto A. no caeria en otro lugar, sino en el punto D. Y por esta razon el angulo A. serà igual al angulo D. por lo qual, si dos triangulos tuvie-

ren

ten dos lados del vno iguales à dos lados del otro,&c. se demuestra en el num.
10.11.y 12.

ESCOLIO DE CLAVIO.

Esta proposicion conviene la 1.part.de la prop. 4. porque assi como alli de la
igualdad de los angulos que se contienen de lados iguales, fue colegida la igualdad de la vasis, assi tambien aqui de la igualdad de la vasis. Concluye Euclides
la igualdad de los angulos que comprehenden iguales lados, podemos del mismo
modo de la primera, y tercera parte de la quarta conclusion, todo el antecedente
de la misma, assi como si el Theorema se propusiesse en esta forma.

*Si dos triangulos tuvieren las vasis iguales, y los angulos constituidos
sobre las vasis iguales, vno à vno, y otro à otro, tambien los demàs
lados iguales, vno à vno, y otro à otro, à saber aquellos que se
oponen, ay iguales angulos, y los demàs angulos
que se incluyen de estos lados en-
tre si iguales.*

SEa la vasis B.C.igual à la vasis E.F.y el angulo B. al angulo E. y el angulo C.
al angulo F.Digo,que tambien el lado A.B.serà igual al lado D.E.y el lado
A. C. al lado D.F.y el angulo igual , digo A. serà tambien igual al angulo D.
porque si sobrepusieren la vasis con la vasis (A) convendràn los estremos vno
con otro, y del mismo modo las demàs lineas , y angulos iguales , y porque todas convienen vnas con otras, todas entre si iguales, se demuestra en los nu-
mer.13.y 14.

COROLARIO.

Del antecedente desta octava proposicion, no solo se puede colegir que los
angulos contenidos de iguales lados son iguales; pero tambien los demàs angulos que se constituyen sobre la vasis vno à vno, y otro à otro, assi como el an-
gulo B. al angulo E.y el angulo C. al angulo F. antes tambien todo el triangulo igual à todo triangulo,como consta de la misma superposicion de vn triangulo sobre otro, porque si vno con otro convienen tambien los dichos angulos, y
todo el triangulo como se ha demostrado.

Problema VI.   Proposicion XI.

*Dado vn angulo rectelineo, cortarlo en dos par-
tes iguales.*

SEa el angulo B. A. C. el que se ha de dividir en dos angulos iguales en la
recta A. B. se tome vn punto qualquiera D. y de la recta A. C. se corte la
recta A. E. igual à la recta A. D. echese la recta D. E. Despues desto , sobre D.
E. se constituya el triangulo equilatero D. F. E. y echese la recta A. F. que divide el angulo B. A. C. en los angulos B.A.F.C. A. F. Digo, que estos angulos
son

ſon entre ſi iguales ; porque como los lados D. A. A. F. del triangulo D. A. F.
ſon iguales à los lados E. A. A. F. del triangulo E. A. F. vno à vno, y otro à
otro, porque D. A. es igual à la miſma E. A. por la conſtruccion, y A. F. es
comun, ſerà tambien la vaſis D. F. igual à la vaſis E. F. por razon de que el
triangulo D. F. E. fue conſtituido equilatero, ſerà el angulo D. A. F. igual al
angulo E. A. F. y aſsi quedarà el angulo B. A. C. dividido en dos partes iguales, que es lo que ſe avia de hazer, lo demueſtra el n. 15.

PRACTICA.

Qualquiera angulo rectelineo, aſsi como B. A. C. ſe cortarà mas facilmente en dos partes iguales, deſte modo: Del centro A, con algun compàs ſe corten
las rectas iguales A. D. A. E. de qualqniera grandèza, y con el compàs no va-
riado, y tambien lo puedes variar ſi quiſieres de los centros D. y E. ſe deſcrivan
dos arcos que ſe corten entre ſi en F. por lo que echada la recta A. F. cortarà el
angulo B. A. C. en dos partes iguales.

Y quando el angulo rectelineo fuere contenido de lineas breves, y pueſto
en el eſtremo de algun plano, y ſe huviere de dividir en dos partes iguales, deſ-
crivirèmos de D. y E. dos arcos que ſe corten entre ſi en F. ſobre el angulo A,
porque le ſaltò el eſpacio debaxo de las puntas D. y E. en que ſe pudieſſen deſ-
crivir; porque la recta echada deſde F. por A. haſta B. cortarà el angulo A. en
dos partes iguales, como en la 1. figura; como ſe mueſtra en la preſente, ſe
demueſtra en el num. 16.

Problema V.   Propoſicion X.

Dada vna recta linea finita, cortarla en dos partes iguales.

SEa ſa linea recta dada terminada A. B. es neceſſario que la divida mas en dos
partes iguales, conſtituyaſe en ella el triangulo equilatero A. B. C. y cor-
teſe el angulo A. C. B. en dos partes iguales, con la linea recta C. D. Digo, que
la linea recta A. B. fue cortada en dos partes iguales en el punto D. Y por quanto A. C. es igual à la C. B. y la linea C. D. es comun, ſeràn luego A. C. C. D.
iguales à las dos lineas B. C. C. D. vna à vna, y otra à otra, y el angulo A. C.
D. igual al angulo C. D. luego la vaſis A. D. ſerà igual à la vaſis B. D. Y por eſto la linea recta terminada A. B. es cortada en dos partes iguales en el punto D,
como ſe mandò hazer, ſe demueſtra en el num. 17. y 18.

PRACTICA.

Del centro F. à qualquiera intervalo, con tanto que exceda à la mitad de
la linea A. B. ſe deſcrivan dos arcos, vno à la parte ſuperior, y otro à la parte
inferior de la dicha linea, y del centro B. con el miſmo intervalo ſe deſcrivan
otros dos arcos que ſe corten con los primeros en C. y D. porque echando la
recta C. D. cortarà la recta A. B. en dos partes iguales en E. como ſe mueſtra en
la 1. figura, ſe demueſtra en el n. 19.

Y quando la linea que ſe ha de dividir en dos partes iguales, eſtuviere ſi-
tuada en el eſtremo de algun plano, de modo, que no tenga lugar de hazer
las

las partes del circulo à la parte baxa (en este caso se descriviràn los dos ----
que se cortan entre sì en el punto C. y descrivirèmos para la misma parte otros
dos arcos que se corten entre sì en D. ò este segundo punto se haze abaxo del
punto C. ò arriba de èl; de qualquiera modo que se haga echando vna linea recta por los puntos C. y D. cortaràn la recta A. B. en dos partes iguales, como se
muestra en la siguiente figura, se demuestra en el n. 20.

ESCOLIO DE CLAVIO.

Evidentemente se muestra poderse dividir la misma linea recta A. B. en dos
partes iguales, por este mismo modo, y tambien en ocho, en diez y seis, y en
treinta y dos partes, &c. assi como tambien se pueden dividir los angulos rectelineos. Y con què razon qualquiera linea recta propuesta se divida en qualesquiera partes iguales, abundantemente muestra el Padre Clavio en el Escolio
de la 40. proposicion deste lib. 1. y con mucha mas facilidad la enseña à dividir en el Escolio de la propos. 18. del lib. 2. adonde en sus lugares recogere-
mos lo mas conveniente para nuestro assumpto.

Problema VI.   Proposicion XI.

Dada vna linea recta de vn punto en ella dado, levantar vna linea recta ad angulos rectos.

SEa la linea recta dada A. B. y en ella el punto C. del qual nos mandan levantar sobre A. B. vna linea recta perpendicular, ò ad angulos rectos del
punto C. se tomò la recta C. D. de la qual se saque C. E. igual; despues desto, sobre D. E. se constituya el triangulo equilatero D. E. F. y desde E. hasta C. se eche
la recta C. F. la qual digo, que es perpendicular à la misma A. B. por quanto los
lados D. C. C. F. del triangulo D. C. F. son iguales à los lados E. C. C. F. del triangulo E. C. F. vno à vno, y otro à otro, à saber D. C. al mismo C. E. por la construccion, y C. F. comun, y la vasis D. F. es igual à la vasis D. C. por ser en lados
del triangulo equilatero, seràn los angulos contenidos de vna parte, y otro de
C. y de los lados iguales entre sì iguales, por la qual razon se dirà vno, y otro
rectos, y assi la recta F. C. serà perpendicular sobre la recta A. B. luego dada la recta linea, y vn punto en ella dado, &c. que es lo que se avia de hazer, demuestrase
en el n. 21.

PRACTICA.

Del punto C. se corten vna, y otra linea iguales C. D. C. E. y de los puntos
D. y E. se descrivan dos arcos que se corten entre sì en F. porque la recta F. C.
echada, serà perpendicular la demostracion, es la misma que la de Euclides; si
aora se echaren las rectas D. F. E. F. que son iguales, por razon de los circulos
iguales descriptos del punto D. y E. que se cortan en el puuto F. como se muestra en esta 1. figura, se demuestra en el n. 2. despues del n. 21.

Y quando se quisiere construir vna linea perpendicular, no en punto señalado, sino en qualquiera parte de otra linea, entonces harèmos deste modo, de dos puntos A. y ---- qualquiera manera en la linea propuesta se descrivan, assi en la parte de arriba, como en la de abaxo, dos arcos que se cor-

ten entre si en C. y D; porque la recta echada desde C. para D; será la perpendicular sobre A. B. esto es, que serán dos angulos rectos, y iguales en el punto E. como se muestra en la siguiente figura, se demuestra en el n.22.

ESCOLIO DE CLAVIO.

Muy mas brevemente se puede levantar la linea perpendicular de vn punto dado, ò que assista en el estremo de la linea, ò en otra qualquiera parte de
ella, deste modo sea la linea dada A. B. y el punto dado en ella A. del centro
C. tomado fuera de la linea donde quisieres, con tanto que producta la linea
recta A. B. no convenga con el punto C. ni lo venga à encontrar (y tomando
el intervalo del compàs, hasta el punto A. se descriva el circulo que corte la
linea A. B. en D. y del punto D. por el centro C. se echa la recta que corte el
circulo en E. porque la linea recta echada desde E. hasta A. serà la perpendicular sobre A. B. porque el angulo A. es recto, como assista en el semicirculo D.
A. E. como se probarà en la propos. 31. del lib. 3. de Euclides, y como se vè
en esta figura, se demuestra en el n.24.

Problema VII.   Proposicion XII.

Sobre vna linea recta, dada infinita, de vn punto da-
do, fuera de ella echar vna linea per-
pendicular.

SEa la recta A. B. de indeterminada quantidad, y fuera de ella el punto C.
del qual es necessario echar la perpendicular sobre la recta A. B. del centro
C. y con qualquiera intervalo se descriva vn circulo que corte A. B. en los puntos D. y E. por quanto el intervalo tomado debe de ser tanto, que passe, y corte
la linea A. B. que de otra manera no la cortarà en dos partes, dividida la recta
D. E. en dos partes iguales en el punto F. echase la recta C. F. la qual digo, que
serà perpendicular à la misma A. B. porque si se echaren C. D. C E. serán los
dos lados D. F. F. C. del triangulo D. F. C. iguales à los dos lados E. F. F. C. del
triangulo E. F. C. vno à vno, y otro à otro por la construccion, y la vasis G.
D. es igual à la vasis C. E. como sean del centro à la circunferencia, por la qual
razon serán el angulo D. F. C. igual al angulo E. F. C. y por esta razon, vno,
y otro rectos, luego echada es C. F. perpendicular sobre A. B. que es lo que se
avia de hazer, se demuestra en el n.25.

ESCOLIO DE CLAVIO.

Con mucho acuerdo puso Euclides esta particula de infinita; porque si la linea fuesse finita, no se podria siempre de vn punto dado fuera de ella echar sobre
ella vna perpendicular, assi como siendo la linea E. B. en la figura superior, y el
punto dado C. no se puede del punto C. descrivir el circulo que corte E. B. en
dos puntos, y por esso ni del punto C. no se puede echar perpendicular sobre E.
B. y por esta causa quiere Euclides que la recta dada sea infinita; esto es, que no
tenga grandeza determinada, ò que por lo menos se pueda echar sobre ella, pro-
duciendola la perpendicular. Y esto se harà si se produciere B. E. hasta que el
circulo descripto del centro C. corte toda la B. A. producta en los puntos D. y
E. lo demuestra el n.26. y 27.

PRAC;

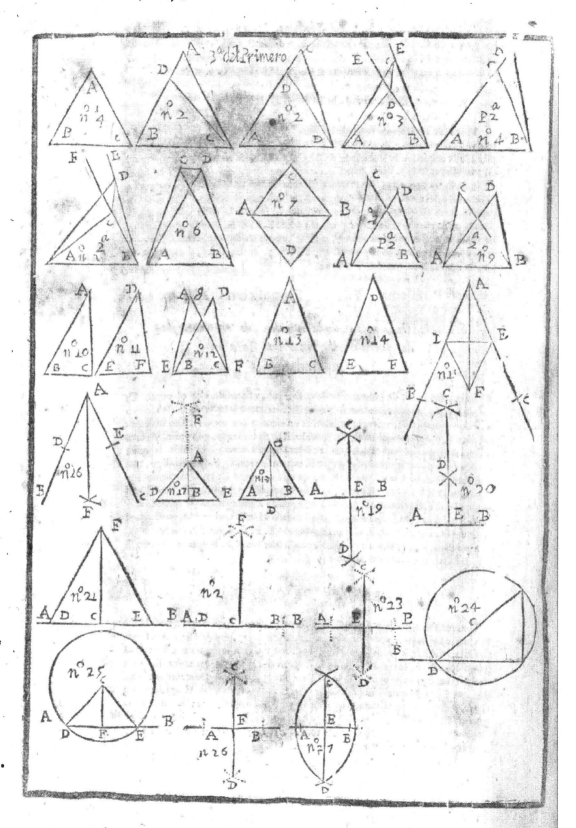

PRACTICA.

Hecho centro C. y con qualquiera vn mismo intervalo, se describan dos arcos, que corten la recta dada en A. y B. despues desto, A. y B. con el mismo intervalo, ò otro, qual quisieres, se describan otros dos arcos que se corten en D. porque echada la recta C. D. cortando A. B. en E. serà perpendicular à la misma A. B. la demostracion desta operacion no difiere de las precedentes, especialmente en la practica de la propos. 10. deste lib. 1. porque los angulos en E. son rectos, à saber entre sì igual, como se ve en esta 2. figura, se demuestra en el n. 1.

Lo mismo harèmos deste modo en qualquiera punto A. en la linea dada, y con qualquiera intervalo hasta C. se describa vn arco de circulo despues de qualquiera otro punto B. y con el intervalo hasta C. se describa otro arco que corte el primero en C. y D. serà la recta echada C. D. que corta A. B. en E. la perpendicular sobre A. B. como se vè en esta 3. figura, la demostracion es la misma que la primera, no es necessario que el intervalo B. C. sea igual al intervalo A. C. como se muestra en esta tercera figura, y con todo, lo mas fa-cil, y breve serà hazer la operacion con los intervalos iguales, se demuestra en el num. 2.

Y quando en el punto C. estuviere muy vezino à la recta A. B. assi avemos de hazer del centro C. à qualquiera intervalo, se corte la recta A. B. en dos puntos A. B. de los quales con mayor intervalo, qualquiera que sea se descri-ban dos arcos, assi para la parte de arriba, como para la de abaxo, que se cor-ren en D. E. porque echada la recta D. C. F. la qual producida necessariamente passarà por el punto E. y serà la perpendicular sobre la recta A. B. en el punto F. que assi demostrarèmos, echadas las rectas A. D. B. D. A. C. B. C. por quanto los lados D. A. D. C. del triangulo A. C. D. son iguales à los dos lados D. B. D. C. del triangulo B. C. D. y tambien la vasis A. C. es igual à la vasis B. C. seràn los an-gulos en D. iguales, por lo qual como los dos lados D. A. D. F. del triangulo A. D. F. sean iguales à los dos lados D. B. D. F. del triangulo B. D. F. y contengan los angulos en D. iguales, como avemos demostrado, seràn los angulos en F. igua-les, y por esso rectos, &c. como se muestra en esta primera figura, se demuestra en el num. 3.

Y quando el punto dado assista junto al plano, de modo, que la linea dada no puede ser producida, harèmos desta manera de qualquiera punto B. que se vea del otro del punto C. que està puesto casi en la estremidad de la linea dada A. B. se describan dos arcos arriba, y abaxo de la linea A. B. al interva-lo B. C. despues del punto A. alguna cosa mas remoto del punto tomado B. (y quanto mas distaren entre sì los puntos A. y B. mas comodamente se co-noceràn las intersecciones de los arcos) se describan dos arcos con el inter-valo A. C. que corten los primeros en C. y D. porque la recta C. D. serà per-pendicular à la recta dada A. B. como se muestra en esta 1. figura, se demuestra en el n. 4.

Y quanto el punto dado no estuviere junto al estremo del plano, y la linea da la assista en el estremo del plano, de modo, que los dos arcos no se puedan cortar comodamente debaxo de la linea, ò que el punto dado assista junto à la linea A. B. ò que estè de ella mas apartado, en este caso absolverèmos el Problema. Deste modo con el intervalo A. C. donde quiera que se tome el punto A. se describa el punto C. el arco que corte la recta A. B. en *D.* y de los puntos A. y D. se describan dos arcos àzia el punto C. que se corten entre sì en el punto E. porque la recta sacada desde E. por C. que corta la rec-ta A. B. en F. serà la perpendicular sobre la A. B. como arriba fue di-

demoſtrado en la primera figura de las tres proximas precedentes ; quanto al
punto C. eſtaba junto à la linea A. B. y aqui ſe mueſtra en eſta figura vltima de
las dichas tres proximas precedentes, ſe demueſtra en el n. 5.

De què modo avemos de proceder quando el punto dado eſtuviere en vn eſtremo del plano, y la linea dada junto al otro eſtremo, de modo, que ni la linea ſe
pueda producir, ni los dos arcos comodamente ſe puedan cortar entre ſi en el
punto D. debaxo de la linea recta A.B. moſtrarèmos en el Eſcolio de la prop. 31
deſte lib. 2.

Teorema VI.   Propoſicion XIII.

Quando vna recta linea fuere conſtituida ſobre otra recta linea,
harà angulos ; ò ſeràn dos rectos, ò iguales
à dos rectos.

LA linea recta A.B. cayendo ſobre la recta C.D. harà dos angulos A. B.C.A.
B.D. luego ſi A.B. fuere perpendicular para C.D. ſeràn los dichos dos angulos rectos ; pero quando A. B. no fuere perpendicular, entonces harà vn angulo obtuſo, y el otro agudo: digo, que eſtos miſmos ſon iguales à los rectos,
echeſe B. E. del punto B. perpendicular parà C.D. que ſean los dos angulos E.B.
C. E.B.D. rectos; y por quanto el angulo recto E. B. D. es igual à los dos angulos D.B.A. A.B.E. que ſon partes del todo, pongàmos comun el angulo C. B E.
luego los dos angulos D.B.E. E.B.C. ſeràn iguales à los tres angulos D B.A.
B.E.E. E.B.C. otra vez, porque el angulo A.B.C. es igual à los dos angulos A. B.E.
E.B.C. opueſto el angulo comun A.B.D. ſeràn los dos angulos A. B. C. A.B.D.
iguales à los tres angulos D.B.A. A.B.E. E.B.C. y los miſmos tres angulos moſtramos ſer tambien iguales à los dos rectos E.B.D. E.B.C. y aquellas coſas que à
vna miſma ſon iguales, ſon entre ſi iguales; los dos angulos A.B.C. A.B.D. ſon
iguales à los dos rectos E.B.D. E.D.C. luego quando vna recta linea fuere conſtituida ſobre otra recta, &c. ſe demueſtra en el n. 6.

ESCOLIO DE CLAVIO.

Mueſtraſe, que depende eſta propoſicion de vna cierta comun ſentencia,
porque en aquello que el angulo A. B. C. ſupera al angulo recto E.B.C. en
aquello miſmo el otro angulo A.B.D. es ſuperado del angulo recto E.B.D. porque aſsi como aſsi el orceſo es el angulo A. B. E. aſsi tambien aqui el defecto es
el miſmo angulo A.B.E. por lo qual el angulo A.B.C. y A.B.D. ſe mueſtra ſer en
iguales à dos rectos, porque tanto adquiere vno de ellos ſobre el angulo recto,
quanto el otro pierde.

Teorema VII.   Propoſicion XIV.

Si de alguna recta linea, y de vn punto en ella, echaren las lineas
rectas, no para la miſma parte, y los angulos que hizieren pa-
ra vna, y otra parte, fueren iguales à dos rectos, las
dos lineas rectas eſtaràn en derecho
vna de otra.

Sea la recta linea dada A. B. y el punto B. en ella dado, del qual las dos rectas
li-

lineas B. C. B. D. no puestas para vna misma parte constituyan los dos angulos A. B. C. A. B. D. de vna parte, y otra iguales à dos rectos, digo, que la linea B. D. esta puesta en derecho de la linea B. C. porque si B. D. no està en derecho de C. B. este à la misma C. B. en derecho de la linea C. B. E. y porque la linea recta A. B. consiste sobre la linea recta C. B. E. el angulo A. B. C. A. B. E. seràn iguales à dos rectos; y porque tambien los angulos A. B. C. A. B. D. son iguales à dos rectos, por tanto los angulos C. B. A. A. B. E. seràn iguales à los mismos C. B. A. A. B. D. quitese el angulo comun A. B. C. luego los demàs A. B. E. serà igual à lo demàs A. B. D. el menor al mayor, con que no puede ser, por lo que no estarà en derecho la linea B. E. de la misma B. C. semejantemente se mostrarà, que ninguna otra linea se pondrà en derecho de la C. B. fuera de la B. D. luego C. B. estarà en derecho de la misma B. D. luego si de alguna recta linea, y de algun punto en ella, &c. que es lo que se avia de demostrar, se demuestra en el n. 7.

ESCOLIO DE CLAVIO.

Esta proposicion es conversa à la proxima precedente, porque en ella fue probado si C. B. D. fueredos angulos C. B. A. A. D. B. A. seràn iguales à dos rectos; y en esta se ha demostrado, que si los dichos angulos fueren iguales à dos rectos, las rectas C. B. D. B. seràn vna misma linea recta.

DE PRODO.

Rectamente Euclides añadiò en esta proposicion (y no para la misma parte) por quanto, como dize Perfirio, se puede hazer, que de algun punto en la linea dado, se echen dos lineas rectas, para la misma parte, que hagan con la linea dada dos angulos iguales à dos rectos, y con todo que constituyan vna linea, por quanto no son echàdas à diversas partes, porque sea el punto C, en la linea A. B. dada echese C. D. perpendicular en A. B. y dividase el angulo recto A. C. D. en dos partes iguales con la recta C. E. despues desde D. en qualquiera punto en la recta C. D. se eche la perpendicular D. E. sobre C. D. que corte la recta C. E. en E. producida la recta E. D. para la parte D. tomase D. F. igual à la recta D. E. y echese la recta F. C. y por quanto los lados E. D. D. C. del triangulo E. D. C. son iguales à los lados F. D. C. D. del triangulo F. D. C. vno à vno, y otro à otro, y el angulo D. contenido de los mismos iguales, à saber rectos, serà la vasis C. E. igual à la vasis C. F. y el angulo E. C. D. al angulo F. C. D. el angulo E. C. D. es medio recto, porque es recto el angulo A. C. D. que se dividiò en dos partes iguales, por lo que serà tambien medio recto el angulo F. C. D. y porque la linea C. F. con la linea A. C. hazen el angulo A. C. F. que consta del recto, y del medio recto harà C. E. con la misma A. C. el angulo A. C. E. tambien medio recto, por tanto los dos angulos A. C. F. A. C. E. los quales para las mismas partes hazen las rectas C. E. C. F. con la recta A. B. son iguales à dos rectos, y con todo C. F. C. E. no son vna linea recta, porque no son echadas à diversas partes, sino à la misma, se demuestra en el num. 8.

Teore

Teorema VIII.   Proposicion XV.

Si dos lineas rectas se cortaren entre sì, haràn los angulos
adverticem iguàles entre sì.

Cortense las dos rectas A. B. C. D. en el punto F. de qualquiera modo, digo, que los angulos hazen adverticem en F. son entre si iguales, à saber, el angulo A. F. D. igual al angulo C. F. B. y el angulo A.F.C. igual al angulo B.F.D. por quanto la recta D. F. se constituye sobre la recta A. B. seràn los dos angulos A.F.D. D.F.B. iguales à dos rectos mas, porque la recta B. F. consiste sobre la recta C.D. seràn por la misma razon los dos angulos C.F.B. B.F.D. iguales à dos rectos; por tanto como todos los angulos rectos son entre sì iguales, por lo que quitando el angulo comun B. F. D. quedarà el angulo A. F. D. igual al angulo B. F. C. y por la misma razon se confirman seràn entre sì iguales los angulos A. F. C. B. F. D. porque los dos angulos A. F. C. C. F. B. que son iguales à dos rectos, seràn tambien iguales à los dos dos angulos C. F. B. B. F. C. que son rectos, à dos angulos iguales, por lo que quitando el angulo comun B. F. C. quedaràn los angulos A.F.C.B.F.D. iguales entre sì, por lo que si dos lineas rectas se cortaren entre sì,&c. se demuestra en el n.9.

COROLARIO I.

Colige Euclides de la demostracion deste Teorema, por sentencia de Proclo (por quanto los otros exemplares no hazen este Corolario) que dos lineas rectas, que se cortan entre sì, que hazen en el punto de la seccion quatro angulos iguales à quatro rectos, porque en la demostracion se mostrò, que assi los dos angulos A.F.D. D.F.B. como los dos A.F.C. C.F.B. son iguales à dos rectos, por la 13. propos. por tanto todos los quatro angulos constituidos en F. equivalen dos vezes al valor de dos angulos rectos, por lo qual seràn iguales à quatro rectos.

COROLARIO II.

Por la misma razon colegimos, que todos los angulos que se constituyeren al rededor de vn mismo punto, quantos quiera que fueren, seràn solamente iguales à quatro rectos; porque si de F. se echaren otras mas lineas, quantas quisieres, dividiràn solamente aquellos quatro angulos en F. constituidos en muchas partes, que todas juntas tomadas, igualan al todo dònde salieron, luego como aquellos quatro angulos son iguales à quatro rectos, que el primer Corolario, tambien seràn todos los otros tomados juntos iguales à solo quatro rectos; de lo qual se muestra claramente, que todo el espacio que circunda algun punto en vn plano, equivale à quatro angulos rectos, como lo traen muchos Autores; porque todos los angulos que cercan aquel punto, por muchos que sean, son iguales à quatro angulos rectos, semejantemente consta, que todas las lineas, por muchas que sean, se cortaren entre sì, haràn en el punto de la seccion los angulos iguales à quatro rectos.

Teoremè

Teorema IX.   Proposicion XVI.

En qualquiera triangulo producido vn lado, el angulo externo es ma-
yor que qualquiera de los internos, y opueſtos.

ENel triangulo A.B.C. ſe produzca el lado B.A. haſta D. digo, que el angulo externo D.A.C. es mayor que el interno, y opueſto A. C. B. y tambien
es mayor que el interno, y opueſto A. C. en dos partes
iguales en E. y deſde B. por E. ſe entienda la recta B.E.F. de modo, que E. F. cortada ſea igual à la recta B. E. echeſe la recta F. A. y por quanto los lados C. E.
E.B. del triangulo C.E.B. ſon iguales à los lados A.E.E.F. del triangulo A.E.F.
vno à vno, y otro à otro, por la conſtrucion, y los angulos en E. comprehendidos de los dichos lados ſon entre ſi iguales, porque ſon adverticen, y opueſtos. Serà la vaſis C.B. igual à la vaſis A.F. y el angulo E.C. B. igual al angulo E.
A.F. y el angulo D.A.C. externo, es mayor que el angulo E.A. F. porque el vno
es todo, y el otro ſu parte: luego el angulo externo D. A. C. es mayor que el interno, y opueſto A.C.B. por lo qual ſi ſe produciere el lado C.A. haſta G y A.B.
ſe dividiere en dos partes iguales en el punto H. y ſe entendiere la recta C. H. I.
de modo que H.I. ſea igual à la recta H.C. y ſe eche la recta I. A. ſe demoſtrarà
por la miſma razon, que el angulo externo G. A. ●. es mayor que el angulo interno, y opueſto A.B.C. el angulo D.A.C. es igual al angulo G.A.B. porque las
lineas B.C.G.C. ſe cortan entre ſi en el Punto A. y porque el angulo D. A.C. es
mayor que el angulo interno, y opueſto A.B.C. ſerà luego el angulo externo G.
A.B. mayor que el interno, y opueſto A.B.C. luego en qualquiera triangulo pro-
duciendo vn lado, &c. ſe demueſtra en el n. 10.

ESCOLIO DE CLAVIO.

No dize Euclides, que el angulo externo D. A. C. ha de ſer mayor que el angulo interno B.A. C. que lo eſtà de la otra parte, ſino ſolo que ſupera en grandeza à cada vno de los angulos A. C. B. A. B. C. internos, y opueſtos à el, por
quanto el angulo externo puede ſer igual al interno, que le eſtà del otro lado,
quanto fuere el externo recto; porque entonces neceſſariamente el que lo eſtà
de la otra parte, ſerà tambien recto, puede ſer menor quando fuere agudo, porque entonces el angulo del lado ha de ſer obtuſo: luego ſolamente quando el
angulo externo fuere obtuſo, ſuperarà al angulo interno, que eſtà del otro lado, y neceſſariamente eſte ſerà agudo, lo que todo facilmente ſe colige de la propoſ. 13. por la qual el angulo externo, y el interno de la otra parte ſon iguales à
dos rectos.

Teorema X.   Proposicion XVII.

En qualquiera triangulo, tomados dos angulos juntos, ſon
menores que dos rectos.

SEa el triangulo A. B. C. digo, que deſte triangulo tomados dos angulos
juntos, de qualquiera manera que los tomen, ſeràn menores que dos rectos, produzcaſe la B. C. haſta D. y por quanto el triangulo A. B. C. el angulo

erterior A. C. D. es mayor que el interior, y opuesto A. B. C. Porque por común el angulo A. C. B. luego los angulos A. C. D. A. C. B. serán mayores que los angulos A. B. C. A. C. B. pero A. C. D. A. C. D. son iguales à dos rectos: luego A. B. C. A. C. B. serán menores que dos rectos: Semejantemente demostrarèmos, que tambien los angulos B. A. C. A. C. B. Item, que C. A. B. A. B. C. son menores que dos rectos: luego todo triangulo tiene los dos angulos menores que dos rectos, tomado de qualquiera manera, que era necessario probar, se demuestra el numer. 11.

ESCOLIO DE PRODO.

Bien claro se muestra desta proposicion, que de vn mismo punto, y para vna linea recta no se pueden echar muchas lineas perpendiculares mas que vna sola; porque si se puede hazer, se echen desde A. à la recta B. C. dos perpendiculares A B. A. C. por lo que en el triangulo A. B. C. serán los dos angulos internos B. y C. iguales à dos rectos, porque son dos rectos, lo que es grande absurdo, porque son qualesquiera dos angulos en qualquiera triangulo menores que dos rectos: luego no se pueden echar muchas perpendiculares, sino vna del punto A. sobre la recta B. C. se demuestra en el num. 12.

COROLARIO I.

Consta de lo dicho, que en todo triangulo, en el qual viniere vn angulo recto, ò obtuso, que los demàs serán agudos; y como por esta proposicion qualesquiera dos angulos tomados juntos, son menores que dos rectos, es necessario que si vno fuere recto, ò obtuso, que qualquiera de los otros sea agudo, para que no demos en vn triangulo dos angulos rectos, ò mayores que dos rectos.

COROLARIO II.

Siguese tambien desta proposicion, si vna linea recta con otra recta haze angulos desiguales, vno agudo, y otro obtuso, que la linea perpendicular que fuera echada de qualquiera punto de vna de las lineas sobre la otra linea recta, cayera à la parte del angulo agudo, porque haga la recta A. B. con la recta C. D. los angulos desiguales, à saber A. B. D. agudo A. B. C. obtuso eche mas del punto A. qualquiera perpendicular sobre C. D. y sea A. D. digo, que A. D. cayera para la parte del angulo agudo A. B. D. porque si no cae para la parte del angulo agudo A. B. D. cayga, si puede ser la perpendicular A. C. à la parte del angulo obtuso A. B. C. luego los dos angulos A. B. C. A. C. B. obtuso, y recto en el triangulo A. B. C. serán mayores que dos rectos, y ellos son menores que dos rectos, lo que no puede ser, y es grande absurdo: luego del punto A. la perpendicular sobre C. D. no puede caer à la parte del angulo obtuso, por lo que cayera à la parte del angulo acuto, se demuestra en el num. 13.

COROLARIO III.

Por la misma razon se haze manifiesto por esta proposicion, que todos
los

los angulos del triangulo equilatero, y los dos angulos del triangulo yſoſceles ſobre la vaſis ſon agudos; porque como qualeſquiera dos en el triangulo
equilatero, y los dos en el yſoſceles ſobre la vaſis ſean entre sì iguales, y ſean
juntos, tanto aquellos dos, quanto eſtotros dos menores, que dos rectos, ſerà
cada qual de ellos menor que recto, eſto es, agudos porque ſi fuera recto ò obtuſo, ſerian entrambos juntos, ò iguales à dos rectos, ò mayores.

Theorema XI. Propoſicion XVIII.

En todo el triangulo, al mayor lado ſe opone ma-
yor angulo.

SEa el triangulo A.B.C. que tenga el lado A.C. mayor que el lado A.B. digo,
que el angulo A.B.C. es mayor que el angulo B.C.A. por quanto A. C.
es mayor que A.B. pongaſe à la miſma A.B. otra igual A.D. y junteſe B.D. y por
quanto en el triangulo B.D.C. es el angulo exterior A.D.B. ſerà mayor que el
interior, y opueſto D.C.B. es igual al miſmo A.B.D. porque el lado
A.B. es igual al lado A.D. por la conſtruccion; luego mayor es el angulo A.B.
D. que el angulo A.C.B. por la qual razon ſerà mucho mayor el angulo A.B.
C. que el angulo A.C.B. por lo que en todo triangulo al mayor lado ſe o, ma-
mayor angulo, &c. ſe demueſtra en el num. 14.

Teorema XII. Propoſicion XIX.

En todo el triangulo al mayor angulo ſe eſtiende
mayor lado.

EN el triangulo A.B.C. ſea el mayor angulo A.B.C. y menor el angulo B.
C.A. digo, que el lado A.C. es mayor que el lado A.B. porque ſi no es mayor A.C es igual al miſmo A.B. ò menor que el, ſi dixeren que es igual, ſeria el
angulo B. igual al angulo C. lo que por el hypoteſe no es; luego no ſon iguales,
ni tampoco es mayor, digo menor, porque entonces ſeria el angulo B. menor que
el angulo C. lo que tambien no puede ſer; luego no es A. C. menor que A.B. y
tambien ſe ha moſtrado, que no es igual; luego A.C. es mayor qu la miſma A.
B. por lo que todo triangulo al mayor angulo ſe le eſtiende mayor lado, que
importaba probarſe, ſe demueſtra en el num. 15.

Eſtà propoſicion es converſa del Teorema proximo precedente,
porque ſe demueſtra por deduccion de aquello
que no puede ſer.

COROLARIO.

Sigueſe deſta propoſicion, que todas las lineas rectas echadas de qualquiera, punto, ſobre qualquiera otra linea recta, que la que es perpendicular
es

es la mifma, porque echenfe del punto A. à la recta B.C. algunas lineas, à faber
A.D.A.E.A.F. y otras, de las quales A. D. fola es perpendicular fobre B. C. y
ninguna otra, porque de vn punto, y fobre vna mifma linea recta, no fe puede
echar mas de vna perpendicular, como lo moſtramos en la propoficion 11.
por vn Efcolio de Prodo, digo, que de todos la minima es A. D. porque en el
triangulo A.E.D.como dos angulos A.D.E.A.E.D. fean menores que dos rectos, y fe pone el angulo A.D.E. fer recto, ferà el angulo A. E. D. agudo, por la
qual razon ferà mayor el lado A.E. que el lado A.D. del miſmo modo moſtrarèmos, que todas las otras lineas rectas feràn mayores que la recta A. D. y por
eſto la perpendicular A.D.es la minima de todas, fe demueſtra en el n. 16.

DE PRODO.

Podrèmos moſtrar eſte miſmo Teorema con demoſtracion afirmativa; fin
ayuda de la precedente, con que primero fe demueſtre eſte Teorema que fe
figue de Prodo.

Si el angulo de vn triangulo fuere cortado en dos partes iguales, y la
linea recta que lo cortare fuere echada fobre la vaſis del angulo, la
qual lo divida en dos partes deſiguales, los lados que contienen el di-
cho angulo, feràn deſiguales, y ferà mayor el que coincide con
el mayor fegmento de la vaſis, y menor el que
con el menor.

EL angulo B.A.C.del triangulo A. B.C. fe divida en dos partes iguales con
la recta A.D. que corte la vaſis B. C. en partes deſiguales, y fea el mayor
fegmento D.C. digo, que el lado A. C. es mayor que el lado A. B. produzcafe
aora A.D.haſta E.para que fea D.E.igual à la mifma A.D.defpues deſto, del mayor fegmento D.C.fe corte la recta D.F.igual al menor fegmento D. B. y defde
E.por F.fe eſtienda la recta E.F.G. Y por quanto los lados A.D.D.B. del triangulo A.D.B.fon iguales à los lados E.D.D.F.del triangulo E.D.F.vno à vno, y
otro a otro por la conſtruccion, y tambien fon iguales los angulos A.D.B.E.D.
F.contenidos de los dichos lados C.feràn las vaſis A.B.y E.F.iguales, y tambien
feràn iguales los angulos B.A.D.F.E.D.y por el hypoteſes el angulo B.A.D. es
igual al angulo C.A.D. luego los angulos G.A.E.G.E.A.del triangulo A.G.E.
feràn iguales, y por eſſo los lados A.G.E. G. feràn iguales, es luego la recta A.
C.mayor que A.G.por lo qual tambien A.C.ferà mayor que E. G. y porque E.
G.es mayor que E.F.ferà tambien A.C.mucho mayor que E.F.y como fe ha demoſtrado, que la recta E.F.es igual à la recta A.B. ferà A. C. mayor lado que el
lado A.B.que fe avia de demoſtrar, fe demueſtra en el n.17.

Eſto aſsi demoſtrado, aſsi fe demoſtrarà la propoficion 19. en el triangulo
A. B. C. el angulo A.B.C. ferà mayor que el angulo A. B. C. digo, que el lado
A. C. ferà mayor que el lado A.B. porque dividida la recta B. C. (fobre la qual
conſtituidos eſtàn los dichos angulos deſiguales) en dos partes iguales en D.
y defde A. por D. fe eſtienda la recta A. D. E. para que fea D. E. igual à la
mifma A. D. y echefe la recta B. E. y por quanto los lados A. D. D. C. del
triangulo A. D. C. fon iguales à los lados E.D.D.B. del triangulo E. D. B. vno
à vno, y otro à otro, por la conſtruccion, y los angulos A. D. C. E. D. B.

fomu

comprehendidos de los dichos lados, son tambien iguales; seràn las vasis
A. C. B. E. iguales, y el angulo A. C. D. igual al angulo E. B. D. y porque
el angulo A. C. D. se pone ser menor que el angulo A. B. C. serà tambien el
angulo E. B. D. menor que el mismo angulo A. B. C. y assi el angulo A. B. E.
por la recta B. D. se dividirà en partes desiguales: luego si se cortàre en dos
partes iguales, por la recta B. F. cayera B. F. sobre B. D. porque es el angulo
A. B. D. mayor que el angulo E. B. D. y porque B. F. es mayor que E. D. y
E. D. es puesta igual à la misma A. D. serà E. F. mayor que A. D. y aun A. D.
es mayor que A. F. luego serà E. F. mucho mayor que A. F. y assi, que porque la recta B. F. que divide el angulo A. B. E. en dos partes iguales, corta la
vasis A. E. desigualmente en F, es el mayor segmento E. F. el menor A. F. serà
por el Teorema de Prodo proximo precedente demostrado; que el lado B. E.
es mayor que el lado A. B. y està demostrado, que B. E. es igual al lado A. C.
luego A. C. serà mayor que el lado A. B. que es lo que se avia de demostrar,
se demuestra en el n. 18.

Teorema XIII.   Proposicion XX.

En todo triangulo los lados, de qualquiera ma-
nera tomado, son mayores que el
tercero.

SEa el triangulo A. B. C. digo, que qualquiera de sus dos lados, à saber A.
B. A. C. juntos son mayores que el otro lado B. C. produzcase vno de
ellos, assi como C. A. hasta D. y sea la recta A. D. igual al otro lado no producido A. B. y echese la recta D. B. por quanto los dos lados A. B. A. D. son
iguales entre si, por la suposicion seràn los angulos A. B. D. A. D. B. entre
si iguales, y el angulo C. B. D. es mayor que el angulo A. B. D. luego el
angulo C. B. D. serà mayor que el angulo A. D. B. luego en el triangulo C.
B. D. el lado C. D. opuesto al mayor angulo C. B. D. serà mayor que el lado
B. C. que se opone al menor angulo C. D. B. por lo que como los dos lados
A. B. A. C. juntos sean iguales al mismo C. D. (porque si à iguales A. B. A. D.
añadieren la comun A. C. serán tambien los todos iguales, à saber la linea
compuesta de A. B. y A. C. y la linea compuesta de A. D. A. C.) serán tambien los lados A. B. A. C. juntos mayores que el lado B. C. Del mismo modo
se demostrarà, que qualesquiera otros dos lados serán mayores, que el tercero; por la qual razon en todo triangulo los dos lados son mayores que
el tercero, que es lo que se avia de demostrar, se demuestra en el num. 19.

Teore

Teorema XIV.   Proposicion XXI.

Si de los terminos de vn lado del triangulo, se constituyeren dentro
de dos lineas rectas, estas seràn menores que las de los dos
lados del triangulo, y el angulo contenido de
ellas serà mayor.

EN el triangulo A. B. C. sobre las extremidades B. y C. del lado B. C. dentro en el triangulo se constituyan dos lineas rectas B. D. C. D. en el punto D. concurrientes; digo, que B. D. C. D. juntas, son menores que los dos
lados B. A. C. A. juntos; y el angulo B. D. C. mayor que el angulo B. A. C. produzcase vna de las lineas interiores, à saber B. D. hasta el punto E. del lado C.
A. por quanto en el triangulo B. A. F. los dos lados B. A. A. E. son mayores
que el lado B. E. si se añadieren la comun E. G. seràn B. A. A. C. mayores que
B. E. E. C. otra vez, porque en el triangulo C. E. D. los dos lados C. E. E. D.
son mayores que el lado C. D. si le añadieren la comun B. D. seràn C. E. E. B.
mayores que C. D. D. B. y à se ha mostrado que A. B. A. C. eran mayores que
B. E. A. C. luego seràn mucho mayores B. A. A. C. que B. D. C. D. que primero se propone; demàs desto, porque el angulo B. D. C. es mayor que el angulo D. E. C. externo, y interno, y el angulo D. E. C. es tambien mayor que el
angulo B. A. C. por la misma causa serà el angulo B. D. C. mucho mayor que
el angulo B. A. C. que es lo segundo que se propuso; luego si sobre las extremidades de vn lado del triangulo, &c. que es lo que se avia de demostrar; se
demuestra en el num. 20.

Problema VIII.   Proposicion XXII.

De tres lineas rectas, que sean iguales à tres lineas rectas dadas,
constituir vn triangulo, es necessario que las dos lineas tomadas,
de qualquiera manera, sean mayores que la tercera, por
quanto en todo triangulo los dos lados son mayores que
el tercero, tomados de qualquie-
ra modo.

SFan las tres lineas rectas dadas A. B. C. de las quales las dos sean mayores
que la tercera, de qualquiera manera que las tomen, à saber que A. y B. sean
mayores que C. y A. y C. mayor es que B. y tambien que B. y C. mayores que
A. assi que es necessario, que de lineas rectas iguales à estas mismas A. B. C.
se constituya vn triangulo. Expongase alguna linea recta D. E. terminada en
D. y infinita en E. y pongase à la misma linea A. otra igual D. F. y à la misma
B. otra igual F. G. y à la misma C. la otra igual G. H. y del centro F. con el intervalo F. D. se describa el circulo D. K. I. y otra vez del centro G. y con el intervalo G. H. se describa otro circulo K. T. H. y juntesele K. T. K. G. digo, que
de las tres rectas lineas iguales à las mismas A. B. C. fue constitudo el trian-

gulo

gulo K. F. G. Y por quanto el punto F. si es centro del circulo D. K. L. será F. D. igual à F. K. Y porque F. D. es igual à la misma A. luego F. K. será igual à la misma A. demás desto, por quanto el punto G. es centro del circulo L. K. H. será G. H. igual à G. F. y porque G. igual à la misma C. luego G. K. será igual à la misma C. y la F. G. es igual à la misma B. por la suposicion ; luego las tres rectas lineas K. F. G. que à las tres lineas rectas dadas A. B. C. constituyeron el triangulo K. F. F. G. G. K. que son iguales; era necessario hazer; se demuestran en los num. 21. y 22.

PRACTICA.

Tome la recta D. E. igual à qualquiera de las rectas dadas , à saber à la misma B. que aora querèmos que sea vasis; despues desto, de punto D. y al intervalo de la recta A. se describa vn arco. Item mas, del punto E. A. intervalo de la recta C. se describa otro arco que corte el primero en F. por lo que si se echaren las lineas rectas D. F. E. F. será hecho el triangulo , que tiene todos los tres lados iguales à las tres lineas dadas , porque será el lado D. F. igual à la recta A. por razon del intervalo de la misma A. contado, y el lado E. F. à la misma C. por razon del intervalo tomado de la misma C. y el lado D. E. tomado es de la recta B. igual en el principio; se demuestran en los num. 23. y 24.

ESCOLIO DE CLAVIO.

Por esta arte à qualquiera triangulo propuesto , constituirèmos otros totalmente igual, no solo de los angulos, y lados, sino tambien en el area; porque si en vn triangulo qualquiera A. B. C. al qual se ha de constituir otro, que le sea en todo igual. Entiendese que sus lados, como si fueren tres lineas rectas dadas A. B. B. C. C. A. de las quales qualesquiera dos de ellas , sean mayores que la terceras despues desto, toma la recta D. E. igual à vno de los lados, à saber B. C. y del punto D. intervalo del lado A. B. describo vn arco. Item, otro del punto E. intervalo del lado A. C. que corte el primero en F. &c. este tal triangulo será equilatero, y equiangulo, con el primero, y de igual area; se demuestra en los num. 25. y 26.

Problema IX.   Proposicion XXIII.

De vna linea recta dada, y en vn punto en ella dado , constituir vn
angulo rectelineo , igual à otro angulo rec-
telineo dado.

SEa la recta dada A. B. y dado en ella el punto C. y dado el angulo D. E. F. es necessario que en la recta A. B. y en el punto C. constituir vn angulo igual al angulo F. tomense en las rectas E. D. E. F. dos puntos, como quiera G. H. que se junten con la recta G. H. despues desto, se constituya el triangulo G. K. que tenga los tres lados iguales à los tres rectas E. G. G. H. H. E. de modo, que C. I. sea igual à la misma E. G. y la C. K. à la misma E. H. y la I. K. à la misma H. G. lo que facilmente se haze por la proxima proposicion precedente ; despues desto, del centro C. &c. y à los intervalos E. H. y G. H. se describan dos porciones de circulos, que se corten en K. &c. digo , que el angulo C. es igual al angulo E. y por quanto los dos lados C. y C. K. son iguales à los dos lados E. C. E. H. vno à vno, y otro à otro, y la vasis I. K. es igual à la vasis G. H. por la construccion, será el angulo C. igual al angulo E. &c. que era necessario hazer; se demuestran en los dos num. 27. y 28. y en los num. 1. y 2. de la siguiente plana.

PRAC-

288

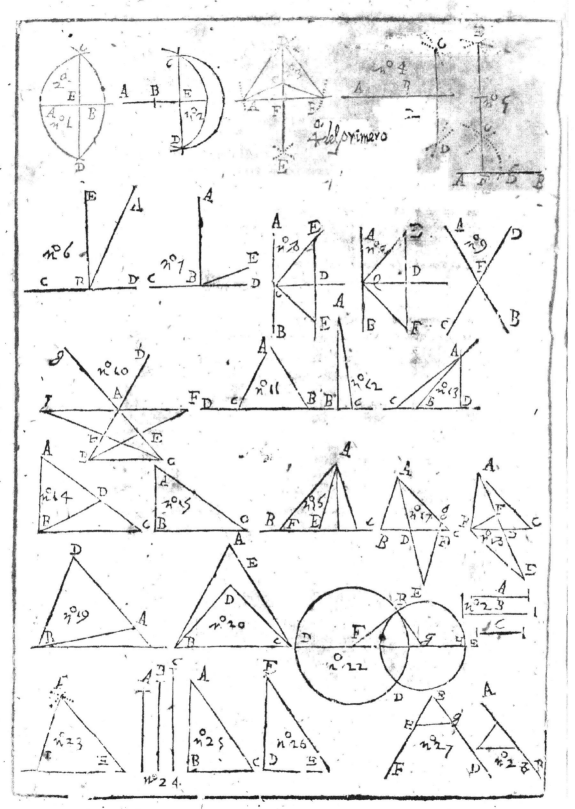

PRACTICA.

No difiere la practica de este Problema de la otra que pusimos en el Problema proximo precedente, por razon de que era necessario constituir vn triangulo igual à otro triangulo, para que saliesse el triangulo igual al angulo dado, como se demostro claramente, y con todo, mas facilmente se hará por el orden de este Problema: Sea la linea dada A. B. y el punto en ella C. y el angulo dado E. con qualquiera intervalo se descriva el arco G. H. y con el mismo intervalo del centro C. se descriva el arco I. K. tomese por beneficio del compàs el arco I. K. igual al arco G. H. porque la recta C. K. echada, hará angulo en el punto C. igual al angulo E. porque si se echaren las rectas I. K. G. H. seràn entre si iguales, por quanto no variando el compàs, toma mas vna, y otra distancia I. K. G. H. luego como los dos lados I. C. C. K. sean iguales à los dos lados G. E. E. H. por razon de los intervalos iguales, con los quales son descriptes los arcos, seràn los angulos I. C. K. G. E. H. entre si iguales, se demuestran en los num. 1. y 2. como en la passada proposicion veinte y tres, y en el numero primero falta Y.

Teorema XV.   Proposicion XXIV.

Si dos triangulos tuvieren los dos lados iguales à los dos, vno à vno, y otro à otro, y el vn angulo contenido de iguales lados, mayor que el otro, tendrà la vasis mayor que la vasis.

SEan los dos lados A. B. A. C. del triangulo A. B. C. iguales à los dos dos D. E. D. F. del triangulo D. E. F. vno à vno, y otro à otro, à saber A. E. al mismo D. E. y A. C. al mismo D. F. y el angulo A. sea mayor que el angulo E. D. F. digo, que la vasis B. C. serà mayor que la vasis E. F. en la linea D. E. y del punto D. en ella se constituya el angulo E. D. G. igual al angulo A. (y caerà la recta D. G. fuera del triangulo D. E. F. como se pone ser el angulo E. D. F. menor que el angulo A.) y pongase D. G. igual à la misma D. F. esto es, à la misma A. C. despues desto, echada la recta E. G. ò cayèra sobre la recta E. F. ò coincidirà con ella misma, ò passarà por baxo della, cayga primero por la parte de arriba, con la linea E. F. y echese la recta F. G. luego porque los lados A. B. A. C. son iguales à lados D. E. D. G. vno à vno, y otro à otro, y el angulo A. igual al angulo E. D. G. por la construccion C. serà la vasis B. C. igual à la vasis E. G. otra vez, porque los dos lados D. F. D. G. son entre si iguales, seràn los angulos D. F. G. D. G. F. entre si iguales, y con todo el angulo D. G. F. es mayor que el angulo E. G. F. porque vno es todo, y el otro su parte, por lo que el angulo D. F. G. serà mayor que el mismo angulo E. F. G. y por la misma razon serà mucho mayor el angulo E. F. G. que el mismo angulo E. G. F. luego en el triangulo E. F. G. serà mayor el lado E. G. que el lado E. F. y avemos mostrado, que E. G. es igual à la misma B. C. por lo que tambien serà mayor B. C. que E. F. que es lo propuesto, se demuestra en los num. 3. y 4. y en este num. la E. baxa ha de ser F.

Bb   Cay-

Cayga aora E. G. en la mifma E. F. y porque otra vez como de primero l, vafis E. G. es igual à la vafis B. C. y E. G. es mayor que E. F. ferà tambien B. C. mayor que E. F. que es lo propuefto, como fe ve en eftas dos primeras figuras, fe demueftra en los num. 5.6.

Y finalmente cayga E. G. por baxo de E. F. y prodúzcanfe las rectas D. F. D. G. hafta H. I. y echefe la recta F. G. ferà otra vez como de primero la vafis E. G. igual à la vafis B. C. defpues defto, porque los dos lados D. F. D. G. fon entre sì iguales, por la conftruction, ferán los angulos G. F. H. F. G. I. dela y de la vafis F. G. entre sì iguales, y el angulo F. G. I. es mayor que el angulo F. G. E. luego tambien el angulo G. F. H. ferà mayor que el mifmo angulo F. G. E. por la qual razon ferà mucho mayor todo el triangulo E. F. G. que el mifmo angulo F. G. E. luego en el triangulo E. F. C. mayor ferà el lado E. G. que el lado E. F. y eftà moftrado que E. G. es igual à la mifma B. C. por lo que ferà tambien mayor B. C. vafis, que no la vafis E. F. luego fi dos triangulos tuvieren los dos lados iguales a dos lados &c. que era lo que fe avia de demoftrar, fe demueftra en los num. 7. y 8. y en efte numero la E. ha de fer F.

ESCOLIO DE CLAVIO.

Si acafo alguno preguntare, por qué en la quarta propoficion de efte primero libro Euclides de aquello que allì dixo, que dos lados de vn triangulo fiendo iguales à dos lados de otro triangulo, vno à vno, y otro à otro, y los angulos contenidos de los dichos lados iguales. Concluye de aqui, no folo la igualdad de las vafis, fino tambien de los triangulos, y de los demàs angulos, y aqui en efte Teorema, de aquello que fiendo iguales los dos lados de vn triangulo à los dos lados del otro, vno à vno, y otro à otro, y los angulos comprehendidos de lados iguales, fiendo defiguales, colige Euclides defto folo la defigualdad de las vafis, y no la de los triangulos, y de los demàs angulos. A efto fe refponde, que neceffariamente lo hizo affi Euclides, peritifsimo Geometra, porque defte Teorema propuefto fiempre fe configue la defigualdad de las vafis, de modo, que la vafis de aquel triangulo que tiene el angulo mayor contenido de iguales lados, fiempre fuperarà à la vafis del otro que tiene el angulo menor, como fe tiene demoftrado, y no es neceffario que aquel triangulo fea mayor que el otro, como claramente de Prodlo demoftramos en la propoficion treinta y fiete defte libro, porque el triangulo que tiene mayor el angulo, alguna vez es igual al triangulo que tiene el angulo menor alguna vez menor que el mifmo, y algunas vezes mayor, por lo que no fe puede vniverfalmente inferir de la mayoridad de los angulos, tambien la mejoridad de los triangulos, porque vnas vezes pueden fer iguales, y otras vezes el de menor angulo puede fer mayor, y otras vezes menor, y lo mifmo fe puede dezir de los demàs angulos.

En las primeras dos figuras defte Teorema, el angulo A. B. C. fiempre es menor que el angulo D. E. F. como el angulo D. E. G. (que es igual por la 4. propoficion defte libro al angulo A. B. C.) fea menor que el mifmo angulo D. E. F. lo parte que el todo en las fegundas figuras afsifte, y conviene el angulo A. B. C. con el angulo D. E. F. iguales por la 4. propof. pero el angulo A. C. B. es menor que el angulo D. F. E. como el angulo D. F. E. fea mayor que el angulo D. G. F. externo al interno, y opuefto, y el angulo D. G. E. fea igual al angulo A. C. B. y finalmente en las terceras dos figuras el angulo A. C. B. es mayor que el angulo D. E. F. por razon de que el angulo

Iy

D.E.G. (es igual por la 4.propofic.con el angulo A.B.C.) luego el mifmo A.B.
C.ſerà mayor que el angulo D.E.F.el todo, que ſu parte, y tambien el angulo A.
C.B.es menor que el angulo D.F.E.porque ſi la recta E.F. ſe produciere que toque la recta D.G.en el punto K.harà el angulo D.F. E. mayor que el angulo D.
K.E.el externo que el interno, y opuesto, y el angulo D.K.E.es aun mayor que el
angulo D.G.E.tambien externo, que el interno, y opuesto, por lo que ſeràn mucho mayor el angulo D.F.E.que el angulo D.G.E.que por la quarta propoſicion
es igual al angulo A.C.B. à quien las lineas exteriores D.G.E.G. contienen, por
lo qual no ſe puede colegir coſa cierta de la deſigualdad de los demàs angulos,
como ſean vnas vezes mayores vnos que otros, y otras vezes iguales.

Teorema XVI.   Propoſicion XXV.

Si dos triangulos tuvieren dos lados iguales à dos lados , vno à vno,
y otro à otro , y la vaſis mayor que la vaſis , ſerà el angu-
lo contenido de iguales lados , mayor
que el angulo.

Sean los dos angulos, digo lados A.B.A.C.del triangulo A.B.C.iguales à los
dos lados D.E.D.F.del triangulo D.E.F. vno à vno, y otro à otro; eſto es,
A.B.al miſmo D.E.y A.C.al miſmo D.F.y la vaſis B.C. ſerà mayor que la vaſis
E.F.digo, que el angulo A.ſerà mayor que el angulo D.porque ſi no es el angulo
A.mayor que el angulo D.ſerà, ò igual, ò menor; ſi dixeren ſer igual, como tambien los dos lados que comprehenden el angulo A. ſean iguales à los dos lados
que comprehenden el angulo D.vno à vno, y otro à otro, por la ſuppoſicion ſerà
la vaſis B.C. igual à la vaſis E.F. lo que es abſurdo, porque ſe pone ſer mayor la
vaſis B.C.que la vaſis E.F.y quando digan, que el angulo A. es mayor que el angulo D.ſerà, por razon de la igualdad de los lados que comprehenden los angulos,la vaſis E.F.mayor que la vaſis B.C.que es mayor abſurdo, como E.F.ſe pone
ſer mayor que B. C. por la qual razon el angulo A. como no pueda ſer igual al
angulo D.ni menor, ſerà mayor: luego ſi dos triangulos tuvieren dos lados iguales à dos lados, &c.que era lo que ſe avia de demoſtrar, ſe demueſtra en los núm.
9.y 10.

ESCOLIO DE CLAVIO.

Eſta Teorema es converſo del precedente, porque en èl ſe demoſtrò , que
al mayor angulo reſpondir mayor lado , y en eſto ſe moſtrò , que à la mayor
vaſis reſpondia mayor angulo , difieren mucho eſtos dos Teoremas , à ſaber el
24.y 25.de aquellas que explica mas en las propoſiciones 18.y 25.porque en la
19.fue demoſtrado en vn miſmo triangulo, que el mayor angulo reſpondia mayor vrſis , y en la propoſic. 24. lo miſmo fue demoſtrado en dos triangulos diverſos, en los quales los dos lados del vno eran iguales à los dos lados del otro,
y la miſma diferencia hallaràs entre la propoſ.18.y la 25.
Menelao Alexandrino,como dize Proclo, demoſtrarà eſte miſmo Teorema oſ-
tenſivamente, por eſte modo: Pueſtos los miſmos triangulos de la vaſis mayor B.
C.ſe corte la recta B.G. igual à la vaſis menor E.F. hagaſe tambien el angulo
G.B.H.igual al angulo D.E.F.y ſea B.H.igual à la miſma B.A.y tambien à la miſma D.E.echada la recta A.H.echeſe tambien por G.deſde H.que corte A.C.en L.

Bb 2   y por

y por quanto los dos lados B. A. B. H. son iguales, serán los angulos B. A. H. B. H.
A. iguales. Iten mas, porque los lados B. G. B. H. son iguales à los lados E. F. E. D.
vno à vno, y otro à otro, y el angulo G. B. H. igual al angulo D. E. F. por la conftruccion serà la vasis H. G. igual à la vasis D. F. y tambien igual à la misma A.
C. y el angulo G. H. B. al angulo E. D. F. y por quanto la recta H. I. es mayor que
H. G. que se mostró ser igual à la misma A. C. serà tambien mayor H. I. que A. C.
pero A. C. es mayor que no A. I. luego serà mucho mayor H. I. que A. I. por lo qual
el angulo I. A. H. serà mayor que el angulo I. H. A. añadidos los dos angulos B.
A. H. B. H. A. que se mostraron ser iguales, haráse todo el angulo B. A. C. mayor
que todo el angulo B. H. G. y el angulo B. H. G. fue demostrado ser igual al angulo D. por lo que tambien serà mayor el angulo D. que el angulo B. A. C. que
es lo propuesto; y quando aconteciere, que la recta A. H. cayga fuera del triangulo, entonces se han de quitar los angulos iguales B. A. H. B. H. A. &c. para que
lo demás haga el angulo B. A. C. mayor que el otro angulo B. H. G. y quando la
recta A. H. passe por el punto B. entonces no se le ha de difminuir, ni añadir nada, como todo se muestra claro en lo propuesto, se demuestra en los numeros
onze, y doze.

Teorema XVIII. Proposicion XXVI.

Si dos triangulos tuvieren dos angulos iguales à dos angulos, vno à
vno, y otro à otro, y vn lado igual à otro lado, ò sea lo que estuviere
junto à iguales angulos, ò el que se opone à vno de los angulos iguales,
tendràn tambien los demàs lados iguales à los demàs la-
dos, vno à vno, y otro, y el otro angulo igual
al otro angulo.

SEan los dos angulos E. y C. del triangulo A. B. C. y iguales à los dos angulos E. y E. F. D. del triangulo D. E. F. vno à vno, y otro; esto es, B. el mifmo E. y C. al mismo E. F. D. sea primeramente el lado B. C. que está junto
de los angulos B. y C. igual al lado E. F. que está junto de los angulos E. y E.
F. D. digo, que los demàs lados A. B. A. C. serán tambien iguales à los demàs lados D. E. D. F. vno à vno, y otro à otro; esto es, que A. B. serà igual à
la misma D. E. y A. C. à la misma D. F. à saber, aquellas que se oponen à iguales angulos, y el otro angulo A. serà tambien igual al otro angulo D. porque si el lado A. B. no es igual al lado D. E. sea D. E. mayor, del qual se corte
la recta E. G. igual à la recta A. B. y ecuese la recta G. F. y por quanto los lados
A. B. B. son iguales à los lados G. E. E. F. vno à vno, y otro à otro, y los angulos B. y E. iguales, por la suposicion, serà el angulo C. igual al angulo E. F.
G. y el angulo C. se puso igual al angulo E. F. D. por lo qual serà tambien el
angulo E. F. G. igual al angulo E. F. D. lo que es absurdo, ser la parte igual al
todo: luego no es el lado A. B. desigual del lado D. E. sino igual, por la qual
razon, como los lados A. B. B. C. sean iguales à los lados D. E. E. F. vno à
vno, y otro à otro, y los angulos contenidos B. y E. iguales, serán las vasis
A. C. D. F. y los demàs angulos A. y D. entre sì iguales, que es lo propuesto,
se demuestra en los num. 13. y 14. y la B. baxa ha de ser F.

Dea

Demás desto, sean aora los lados A.B.D.E. que se oponen à iguales a igual los C.y E.F.D. entre si iguales. Digo otra vez, que los demàs lados B.C.C.A. son iguales à los demàs lados E.F.F.D. vno à vno, y otro à otro: esto es, que B.C. es igual à la misma E.F.y C.A. à la misma F.D. y el otro angulo A. igual al otro angulo D, porque si el lado B.C. no es igual al lado E.F. sea E.F. mayor, del qual se tome la recta E.H. igual à la misma B.C. y echese la recta D. C.H. y por quanto los lados A.B.B.C. son iguales à los lados D.E.E.H. vno à vno, y otro à otro, y los angulos contenidos B.y E. son iguales, por la suposicion serà el angulo C. igual al angulo E.H.D.y el angulo C. se pone igual E.F.D. luego tambien serà igual el angulo E.H.D. al mismo E.F.D. el externo al interno, y opuesto, lo que es absurdo, porque siempre es mayor: luego no es el lado B.C. desigual del lado E.F. por lo qual, como primero se colegirà el instituto de la quarta proposicion deste libro, por lo qual si dos triangulos tuviere los dos angulos iguales à dos angulos, &c. que se avia de demostrar.

COROLARIO.

Siguese deste Teorema, que tambien todo el triangulo, quanto à su capacidad, y area es igual à todo el triangulo, porque si los lados A.B.B.C. son iguales à los lados D.E.E.F. como fue mostrado, y contienen por la suposicion los angulos B.y E. iguales, seràn tambien todo el triangulo igual à todo el triangulo.

ESCOLIO DE CLAVIO.

La parte primera deste Teorema, es conversa de la quarta proposicion, en quanto aquella parte, en la qual de la igualdad de los lados, y de los angulos contenidos de ellas se colige de la igualdad de las vasis, y de los angulos sobre las vasis; porque en la primera parte deste Teorema de la igualdad de las vasis B.C.E.F. y de los angulos sobre estas vasis, se demostrò, que los demàs lados de vno de los triangulos son iguales à los demàs lados del otro triangulo, y el otro angulo igual al otro angulo, &c. Lo qual por otro modo, yà demostramos en la proposicion octava deste Libro primero, que alli se puede vèr. En este lugar se demostrarà vn Teorema muy necessario, y vtil para las cosas de Geometria, el qual es el siguiente.

En vn triangulo equilatero, ò ysoseles, la linea reĉta que echaren del angulo que comprehenden las dos lineas reĉtas iguales, y dividiere el angulo, ò la vasis en dos partes iguales, serà perpendicular à la vasis; y si dividiere el angulo en dos partes iguales, cortarà tambien la vasis en dos partes iguales; y si cortare la vasis en partes iguales, dividirà tambien el angulo por medio: y por el contrario, echada la linea perpendicular sobre la vasis, dividirà la vasis, y el angulo en dos partes iguales:

SEan en el triangulo A. B. C. los dos lados iguales A. B. A. C. divida primero la reĉta A. D. el angulo A. en dos partes iguales; digo, que la reĉta A. D. està perpendicular à la vasis B. C. y la corta en dos partes iguales, como los dos lados A. B. A. D. sean iguales à los dos lados A. C. A. D. y contengan angulos igu . . . . . la supo icion seran las vasis B. D. C. D. entre si iguales, y los angulos en D tambien iguales, y por consiguiente reĉtos, se demuestra en el n. 15.

Despues desto dividase la reĉta A. D. la vasis B. D. en dos partes iguales; digo, que la reĉta A. B. serà perpendicular à la vasis B. C. y que cortarà el angulo A. en dos partes iguales; porque como los dos lados B. D. D. A. sean iguales à los dos lados C. D. D. A. y la vasis A. B. igual à la vasis A. C. por la supoſicion, seran tambien los angulos en D. iguales, y por consiguiente reĉtos, y por eſto por el corolario de la 8. propoſ. deſte libro, tambien seran iguales los angulos en A.

Pero siendo la reĉta A. D. perpendicular sobre la reĉta B. C. digo, que la vasis B. C. y el angulo A. son divididos en dos partes iguales, porque seràn los angulos B, C, sobre la vasis B. C. iguales, assi que por quanto los dos angulos D. B. del triangulo A. B. D. son iguales à los dos angulos D. C. del triangulo A. C. D. vno à vno, y otro à otro; y el lado A. D. opuesto à angulos iguales B. C. es comun, seràn los demas lados B. D. C. D. iguales, y los demàs angulos en A. tambien iguales, que es lo que se avia de demoſtrar.

Theorema XVIII.   Propoſicion XXVII.

Si vna reĉta linea cortare à dos lineas reĉtas, de modo, que hagan los angulos alternos entre si iguales, las dos lineas reĉtas seràn entre si paralelas.

ALas dos reĉtas A. B. C. D. corta la reĉta E. F. y haga los angulos alternos A. G. H. D. H. G. entre si iguales; digo, que las lineas A. B. C. D. seràn paralelas, porque si nò son paralelas, vendràn à encontrarse si las eſtendieren en infinito, y si nunca concurrieren seràn paralelas, por la difinicion de las paralelas concurran, pues à las partes de B. y D. en el punto I. y por quanto es triangulo G. I. G. (como A. B. sea reĉta continuada, y tambien la reĉta C. D. heſta el punto I.) y el angulo A. G. H. es opueſto igual al angulo D. H. G. serà el angulo externo B. G. E. que es igual al angulo A. G. H. igual al interno, y opueſto D. H. G. que es abſurdo, porque el externo es mayor que el in-

interno, y opuesto, y quando A.B.C.D. se junten estendiendose de las partes A.y C. hasta el punto K. será otra vez por la misma razon el angulo externo D. H. F. igual al angulo D.H.G. igual al interno, y opuesto A. G. H. lo que es absurdo, por lo que no se juntaràn las lineas A.B.C.D. porque sean paralelas del mismo modo, poniendose los angulos alternos B.G.H. C. H. G. iguales, se demostrarà ser en paralelas las lineas A.B.C.D. por lo que si vna recta linea cortare à dos lineas rectas, &c. se demuestra en el n. 16.

ESCOLIO DE CLAVIO.

Es necessario que las lineas que se dizen paralelas, assistan en vn mismo plano, como consta de la difinicion, por lo qual no bastan que sean los dos angulos alternos entre si iguales, para que se pruebe, que las dos lineas son paralelas, si no se pusieren assistentes en vn mismo plano; porque puede hazerse que vna linea recta, cortando dos lineas rectas no assistentes en vn mismo plano haga los angulos alternos iguales, porque sea C. D. perpendicular en A. B. recta, la qual assista en el sugeto plano, y desde C. en otro plano en C. D. se eche otra perpendicular C. E. de modo, que el punto E. se entiende estàr en su sublime, lo qual puesto assi està muy claro, que la recta C. D. que corta las rectas C. E. A. B. harà dos angulos E. C. D. A. D. C. alternos iguales, como sean rectos, y con todo C. E. A. B. no son paralelas, porque no assisten en el mismo plano. No puso Euclides en la proposicion esta condicion, assistentes en el mismo plano, assi como ni en las subsequentes, por quanto, como en los primeros seis libros trata solamente de planos, todas las cosas se ha de entender, que necessariamente assisten en el mismo plano, en el vndecimo libro, y en los otros, que lo sigue, como trata de diferentes planos, à viga siempre de algunas lineas, que estàn en vn mismo plano, ò en diversos planos, porque en aquellos libros trata de solidos, en los quales se puede considerar diversos planos, y lo mismo se ha de entender de los puntos, fuera de las lineas, y de las superficies, &c. se demustra en el n. 17.

Teorema XIX.   Proposicion XXVIII.

Si vna recta linea cortare à dos lineas rectas, de modo, que haga el angulo externo igual al angulo interno, y opuesto para la misma parte, à los dos internos para la misma parte iguales à dos rectos; las mismas dos lineas rectas seràn entre si paralelas.

A Las dos lineas rectas A.B.C.D. entre la recta E. F. y haga primero el angulo externo E.G.A. igual al angulo interno, y opuesto para la misma parte G.H.C. digo, que las rectas A.B.C. D. son paralelas; y por quanto el angulo E.G.A. se pone igual al angulo G.H.C. y el mismo angulo E.G.A. es igual al angulo H.G.B. seràn los angulos alternos G.H.C. H.G.B. iguales, por la qual razon las lineas A.B.C. D. seràn paralelas lo mismo se demostrarà, si el angulo externo E.G.B. se pusiere igual al interno G. H. D. se demuestra en el num. 18. y falta en la linea F.H.G. la letra E.

Demàs desto, haga la recta E. F. los angulos internos para la misma parte, à saber A. G. H. C. H. G. iguales à dos rectos. Digo otra vez, que las rectas
A.B.C.D.

A.B.C.D. son paralelas, y por quanto se ponen los angulos A.G.H.C.H.G. iguales à dos rectos, y los angulos A.G.E. A.G.H. son iguales à dos rectos, seràn los dos angulos A.G.H. C.H.G. iguales à los dos angulos A.G.E. y A. G.H. quitado el angulo comun A.G.H. quedarà el angulo A.G.E. externo igual al angulo C.H.G. interno, y opuesto para la misma parte; y porque como yà avemos demostrado eran paralelas las rectas A.B.C.D. lo mismo se mostrarà si se pusieren iguales à dos rectos los dos angulos B.G.H.D.H.G. luego si vna recta linea cortare à dos lineas rectas, &c. que es lo que se avia de demostrar.

Teorema XX.   Proposicion XXIX.

Cortando vna linea recta à dos lineas rectas paralelas, harà los angulos alternes entre sì iguales, y el externo igual al interno, y opuesto para la misma parte, y los dos internos para la misma parte iguales à dos rectos.

COrte la recta E.F. las dos paralelas A.B.C.D. digo primero, que los angulos alternos A.G.H.D.H.G. son entre sì iguales, porque si no son iguales, sea vno de ellos mayor, à saber A.G.H. y por quanto el angulo A.G. H. es mayor que el angulo D.H.G. si le añadieren al comun angulo B.G.H. seràn los dos angulos A.G.H.B.G.H. mayores que los dos angulos D.H.B.B.G. H. y los dos angulos A.G.H.B.G.H. son iguales à dos rectos: luego los dos D. H.G.B.G.H. seràn menores que dos rectos, y porque son internos, y para la misma parte concurriendo las lineas A.B.C.D. se vendràn à juntar vna con otra, lo que es absurdo, pues se ponen paralelas, por lo que no es el angulo A.G.H. mayor que el angulo D.H.G. ni tampoco serà menor, porque por la misma razon lo mostraremos, que las mismas rectas A.B.C.D. se juntaràn para las partes A. y C. luego seràn iguales los angulos alternos A.G.H.D.H.G. y la misma razon serà de los angulos alternos B.G.H.C.H.G. se demuestra en el n. 29.

Digo segundo, que el angulo externo A.G.E. es igual al interno, y opuesto, por la misma parte C.H.G. y por quanto el angulo B.G.H. es igual al angulo C. H.G. por ser en alternas, como le tiene demostrado, y el mismo B.G.H. es igual al angulo A.G.E. seràn los angulos A.G.E.C.H.G. entre sì tambien iguales, y del mismo modo se demostrarà ser el angulo B.G.E. igual al angulo D.H.G.

Digo tercero, que los angulos internos para la misma parte A.G.H.C.H.G. son iguales à dos rectos, y por quanto fue demostrado, que el angulo externo A. G.E. es igual al angulo C.H.G. interno, si se añadiere el angulo comun A.G.H. seràn los dos angulos A.G.E.A.G.H. iguales à los dos angulos C.H.G.A.G.H. pero los dos angulos A.G.E.A.G.H. son iguales à dos rectos: luego los dos angulos C.H.G.A.G.H. seràn iguales à dos rectos, del mismo modo los angulos B.G.H.D.H.G. seràn iguales à dos rectos: luego cortando vna linea recta à dos lineas rectas paralelas, &c. que es lo que se avia de demostrar. Este teorema convierte los dos teoremas proximas precedentes.

ESCOLIO.

Supuesto que Euclides tiene mas axiomas, que los que propusimos en el principio, con todos sus Expositores, unas darán por muy claras, y evidentes, otras por obscuras necesitadas de prueba, vno de las quales pretende Prodo demostrar, y para esto advierte primero dos cosas, à saber vn axioma, y vn lemma.

AXIOMA.

Si de vn punto donde hazen angulo dos lineas rectas se produxieren infinitamente, la distancia de ellas excederà à toda finita grandeza.

SAlgan del punto A. dos lineas rectas A. B. A. C. que hagan el angulo A. y por quanto los puntos D. y E. distan mas entre si, que no F. G. Iten mas los puntos B. y C. mas distan que no D. E. y assi quanto mas se apartaren del principio A. mas distaren entre si, se produxieren las lineas rectas mas adelante de los puntos B. y C. es muy claro, que los extremos destos puntos distaràn por espacio infinito entre si infinitamente entrambas se produxieron, porque si no, distaràn por infinito espacio; puedese acrecentar su distancia, y por consiguiente las lineas se pueden producir mas adelante, lo que es absurdo; porque avemos supuesto que yà se produxieron infinitamente, por lo qual si las dichas lineas A. B. A. C. se produxieren infinitamente, la distancia de ellas excederà à toda distancia finita. Este axioma es muy vsado, y por èl demostrò Aristoteles en el libro primero de zelo, que el mundo no es infinito, se demuestra en el num. 20.

LEMMA.

Si à vna de las paralelas cortare vna recta linea, tambien cortarà la otra paralela; luego la otra.

SEan las paralelas A. B. C. D. y corte à la dicha A. B. la recta linea E. F. G. digo, que la misma E. F. G. cortarà tambien la otra paralela C. D. y por quanto son dos lineas rectas, que de vn punto F. se producen en infinito, à saber B. F. F. G. tendrà mayor distancia (por el axioma precedente) que toda finita grandeza, y por esso la tendrà mayor que aquella grandeza, que es tanta, quanto es el intervalo que ay entre vna, y otra paralela, por lo que quando la distancia de estas lineas fuere mayor que la distancia de las paralelas, la linea recta F. G. cortarà la misma C. D. por lo qual si vna de las paralelas cortare vna recta linea, tambien cortarà la otra paralela, que es lo que se avia de demostrar por este Lemma, se demuestra en el num. 21.

AXIOMA DE EUCLIDES.

Si vna recta linea cortare à dos lineas rectas, de modo, que haga los angulos internos, y para vna misma parte, menores que dos rectos, aquellas dos lineas producidas infinitamente, se vendràn à cortar entre sì para aquella parte donde estàn los angulos menores, que dos rectos.

Emostrados por Prado el Axioma, y Lemma precedentes, con estos dos fundamentos entra aora à demostrar el Axioma de Euclides, de este modo: Sean dos rectas lineas A, B. C. D. y sobre ellas cayga la linea recta E. F. haziendo los angulos B. E. F. D. F. E. menores que dos rectos; digo, que estas lineas rectas convendràn entre sì àzia aquellas partes, en las quales estàn los angulos menores que dos rectos, porque como los angulos B.E.F. D.E.F. son menores que dos rectos; sea el excesso de la igualdad de dos rectos, el angulo H. E. B. y H. E. se produzca hasta K. à si, que por quanto sobre las lineas rectas H.K.C.D. cae la recta E. F. y haze los angulos interiores H. E. F. D. F. E. iguales à dos rectos, las lineas rectas H. K. C. D. seràn paralelas, y A. B c rra la misma H. K. luego tambien cortarà la otra C. D. por el Lemma proxima antecedente, por lo que convendràn entre sì las lineas rectas A. B. C. D. para aquella parte, en la qual estàn los dos angulos menores que dos rectos, que era necessario demostrar, se demuestra en el num. 2.

Teorema XXI.   Proposicion XXX.

Aquellas lineas que son paralelas à vna misma linea recta, seràn paralelas entre sì.

Ean las rectas A.B.C.D. paralelas à vna misma linea recta E. F. digo, que las mismas A.B.C.D. seràn entre sì paralelas, echada la recta G.H. cortaràs todas, à saber A.B. en I.C. D. en K. E. F. en L. y porque se pone A. B. paralela à la misma E. F. serà el angulo A.I.L. igual el interno F.L.I.G. Iten mas, porque C.D. se pone tambien paralela à la misma E.F. serà el angulo D. K. I. igual al mismo angulo F L.I. à saber, el interno al externo, ò el externo al interno, por lo qual los angulos A. I. L. D. K. I. tambien seràn iguales entre sì, y como estos sean alternos, seràn las rectas A. B. C. D. paralelas entre sì: luego aquellas lineas que son paralelas à vna misma, &c. que es lo que se avia de demostrar, se demuestra en el num. 3. falta en la linea E.F. la T.

ESCOLIO DE CLAVIO.

Si alguno dixere, que dos lineas rectas A. I. B. I. son paralelas à la recta E. F. y con todo, ellas no son paralelas entre sì, se ha de responder, que las dos lineas A. I. B. I. no son dos lineas, sino solo partes de vna linea; porque se ha de concebir en el entendimiento, que qualesquiera paralelas se produ

een infinitamente ; y consta que producta A. I. coincidirà con B. I. por la qual
razon esta proposicion es mas general, y assi se puede proponer.

Aquellas lineas rectas que son paralelas à vna recta misma, son
entre si paralelas, ò mas cierto quando entre si coinciden,
constituyen vna misma linea.

Sean dos rectas A. B. A. C. que se junten en A. paralelas à la misma D.
E. digo , que estas estàn constituidas en derecho , porque del punto A. se echa
la recta A. F. que corte D. E. en F. de qualquiera manera ; y por quanto A. B.
D. E. son paralelas , seràn los angulos alternos B. A. F. A. F. E. iguales : luego añadiendo el angulo comun C. A. F. seràn los dos angulos en A. iguales
à los dos angulos C. A. F. A. F. E. y estos dos son iguales à dos rectos, y son
internos entre dos paralelas A. C. D. E. por lo que los dos angulos en A. seràn iguales à dos rectos ; y por esta razon seràn constituidas rectamente las
dos lineas A. B. A. C. que es lo propuesto , se demuestra en el numero veinte
y quatro.

Problema X.   Proposicion XXXI.

De vn punto dado , y vna recta dada , echar otra linea
à ella paralela.

DEL punto A. se ha de echar vna linea paralela à la linea B. C. echese desde
A. sobre la B. C. la linea A. D. de qualquiera manera, que haga vn angulo,
como fuere A. D. B. al qual en el punto A. se constituya otro angulo E. A. D. igual.
Digo, que la recta E. A. dilatada hasta F. quanto quisieres sea paralela à la misma
B. C. porque como los angulos alternos A. D. B. D. A. E. son iguales por la construccion, seràn las rectas B. C. E. F. paralelas , por lo que de vn punto dado , y
vna linea recta dada , &c. que es lo que se avia de demostrar , se demuestra en
el num. 45.

ESCOLIO DE CLAVIO.

Debe de estàr el punto dado situado en tal lugar fuera de la linea dada,
que producida ella no convenga con el punto , lo que claramente se colige
de la misma construccion del Problema , porque del punto dado , se ha de
echar vna linea , que haga algun angulo con la linea dada , lo que no se puede hazer si el punto estuviere en derecho con la misma linea dada, del mismo
modo que dè vno , y de vn mismo punto , y para vna misma linea recta no se
pueden echar muchas lineas rectas , sino vna sola , como lo mostraremos en
la 17. propos. por el Escolio de Prodo , assi tambien por el mismo punto à la
linea recta dada , no se pueden echar muchas paralelas , sino vna sola , porque
si echaremos dos , convendràn ellas en aquel mismo punto , lo que es absurdo,
como sean paralelas entre si.

PRE

PRACTICA.

Sea echada vna paralela à la mifma B. C. por el punto A. echefe la recta A. D. de qualquiera manera fobre la B. C. y defde D. y A. con el mifmo intervalo qualquiera que fea fe defcrivan dos arcos para diverfas partes , vno para la parte B. y otro à la parte C. defpues defto por beneficio del compàs del arco G. fe corte el arco G. H. igual al arco E. F. por lo que fi defde A. por H. fe echare vna linea recta , ferà efta linea paralela à la mifma B. C. porque los angulos alternos E. D. F. H. A. G. fon iguales , como confta de la practica de la propoficion 23. &c. fe demueftra en el num. 26.

Por otro modo fe echarà por el mifmo punto A. dado la linea paralela à la linea dada B. C. por efta arte del centro A. à qualquiera intervalo fe defcriva el arco que B. C. en el punto D. y con el mifmo intervalo , defde D. fe tome el punto E. en la mifma recta B. C. defpues con el mifmo intervalo de los puntos A. y E. fe defcrivan dos arcos , que corten entre sì en F. porque tomada la recta A. F. ferà paralela à la recta B. C. y porque por razon del mifmo intervalo, tomado la recta A. F. es igual à la recta D. E. y la recta A. D. à la recta E. F. fi echaffemos eftas lineas , ferà A. F. opuefta à D. E. paralela, como defpues moftrarèmos en la propoficion defte , fe demueftra en el num. 27. la F. baxa ha de fer E.

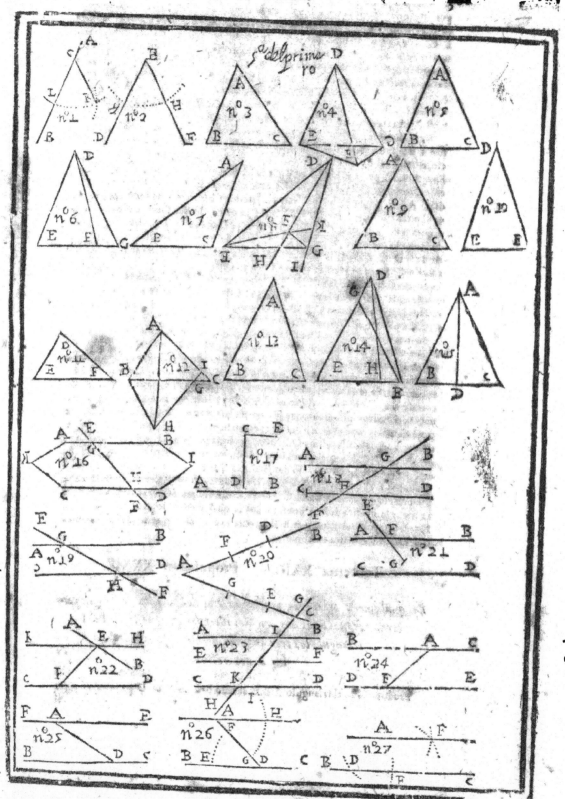

Y quando el punto A. fue muy vezino de la recta B. C. con mas comodidad, por este modo se puede echar la paralela que queremos, desde A. se tome el punto D en la linea B. C. à qualquiera intervalo G. y de qualquiera punto de la linea B. C. à saber E. y con todo que tenga alguna distancia del punto D. que quanto mayor fuere entre D. y E. serà mas facil, y cierta la operacion; con el mismo intervalo se descriva el arco para la parte A. Despues desde A. intervalo D. E. se descriva otro arco, que corte el primero arco en F. porque la recta, echada por A. F. serà paralela à la recta B. C. como de primero, porque la recta A F. es igual à la recta D. E. por la razon del mismo intervalo, y la recta A. D. à la recta E. F. si estas rectas se echaren, &c se demuestra en el num. 1.

De lo dicho facilmente de vn punto externo de alguna linea, vna linea perpendicular sobre la misma linea dada, de modo, que la linea no se pueda producir, como en el Escolio de la propos. 11. deste libro pusimos, porque sea la recta linea A. B. de cuyo extremo, y punto B. se ha de echar sobre la misma la perpendicular, tomando qualquiera punto C. cortese la recta C. A. igual à la recta C B. y desde A. y B. à qualquiera intervalo se descrivan dos arcos que se corten entre si en el punto D. echese la recta C. D. que serà perpendicular sobre A. B. como descrivimos en la propos. 11. Despues por B. se eche vna linea paralela con C. D. deste modo segundo, la practica della proposicion 31. proximamente explicada de la D. C. cortada la recta quanto quisieren C. E. descrivase d'l a B. al intervalo C. E. vn pedazo de arco en F. y corte este arco desde E. otro arco con el intervalo C. B. echese la recta B. F. porque serà paralela à la misma C. D. como consta de la practica de la proposicion 31. deste, por lo que como el angulo A. C. D. sea igual al interno C. B. F. si el angulo A. C. D. es recto, tambien lo serà C. B. E. y por esto serà perpendicular la B. E. sobre A B.

Semejantemente si fuere dada la recta A. B. y vn punto fuera della en C. que assi en el extremo del plano, en el qual està la recta dada, echaremos desde C. con A. B. vna perpendicular, que ni sea necessario estender el plano debaxo de la linea recta, ni producir la linea, como lo prometimos hazer en la propos. 12. deste libro. Deste modo tomando el punto D. en qualquiera parte de la linea A. B. cortese vna, y otra entre si iguales D. A. D. B. y desde A. y B. à qualquiera intervalo se descrivan dos arcos, que se corten entre si en el punto E. echese F. D. que por la practica de la propos. 11. serà perpendicular sobre A. B. despues por C. se eche vna paralela à la misma D. E. deste modo, segun la practica d'esta propos. 31. del punto dado C. à qualquiera intervalo se descriva vn arco, que corte la D. E. en F. y con el mismo intervalo desde D. acia C. se descriva otro arco que corte en el punto G. el otro arco que se descrive desde C. con el intervalo D. F. porque producta la recta desde C. por G. cortando la A. B. por H. serà paralela à la recta D. E. por la practica desta propos. 31. por lo qual, como poco ha descrivimos, G. H. serà perpendicular sobre A. B. assi como lo es E. D. perpendicular con la misma A. B. se demuestra en el num. 3.

Teorema XXII.   Proposicion XXXII.

En qualquiera triangulo producido vno de los lados, el angulo ex-
terno es igual à los dos angulos internos, y opuestos, y en el
triangulo los tres angulos internos, son igua-
les à dos rectos.

Produzcase en el triangulo A. B. C. el lado B. C. hasta D. Digo primero, que el el angulo externo A.C.D. es igual à los dos internos, y opuestos juntos A. y B. echese del punto C. la linea C.E. paralela à la recta A.B. y por quanto la recta A.C. cae entre las dos paralelas A.B.C.E. seràn los angulos alternos A.A.C.E. entre si iguales. Iten mas, porque la recta B.D. cae, y corta las mismas paralelas, serà el angulo externo D.C.E. igual al interno B. luego los dos angulos A. C.E.E.C.D. son iguales à los dos angulos internos A. y B. y por consiguiente todo el angulo externo A.C.D. serà tambien igual à los mismos dos angulos internos, y opuestos A. y B. que es lo primero propuesto, se demuestra en el num. 4.

D go segunda, que los tres angulos internos del mismo triangulo, à saber A. B. y A.C.B. son iguales à dos rectas, porque como el angulo externo A.C.D. como avemos mostrado, serà igual à los dos internos A. B. si le añadieremos el angulo comun A.C.B. seràn los dos angulos A.C.D. A.C.B. iguales à los tres A.B. y A.C.B. y los dos A.C.D. A.C.B. son iguales à dos rectos, por lo que los tres internos A.B. y A.C.B. tambien seràn iguales à dos rectos. luego qualquiera triangulo producido vno de los lados, &c. que es lo que se avia de demostrar.

ESCOLIO DE CLAVIO.

Como se demostró en la proposicion 16. que el angulo externo de qualquiera triangulo es mayor que cada vno de los internos, y opuesto, y aqui en esta proposicion, que el mismo externo es igual à los dos internos, y opuestos juntos, claro está, que cada qual de los internos, y opuestos, es superado del externo en la cantidad del otro interno, y opuesto, como en el triangulo propuesto el angulo A. interno es superado del angulo externo A.C.D. en el valor del angulo B. interno, y el angulo B. interno es superado del mismo angulo externo A.C.D. en el angulo A. interno, por quanto el angulo A.C.D. se ha demostrado ser igual à los dos angulos A. y B. Iten mas, por quanto se dixo en la proposicion 17. deste libro, que los dos angulos de qualquiera triangulo tomadas de qualquiera manera, son menores que dos rectos, y aqui se demuestra, que todos tres son iguales à dos rectos, es manifiesto, que qualesquiera dos angulos son menores que dos rectos, la cantidad del otro angulo del triangulo, assi como en el mismo triangulo los dos angulos A. y B. faltan para dos rectos la cantidad del tercero angulo A.C.B. &c.

Quantos angulos rectos equivalen todos los angulos internos de qualquiera figura rectelinea.

De dos modos colegimos por esta proposicion 32. quantos angulos rectos equivalen los angulos internos de qualquiera figura rectelinea, de los quales el primero es este.

Todos los angulos de la figura rectelinea, qualquiera que sea, son iguales al doble de tantos angulos rectos, quantos en orden tienen entre si las figuras rectelineas.

Para entendimiento desta materia, se ha de advertir primero, que el orden
en

entre las figuras rectelineas es, que la primera es el triangulo, la segunda el quadrilatero, la tercera es la pentagona, ò la de cinco lados, &c. y assi las demás
por esta orden; pues dize aora el texto, que todos los angulos de la primera
figura, que es el triangulo rectelineo, son iguales al doble de vn rectos esto es,
que valen dos rectos los angulos de la segunda figura rectelinea. Serán iguales
al doble de dos rectos, à saber, de quatro rectos, que es el quadrilatero. Los angulos de la tercera figura rectelinea serán iguales al doble de tres rectos; esto
es, de seis rectos, que es el pentagono, ò la figura de cinco lados; y assi, en
los demás el lugar que contienen orden, qualquiera de las figuras rectelineas,
en razon de vnas con otras, muestra el numero de sus lados, ò angulos, si de
ellas se quitaren dos, porque dos lineas rectas no coinciden superficie, y por
consiguiente, ni constituyen figura, como por lo menos para constituir figura
son necessario tres lineas rectas, del qual se haze el triangulo, porque tiene tres
lados, y otros tantos angulos, es la primera entre las figuras rectelineas, porque
quitando dos de tres, resta vno: Y assi será la figura que tiene veinte lados, ò angulos entre las figuras rectelineas, en orden decimaoctava, porque quitando dos
de veinte, restan diez y ocho; lo mismo se ha de juzgar en las demàs figuras: de
modo, que la figura contení la de veinte lados, como sea decimaoctava en orden,
tendrà veinte angulos equivalentes à treinta y seis angulos rectos, à saber dos
vezes diez y ocho angulos rectos, como està dicho.

    Todo lo dicho se demostrarà por este modo: Todas las figuras rectelineas
se dividen en tantos triangulos, quantos tienen en orden entre las figuras, ò
quantos tiene de lados, ò angulos, quitados dos, porque de qualquiera angulo
dèl, para todos los angulos opuestos se pueden echar lineas rectas, solo à los dos
angulos propinquos no se podràn echar, por la qual razon en tantos triangulos se distribuiràn, quantos tuvieren angulos, quitados dos, por lo que el triangulo no se puede en otros triangulos; el quadrangulo se puede dividir en dos
triangulos; el pentagono, ò de cinco angulos, en tres; el seis angulo, en quatro, &c. Por lo que como los angulos de estos triangulos constituyan todos
los angulos rectelineos de la figura propuesta, y todos los angulos de qualquiera triangulo son iguales à dos rectos. Claro està, que todos los angulos
de qualquiera figura rectelinea, seràn iguales al doble de tantos angulos rectos, en quantos triangulos se dividiere; esto es, en quanto numero en orden
tiene la misma figura, lo que todo se muestra manifiestamente en las quatro
propuestas figuras.

    El segundo modo, por lo qual se sabe el valor de los angulos de qualquiera
     figura rectelinea, es este, se demuestra en los numeros cin-
          co, seis, siete, y ocho.

Todos los angulos de qualquiera figura rectelinea son iguales al doble de tantos angulos rectos, quitando quatro quartos, ella contenga de lados, ò angulos.

Por la doctrina desta proposicion consta, que los angulos de qualquiera triangulo son iguales al doble de tres rectos, quitando quatro, à saber de dos rectos, y del mismo modo los angulos de la figura rectelinea, que contiene 20. lados, equivaldran à dos vezes 20. angulos rectos, menos quatro, à saber à 36. angulos rectos, la demostracion deste modo, es asi: Si de qualquiera punto tomado dentro de la figura se echaren rectas lineas à todos los angulos, haranse tantos triangulos, quantos lados, y angulos contiene la misma figura.

Por lo que como los angulos de qualquiera triangulo sean iguales à dos rectos, seràn todos los angulos de aquellos triangulos iguales doblados à tantos rectos, quantos lados hazen la figura, y los angulos de aquellos mismos triangulos que assisten en redondo de aquel punto, tomado dentro de la figura no pertenecen à los angulos de la figura recta, linea propuesta, como consta, por la qual razon si ellos se quitaren, seràn los demàs angulos constituyentes de los triangulos, los angulos de las figuras propuestas, iguales al doble de tantos rectos, quitando aquellos que estàn constituidos junto al punto tomado, dentro de las figuras, quantos lados, ò angulos contiene la figura, y todos estos angulos, quantos estuvieren junto al dicho punto, son iguales à quatro angulos rectos, como lo colegimos el 2.Corolar. de la propos. 15. deste 1. lib. por la qual razon los angulos de qualquiera figura son iguales al doble de tantos rectos, quitadas quatro, quantos la misma figura contiene de angulos, ò lados, que es lo propuesto, se demuestra en los num. 5.6.7.8.9.10.11.12.

Deste segundo modo consta claramente, que si cada vno de los lados de qualquiera figura rectelinea se produxeren ordenadamente àzia la misma parte, todos los angulos externos seràn iguales à quatro rectos, porque qualquier externo, y aquel interno que le està junto, son iguales à dos rectos, y por esto todos los externos en vno, son con todos los internos, seràn iguales al doble de tantos rectos, quantos lados, ò angulos contiene la figura, por lo que seràn solo los internos al doble iguales à tantos rectos, menos 4. como lo avemos demostrado, por lo que si quitaren los internos, quedaràn los externos iguales à solo 4. rectos, los quales faltan en los angulos internos, que los internos, y externos juntos hazen el doble de tantos rectos, quantos lados, ò angulos compone la figura propuesta. Exemplo: En qualquiera triangulo, los angulos internos, y externos juntos son iguales à seis rectos, y como los internos son iguales à dos rectos, seràn solo los externos iguales à quatro rectos en el quadrilatero, los angulos externos, y internos juntos, son iguales à ocho rectos, y como los internos son iguales à quatro rectos, como lo demostramos, seràn solo los externos tambien iguales à quatro rectos; en el pentagono, ò figura de cinco angulos, los angulos internos, y externos juntos son iguales a diez rectos, y por quanternos se igualan à seis rectos, como lo demostramos, quedaràn los externos iguales à quatro rectos, como todo se muestra en las propuestas figuras, se demuestran en los num. 13.14.y 15.

306 Libro Primero

DE CAMPANO.

Si en el Pentagono se produciere cada vno de los lados para vna, y otra parte, de modo, que qualesquiera dos se junten, suera del Pentagono, haràn cinco angulos de los lados que se juntan todos iguales à dos rectos.

EN el Pentagono A.B.C.D.E. los lados producidos para vna, y otra parte, se junten en los puntos F.G.H.I.K. digo, que los cinco angulos F. G.H.I. K. son solamente iguales à dos rectos, porque en el triangulo B.H.K. como el lado B.H. se ha producido hasta F. era el angulo externo F.B.K. igual à los dos internos, y opuestos H.K. por la misma razon en el triangulo A.I.G. serà el angulo externo F.A.G. igual à los dos internos, y opuestos I. G. por la qual los dos angulos F.B.A. F.A.B. son iguales à los quatro angulos G.H.I. K. añadiendo el angulo comun F. seràn los tres angulos A.B.F. del triangulo A.F.B. iguales à los cinco angulos F.G.H.I.K. y los angulos del triangulo A.B.F. son iguales à dos rectos, por lo que los cinco angulos F.G.H.I.K. seràn iguales à dos rectos, que es lo propuesto, se demuestra en el n. 16. y la E. de arriba ha de ser F.

COROLARIO I.

Desta proposicion 32. se colige, que tres angulos, de qualquiera triangulo tomados, todos juntos son iguales à tres angulos de otro qualquiera triangulo tomados juntos, por quanto tanto aquellas tres, quanto estos son iguales à dos angulos rectos: donde si dos angulos de vn triangulo fueren iguales à dos angulos de otro triangulo, serà tambien el otro angulo igual al otro angulo, y los triangulos seràn equiangulos.

COROLARIO II.

Consta tambien, que en todo triangulo ysosceles, del qual los angulos que comprehenden los lados iguales, fuere recto qualquiera de los otros angulos, serà semirectos porque los otros dos juntos hazen vn angulo recto, como todos tres tomados, son iguales à dos rectos, y el tercero se pone recto, por lo que como los otros dos son entre si iguales, serà cada vno de ellos semirectos; y quando el angulo que comprehenden iguales lados, fuè obtuso, qualquiera de los otros serà menor que medio recto, y entrambos juntos seràn menores que vn angulo recto: y finalmente si el dicho angulo fuere agudo, qualquiera de los otros dos serà mayor que medio recto, porque entrambos à dos son mayores que vn recto, &c.

COROLARIO III.

Tambien se muestra claro, que qualquiera angulo del triangulo equilatero contiene dos tercias partes de vn angulo recto, ò la tercia parte de dos angulos rectos, porque dos angulos rectos, los quales son iguales los tres angulos del triangulo equilatero, divididos en tres partes, ò angulos, haze dos tercias partes de vn angulo recto.

COROLARIO IV.

Tambien es cierto, si de vn angulo del triangulo equilatero echaren vn perpendicular al lado opuesto, constituirà dos triangulos escalenos, de los quales cada vno tiene vn angulo recto, por razon de la perpendicular, y junto à ella el otro angulo es de dos tercias partes de vno recto, à saber, aquel que el angulo del triangulo equilatero; y finalmente el otro angulo que resta, valè la tercera parte de vn recto.

ESCOLIO DE CLAVIO.

Del tercer Corolario se puede tomar el metodo, con lo qual se divida el angulo recto en tres partes iguales. Sea el angulo recto A.B.C. sobre la recta A.B. se constituya el triangulo equilatero A.B. y porque por el Corolario tercero el angulo A.B.D. haze dos tercias partes del angulo recto A.B.C. serà el angulo C.B.D. la tercera parte del mismo recto, por lo que dividido el angulo A.B.D. en dos partes iguales, con la recta B.E. serà tambien cada vno de los angulos A.B. E.E.B.D. la tercia parte de vn recto, por lo qual el angulo recto A.B.C. està dividido en tres angulos iguales; que es lo propuesto, se demuestra en el n. 17.

Teorema XXIII.   Proposicion XXXIII.

Las lineas rectas que se juntan para las mismas partes con lineas paralelas, è iguales, seràn tambien ellas mismas iguales, y paralelas.

Sean las lineas rectas A.B.C.D. iguales, y paralelas con estas, se junten para las mismas partes las rectas A.C.B.D. Digo, que A.C. y B.D. tambien seràn iguales, y paralelas, echese la recta A.D. y por quanto A.D. cae entre las paralelas A.B.C.D. seràn los angulos alternos B.A.D.C.D.A. entre si iguales, por lo qual, como los dos lados B.A.A.D. del triangulo B.A.D. sean iguales à los dos lados C.D.D.A. del triangulo C.D.A. vno à vno, y otro à otro, y tambien los angulos incluidos en los dichos lados iguales, seràn las vasis B.D.A.C. iguales, y el angulo A.D.B. igual al angulo D.A.C. y como estos angulos son alternos entre las rectas A.C.B.D. seràn A.C.B.D. paralelas, y yà avemos probado, que las mismas sean iguales: luego las lineas rectas que ay iguales, y paralelas lineas, &c. lo que se avia de demostrar, se demuestra en el n. 18.

ESCOLIO DE CLAVIO.

Dicho Euclides, que las lineas iguales, y paralelas deben juntarse para las mismas partes, para que las que se juntan sean iguales, y paralelas, porque si se juntassen para partes diversas, assi como para A. y D. iten, para B. y C. entonces las lineas que se juntan son ninguna, serian paralelas, antes perpetuamente se cortarian entre si, ni serian iguales, sino raramente, como constarà de la siguiente proposicion.

Teorema XXIV. Proposicion XXXIV.

Los lados de los espacios de los paralelogramos que están opuestos, y los angulos, son entre si iguales, y el diametro los divide por medio.

SEa el paralelo gramo A.B.C.D. el qual difinimos en la difinic. 35. digo, que los lados opuestos A.B D.C.fon entre si iguales, y tambien los lados opuef-tos A.D.B.C.y tambien los angulos opuestos B. y D.feràn iguales entre si, y por configuiente los angulos opuestos D.A.B. y D.C.B. feràn iguales; y finalmente, echado el diametro A.C. cortarà el mifmo paralelogramo en dos partes iguales, porque como A.B.C.D.fean paralelas, feràn los angulos alternos B. A. C.D.C. A.iguales; demàs defto, porque A.D.B.C.fon paralelas, feràn los angulos alter-nos B.C.A.D.A.C. iguales, afsi que como los dos angulos B.A.C. B. C. A. del triangulo A.B.C.fon iguales à los dos angulos D.C.A. B.A. C. del triangulo A. D.C.vno à vno, y otro à otro, y el lado A.C.adjanfente à los dichos angulos,co-mun à vno, y otro triangulo, ferà la recta A.B.igual à la opuefta recta D. C. y la recta B.C.opuefta à la recta A.D. que es lo primero; demàs defto, por la mifma caufa el angulo B. ferà igual al angulo D. y porque fi à iguales angulos B. A. C. D.C.A.fe añadieren iguales angulos D.A.C.B.C. A.tambien fe haràn iguales to-dos los angulos B.A D.B.C.D. confta fegundariamente, que los angulos opu ftos fon iguales. Y por quanto los lados A.B.B.C.del triangulo A.B.C.fon iguales à los dos lados C.D.D.A. del triangulo C.D.A. vno à vno, y otro à otro, y el an-gulo B.igual al angulo D.como yà moftramos, feràn los triangulos A. B. C. C. D.A.iguales, y por efto el paralelo gramo A.B.C.D. ferà dividido en dos partes iguales, por el diametro A. C. que fe pufo en el tercero lugar, por lo que los ef-pacios de los paralelogramos que eftàn opueftos, y los angulos fon iguales entre si, &c.que es lo que fe avia de demoftrar, fe demueftra en el n.19.

ESCOLIO DE CLAVIO.

No habla Euclides en el texto, que el diametro divide los angulos opueftos en partes iguales, fino folo el paralelogramo, porque fupuefto que es general , que en todo paralelogramo lo divide por medio fu diametro, con todo, acerca de la division de los angulos es efta regla particular, por lo que folo divide los angu-los en partes iguales, fu diametro a los quadrados, y rombas, lo que todo fe ha-rà claro fi primero moftràremos las mifmas quatro figuras , à faber , quadrado, altera parte, longea, rombo y romboydes, feràn paralelogramos; efto lo demof-tràremos con las tres figuientes Teoremas.

Teorema Primero.

Todo el quadrilatero que tiene los lados opueftos iguales, es paralelogramo.

SEan en el mifmo quadrilatero fupra A. B. C. D. los lados opueftos A. B. C. D. iguales, y tambien los lados opueftos A.D.B.C. Digo, que A.B.C.D. es paralelogramo; efto es, que las lineas A.B.C.D. fon paralelas. Iten,que las lineas

A.D.B C.tambien son par.lelas , porque echado el diametro C. D. feràn los dos lados A. B. B. C. del triangulo A. B. C. iguales à los dos lados C. D. D. A. del triangulo C. D. A. vno à vno, y otro à otro, y la vafis A.C. comun, por lo que ferà el angulo B. igual al angulo D. demàs defto , porque los lados A. B. B. C. fon iguales à los lados C.D. D. A. vno à vno, y otro à otro; y los angulos B. y D. fe moftraron fer en iguales , ferà el angulo B. A. C. igual al angulo alterno D. C. A. y el angulo B. C. A. alterno igual al angulo D. A. C. por lo qual feràn A. B. y C. D. paralelas. Iten A. D. y B. C. paralelas, que es lo propuefto , fe de-muestra en el num 20.

De aqui confta, que el rombo, y romboydes fon paralelogramos, por quan-to fus lados opueftos fon entre si iguales, como lo es manifiefto por fus difini-ciones, por la mifma razon el quadra.lo ferà paralelogramo , que tiene los la-dos opueftos iguales , porque todos fus quatro lados fon iguales entre si por fu difinicion. Efte Teorema convierte la primera parte de la propoficion 34. co-mo fe muestra de ella.

Teorema Segundo.

Todo el quadrilatero que tiene los angulos opueftos iguales, es paralelogramo.

SEan en el quadrilatero A. B. C. D. los angulos opueftos A. y C. iguales: Iten, los angulos opueftos B. y D. tambien iguales, digo, que A. B. C. D. es parale-logramo; efto es, que las lineas A. B. C. D. fon paralelas. Iten, que las lineas A. D. B. C. tambien fon paralelas, porque si à iguales angulos A. y C. añadieren iguales angulos B. D. feràn los dos angulos A. B. iguales à los dos angulos D. y C. y por efto los angulos A. y B haràn la mitad de quatro angulos A. B. C. y D. y como ef-tos quatro fon iguales à quatro angulos rectos, como demoftramos en la propo-fic. 32. feràn los dos A. y B. iguales à dos rectos, por la qual razon A. D. B. C. fe-ràn paralelas, por la mifma razon feràn A. B. D. C. paralelas, porque feràn tam-bien los dos angulos A. y D. iguales à los dos angulos B. y C. &c. que es lo pro-puefto; y defto es manifiefto, que el romboyde es paralelogramo, como fean fus angulos opueftos iguales para la difinicion, y femejantemente el quadrado , y el altera parte longui, porque fus angulos opueftos fon iguales , como fean rectos por fus difiniciones, fe demueftra en el numero paffado 20.

Efte Teorema convierte la fegunda parte de la propofic. 34. como confta de ellas la tercera parte no puede fer convertida, porque algun trapecio fe puede cortar en dos partes iguales de fu diametro, y con todo no es paralelogramo, fea vn altera parte longui, ò romboydes A. B. C. D. que es moftrado fer paralelogra-mo, de los quales echando los diametros A. C. fe conftituyan fobre A. C. los trian-gulos A. E. C. iguales à los triangulos A. B. C. por orden diverfa; de modo, que C. E. fea igual al lado A. B. y A. E. al mifmo C. B. como lo enfeñamos en el Efco-lio de la propof. 22. y hagafe el trapecio A. E. C. D. y por quanto el triangulo A. B. C. es igual al triangulo A. D. C. porque el diametro A. C. corta en dos partes iguales el paralelogramo D. B. ferà tambien el triangulo A. E. C. igual al trian-gulo A. D. C. y por efta caufa el trapecio A. E. C. D. ferà dividido en dos partes iguales del diametro A. C. y quando algun quadrilatero fuere dividido en dos partes iguales de vno , y otro diametro, efte tal ferà paralelogramo , como lo demoftraremos en la propof. 39. de efte , lo que no fe puede hazer en ningun trapecio, fe demueftra en el num. 21. y 22.

Teorema Tercero.

Todo el equilatero que tiene todos los angulos rectos,
es paralelogramo.

SEan en el quadrilatero A.B.C.D. todos los quatro angulos rectos ; digo que
será paralelogramo; esto es, que las lineas A.B.C.D. son paralelas. Iten, que
A.D.B.C. tambien son paralelas, y por quanto los dos angulos A. y B. son iguales à dos rectos, como sean dos rectos, seràn A.D. y B.C. paralelas, y del mismo
modo seràn paralelas A.B.D.C. y por consiguiente A.B.C.D. será paralelogramo, que es lo propuesto, se demuestran en los numer. 2 2. figura baxa, y en las
dos del num. 2 3.

Y de aqui consta, que el quadrado, y altera parte longea son paralelogramos, como todo tenga vno, y otro los quatro angulos, todos rectos, como se
muestra por sus disiniciones.

Demostrado todo por este modo, à saber el quadrado, altera parte longior,
rombo, y romboydes, que son paralelogramos, facilmente demostraremos, que
los angulos del quadrado, y del rombo se cortan en dos partes iguales de sus
diametros ; pero los angulos de la figura altera parte longior, y el romboydes
no los divide en partes iguales, como poco hà lo avemos dicho, porque sea el
quadrado, ò rombo A.B.C.D. en el qual el diametro A.C. lo corte, por quanto
los dos lados B.A. A.C. del triangulo B.A.C. son iguales à los lados D.A. A.C.
del triangulo D.A.C. vno à vno, y otro à otro, y la vasis B.C. igual à la vasis D.
C. porque son estas figuras equilàteras) seràn los angulos B.A.C. D.A.C. iguales, por la qual razon el angulo B.A.D. es dividido en dos partes; del mismo modo demostraremos, que los demàs angulos son divididos en dos partes iguales
de su diametro, se demuestra en el num. 24.

Iten mas, sea el altera parte, longius, ò romboydes A.B.C.D. à los quales corte el diametro A.C. y sea mayor el lado A.B. y porquanto el triangulo A.B.C. el
lado A.B. es mayor que el lado B.C. será el angulo B.C.A. mayor que el angulo
B.A.C. y el angulo B.C.A. es igual al angulo C.A.D. alterne, porque B. C.A.D.
son paralelas (porque se mostrò ser A.B.C.D. paralelogramo) por lo que el angulo D.A.C. será mayor que el angulo B.A.C. y por esta causa el angulo B.A.
D. es dividido desigualmente del diametro A.C. la misma razon corre en los demàs angulos, por lo que puso Euclides en la tercera parte desta proposicion, diziendo, que solo los paralelogramos son cortados de sus diametros en dos partes
iguales, pero no sus angulos, se demuestra en el n. 2 5.

Casi del mismo modo demostraremos, que los dos diametros del quadrado, y del altera parte longior, son iguales cada vno de los dos en su figura, y en el
rombo, y romboydes son desiguales, porque en estos será mayor aquel que apartare los angulos agudos, y menor el que apartare los angulos obtusos; sea el quadrado, ò el altera parte longior A.B.C.D. y los diametros A.C.B.D. los quales
digo, que son iguales, porque como los dos lados A.B.B.C. del triangulo A.B.C.
sean iguales à los dos lados A.B.A.D. del triangulo B.A.D. vno à vno, y otro, y
el angulo A.B.C. igual al angulo B.A.D. porque vno, y otro son rectos, seràn las
vasis A.C. igual à la vasis B.D. y por consiguiente los diametros en el quadrado,
y en la figura altera parte longior seràn iguales, tambien se demuestra en los numer. 26. 27. y 28.

Iten mas, sea el rombo, ò romboydes A.B.C.D. que los corten los
diametros A.C.B.D. y sea el angulo B.A.D. mayor, y el A.B.C. menor,

por

porque no son iguales; porque de otra manera vno, y otro seria recto, como entrambos seran iguales à dos rectos, lo que es absurdo, y contra las difiniciones del rombo, y romboydes. Digo, que el diametro B. D. es mayor que el diametro A. C. por quanto los dos lados A. B. B. C. del triangulo A.B.C. y ao à vno, y otro à otro, y el angulo B. A. D. es mayor que el angulo A.B.C. serà la vasis B. D. mayor que la vasis A.C. que es lo propuesto, de lo qual se muestra manifiestamente, porque en la proposicion 33. dixo Euclides, que aquellas lineas solas que se juntan con paralelas para las mismas partes, siendo iguales, tambien ellas lo seràn entre sì, como alli lo notamos, porque en el rombo, y romboydes las rectas A. C. B. D. son iguales, supuesto, que se junten con paralelas iguales A.B. D.C. cuentalo, porque no se junten con ellas para las mismas partes son desiguales, como se muestra claramente en estas dos figuras, se demuestra en el numero veinte y ocho, y en el numero primero de la septima planta.

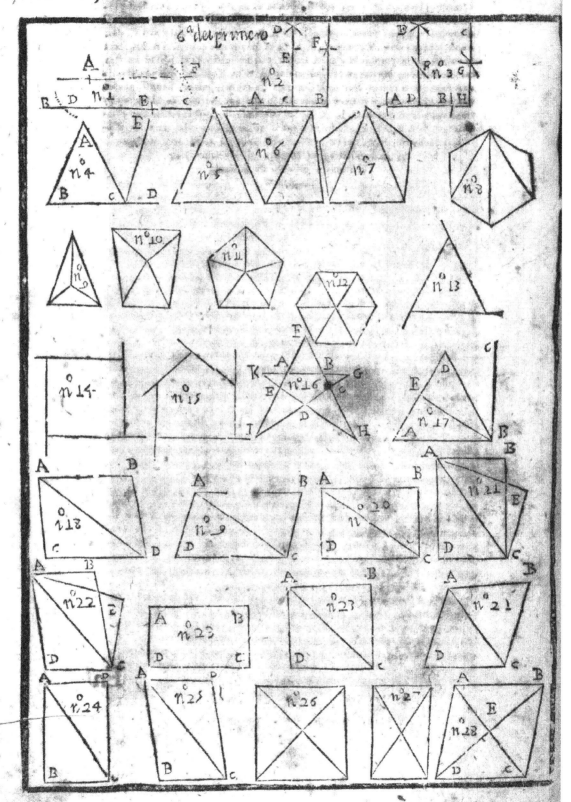

En todo el paralelogramo los diametros se dividen entre si en partes iguales , porque como los dos angulos E. A. D. E. D. A. del triangulo A. B. D. sean
iguales à los angulos alternos E. C. B. E. B. C. del triangulo B. E. C. vno à vno,
y otro à otro, y el lado A. D. igual al lado B. C. opuesto en el paralelogramo A.
B. C. D. de los quales vno, y otro adjacen angulos iguales , serà tambien A. E.
recta igual à la recta C. E. y la recta D. E. igual à la recta B. E. por la qual razon
vno, y otro diametro se dividiò en dos partes iguales en el punto E. los ya dichos numeros 18. y num. 1.

Teorema.

La recta linea que corta el diametro del paralelogramo en dos partes
iguales, de qualquiera modo que se eche , tambien dividirà el paralelogramo en dos partes iguales , y la recta linea que dividiere el paralelogramo en dos partes iguales , de qualquiera modo que fuere
la division , tambien dividirà el diametro en
dos partes iguales.

ESte Teorema viene muy à proposito en este lugar , donde se trata de varios accidentes de los paralelogramos con sus diametros en el paralelogramo A. B. C. D. el diametro A. C. sea cortado en dos partes iguales con la recta E. F. digo, que el paralelogramo divide tambien en dos partes iguales , y por
quanto el angulo E. A. G. es igual al angulo alterno F. C. G. tambien son iguales
el angulo E. G. A. con el angulo F. G. C. y el lado A. G. es igual al lado C. G.
por la suposicion, y porque entrambos adjacen con iguales angulos , seràn los
lados E. G. F. G. entre si iguales, por lo que como sean los lados A. G. G. F. iguales à los lados C. G. GF. y tambien los angulos contenidos iguales, seràn los triangulos A. G. E. C. G. F. iguales, añadida la comun cantidad B. C. G. E. serà el triangulo A. B. C. igual al trapecio B. C. F. E. y el triangulo A. B. C. es la mitad del
paralelogramo A. B. C. D. por lo que serà el trapecio tambien la mitad del paralelogramo, y assi dividirà la recta E. F. el paralelogramo en dos partes iguales, se demuestra en el num. 2. la E. de arriba ha de ser F.

Corte aora la recta E. F. el paralelogramo en dos partes iguales ; digo , que
tambien cortarà el diametro por medio en el punto G. porque si no cortarè el
diametro A. C. en dos partes iguales en el punto G. cortelo por medio en otro
punto , assi como en H. por el qual se eche la recta E. H. le luego serà como ya
demostramos E. F. C. B. en el trapecio mitad del paralelogramo A. B. C. D. y
igual al trapecio E. F. C. B. que se pone ser mitad del paralelogramo dicho,
parte del todo, la qual es grande absurdo, por lo que se divide A. C. en dos partes iguales en el punto G. y no en otro punto, quedò propuesto, demostrado en
la figura passada.

De lo propuesto facilmente se colige , que si en el lado de algun paralelogramo señalaren algun punto , ò tambien dentro del paralelogramo , ò fueren
con tanto que no lo señalaren en el mismo diametro , sino de modo que la corte la linea en dos partes iguales , y que echada la linea cortarà el paralelogramo
en dos partes iguales, porque si echaran el diametro, y del punto dado echaren la
linea que corte el diametro por medio , serà cortado por medio el paralelogramo, como se suele hazer en el punto E. en el lado A. B. se echara la recta E. F.
por el punto G. en el qual diametro A. C. se divide por medio , y assi de los
otros puntos.

Teorema XXV. Propoficion XXXV.

Los paralelogramos conftituidos fobre vna mifma vafis, y en las mifmas paralelas, fon entre sì iguales.

ENtre dos paralelas A.B.C. D. fobre la vafis C. D. fe levanten dos paralelogramos C.D.E.A. C. D. B. E. dizenfe los paralelogramos, eftàr entre las mifmas paralelas, quando los dos opueftos fon partes de las paralelas, como en el exemplo propuefto fe mueftra, digo, que los mifmos paralelogramos fon entre sì iguales, no en quanto à los angulos, y lados, fino en quanto à la area, ò capacidad. Cayga primeramente el punto F. entre A. y E. y por quanto el paralelogramo C.D.E.A. la recta A.E. es igual à la recta C.D. opuefta, y la mifma C. D. es igual à F.B. en el paralelogramo C.D.B.F. opuefta, ferán A. E. F. B. entre sì iguales, quitando la comun F.E. quedarà A.F. igual à la E. B. y la recta A. C. es igual à la recta E.D. opuefta en el paralelogramo C.D.E.A. y el angulo B.E.D. es igual al angulo F.A.C. el externo al interno, por la qual razon el triangulo F.A. C. ferà igual al triangulo B.E.D. añadido el comun trapecio C.D.E. F. ferà todo el paralelogramo C.D.E.A. igual à todo el paralelogramo C.D.B.F. que es lo que fe avia de probar en efta primera parte del Teorema, fe demueftra en el n.3.

Cayga fegundariamente el punto F. en el punto E. digo otra vez, que los paralelogramos C.D.E.A.C.D.B. F. fon iguales, porque ferán como de primero los rectos A E.E.B. iguales, y tambien los angulos B.E.D.E.A.C. iguales, y por configuiente los triangulos E.A.C.B.F.D. iguales, por lo que añadiendole el triangulo comun C.D.F. harán los paralelogramos C.D.E.A.C.D.B.E. iguales, fe demueftra en el n.4.

Cayga terceramente el punto F. de manera, que la recta C. F. corte la recta D. E. en el punto G. y por quanto como de primero A.E.F.B. fon iguales, fi le añadieren la comun E.F. ferà toda la A.F. igual à toda la E.B. y tambien los angulos B.E.D.F.A.C. ferán iguales, y por configuiente el triangulo F.A.C. ferà igual al triangulo B.E.D. quitando el triangulo comun E.G.F. quedarà el trapecio A.E.G.C. igual al trapecio F.G.D.B por la qual añadido el triangulo comun C.D.G. ferà hecho todo el paralelogramo C.D.E.A. igual à todo paralelogramo C.D.B.F. luego los paralelogramos fobre la mifma vafis, y conftituidos en las mifmas paralelas, ferán entre sì iguales, que era lo que fe avia de demoftrar y demueftra en el n.5. la letra E. encima de la G. ha de fer F.

ESCOLIO, QUE CONVIERTE ESTA propoficion mas facilmente.

Los paralelogramos iguales conftituidos fobre vna mifma vafis, y para vnas mifmas partes, eftarán entre vnas mifmas paralelas.

SEan dos paralelogramos iguales A.B.C.D.C.D.E.F. fobre la mifma vafis C. D. y para las mifmas partes; digo, que la recta A. B. producida en derecho, caerà fobre la mifma E. F. y por efta razon los mifmos paralelogramos eftarán entre las mifmas paralelas, porque de otra manera A. B. producida, ò caerà por baxo de E. F. ò fobre ella cayga primero por baxo, qual ferà A. H. por lo que ferà el paralelogramo C.D.G.H. igual al paralelogramo A.B.C.D. ponete el mifmo paralelogramo A.B.C.D. igual al paralelogramo C.D.E.F. por la qual razon los paralelogramos C.D.E.F.C.D.G.H. ferán iguales la parte al todo, que es abfurdo

furdo: luego no caerà A.B.por baxo de E.F. fe demueftra en el num. 6. y la letra
F.fobre la G.ha de fer E.

Cayga fegundariamente A.B. producta fobre E. F. caerà E. F. produdeida por
baxo de A.B.por la qual razon,como de primero,feràn los paralelogramos A.B.
C.D.D.H.G.iguales la parte al todo, lo que es abfurdo,el mifmo abfurdo fe confeguirà fi C.F. D.E. fe produciessen hafta A. B. dilatada, la mifma demoftracion
convendrà en todos los cafos que pudieren ocurrir ; efto es , que el punto E. eftè
adelante del punto B.ò atràs,como fe muestra claro por las demoftraciones pre-
fentes: luego no caerà A.B.fobre E.F. ni tampoco por baxo,como eftà demoftrado: luego producta caerà en derecho de E.F. y por configuiente los paralelogramos A.B.C.D.C.D.E.F.eftàn en las mifmas paralelas,fe demueftra en el n. 7.

Teorema XXVI.　　Propoficion XXXVI.

Los paralelogramos conftituidos fobre vafis iguales, y entre las mif-
mas paralelas, fon iguales entre sì.

SEan los dos paralelogramos A.C.E.F.G.H.D.B. fobre iguales vafis C.F.H.
D.y entre las mifmas paralelas A.B.C.D.digo, que ellas feràn iguales, juntefe los dos extremos de las rectas C.B.G.B.para las mifmas partes,con las lineas
rectas C.G.E.B.y por quanto la recta C.E.fe pone igual à la recta H.D.y la mif-
ma H.D.es igual à la recta G.B.puesta en el paralelogramo G.H.D.B. feràn C.
E.G.B.iguales entre sì,y el por el hypotefe son paralelas,por la qual razon C.G.
E.B.que juntan estas mifmas,tambien feràn paralelas,y iguales,y por esto C.E.G.
B.ferà paralelogramo,afsi que como los paralelogramos A.C.E.F.C.E.B.eftàn
entre las mifmas paralelas,y fobre las mifmas vafis C.E. ferà el paralelogramo A.
C.E.F.igual al paralelogramo G.C.F.B.demàs desto,porque los paralelogramos
G.C.F.B.G.H.D.B.eftàn entre las mifmas paralelas, y fobre la mifma vafis G B.
ferà tambien el paralelogramo G.H.D.B.igual al paralelogramo G.C.E. B.por
la qual razon los paralelogramos A.C.E.F.G.H.D.B. feràn iguales entre sì, por
lo que los paralelogramos fobre iguales vafis, y conftituidos entre las mifmas paralelas;&c.que es lo que fe avia de demoftrar,fe demueftra en el n. 8.y falta la letra C.

TEOREMA DEPENDIENTE DEL PASSADO.

Si dos paralelogramos entre las mifmas paralelas tuvieren las vafis
defiguales, aquel que tuviere las vafis mayor, ferà mayor ; y por
el contrario ; fi dos paralelogramos fueren desiguales, entre
las mifmas paralelas ; el mayor ferà ma-
yor de vafis.

SEan los paralelogramos B.D.F.H.entre las paralelas A.H.B. G. y fea la vafis
B.C.mayor que la vafis F.G.digo, que el paralelogramo B. D. ferà mayor
que el paralelogramo F. H. cortefe la recta B.I.igual à la mifma F. G. echefe la
I.n.paralela à la recta A.B.luego feràn los paralelogramos B.H.F.H. fobre iguales vafis B.I.F.G.iguales,y como B.D.fea mayor que B.n.ferà el mifmo B.D.ma-
yor que F.H.fe demueftra en el num. 9. y 10.

Iten mas, los paralelogramos B.D.F.H.desiguales,y B.D.fea el mayor, digo,
que la vafis B.C.ferà mayor que la vafis F.G.porque fi fueran iguales,ferìan los
paralelogramos iguales, lo que es abfurdo,como fe pone fer mayor el paralelogramo B.D. fi fuera menor, ferìa el paralelogramo F. H. mayor , como poco ha

demostramos, lo que seria mucho mayor absurdo; como avemos propuesto
B. D. ser mayor que F. H. luego la vasis B. C. como no sea igual con la misma
F. G. ni menor, será mayor que F.G. que es lo propuesto; y ya demostrado.

Teorema XXVII.   Proposicion XXXVII.

Los triangulos constituidos sobre la misma vasis, y entre las mis-
mas paralelas, son entre si iguales.

ENtre las paralelas A. B. C. D. y sobre la vasis C. D. sean constituidos dos
triangulos A.C.D. B. C. D. dizese ser constituido vn triangulo entre dos
paralelas, quando la vasis es parte de vna, y el angulo opuesto toca à la otra.
Digo, que estos triangulos serán iguales por D. echese D. E. paralela à la recta
A.C. y D.F. paralela à la recta B.C. por lo que serán paralelogramos A.C.D.E.
B. C. D. F. iguales, porque están sobre la misma vasis C. D. y entre las mismas
paralelas, y los triangulos son el medio de ellos, à saber A.C.D. B.C.D. porque
los diametros A.D. B. D. cortan en dos partes iguales los paralelogramos A. C.
D.E.B.C.D.F. por lo que tambien dos triangulos A.C.D. B.C.D. serán iguales:
luego los triangulos constituidos sobre la misma vasis, &c. que es lo que se avia
de demostrar, se demuestra en el num. 11

ESCOLIO DE CLAVIO.

La conversa desta proposicion se demostrará por Euclides en la propos. 39
pero desta proposicion facilmente demostraremos con Prodo, que los triangulos, de los quales los dos lados del vno son iguales à los dos lados del otro,
vno à vno, y otro à otro, y el angulo del vno contenido de aquellos lados mayor que el angulo del otro, algunas vezes son menores, y otras vezes son desiguales, que es lo que prometimos en la prop. 24. deste libro; porque sean dos triangulos A.B.C.D.E.F y los lados A.B. H.C. iguales à los lados D.F.D.F. y el angulo H. mayor que el angulo E. D. F. sean primero estos dos angulos iguales à
dos rectos, digo, que los triangulos son iguales, produzcase E.D. hasta H. y E.D.
hasta I. hagase el angulo E.D.G. igual al angulo A. y la recta D.G. igual à la recta
D.F. ò A.C. echense las rectas E. G. G.F. y por quanto los dos angulos A. y E. D.
F. se ponen iguales à dos rectos, y el angulo E.D.G. es hecho igual al angulo A.
serán los angulos E.D.G.E.D.F. iguales à dos rectos, y los angulos E. D. G G.
D.H. son iguales à dos rectos, por lo que los angulos E.D.G.E.D.F. serán iguales à los angulos E.D.G.G.D.H. por lo que quitando el angulo comun E.D.G.
quedará el angulo E.D.F. igual al angulo G.D.H. y el mismo angulo E. D. F. es
igual al angulo H.D.I. por lo que los angulos G.D.H. H. D. I. serán iguales, y
por consiguiente el angulo G.D.H. será mitad de todo el angulo G. D. I. demàs
desto, porque los lados D.F.D.G. son iguales en el triangulo D. F. G. serán los
angulos D. F. G. D. G. F. iguales, los quales como sean iguales al angulo
externo G. D. I. será qualquiera de ellas, à saber D. G. F. la mitad del angulo
G.D.I. y avemos demostrado, que el angulo G.D.H. tambien es mitad del mismo angulo G.D.I. por lo qual los angulos G.D.H.D.G.F. serán iguales, y porque son alternos entre E H.F. G. serán E.H.F.G. paralelas, por la qual razon los
triangulos D.E.G.D.E.F. serán iguales como tienen la misma vasis, y están entre
las mismas paralelas D.E.F.G. y por quanto el triangulo D.E.G. es igual al triangulo A.B. C. porque los lados D.E.D.G. son iguales à los lados A.B. A. C. y el
angulo A. igual al angulo E.D.G. será el triangulo A.B.C. igual al triangulo D.
E.F. que es lo propuesto, se demuestra en los num. 12. y 13.

Segundariamente, sean los angulos A. y E.D.F. mayores que dos rectos, digo
que el triangulo A.B.C. que tiene mayor angulo, será menor que el triangulo D.
E.F. produzcase D.F. hasta H. y F.D. hasta I. hagase el angulo E.D.G. igual al an_
gulo A. y la recta D.G. igual à la recta D.F. ò à la recta A.C. echense las rectas E.
G.G.F. y por quanto los angulos A. y E.D.F. se ponen mayores que dos rectos,
serãn tambien los angulos E.D.G.E.D.F. mayores que dos rectos, y los angulos
E.D.G.G.D.H. son iguales à dos rectos, por lo que los angulos E.D.G.E.D.F.
son mayores que los angulos E.D.G.G.D.H. por la qual razon, quitado el an_
gulo comun E.D.G. quedarà el angulo E.D.F. mayor que el angulo G.D.H. y
por quanto el angulo E.D.F. es igual al angulo H.D.I. serà tambien H.D.I. ma_
yor que G.D.H. y por esto G.D.H. menor que la mitad del angulo G.D.I. demàs
desto. porque los lados D.G.D.F. son iguales, serãn los angulos D.F.G. D.G.F.
iguales, los quales como sean iguales al externo G.D.I. serà qualquiera de ellos,
à saber D.G.F. la mitad del angulo G.D.I. avemos mostrado, que el angulo G.
D.H. es menor que la mitad del mismo G.D.I. por la qual razon D.G.F. serà
mayor que G.D.H. correse del angulo D.G.F. el angulo D.G.K. igual al an_
gulo alterno G.D.H. luego serà G.K. paralela à la misma D.E. y cortarà G.K.
la recta E.F. echese D. hasta K. adonde G.K. corta la recta E.F. la recta D.K. por
lo que serà el triangulo D.E.G. igual al triangulo D.E.K. y por quanto el trian_
gulo D.G.E. es igual al triangulo A.B.C. por razon de que los lados D.E.D.G.
son iguales à los lados A.B.A.C. y el angulo A. igual al angulo E.D.G. serà el
triangulo A.B.C. igual al triangulo D.E.K. por lo que como D.E.K. sea menor
que el triangulo D.E.F. serà tambien el triangulo A.B.C. menor que el trian_
gulo D.E.F. que es lo propuesto, se demuestra en los num. 14. y 15. la letra E.
debaxo de la G. ha de ser F.

Terceramente, sean los angulos A. y E.D.F. menores que dos rectos, digo que
el triangulo A.B.C. que tiene mayor el angulo, es mayor que el triangulo D.E.
F. produzcase E.D hasta H. y F.D. hasta I. hagase el angulo E.D.G. igual al angu_
lo A. y la recta D.G. sea igual à la recta D.F. ò à la recta A.C. echense las rectas
E.G.G.F. y por quanto los angulos A. y E.D.F. se ponen menores que dos rec_
tos, serãn tambien los angulos E.D.G.E.D.F. menores que dos rectos, y los an_
gulos E.D.G.G.D.H. son iguales à dos rectos, por lo que E.D.G.E.D.F. son me_
nores que E.D.G.G.D.H. y quitando el angulo comun E.D.G. quedarà E.D.F.
menor G.D.H. y el angulo E.D.F. es igual al mismo angulo H.D.I. por la qual
razon serà H.D.I. menor que G.D.H. y por esso G.D.H. es mayor que la mitad
del angulo G.D.I. y por quanto D.G.F. es la mitad del mismo angulo G.D.I. co_
mo ya lo avemos demostrado, serà G.D.H. mayor que D.G.F. hagase el angulo
D.G.K. igual al angulo G.D.H. echada la recta G.K. la qual cortara la recta E.F.
que estendida hasta K. se le eche la recta D.K. luego serà como de primero G.K.
paralela à la misma D.E. y el triangulo D.E.G. igual al triangulo D.E.K. y es otra
vez D.E.G. igual al mismo triangulo A.B.C. por lo que A.B.C. serà igual al mis_
mo D.E.K. por la qual razon como D.E.K. sea mayor que D.E.F. serà A.B.C. ma_
yor que D.E.F. que es lo que se avia de demostrar: Y esta es la causa porque Eu_
clides en la propos. 2. coligiò solamente la desigualdad de las vasis, y no la des_
igualdad de los triangulos, como alli avisamos, se demuestra en los 6. 16. y 17.

Problema XXVIII.   Proposicion XXXVIII.

Los triangulos constituidos sobre vasis iguales, y entre las mis-
mas paralelas, son entre sì iguales.

ENtre las paralelas A.B.C.F. sobre iguales vasis C.E.D.F. sean constitui los
tos triãgulos A.C.E.B.F.D. digo, que los mismos serãn iguales, echese F.G.

paralela à la misma A. C. y D. H. à la misma B. F. seràn paralelogramos A.C.
E.G.B.F.D.H. iguales entre si, y como los triangulos A.C.E.B.F.D. son la mitad de los paralelogramos ; seràn entre si iguales , luego los triangulos sobre
iguales vasis, &c. que es lo que se avia de demostrar. Lo converso deste Theorema se muestra Euclides en la proposicion quarenta, se demuestra en los numeros
diez y ocho , y diez y nuebe.

COROLARIO.

Colige desta proposicion, si de qualquiera angulo del triangulo dado ; se
hare vna linea recta , que dibida el lado opuesto en dos partes iguales , tambien el triangulo serà dividido en dos partes iguales, porque echele en el triangulo A. B. C. del angulo A. la recta A. D. que divida en dos partes iguales al
lado B. C. en el punto D, digo , que el triangulo A. B. C. tambien es cortado
à mitad, porque si por A. se echarè vna paralela à la misma B. C. estaràn
los dos triangulos A.B.D A.D.C. entre las mismas paralelas, y sobre iguales vasis, por lo que seràn iguales, se demuestra en el num. 20.

DE PELETARIO.

De qualquiera punto dado en vno de los lados del triangulo propues-
to echar vna linea recta que corte en dos partes iguales el
triangulo dado.

SEA el triangulo A. B. C. y el punto dado D. en el lado B. C. es necessario
echar del punto D. vna linea recta , que corte el triangulo en dos partes
iguales, que si la linea recta que sale del punto D. dividiera el lado B. C. por
medio fuera à parar en el punto A. fuera dividido el triangulo por medio, como
se mostrò en el Corolario supra, porque si D. no dibide B.C. en dos partes iguales , cortese B.C. en dos partes iguales en el punto E. despues desto el punto D.
hasta el angulo opuesto A. se eche la recta D. A. y por E. la paralela E. F. à la
misma D. A. cortando A. C. en el punto F. por lo que si se echare la recta D.F.
serà el triangulo dividido en dos partes iguales de la linea D. F. porque echada
la recta E. A. seràn los triangulos E. F. A. E. F. D. iguales , como estàn sobre la
misma vasis E. F. y entre las mismas paralelas E. F. A. D. añadiendo el angulo
comun C.F.E. seràn todos los triangulos A.D.C.C.D.F. iguales del triangulo
A. E. C. es mitad de todo triangulo A. B. C. como ya avemos mostrado por lo
que C.D.F. es la mitad del mismo triangulo A.B.C. que se avia de probar , se
demuestra en el numero veinte y vno.

Y quando el punto D. estuviere en la otra mitad E. C, del mismo modo
formaremos el problema , pero entonce el triangulo se ha de cortar para la
parte B. y el trapecio para la parte C. como lo muestra bastantemente la figura
presente, la demonstracion es la misma, si en ella se muda la letra B. en C. y la
C. en B. y con todo este problema , muy mas vniuersal pondremos en el fin
del libro sexto, se demuestra en el numero 22.

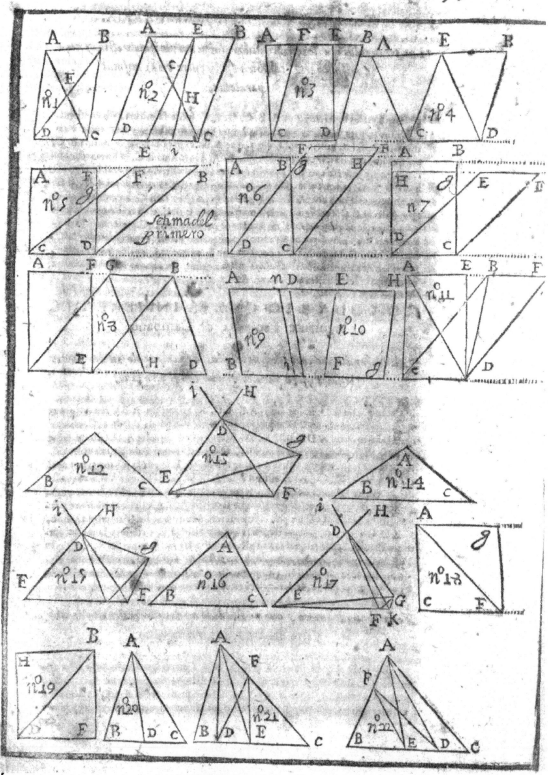

Schmidel
Primero

320   *Libro Primero*

Teorema XXIX.   Proposicion XXXIX.

Los triangulos iguales conſtituidos ſobre vna miſma vaſis, y para la miſma parte, tambien eſtàn entre vnas miſmas paralelas.

SEan iguales los triangulos A.B.C.D.B.C. ſobre la miſma vaſis conſtituidos, y para la miſma parte. Digo, que tambien eſtàn, y eſtà entre vnas miſmas paralelas, iuntele A.D. digo, que A.D. es paralela con la miſma B.C. porque ſino es paralela echeſe por el punto A. à la miſma B.C. la linea recta paralela A.E. y iunteſe con E.C. por lo que ſerà igual el triangulo A.B.C. al triangulo E.B.C. porque eſtà en la miſma vaſis, y entre las miſmas paralelas B.C. A.E. pero el triangulo A.B.C. es igual al triangulo D.B.C. luego tambien el triangulo D.B.C. ſerà igual al miſmo triangulo E.B.C. el mayor al menor, que no puede ſer, por lo que A.E. no puede ſer paralela con B.C. por el miſmo modo demonſtraremos, que ni otra linea qualquiera puede ſer paralela con B.C. ſino fuere A.D. luego A.D. es paralela con la miſma B.C. por lo que los triangulos iguales conſtituidos ſobre vna miſma vaſis, &c. que es loque ſe avia de demoſtrar, ſe demueſtra en el num. 1.

COROLARIO QUE SE INFIERE DEL
ſiguiente Teorema de Campano.

La linea recta que corta los dos lados del triangulo en dos partes iguales, ſerà paralelogramo con el otro lado.

COrte la linea D.E. los lados A.B.A.C. del triangulo A.B.C. en dos partes iguales en el punto D.E. Digo, que D.E. es paralela al lado B.C. porque como el triangulo A.D.E.B.D.E. eſte ſobre la vaſis iguales A.D.D.B. y entre las miſmas paralelas (ſi por el punto E. ſe echare vna paralela à la miſma A.B. ſerà el triangulo B.D.E. igual al triangulo A.D.E. y por la miſma razon ſerà el triangulo C.E.D. igual al miſmo triangulo A.D.E. lo que tambien conſta del Scolio de la propoſicion precedente, porque la recta E.D. corta el triangulo A.E.B. en dos partes iguales, que las vaſis A.B.A.C. ſon cortadas en partes iguales de la recta E.D. por la ſupoſicion, por lo que los triangulos D.B.E. C.E.D. ſon iguales, porque tienen la miſma vaſis D.E. y eſtàn en la miſma parte conſtituidos, por la qual razon eſtaràn entre las miſmas paralelas, y por eſto D.E.B.C. ſeran paralelas, que es lo propueſto. Aquello que en el fin del ſegundo Scolio de la propoſicion 34. prometimos, facilmente demoſtraremos en eſta ſiguiente propoſicion, ſe demueſtra en el ſegundo numero.

Todo el quadrilatero, que es dibidido en dos partes iguales de vno, y otro diametro, es paralelogramo.

Dividaſe el quadrilatero A.B C.D. en dos partes iguales de vno, y otro diametro A.C.B.D. digo, que el miſmo es paralelogramo, porque como los triangulos A.D.C.B.D.C. ſon la mitad del miſmo quadrilatero A.B C.D. ſerà ellos entre ſi iguales, por la qual razon como los miſmos tienen la vaſis D.C. y para

las

las mifmas partes, eftaràn ellas en las mifmas paralelas, y por efto feràn A.B.D. C.paralelas, no de otro modo demoftraremos que fon paralelas A. D. B. C. por lo que es paralelogramo A. B. C. D. que es lo propuefto, fe demueftra en el num. 3. y le falta A.B. en la parte alta.

Teorema XXX.　　Propoficion XL.

Los triangulos iguales conftituidos fobre iguales vafis , y para las
mifmas partes , eftaràn entre vnas mif-
mas paralelas.

SEan los dos triangulos iguales A B.C.D.E. F. fobre vafis iguales B. C. E. F. (que fe coloquen en la mifma recta , y conftituidos para las mifmas partes) digo, que eftas eftàn entre las mifmas paralelas; efto es,que la linea recta echada defde A.hafta D.ferà paralela con la recta B. F. porque fi no lo es, caerà paralela con la mifma B.F. echada por A.ò por la parte de arriba de A.D.ò por la parte de abaxo cayga primero por arriba, y fe junte con la E.D.producida hafta G. y echefe la recta G F. y por quanto fon paralelas A.G.B.F.ferà el triangulo E.F.G.igual al triangulo A.B.C. y porque fe pone el triangulo D.E. F. igual al triangulo A. B.C. por lo que ferà el triangulo D.E.F.igual al triangulo G.E.F.la parte al to- do, lo que es abfurdo; y quando la paralela echada por A. cayere por baxo de A. D.qual es A; Hechada la recta H.F.ferà la mifma argumentacion de los trian- gulos H.E.F.D.E.F.iguales la parte al to-do, que es grande abfurdo; es luego A. D.paralela à la mifma B. F. por lo qual los triangulos iguales conftituidos fobre iguales vafis &c.que es lo que fe avia de demoftrar,fe demueftra en el n.4.

EL SIGUIENTE TEOREMA CON facilidad demoftraremos.

Si dos triangulos entre las mifmas paralelas tuvieren las vafis def-
iguales,aquel que tuviere la vafis mayor, ferà mayor; y por el
contrario ; fi dos triangulos fueren defiguales entre
las mifmas paralelas , lo de vafis ma-
yor,ferà mayor.

SEan los dos triangulos A. B. C. D. E. F. conftituidos entre las paralelas A. D.B.F.y fea la vafis B.C.mayor que la vafis E.F.digo, que del triangulo A. B.C.ferà mayor que el triangulo D.E.F. cortada la recta C. G. igual à la mifma E.F. y echada la recta A.G.feràn los triangulos A.G.C.D.E.F. fobre iguales va- fis G.C.E.F.iguales: luego como el triangulo A.B.C. fea mayor que el triangulo A.G.C.ferà el mifmo triangulo A.B.C.mayor que el triangulo D.E.F.

Iten mas, fean los triangulos A.B.C.D.E.F.defiguales, y fea A.B.C. mayor; digo, que la vafis B. C. ferà mayor que la vafis E. F. porque fi dixeren , que no fon iguales, ferà el triangulo A. B.C.igual al triangulo D.E.F.lo que es abfur- do, porque fe fupone fer mayor; y fi dixere que es menor, ferà el triangulo D.E. F. mayor que el triangulo A.B.C.que como es menor, ferà mayor abfurdo: lue- go la recta B. C. es mayor que la recta E. F. como fe tiene moftrado , que ni es igual,

igual, ni menor, que es lo propuesto, se demuestra en el número quinto.

Aquello que hasta aora demostramos de los paralelogramos, y triangulos, que se constituyen entre las mismas paralelas, tambien podrà mas facilmente demostrar de los trapecios descriptos entre las mismas paralelas, casi por el mismo modo, y orden.

Teorema Primero.

Los trapecios entre las mismas paralelas, y sobre la misma vasis, de los quales las vasis opuestas son entre sì iguales, seràn entre sì iguales, y los trapecios iguales entre las mismas paralelas, y sobre la misma vasis, tienen las vasis opuestas iguales.

Dizese estàr los trapecios entre las mismas paralelas, quando los dos lados opuestos son paralelas, y son partes de las mismas paralelas; esto entendido, sean constituidas entre las paralelas A. B. C. D. y sobre la misma vasis C. D. los dos trapecios A. C. D. E. F. C. D. B. de los quales las vasis opuestas A. B. F. B. sean iguales; digo, que los trapecios entre sì seràn iguales; porque echadas las rectas E. C. F. D. seràn así: Los triangulos E. C. D. y F. C. D. sobre la misma vasis C. D. y entre las mismas paralelas entre sì iguales, como los triangulos A. C. E. F. D. F. sobre iguales vasis A. E. F. B. y entre las mismas paralelas, por lo qual à los iguales E. C. D. F. C. D. se añadieren los iguales A. C. E. F. D. B. serà todo el trapecio A. C. D. E. igual à todo el trapecio F. C. D. B.

Digo mas, que siendo los trapecios A. C. D. E. F. C. D. B. entre sì iguales, tambien las vasis opuestas A. E. F. B. seràn entre sì iguales; porque seràn otra vez los triangulos E. C. D. F. C. D. iguales, por lo qual de los trapecios iguales se quitaren los triangulos iguales, seràn iguales los triangulos que quedan A. C. E. F. D. B. y porque estàn entre las mismas paralelas, y avemos demostrado, seràn las vasis A. E. F. B. entre sì iguales, que es lo propuesto, se demuestra en el num. 6. la B. junto à la A. ha de ser F.

Teorema Segundo.

Los trapecios entre las mismas paralelas, y sobre la misma vasis, de los quales las vasis opuestas son desiguales, ellas seràn desiguales, y mayor serà aquel, cuya vasis es mayor, y los trapecios desiguales, entre las mismas paralelas, y sobre la misma vasis, que tienen las vasis opuestas desiguales, serà mayor aquella del mayor trapecio.

COmo en la figura proxima precedente, si la vasis A. E. fuere mayor, que la vasis F. B. digo, que el trapecio A. C. D. E. serà mayor que el trapecio F. C. D. B. porque seràn otra vez los triangulos E. C. D. F. C. D. iguales, y el triangulo A. C. E. es mayor que el triangulo F. D. B. por el Teorema antes de estos dos; luego todo el trapecio A. C. D. E. es mayor que todo el trapecio F. C. D. B.

Otro

Otra vez, si el trapecio A.C.D.E. fuere mayor que el trapecio F.C.D.B.
digo, que la vasis A.E. serà mayor que las vasis F.B. porque seràn los triangulos E.C.D.F.C.D. iguales; por la qual razon los demàs triangulos A.C.E. serà
mayor que el triangulo F.D.B. por lo que como avemos mostrado arriba, la
vasis A.E. serà mayor que la vasis F.B. que es lo propuesto.

Teorema Tercero.

Los trapecios, entre los mismos paralelos, y sobre iguales vasis, de los
quales, las vasis opuestas sean desiguales, seràn desiguales, serà ma-
yor aquel que tuviere la vasis mayor, y los trapecios desiguales, entre
las mismas paralelas, y sobre iguales vasis tienen las vasis
desiguales, y serà mayor aquella, cuyo trape-
cio serà mayor.

COmo en la figura presente, si la vasis A.F. fuere mayor que la vasis H.B.
serà el trapecio A.C.E.F. mayor que el trapecio H.G.D.B. porque serà
los triangulos H.C.E.H.G.D. sobre iguales vasis C.E. G.D. iguales; y el triangulo A.C.F. es mayor que el triangulo B.D.H. como avemos demostrado, por
que la vasis A.F. se pone ser mayor que la vasis H.B. luego todo el trapecio A.
C.E.F. serà mayor que todo el trapecio H.G.D.B.

Iten mas, si el trapecio A.C.E.F. fuere mayor que el trapecio H.G.D.B. serà
la vasis A.F. mayor que la vasis B.H. porque seràn otra vez los triangulos F.C.
E.H.G.D. sobre iguales vasis C.E. G.D. iguales, de los quales quitados de los
trapecios desiguales, el triangulo que queda A.C.F. serà mayor que el triangulo B.D.H. y por esta causa, como se mostrò supra, la vasis A.F. serà mayor
que la vasis H.B. que es lo propuesto en la segunda parte del Teorema ; se demuestra en el num.7.

Pareceme, que no se puede passar en silencio el Teorema que se sigue, por
la facilidad con que muestra, como se dividirà qualquiera linea recta, en quantas partes iguales quisieren ; lo que en el Escolio de la proposic. 10. deste libro
prometimos mostrar en este lugar ; y puesto que lo mismo se puede demostrar ;
y muy facilmente, por las proposiciones de las lineas, como en el libro sexto
lo mostramos, con todo serà mas gustoso entender, que sin ningun trabajo
se puede esto absolver, por las proposiciones hasta aora demostradas, sin adjutorio de proporciones; el
Teorema es la siguiente.
(*.§.*.)

Teorema.

*Si en vn triangulo se echare vna linea recta paralela à vno de los la-
dos, la recta que se echare, del angulo opuesto que dividiere vna de
las dos lineas paralelas en dos partes iguales, tambien dividirà la otra en las mismas
partes iguales.*

EN el triangulo A.B.C. equidiste D.E. à la misma B.C. y la recta A. F. corta
vna de las lineas B.C. D.E. en dos partes iguales; digo, que tambien la otra
serà cortada en las mismas partes iguales. Primeramente sea dividida B.C. en
dos partes iguales, en el punto F. digo, que tambien D.E. serà dividida en el punto G. en dos partes iguales, porque si D.G. G.E. no son iguales, sea mayor D. G.
echense las rectas F.D. F.E. por lo que seràn, como lo mostramos en el primero
Teorema desta proposicion; assi el triangulo A. D. G. mayor que el triangulo
A.E.G. como el triangulo F.D.G. al triangulo F.E.G. luego todo el triangulo
A. D. F. serà mayor que todo el triangulo A. E. F. à los quales si añadieren los
triangulos D.B.F. E.C.F. que por razon de las vasis iguales B.F. C.F. seràn iguales, harà todo el triangulo A.B.F. mayor que todo el triangulo A.C.F. y por esta causa serà mayor la vasis B.F. que la vasis B. C. pero ellas se pusieron iguales,
lo que es absurdo; luego cortada es la recta D. E. en el punto G. en dos partes
iguales, que es lo propuesto, se demuestra en el num. 8.

Sea D.E. cortada en dos partes iguales en G. digo, que tambien B. C. es cortada en dos partes iguales en el punto F. porque si no lo es, dividase B. C. en el
punto H. en dos partes iguales, y echese la recta A.H. que corte D.E. en el punto
I. y por quanto A.H. corta B.C. en dos partes iguales en H. cortarà la misma tambien à la misma D.E. en dos partes iguales en el punto I. como lo mostramos hà
poco, lo que es absurdo, como la pusimos ser cortada en dos partes iguales en
el punto G. porque seguiria que la parte fuesse mayor que el todo: porque si
D.I. es igual à la misma I.E. como I. E. sea mayor que G. E. serà tambien D. I.
mayor que G.E. esto es, mayor que D.G. que se pone igual à la misma G.F. luego dividase B. C. en dos partes iguales en el punto F. que es lo que se avia de
demostrar: esto demostrado, vengamos à la division de vna linea recta en las
partes iguales que quisieren, se demuestra en el num. 9.

Dada vna linea recta finita, cortala en qualesquiera
partes iguales.

Sea la recta dada A. B. cortada en cinco partes iguales, por el extremo punto B. echada la recta B. C. de qualquiera manera; y tomado en B. C. vn punto
qualquiera D. ò por baxo de B. ò por arriba, echese por D. paralela à la misma
A.B. la recta D.E. de la qual se cortarà cinco partes entre si iguales D. F. F. G.
G.H. H. I. I. E. con esta condicion, que assistente el punto D. por baxo de B. la
recta D. E. compuesta de las cinco partes iguales, serà mayor que la dada A. B.
pero serà menor quando el punto D. assista sobre B. para que la recta A.C. echada por el otro extremo A. y por el punto E. pueda concurrir con la recta B. D.
en algun punto, como en el punto C. del qual, si por los puntos F. G. H. I. se
echan

schen lineas rectas, será cortada la recta dada A. B. en cinco partes iguales B. K. K.K.L.L.C.C.o.n.A. y por quanto en el triangulo C.B.L. la recta D. G. es paralela à la mifma B.L.ò en el angulo C.D. G. la recta B. E. es paralela à la mifma D.G.ferà cortada D.G.en dos partes iguales en el punto F.tambien ferà cortada en dos partes iguales B. L. en el punto K. como lo demoftramos en el proximo Teorema, y por la mifma razon la recta K.M. en el punto L. ferà cortada en dos partes iguales del mifmo que F. H. es cortada en dos partes iguales en el punto G.luego tenemos tres partes B.K.K. L. L. M. cortadas entre sì iguales, afsi como las tres D.F.F.G.G.H. y afsi de las demàs, fe demueftra en el num. 10.Eftas citaciones eftàn duplicadas, la E:ha de fer T. y junto la K.baxe falta la T.

De otra manera fe puede hazer , del extremo A. de la linea A. B. cortada en cinco partes iguales, fe conftituya vn angulo rectilineo, de qualquiera fuerte que fea A. y de la recta A. C. fe corte cinco partes , de qualquiera manera entre sì iguales A.D.D.E.E.F.F.G.G. C. y echada la recta C. B. haganfe à ella paralelas G.L.F.K. E. I. D. H. digo, que la recta A.E. eftà cortada en cinco partes iguales echadas por G.y F. à la mifma A.B.las paralelas G.M.F. N. que tambien fon entre sì paralelas, iguales à las rectas B.I..L K.del paralelogramo G. B. F. L. feràn afsi los angulos F.G.N.G.C.M. externo, y interno en las paralelas G.L.C.B.como tambien los angulos C.G.M.G. F. M. externo, y interno en las paralelas G. M.F.N.iguales entre sì, por lo que los dos angulos C.G. del triangulo C. G.M. feràn iguales à los dos angulos G. F. del triangulo G. F. N. vna à vno, y otro à otro, y los lados à ellas adjancantes C.G.G. F. iguales , por la conftruccion feràn tambien los lados G.M.F.N. iguales, que como fe ha moftrado fer en iguales à las rectas B.L. L.K. ferà tambien B.L. L. K. entre sì iguales , y por la mifma razon moftrarèmos fer en iguales K.L.L.I. y por configuiente I.K.H.I.y A. I. A. H.por la qual razon la recta A. B. ferà dividida en cinco partes iguales, que es lo propuefto, fe demueftra en el num. 11.

De otra manera fe puede dividir qualquiera linea en quantas partes iguales quifieren, preparefe vn inftrumento de divifiones de lineas en partes iguales, acomodado defte modo : Echadas dos par.lelas entre sì diftantes por grande efpacio C. D. E. F. tomenfe en vna, y otra parte , muy al jufto entre sì iguales, de qualquiera diftancia que fean, tantas en vna, quantas en la otra, y los puntos que fe refpondieren fe junten con lineas rectas , que feràn paralelas entre sì, como fe juntan con los extremos de paralelas iguales , por lo que fi por beneficio del compàs la recta A. B. fe dividiere en cinco partes iguales , y la pafaren de qualquiera punto hafta el punto H. de modo , que incluya cinco efpacios de los paralelos entre G. y H. ferà dividida la linea echada G. H. de aquellas , en cinco partes iguales, con las quales partes fi en la dada A.B. fe tomaren aquellas partes iguales, ferà tambien la mifma recta A.B.dividida en las cinco partes iguales, que la recta G.H.eftà dividida en cinco partes iguales, fe demueftra defte modo: Echadas defde C. y N. las paralelas C. I. N. M. que tambien feràn entre sì paralelas iguales à las mifmas G. K.K.L. en los paralelogramos G. L.K. M. feràn afsi los angulos C.N.I.N.O.M.externo, y interno en las paralelas N. K. O. L. como los angulos O.N.M.N. C. I. externo, y interno en las paralelas N. M. C. I. iguales entre sì, por lo que como los dos angulos C. N. del triangulo C.N.I. fean iguales à los dos angulos O.N.del triangulo N.O.M.vno à vno, y otro à otro, y los lados à ellos adjacantes C. N. N.O. iguales por la coftruccion , feràn tambien los lados C. I. N. M. entre sì iguales, los quales , como fue demoftrado fer en iguales à las rectas G. K.K. L. ferà tambien G. K.K.L. entre sì iguales, y por la mifma razon todas las partes de la recta G.H.fe moftrarà fer en iguales,y por configuiente la recta G. H. ferà dividida en cinco partes iguales, fe demueftra en el num. 12.

Efta practica fe demoftrarà mas brevemente , haziendofe defte modo : Tomados cinco intervalos en la recta E. F. defde E. hafta P. y transfierefe la canti-

dal de la linea A.B. por beneficio del compas, desde P. à algun punto de la recta C.E.como en el punto q.y por esta razon será la recta P. q. dividida en cinco
partes iguales de las paralelas, por lo qual si las partes de la recta P. q. que el
igual à la recta A.B.dada por la construccion, se transfirieísen en la recta dada A.
B.será tambien dividida la recta A.B.en cinco partes iguales, que es lo propuesto.

Teorema XXXI.   Proposicion XLI.

Si el paralelogramo con el triangulo tuvieren la misma vasis, y estu-
vieren entre las mismas paralelas, el paralelogramo
será al doble del triangulo.

Entre las paralelas A.B.C.D.y sobre la vasis C.D. se constituyan el paralelogramo A.C.D E.y el triangulo B.C.D. digo, que el paralelogramo será al doble del triangulo, porque echado el diametro A. D. en el paralelogramo, serán
los triangulos A.C.D.B.C. D. iguales, y el paralelogramo A. C.D. E. es duplo
del triangulo A.C.D.y porque los triangulos A.C.D.A.D. E. son tambien entre
si iguales, por lo que será el paralelogramo A.C.D.E. al doble del triangulo B.
C.D. por lo qual si el paralelogramo con el triangulo, &c. que es lo que se avia
de demostrar, se demuestra en el n.r 3.

E S C O L I O.

A esto se sigue, que si el triangulo tuviere la vasis al doble, y estuviere entre
las mismas paralelas con el paralelogramo, que será igual el triangulo al paralelogramo, porque si produciéren la vasis C. D. hasta F.que será D. F. igual à la
misma B.C.y se echáre la recta F B.será el triangulo B C.F. doblado del triangulo B.C.D.y porque los triangulos B C.D.B.D.F.son iguales, y el paralelog-
mo A.C.D.E.es doblado del triangulo B.C.D.por lo que serian iguales el triangulo B.C.F.y el paralelogramo A.C.D.E.se demuestra en el num.14.

DE PRODO.

Si el triangulo ,y el trapecio estuvieren en la misma vasis , entre las
mismas paralelas , y la mayor linea paralela del trapecio sea la vasis
del triangulo, será el trapecio menos del doble del triangulo ; y siendo
menor la linea paralela del trapecio, la vasis del triangulo será
el trapecio mas del doble del triangulo.

Entre las lineas paralelas A.E.B.C. sean constituidos el trapecio A. B. C. D. y
el triangulo E.B.C.sobre la misma vasis B.C.que sea mayor que la otra linea recta A.D.paralela del trapecio dado, digo, que el trapecio A.B.C.D. el menor del
doble del triangulo E.B.C.porque como se pone A.D.menor que B. C. tomese
A. F. igual à la misma B.C. y echese la recta C. F. la qual será paralela à la misma A.B por lo que será paralelogramo A.B. C. F. lo qual es doblado del triangulo E.B.C. por la qual razon el trapecio A.B.C. D. como sea parte del paralelogramo, será menos del doble del mismo triangulo B.B. C. que es lo propuesto, se demuestra en el num. 15.

De

Demàs defto, fea en la fegunda figura el trapecio, y el triangulo, como de primero, y la vafis E.C. fea menor que la otra paralela A.B. en el trapecio dado, digo, que el trapecio A.B.C.D. ferà mayor que el doble del triangulo E. B. C. porque como A. D. fea mayor que B. C. cortefe D. F. igual à la mifma B. C. y echefe la recta B. A. en la qual ferà paralela à la mifma C. D. y por efto ferà paralelogramo B. C. D. F. que es doblado del triangulo E. B. C. por la qual razon todo el trapecio A. B. C. D. que fupera al paralelogramo B. C. D. F. ferà mayor que el doble del mifmo triangulo E. B. C. que es lo propuefto, fe demuestra en el num. 16.

El trapecio que tiene dos lados opueftos paralelos, es doblado del
triangulo que tiene la vafis de vno de los lados del trapecio
que junta las paralelas, y el verter en el punto
medio del lado opuesto.

Sea el trapecio A.B.C D. cuyos dos lados opueftos A. B. C. D. fean parale-los, y fobre la vafis B.C. fe conftituya el triangulo E.B.C. que tenga el verter E. enmedio del lado A. B. digo, que el trapecio A.B.C. D. ferà el doblo del trian-gulo E. B. C. porque produzcafe vno de los lados del triangulo para el verter, à faber B. E. hafta que fe junte con C. D. traído hafta F. y porque fon parale-las A.B.C.E. feràn los angulos alternos B.A.E. F.D. E. iguales, y los angulos A.E.B. D. E. F. fon iguales, que fon advertes E. y el lado D. E. del triangulo A. B.E. igual al lado D.E. del triangulo D.E.F. por el hypotefe, por lo que los de-màs lados A.B.B.E. feràn iguales à los demàs lados D.F.F. E. vno à vno, y otro à otro y los demàs angulos A.B.E. D.F.E. iguales, y por configuiente los trian-gulos A.B.E. D. E.F. por el Corolario de la prop. 16. defte libro feràn iguales, por la qual razon añadido el triangulo comun C.D.E. feràn los triangulos jun-tos A.B.E.C.D.E. iguales à todo el triangulo C B F. y el triangulo B. C. E. es igual al mifmo triangulo C. E. F. porque la vafis B. E. fe moftrò fer igual à la vafis E. F. y los mifmos triangulos eftàn entre las mifmas partes, fi por el punto C. fe echare la paralela à la mifma B.F.por lo que el triangulo C.B. E. ferà igual à los triangulos A.B.E. C D. E. y por efto C. B. E. triangulo, ferà la mitad del trapecio A.B.C.D. que es lo propuefto, fe demuestra en el num. 17.

Problema XI.   Propofieion XLII.

Dado vn triangulo, conftituir vn paralelogramo igual à èl, con
vn angulo igual à otro lado.

EL triangulo dado A. B. C. y el angulo rectelineo dado D. es neceffario conftituir vn paralelogramo igual al triangulo A. B. C. que tenga el an-gulo igual al angulo D. dividafe vno de los lados del triangulo, à faber B.C. en dos partes iguales en el punto E. hagafe el angulo C.E.F. igual al angulo D. pa-ra donde quifieres; efto es, que, ò fe haga el angulo para la parte C. ò para àzia B. para la parte mas conveniente, Iten mas, echefe por el punto A. la recta A. E. paralela à la mifma B.C. que corte E. F. en F. Iten mas, por C. ò por B. echefe à la mifma E.F. la paralela C. G. que enquentre con la recta A. F. producida en G. por lo que eftarà conftituido en el angulo C.E.F. que es igual al angulo rec-telineo D. lado el paralelogramo C. E. F. G. el triangulo A. B. C. es doble del triangulo A. E.C. y tambien al doble del triangulo A. B. E. porque los triangulos A.E.C.A.B.E. fobre iguales vafis E.C.B.E. y entre las mifmas paralelas fon entre si iguales , por lo que el paralelogramo C.E.F.G. y el triangulo A.B.C. ferán iguales entre si: luego como el angulo C.E.F. fue hecho igual al angulo D. confta lo propuefto , por la qual razon dado vn triangulo, conftituimos vn paralelogramo igual en vn dado angulo rectelineo, que era lo que fe avia de hazer, fe demuestra en el num. 18.

Problema de Peletario, que es converfo defte Problema,

Dado vn paralelogramo , conftituir vn triangulo igual en vn dado angulo rectelineo.

SEA el paralelogramo dado A.B.C.D. y el angulo dado G. hagafe el angulo C.B.E. igual al angulo G. y corte la recta B.E. a la recta A.D. producida hafta E. eftiendafe tambien B.C. hafta F. y fea C.F. igual à la recta B.C. y juntefe E.F. digo, que el triangulo B.E.F. tenido el angulo E.B.F. igual al angulo dado G. ferà igual al paralelogramo A.B.C.D. porque echada la recta C.E. ferà el paralelogramo A.B.C.D. doblado del triangulo B.C.E. Iten mas , el triangulo B.E.F. es al doble del mifmo triangulo B.C.E. porque fon iguales los triangulos E.B.C.E.C.F. por la qual razon feràn iguales el paralelogramo A.B.C. D. y el triangulo B.E.F. que es lo propuefto : la practica deftas proble-mas fe mueftra facilmente de la construccion de ellas , fe mueftra en el numer. 19.

****
***

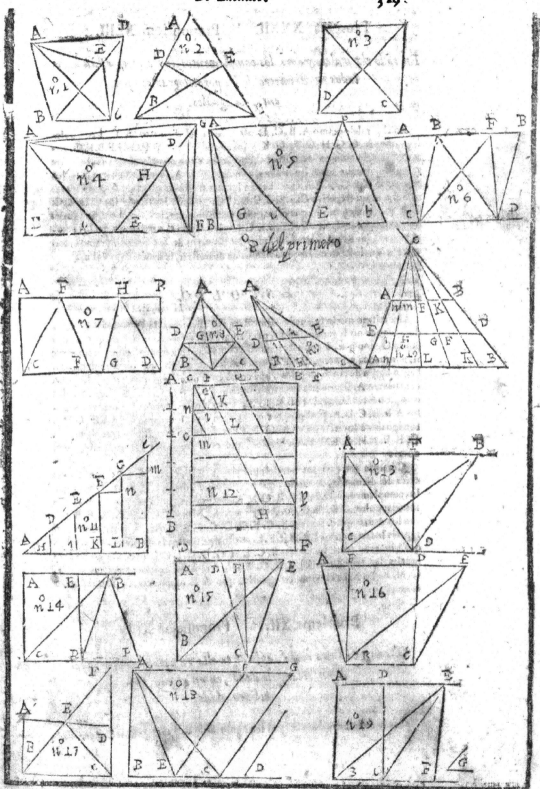

del primero

Teorema XXXII.   Proposicion XLIII.

En todo el paralelogramo los complementos suyos, que están à los
lados del diametro de los paralelogramos, son
entre sì iguales.

Eb el paralelogramo A. B. C. D. aftàn cerca del diametro A. C. los paralelogramos A. E. G. H. C. F. G. K. y los complementos D.F.G.H.F.B.K.G. como en la difinicion 36. referimos : digo, que estos complementos feràn entre sì iguales, porque como los triangulos A.B.C.C.D.A. fean iguales; iten mas, los triangulos A.E.G.G.H.A. tambien son iguales, si estos se quitaren, de aquellos remanecerán los trapecios C.B.E.G.C.D.H.G. iguales, y los triangulos C.G. K.C. G.F. fon iguales, por lo que si los quitaren de los trapecios remanecerán iguales los complementos D.F.G H.E.B.K.G. luego en todo el paralelogramo los complementos suyos que estàn à les lados del diametro de los paralelogramos, son entre sì iguales, que era lo que aviamos de demostrar, se demuestra en el n. t.

ESCOLIO.

Del mismo modo se puede demostrar efte Teorema de la doctrina de Prado, aunque no se junten los dos paralelogramos en redondo del diametro en el punto G. sino que, à vno eftè remoto del otro, ò que entrambos se corten entre sì, porque sea primero, que diste vno de otro, de modo, que los complementos hagan figura de cinco angulos, afsi como en el paralelogramo A.B.C. D. cerca el diametro A.C. consista los paralelogramos A.E.F.G.C.H.I.K Digo, que los complementos D.E.F.I. H.B.K. I.F.G. feràn iguales, porque como los triangulos A.B.C. C.D.A. fon iguales entre sì. Iten mas, los triangulos A.E.F. C.H.I. son iguales à los triangulos A. G. F. C.H.I. feràn los demàs complementos D. E. F. I. H. B. K. I. F. G. iguales, que es lo propuesto, se demuestra en el num. t.

Cortense entre sì los paralelogramos A. E.F.G.C. H. I. K. confiftentes cerca del diametro, de modo, que tengan parte comun I. L. F. M. Digo, que los complementos D.F.L. H B. G.M K. fon iguales, porque como sean iguales los triangulos A. B. G. C. D. A. Iten mas, los triangulos A. F. G. A. F. E. feràn los demàs quadrilateros B. C. F. G D. C. F. E. iguales, y demàs desto son iguales los triangulos I.F.M. I.F. L. por lo que si estos se añadieran à los dichos quadrilateros. feran las figuras B. C. I. M. G D. C. I. L. E. iguales, y como sean iguales los triangulos C. I. K. C. I. H. feràn los demàs complementos B. G. M. K. D. E. L. H. tambien iguales, que es lo propuesto, se demuestra en el num.3.

Problema XII.   Proposicion XLIV.

Dada vna linea recta, aplicar en ella vn paralelogramo igual
à vn triangulo dado, en vn angulo rec-
telineo dado.

Sea la recta linea dada A. y el triangulo dado B. y el angulo rectelineo dado
C.

C. es necessario constituir vn paralelogramo igual al triangulo B. que tenga vn angulo igual al angulo C. y vn lado igual à la recta A. constituyase igual al triangulo B. el paralelogramo D. E. F. G. que tenga el angulo E. F. G. igual al angulo C. produzcase G. F. hasta H. que sea F·H. igual à la recta A. y por H. I. eche H. I. paralela à la misma F. E. que se enquentre con D. E. producidas en I. estiendase despues desde I. por F. el diametro I. F. que concurre con la recta D. G. producida hasta K. y por K. se eche K. L. paralela à la misma G. H. que corta I. H. estendido en L. y produzcase E. F. hasta M. digo, que el paralelogramo L. M. F. H. es aquel que se busca, porque tiene el lado F. H. igual à la recta dada A. y el angulo H. F. M. igual al angulo dado C. y como el angulo H. F. M. sea igual al angulo E. F. G. que es hecho igual al angulo C. y finalmente el paralelogramo L. M. F. H. es igual al triangulo B. como sea igual al complemento D. E. F. G. que es hecho igual al triangulo B. por lo que dada vna linea recta, aplicar en ella vn paralelogramo, igual à vn triangulo dado, &c. que era para hazer, se demuestra en el num. 4. y 5.

A ESTE PROBLEMA SE AñADE OTRO DE Peletario, deste modo.

Dada vna recta linea, constituir en ella vn triangulo igual à vn paralelogramo dadò, con vn angulo igual à vn angulo dado.

SEa la recta dada A. B. y el paralelogramo dado C. D. E. F. y el angulo dado L. produzcase C. D. hasta G. que G. D. sea igual à la misma C. D. y juntese con G E. y serà el triangulo C. E. G. igual al paralelogramo C. D. E. F. como lo demostramos en el Escolio de la proposicion quarenta y vno; hagase sobre la recta dada A. B. el paralelogramo A. B. H. I. igual al triangulo C E. G. esto es, al paralelogramo C. D. E. F. que tiene el angulo A. igual al angulo L. y produzcase A. I. hasta K. que sea I. K. igual à la misma A. I. y juntese con la recta B. K. digo, que el triangulo A. B. K. constituido sobre la recta dada A. B. que tiene el angulo A. igual al angulo dado L. y que es igual al paralelogramo C. D. E. F. porque como el triangulo A. B. K. sea igual al paralelogramo A. B. H. I. por el Escolio de la proposicion 41. lo qual es constituido igual al paralelogramo C. D. E. F. luego serà el triangulo A. B. K. constituido sobre la linea recta A. B. y con el angulo A. igual al angulo L. dado igual al paralelogramo C. D. E. F. que es lo propuesto, se demuestra en el n. 6. y 7.

Problema XIII.   Proposicion XLV.

Dada vna recta linea, constituir en ella vn paralelogramo igual à vn rectelineo dado, y con vn angulo igual à otro angulo rectelineo dado.

SVpuesto que Euclides proponga este problema absolutamente, no astringiendo à cierta linea dada, como lo hizo en la precedente proposicion 44. con todo, porque en las siguientes proposiciones vsa desta palabra, en vna dada recta linea me pareciò bien proponer la dada linea recta, sea luego la recta dada E. F. el rectelineo A. B. C. y el angulo dado D. es necessario constituir en la da-

da

da linea recta E. F. vn paralelogramo igual al rectelineo A. B. C. que tenga el angulo igual al angulo D. resuelvase el rectelineo en los triangulos A. B. y C. despues desto se constituya al paralelogramo E. F. G. H. igual al triangulo A. sobre la recta E. F. y que tenga el angulo F. igual al angulo D. iten mas, sobre la recta G. H. se haga el paralelogramo G. H. J. K. igual al triangulo B. que tenga el angulo G. igual al angulo D. Iten mas, sobre la recta I. K. se haga el paralelogramo I. K. L. M. igual al triangulo C. que tenga el angulo K. igual al angulo D. y assi se procederà con los demàs, si fueren muchos los triangulos en el rectelineo dado, y serà hecho lo que se manda, porque los tres paralelogramos constituidos, los quales son iguales al rectelineo dado A. B. C. hazen todos vn paralelogramo, lo que se demuestra assi, los dos angulos E. F. G. H. G. K. son entre si iguales, porque vno, y otro son iguales al angulo dado D. por lo que añadido el angulo comun F. G. H. seràn los dos angulos E. F. G. F. G. H. los quales son iguales à dos rectos, iguales à los dos angulos H. G. K. F. G. H. y por esso estos dos angulos seràn iguales à dos rectos, por la qual razon F. G. G. K. hazen vna linea recta, y los dos angulos E. H. G. H. I. K. son iguales, como sean iguales à los angulos opuestos E. F. G. H. G. K. y los dos angulos H. I. K. I. H. G. son iguales à dos rectos, &c. por lo que como E. I. F. K. sean paralelas. Iten mas, E. F. I. K. tambien paralelas, porque vna, y otra es paralela à la recta H. G. serà paralelogramo E. F. K. I. del mismo modo se demostrarà el paralelogramo I. K. L. M. adjunto, constituir todo vn paralelogramo E. F. L. M. luego dada vna recta linea E. F. y dado vn rectelineo A. B. C. constituir vn paralelogramo E. F. L. M. su igual, que tiene el angulo F. igual al angulo D. dado, que era lo que se avia de hazer, se demuestra en los num. 8. y 9.

E S C O L I O.

Por la misma razon propuestos quantos fuessen los rectelineos, constituià semos à ellos vn paralelogramo igual, si todos resolvieremos en triangulos, de los quales salgan los paralelogramos, igual cada vno à cada vno, conforme la proposicion 44. assi como se hizo en este problema, porque como todos estos paralelogramos hagan vn paralelogramo, como aqui fue demostrado, serà constituido vn paralelogramo igual à los rectelineos, como si alguno entiende de dos rectelineos propuestos A. B. y C. y el A. B. se resuelva los triangulos A. y B. y en cada vno de los triangulos A. B. C. cada vno de los paralelogramos E. G. G. I. I. L. sobre las rectas E. F. H. G. I. K. conforme al arte deste problema, se constituiràn iguales, por la proposicion 44. serà constituido todo el paralelogramo E. F. L. M. igual à los dos rectelineos A. B. y C. y assi de muchos : la practica deste problema se ha de sacar de la practica de la precedente proposicion, quantas vezes repetida.

A esto se puede referir vn problema vtilissimo de Peletario, y con todo la demostraremos por otra razon, y mas breve, deste modo:

Dados dos rectelineos desiguales, buscar el excesso del mayor sobre el menor.

Sean los rectelineos dados A. y B. y sea A. el mayor, es necessario buscar con que grandeza el rectelineo A. supere al rectelineo B. hagase el paralelogramo C. D. E. F. en qualquiera angulo D. igual al mayor rectelineo A. y sobre la recta C. D. el paralelogramo C. D. G. H. en el mismo angulo D. igual al menor rectelineo B. y por quanto el paralelogramo C. D. E. H. supera al paralelograno C. D. G. H. en el paralelogramo E. F. G. H. tambien superarà la figura A. à la figura B. en el mismo paralelogramo E. G. H. G. que es lo propuesto, se demuestra en los numer. 10. 11. y 12.

Problema XIV.   Proposicion XLVI.

Dada vna recta linea, descrivir vn quadrado.

SEA la recta dada A. B. sobre lo qual es necessario descrivir vn quadrado de A. y B. se echen A. D. B. C. perpendiculares sobre A. B. y que sean à la misma A. B. iguales, y juntese con la recta C. D. digo, que A. B. C. D. es quadrado, porque como los angulos A. v B. son rectos, seràn A. D. B. C. paralelas, y tambien son iguales, porque vna, y otra vez son iguales à la misma A. B. luego tambien A. B. C. D. seràn paralelas iguales, y por esso serà paralelogramo A. C. D. en el qual como A. D. D. C. C. B. sean iguales à la misma A. B. todas quatro lineas seràn iguales, y todos los quatro angulos son rectos, como C. y D. son iguales a los rectos opuestos A. y B. por lo que serà quadrado A. B. C. D. por la difinicion, por lo que de vna linea dada, descrivirèmos vn quadrado, que es lo que se avia de hazer, se demuestra en el num. 13.

La practica deste problema es facilissima, si en vno de los extremos de la recta dada A. B. assi como en A. se levantare la perpendicular A. D. igual à la recta dada A. B. y desde B. y D. al intervalo de la misma A. B. se descrivan dos arcos que se corte en C. y juntese con las rectas B. C. D. C. y quedarà constituido el quadrado, porque A. B. C. D. como la construccion sea figura de las dos iguales, y por esso los lados opuestos tenga iguales, serà paralelogramo, como en el principio del Escolio de la proposicion 34. demostramos: luego assistente el angulo A. recto, serà B. y D. rectos, y tambien el angulo opuesto C. serà recto.

Teorema XXIII.   Proposicion XLVII.

En los triangulos rectangulos el quadrado que se descrive del lado que se opone al angulo recto, es igual à los quadrados que se descriven de los lados que contienen al ángulo recto.

EN el triangulo A. B. C. sea el angulo B. A. C. recto, descrivase sobre A. B. A. C. B. C. los quadrados A. B. F. G. A. C. H. I. B. C. D. E. digo, que el quadrado B. C. D. E. descripto sobre el lado B. C. que se opone al angulo recto, es igual à los dos quadrados A. B. F. G. A. C. H. I. que sobre los otros dos lados son descriptos destos dos lados, sean iguales, ò desiguales, echada la recta A. K. paralelas à la misma B. E. ò à la misma C. D. que corte B. C. en el punto L. v juntese las rectas A. D. A. E. C. F. B. H. y porque los dos angulos B. A. C. B. A. G. son rectas, seràn las rectas G. A. A. C. vna linea recta. Iten mas, porque los angulos A. B. F. C. B. E. son iguales, como sean rectas, si le añadieren el angulo comun A. B. C. harà todo el angulo C. B. F. igual à todo el angulo A. B. E. y semejantemente todo el angulo B. C. H. igual à todo el angulo A. C. D. y por quanto los dos lados A. B. B. E. del triangulo A. B. E. son iguales à los dos lados F B. B. C. del triangulo F. B. C. vno à vno, y otro à otro, como consta de la difinicion del quadrado, y los angulos A. B. E. F. B. C. contenidos destos lados iguales, tambien son

fon iguales entre sì, como avemos moſtrado, ſeràn los triangulos A.B.E.F. &
Obiguales, y el quadrado, ò paralelogramo A.B.F.G. es duplo del triangulo
F.B.C. como eſtàn entre las paralelas B.F.C.G. y ſobre la miſma vaſis B. F. y el
paralelogramo B.E.K.L. es al doble del triangulo A.B.E. porque eſtàn entre
las paralelas B. E. A.K. y ſobre la miſma vaſis B.E. por la qual razon ſeràn iguales el quadrado A.B.F.G. y el paralelogramo B.F.K.L. por la miſma razon moſ-
traremos ſer en iguales al quadrado A.C.H.I. el paralelogramo C.D.K.L. porque ſeràn los triangulos A.C.D. H.C.B. iguales, y porque ſon doblado à ellos
el paralelogramo C.D.K.L. y el quadrado A.C.H.I. ſeràn iguales entre sì, por la
qual razon todo el quadrado B.C.D.E. que ſe componen de los dos paralelograr-
mos B.E.K.L.C.D.K.L. es igual à los dos quadrados A.B.F.G.A.C.H.I. luego
en los triangulos rectangulos el quadrado que ſe deſcrive, que es lo que ſe avia
de demoſtrar, ſe demueſtra en los num. 14. y 15.

ESCOLIO.

Deſte Teorema facilmente entenderà, que en el triangulo ambligonio el
quadrado que ſe haze del lado que ſe opone el angulo obtuſo, ſerà mayor que
los dos quadrados juntos de los otros dos lados, y que en qualquiera triangulo
el quadrado del lado opueſto à vno de los angulos agudos, ſerà menor que los
dos quadrados juntos de los otros dos lados, porque ſi en el angulo obtuſo ſe
apretàra el angulo, haſta que ſe haga recto, quedando los miſmos lados que lo
cercan, ſaldrà el lado opueſto menor, y en caſo que ſe dilate el angulo acaſo
haſta que ſe haga recto, quedando los miſmos lados que lo cercan en ſu grandeza, haràſe el lado opueſto mayor, como ſe mueſtra claramente por la otra: luego como el quadrado del lado opueſto al angulo recto ſea igual, como ſe ha
moſtrado, à los dos quadrados juntos de los otros dos lados, es claro, que el quadrado del lado que ſe opone al angulo obtuſo, ſerà mayor que los dos quadrados juntos de los otros dos lados; y quanta ſea eſta mayoridad, ò menoridad demoſtrarà Euclides en el lib 2. propoſ. 12. y 13.

   La invencion deſte tan celebrado, y admirable Teorema, ſe refiere à Pithagoras, que como lo eſcrive Vitrubio en el 9. libro de ſu Arquitectura, vien-
do quan fecundo, y neceſſario para todo genero de medidas era eſte Teorema,
en hazimiento de gracias inmolaron los Gentiles à ſus Dioſes cien bueyes, y
celebraron otras muchas fieſtas, y regocijos: deſte Teorema Pitagorico ſe
coligen otras muchas, aſſi Teoremas, como Problemas, de las quales diràmos
algunas mas neceſſarias, y de mas vtilidad, que por ſer tan frequentes, y fecun-
das en todas las otras geometrias, aſſi eſpeculativas, como practicas, no pondrèmos en ſilencio.

PRIMERO.

Si en qualquiera quadrado echaren vn diametro, el quadra-
do hecho del diametro, ſerà doblado de
dicho quadrado.

EN el quadrado A.B.C.D. echeſe el diametro A.C. digo, que el quadrado
A.C. ſerà duplo del quadrado A.B.C.D. porque como en el triangulo A.
B.C. el angulo B. es recto, ſerà el quadrado del lado A.C. igual à los dos quadrados de los lados A.B.B.C. y como los quadrados de las lineas A.B.B.C. ſeràn
guales, porque las lineas A.B.B.C. ſon iguales, ſerà el quadrado de la linea A.C.
du-

duplo de qualquiera de aquellas, aſsi como del quadrado de la linea A.B. eſto es
del quadrado A.B.C.D. que es lo propueſto.

SEGUNDO.

El quadrado del diametro de la figura altera parte longior,
es igual à los dos quadrados de los la-
dos desiguales.

En la figura altera parte longior A.B.C.D. ſe eche el diametro A.C. y porꞯ
que en el triangulo A.B.C. el angulo B.es recto, ſerà el quadrado del lado A.
C. igual à los dos quadrados de los lados desiguales A.B.B.C. que es lo pro
pueſto, ſe demueſtra en el num.16.y 17.

TERCERO.

Si fueren dos triangulos, de los quales los lados opueſtos à los
angulos rectos ſean iguales, ſeràn los dos quadrados de los
otros dos lados de vno de los triangulos iguales à los
dos quadrados de los otros dos lados
del otro triangulo.

De los triangulos A.B.C.D.E. F. los angulos A.y D. ſean rectos, y los lados
opueſtos B.C.E.F. iguales, digo, que los dos quadrados de los lados A.B.A.C.
tomados juntos ſon iguales à los dos quadrados de los lados D.E.D.F. tomados juntos, porque los quadrados de las lineas B.C.E.F. ſon iguales entre ſi,
como ſe ponen ſer en iguales las miſmas lineas, y al quadrado de la linea B.C.
ſon iguales los quadrados de las lineas A.B.A.C.y al quadrado de la linea B.F.
ſon iguales los quadrados de las lineas D.E.D.F. luego los quadrados de las
rectas A.B.A.C. ſon iguales à los quadrados de las rectas D.E.D.
F.que es lo propueſto, ſe demueſtra en los numeros
diez y ocho, y diez y nueve,

✱✱✱ ✳ ✱✱✱
✱✱✱

QUAR

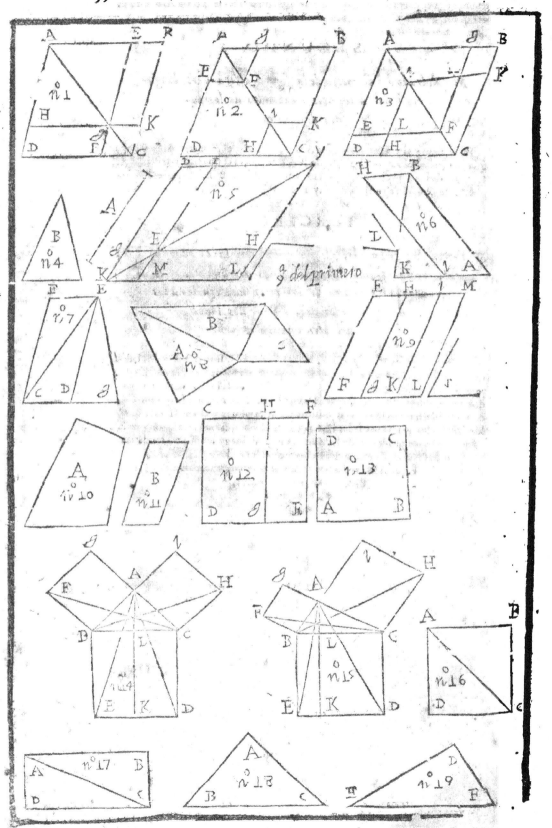

QUARTO.

Entre dos quadrados desiguales propuestos, hallar otros dos quadra-
dos, que sean iguales entre sì; y tomados juntos, sean igua-
les à los dos quadrados propuestos, to-
mados juntos.

SEan A.y B.los lados de los dos quadrados desiguales, hagase vn angulo recto D.C.E.y sea la recta D.C.igual à la recta B.y la recta C.E.igual à la recta A. despues desto, echese la recta D.E. que junte en los dos puntos D.y E. constituyanse sobre la misma D.E. dos angulos medios rectos D.E.F.E.D.C.y juntense las rectas E.F.y D.F.en el punto F.y por quanto en el triangulo F.D. E. los angulos F.D.E.F.C.D. son iguales, seràn los lados D.F.E.F.iguales, y por consiguiente, los quadrados destos lados seràn iguales. Digo pues, que los mismos quadrados de las lineas D.F.E.F. son iguales à los quadrados de las lineas A.y B.esto es, de los quadrados de las lineas C.E.C.D. porque como en el triangulo D. E. F. los angulos F.D.E.F.E.D hazen vno recto, serà el otro angulo F. recto, por la qual razon seràn los quadrados de las lineas D.F.E.F.iguales al quadrado de la linea D.E.pero el mismo quadrado de la linea D.E.es tambien igual à los quadrados de las lineas C.D.C.E.por lo que los quadrados de las lineas D.F.E.F. seràn iguales à los quadrados de las lineas D.C.E.C.que es lo propuesto, se demuestra en los numer.20. y 21.

QUINTO.

Propuestas dos lineas desiguales, hallar aquello en que mas
puede la mayor, que la menor.

POtencia de linea recta se dize su quadrado, porque tanto poder se dize tener vna linea recta,quanto es su quadrado: luego sean dos lineas desiguales A. B.es necessario conocer quanto mayor sea el quadrado de la linea mayor A. que de la menor B.de qualquiera linea recta C.D.se tome C.E. igual à la recta A. G. E.F.igual à la recta B.despues desto,del centro E.y intervalo F.C. se descriva vn semicirculo C.G.D.C.y desde F.se eche F.G.perpendicular sobre C.D.digo que el quadrado de la recta A.esto es,de la recta C.E.à ella igual, es mayor que el quadrado de la recta B.esto es,de la recta E.F.à ella igual, al quadrado de la recta F. G.porque echada la recta E.G.serà su quadrado igual à los quadrados de las rectas E.F.F.G.esto es,al quadrado E.C.igual à ellos, superarà al quadrado de la recta E.F.el quadrado de la recta F.G.que es lo propuesto,se demuestra en el n.22.

SEXTO.

Quantos fueren los quadrados propuestos, ò iguales, ò desiguales,
hallar vn quadrado igual à todos ellos.

SEan cinco los lados de los quadrados A. B. C. D. E. es necessario hallar vn quadrado igual à todos los cinco,hagase el angulo recto F.G.H.y sea la recta F.G.igual à la recta A.y la recta G.H.igual à la recta B.echada despues la recta H. F. hagase el angulo recto F.H.I. y sea H. I. igual à la recta C.echada otra vez la recta I. F.hagase el angulo recto F.I. K. y sea I.K. igual à la recta D. y finalmente echada la recta K. F. hagase el angulo recto F.K.L. y sea K.L. igual à la recta E. y echese la recta F.L. digo, que el quadrado de la F. L. es igual à los

Ff cin

cinco quadrados propueftos, porque el quadrado de la recta F.H.es igual à los quadrados de las rectas F.G.G.H.efto es, à los quadrados de las rectas A.y B. demàs defto,el quadrado de la recta F.I.es igual à los quadrados de las rectas F.H. H.I. y por efta razon ferà igual à los quadrados de las rectas A. B. y C. Iten mas, el quadrado de la recta F. K. es igual à los quadrados de los rectos F. I. I. K. y por configuiente, es igual à los quadrados de las rectas A.B.C. y D.y finalmente el quadrado de la recta F. L. es igual à los quadrados de las rectas F. K. K. L. y por effo ferà igual à los quadrados de las rectas A. B. C. D. E. que era lo propuefto, fe demueftra en los numer. 23. y 24.

SEPTIMO.

En qualefquiera dos quadrados propueftos, en vno de ellos ayun-
tar vna figura, que fea igual al otro quadrado, de modo,
que toda la figura compuefta fea tam-
bien quadrada.

SEan los dos quadrados propueftos A.B.C.D.E.F. G. H. y en el quadrado A. B.C.D. fe opanga la figura que fea igual al quadrado E.F. G. H. tomefe la recta B.I. igual à la recta F.G.efto es, al lado del quadrado E.F. G. H. echada la recta A.I.y producida la recta B.A.para la parte de A.tomafe B.K. igual à la recta A I.y hagafe el quadrado B.K.L.M.digo,que la figura A.D.C.M.L.K. adjunto al quadrado A.B.C.D.es igual al quadrado E.F.G. H. y por quanto al quadrado de la recta A.I. efto es,el quadrado B.K.L.M.es igual à los quadrados de las rectas A.B.B.I.efto es,à los quadrados A.B.C.D. E. F. G.H. fi fe quitare el comun quadrado A.B.C.D.remanecerà la figura A.D.C.M.L.K. igual al quadrado E.F. G.H.que es lo propuefto, fe demueftra en los num. 25. y 26.

OCTAVO.

Si del angulo que en el triangulo es comprehendido de dos lados def-
iguales echaren fobre la vafis vna linea perpendicular, que cayga den-
tro en el triangulo, cortarà la vafis en partes desiguales, la mayor par-
te caerà à la parte del mayor lado; y por el contrario, fi la perpendicu-
lar cortare la vafis en partes no iguales, feràn los dos lados def-
iguales, y el mayor ferà aquel que cayere para la parte
del mayor fegmento de la vafis.

CAyga primeramente en el triangulo A.B.C. cuyo lado A.B. fea mayor que el lado A.C.la perpendicular A.B.fobre B. C. cayga dentro en el triangu-lo que entonces aconece, quando vno, y otro angulo B. y C. fon agudos, como confta del Corolario 2.de la propof. 17. digo, que el fegmento B. D. es mayor que el fegmento C.D. y por quanto afsi el quadrado de A.B. es igual à los qua-drados de B.D.A.D. como tambien el quadrado de A. C. porque fe pufo mayor el lado A. B. que el lado A. C. feràn tambien los dos quadrados de A. D. B. D. mayores que los dos quadrados de A. D.C.D. y quitado el quadrado comun de la recta A.D. quedarà el quadrado de B.D. mayor que el quadrado de C. D. por lo qual la recta B. D. ferà mayor que la recta D. C. que es lo propuefto, fe de-mueftra en el num. 27.

Ha3

Hagase aora con la perpendicular A. D. el segmento B. D. mayor que el segmento C. D. digo, que el lado A. B. será mayor que el lado A. C. porque será el quadrado de B. D. mayor que el quadrado de C. D. añadido el quadrado comun de A. D. los dos quadrados de B. D. A. D. serán mayores que los dos quadrados de C. D. A. D. luego como assi el quadrado de A. B. es igual à los quadrados de B. D. A. D. como el quadrado de A. C. es igual à los quadrados de C. D. A. D. tambien será el quadrado de A. B. mayor que el quadrado de A. C. y por consiguiente el lado A. B. será mayor que el lado A. C. que es lo propuesto.

Y por esta causa, y modo se pueden colegir muchas otras invenciones deste Teorema Pitagorico, que tantas vezes, y tan secundo es en la Geometria, assi especulativa, como practica.

Teorema XXXIV. Proposicion XLVIII.

Si el quadrado que de vno de los lados del triangulo se descrive, es igual à los quadrados que se descriven de los otros dos lados del triangulo, el angulo comprehendido de los dos lados del triangulo será recto.

SEA el triangulo A. B. C. y sea el quadrado del lado A. C. igual à los quadrados de los otros lados B. A. B. C. digo, que el angulo A. B. C. es recto, porque echese B. D. perpendicular sobre B. A. y sea igual à la recta B. C. y juntese la recta A. D. por quanto en el triangulo A. B. D. el angulo A. B. D. es recto, será el quadrado de la recta A. D. igual à los quadrados de las rectas B. A. B. D. y el quadrado de la recta B. D. es igual al quadrado de la recta B. C. por la igualdad de las lineas, por la qual razon el quadrado de la recta A. D. será igual à los quadrados de las rectas B. A. B. C. luego como el quadrado de la recta A. C. se pone igual à los quadrados de las mismas rectas B. A. B. C. serán los quadrados de las rectas A. D. A. C. entre si iguales, y por consiguiente serán iguales las rectas A. B. A. C. y por quanto los lados B. A. B. D. del triangulo A. B. D. son iguales à los lados B. A. B. C. del triangulo A. B. C. y la vasis A. D. se mostró ser igual à la vasis A. C. serán los angulos A. B. D. A. B. C. iguales, y el angulo A. B. D. es recto por la construccion, por lo que el angulo A. B. C. tambien será recto: luego si el quadrado que se descrive de vno de los lados del triangulo, &c. que es lo que se avia de demostrar. Este Teorema es converso del precedente Teorema de Pithagoras, como se demuestra en el discurso, se demuestra en el num. 28.

Ff 2 De

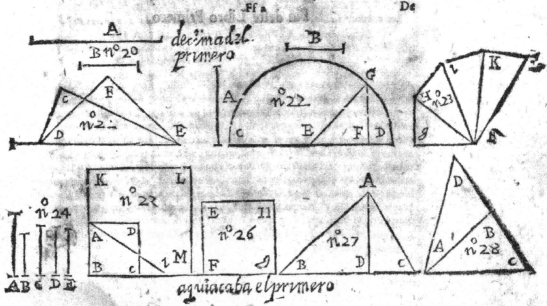

aquiacaba el primero

De las comparaciones que tienen los triangulos entre sì.

Euclides en este primer libro compara los triangulos entre sì de nueve modos : El primero, quando los dos lados en vn triangulo son iguales à los dos lados del otro, vno à vno, y otro à otro, y que contienen vn angulo igual al otro,
de aqui colige la igualdad de las vasis, y de los demàs angulos, y por consiguiente, de todo el triángulo à todo el triangulo.

Despues desto, quando dos lados son iguales à dos lados, vno à vno, y otro à
otro , y la vasis igual à la vasis , saca la igualdad de los angulos comprehendidos de aquellos lados ; donde tambien colegimos la igualdad de los demàs angulos, y todos los triangulos probamos seràn iguales.

Tercero, como dos lados sean iguales à dos lados, vno à vno , y otro à otro,
que comprehenden angulos desiguales, muestra , que al mayor angulo se opone
mayor vasis, y menor vasis se opone al menor angulo.

Quarto, como dos lados sean iguales à dos lados, vno à vno, y otro à otro, y
la vasis desiguales , demostrò , que à la vasis mayor se opone mayor angulo , y
la vasis menor se opone menor angulo.

Quinto, dando dos angulos son desiguales à dos angulos, vno à vno, y otro à
otro, y vn lado igual à vn lado, ò que adjase à los iguales angulos, ò que se opon-
ga à vno de los angulos iguales ; es prueba , que los demàs lados del vno son
iguales à los demàs lados del otro , y el otro angulo igual à otro angulo ; adonde se colige, que todo el triangulo es igual à todo triangulo.

Sexto, demostrò, que dos triangulos sobre la misma vasis , son constituidos
entre las mismas paralelas, son entre sì iguales.

Septimo, muestra, que dos triangulos constituidos sobre vasis iguales , y entre las mismas paralelas, son iguales.

Octavo, enseña,que dos triangulos iguales sobre la misma vasis constituidos,
y para las mismas partes que estàn entre las mismas paralelas.

Nono , y finalmente prueba , que dos triangulos iguales constituidos sobre
vasis iguales en la misma linea , y para la misma parte estàn entre las mismas
paralelas.

Fin deste Libro Primero.

CAPITULO LXXXI. y vlt.

TRATA DE COMO SE HAN DE PORTAR LOS MAESTROS
en medir edificios de casas yà vsadas.

HAme parecido dàr fin à este primero de Euclides con este capitulo mio,
para que los mancebos se vayan industriando en lo que aqui diré de la
medida, tocante à casas ya vsadas, porque estas no se miden rigurosamente,
como se miden las casas que de nuevo se edifican, para el ajuste de quentas del
Señor de la obra, y Maestro que la ha hecho: estas medidas de que tratamos en
este capitulo, suceden por algunos accidentes, como Pedro difunto mandò su
casa à sus herederos, ò que la Justicia por algun litigio vende la tal casa, ò que el
posseedor de ella por su voluntad la vende: para qualquiera destas vantas se
nombran Maestros de vna, y de otra parte, para que los dos digan su sentir en razon de medida, y de su valor: mas lo que aconsejo es, que los que nombraren,
nombren los mas ancianos, y los de mayor opinion en la facultad, porque lo vno,
y lo otro conviene para el exercicio que han de hazer; y estos Maestros nombra-
dos si no tuvieren noticia bastante del valor de la area, ò suelo de la tal casa que
han de medir, prudentemente lo consulten con otros Maestros experimentados,
porque los suelos, ò sitios en esta Corte tienen su valor segun su aprovechamiento, y cercania: y por esta causa no me atrevo à dar regla cierta del valor de
las areas, porque cada calle tiene su distinto valor, y el sitio que es constituido
de poca delantera, y mucho fondo, es de menos valor que el sitio que consta de
mucha delantera, y poco fondo; pues para hazer las tales medidas, despues de
considerado el valor del suelo, para darle el valor al edificio, como yo en esto
me he portado ha sido midiendo de por si el patio, ò patios, ò corrales, de que
se compone el tal sitio, y à estos vanos con lo que tuvieren, ò de empedrado, ò de
enlosado, darle por su medida su valor del suelo, y de lo demàs; y en lo edificado
medir cada pieza de por si, ò todas juntas en suelos iguales, como si son de viguetas, ò de madera de à seis, ò de madera de à ocho, ò de madera de à diez, con
bobedillas, ò sin ellas; medidas estas areas dar el valor al suelo de por si, segun
en el genero que estuviere de solado, ò empedrado, luego cortar los suelos quadrados que ocupan la tal area en el genero que fueren; y supongo tiene dos
suelos de vigueta con sus bobedillas, y que en el ser que estàn valen à tres, ò
quatro reales el pie superficial, con los solados que tuvieren encima, y à esse
precio se han de ajustar los dos suelos, y al mismo precio el armadura, considerando estrivos, y lera, ò carrera, pares, entablado, y teja, contando las guardas
de por si, y respectivamente se han de portar con los demàs marcos de madera, en
sus suelos quadrados, y armaduras, porque ordinariamente al suelo de vigueta
sirve de pares tambien las viguetas, y al de madera de à seis cubra madera de à
seis, y al de à ocho, &c. Las paredes, sus areas se miden de por si, y se van juntando todas las demàs areas, y cogido el largo, alto, y gruesso, segun es su materia se le da el valor ajustado, puertas, y ventanas, por los huecos, rejas, y
valcones, y vidrieras de por si; los tabiques su medida es por el estilo comun; y
de todas estas partidas hazer vn computo, y numero fixo del valor de la tal casa,
ò suelo, advirtiendo, que los precios no han de ser los rigurosos que corren,
sino algo menos, segun el edificio huviere servido: para las tales tasas, y medidas es bien que los Maestros se informen primero, que ganà de alquileres cada
año, porque es la mejor diligencia de todas, considerando lo que estàn vacias,
que segun el puesto con facilidad se tiene noticia de todo. Deben advertir, que
del computo que hizieren se han de baxar las cargas, como del censo perpetuo,

incomoda particion, ò cafa de apofento, que afsi regulado es el camino mas facil, y mas breve, para cumplir con fu obligacion, y nombramientos : otros Maeftros fuelen medir las areas de los tales fuelos, ò cafas, haziendo juizio de lo edificado declaran valer cada pie fuperficial por vn precio, fegun fu juizio, hecho es mas facil que el paffado ; pero no tan feguro, ni tan cierto. No puedo dexar de advertir los errores que han hecho oficiales poco advertidos en frontifpicios que les he trazado, que ha fido neceffario tornar à deshazer algo de ellos : y aunque tratamos en el capitulo 86. fol. 182. de los frontifpicios, aqui folo advierto, que fi la cornifa del cuerpo de la Iglefia, y Capilla mayor fuere canteria de ladrillo, las molduras que tuviere han de atar con la cornifa de la delantera, el quarto bocel con quarto bocel, y la corona cou la corona, y fus filetes ; y la moldura que fe echare de mas à mas, que fuele fer galon, ò papo de paloma : eftas molduras han de fer remate folo en la cornifa de la delantera, y en el refto del frontifpicio, fea como fe fuere, ò redondo, ò quebrado, ò en punta ; advirtiendo, que fi es quebrado no fe ha de echar molduras en la parte de atràs, fino rematar con vn fardinel, y en la parte de enmedio han de echarfe las molduras dentro, y fuera, que fe echaren en fu cornifa. A efte Libro no he podido afsiftir à la Imprenta ; y afsi, las erratas fe avràn de fuplir. Las erratas que huviere en las citaciones defte libro de Euclides, dexo advertido en las difiniciones, que la citacion que faltare fe haga de mano, que por la citacion del numero fe conocerà la letra que falta. Las faltas que tuviere efte mi efcrito, me perdonaràn los que le l yeren, Maeftros, ò Difcipulos, y à todos pido que me encomienden à Dios, que les guarde.

LAUS DEO.

TA

TABLA DE LOS CAPITULOS QUE SE CONTIENEN
en este Libro de la Primera Parte del Arte, y
vso de Arquitectura.

FIN.